Literatur und Wissen
Theoretisch-methodische Zugänge

linguae & litterae   4

linguae & litterae

Publications of the School of Language & Literature
Freiburg Institute for Advanced Studies

4

De Gruyter

Literatur und Wissen

Theoretisch-methodische Zugänge

Herausgegeben von Tilmann Köppe

De Gruyter

ISBN 978-3-11-022917-2
e-ISBN 978-3-11-022918-9
ISSN 1869-7054

Bibliografische Information der Deutschen Nationalbibliothek

Die Deutsche Nationalbibliothek verzeichnet diese Publikation in der Deutschen
Nationalbibliografie; detaillierte bibliografische Daten sind im Internet
über http://dnb.d-nb.de abrufbar.

Druck: Hubert & Co. GmbH & Co. KG, Göttingen
∞ Gedruckt auf säurefreiem Papier

Printed in Germany

www.degruyter.com

Inhalt

Tilmann Köppe

Literatur und Wissen: Zur Strukturierung des Forschungsfeldes und seiner Kontroversen

Der Zusammenhang von Literatur und Wissen wird gegenwärtig in mehreren Disziplinen und Fächern unter einer Vielzahl von Perspektiven untersucht. Zwar ist offenbar noch niemand auf die Idee gekommen, von dem ›Literatur-und-Wissen-*turn*‹ in den Geistes- oder Kulturwissenschaften zu sprechen, und es wurde wohl auch noch kein neues Paradigma ausgerufen, aber es gibt genügend Belege für die These, dass ›Literatur und Wissen‹ im Fach ›in‹ ist. So produktiv das neue Forschungsfeld (ist es so neu?) auch sein mag, so unübersichtlich ist es zugleich. Es ist daher an der Zeit, einen Schritt zurück zu treten und den Versuch zu unternehmen, das Feld aus etwas größerem Abstand zu vermessen. Eine solche Vermessung kann sich zweierlei zur Aufgabe machen: Erstens kann es darum gehen, eine *übersichtliche Darstellung* der Problemkonstellationen oder des Forschungsbereichs ›Literatur und Wissen‹ zu schaffen; einzelne Forschungszweige müssen hinreichend deutlich voneinander unterschieden und in ihren Anliegen und Methoden (und vielleicht auch in ihren Voraussetzungen und ihrer Geschichte) dargestellt werden. Zugleich sollte – dies ist der Sinn des Übersichts-Moments der Darstellung – gezeigt werden, wie diese Forschungszweige miteinander zusammenhängen und inwiefern es sich um wirklich distinkte Projekte handelt, die sich nicht lediglich einer unterschiedlichen Terminologie bedienen und ansonsten problemlos ineinander übersetzt werden können. Zweitens kann es darum gehen, Ansätze zu einer *Bewertung* einzelner Forschungszweige zu erarbeiten und anzuwenden. Das geht natürlich nur, wenn man sich zunächst einmal verständlich gemacht hat, was da eigentlich bewertet werden soll, d.h. es setzt voraus, dass man ein hinreichend deutliches Bild der jeweiligen Forschungszweige hat.

Ich möchte im Folgenden drei verschiedene Weisen vorschlagen, die vielfältigen Beziehungen zwischen Literatur und Wissen darzustellen, und zugleich die damit verbundenen literaturwissenschaftlichen Aufgabenbereiche abgrenzen. Bei den drei Ordnungsschemata handelt es sich um ein Standardmodell der literarischen Kommunikation (I), eine Übersicht Literatur zugesprochener Funktionen oder Leistungen (II) sowie traditionelle und neuere literaturwissenschaftliche Arbeitsfelder oder Forschungszweige (III). Während das erste Ordnungsschema berücksichtigt, an welcher Stelle des (literarischen) Kommunikationsmodells nach Wissens-Bezügen gefragt werden soll, handelt es sich beim zweiten Ordnungsschema um eine (offene) Typologie aus dem Funktionsspektrum literarischer Texte. Das dritte Ordnungsschema identifiziert schließlich in systematischer Perspektive Tätigkeitsbereiche, Forschungsprogramme oder Ansätze der literaturwissenschaftlichen Disziplinen, in denen an prominenter Stelle von den Beziehungen von Literatur und Wissen die Rede sein kann. In Abschnitt IV stelle ich die Beiträge dieses Bandes knapp vor; ihnen geht es um die Einordnung und Erläuterung einzelner Problemstellungen innerhalb des Gesamt-Forschungsbereichs sowie um die Identifikation von (und Stellungnahme zu) bestimmten Kontroversen. Abschnitt V enthält eine Auswahlbibliographie zum Thema.[1]

I.   Ordnungsschema: ›Literatur‹ und ›Wissen‹ im Modell der literarischen Kommunikation

Literarische Texte werden von Autoren geschrieben und von Lesern gelesen, und sowohl dem Produktions- als auch dem Rezeptionsakt sowie dem Text selbst lassen sich verschiedene Kontexte zuordnen. Nimmt man diese vier Instanzen zusammen, so ergibt sich ein einfaches sogenanntes Modell der literarischen Kommunikation.[2]

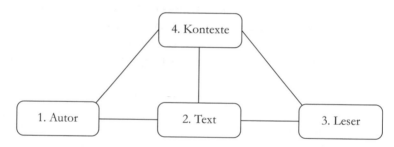

---

[1] Die Beiträge dieses Bandes gehen auf eine Tagung zurück, die im September 2008 an der School of Language and Literature des Freiburg Institute for Advanced Studies (FRIAS) stattgefunden hat. Sabrina Reinshagen hat die Entstehung des Bandes durch Korrekturlektüren sowie die Vorbereitung der Beiträge zum Satz in dankenswerter Weise unterstützt.

[2] Für unterschiedlich komplexe Versionen dieses Modells vgl. Fricke, Harald, »Textanalyse und Textinterpretation. Erkenntnis- und wissenschaftstheoretische Grundlagen«, in: Thomas Anz (Hrsg.), *Handbuch Literaturwissenschaft*, Bd. 2, *Theorien und Methoden*, Stuttgart, Weimar 2007, S. 41–54, oder die Narratologie, der es insbesondere um die Unterscheidung textinterner Sprecher- und Empfängerinstanzen zu tun ist; vgl. etwa Chatman, Seymour, *Story and Discourse. Narrative Structure in Fiction and Film*, Ithaca, London 1978, S. 267.

Das einfache Schema der literarischen Kommunikation kann hier als Heuristik dienen, mit deren Hilfe sich verschiedene Beziehungstypen zwischen Literatur einerseits und Wissen andererseits identifizieren (und lokalisieren) lassen. Sie lassen sich anhand der folgenden Leitfragen unterscheiden:

1. Auf der Autorseite:

1.1. Was weiß oder wusste der Autor? Oder auch: Was wollte der Autor mit seinem Text: beispielsweise seinerseits Wissen erwerben oder verbreiten?

1.2. Auf welche Wissensbestände konnte der Autor zurückgreifen? Wie (auf welche Weise) beeinflussen sie sein Werk? Wie positioniert sich der Autor zum Wissen seiner Zeit (seiner Klasse, Tradition usw.) – z.B. affirmativ oder kritisch?

2. Auf der Textseite:

2.1. In welchem Sinne kann man davon sprechen, Wissen befinde sich *in* einem literarischen Text? Welche Möglichkeiten gibt es hier, und welche Unterscheidungen können in Hinblick auf dieses Wissen getroffen werden? Welche Wissensinhalte können im Rahmen textzentrierter Interpretationen erhoben werden, und wie ist dieses Wissen zu bewerten (etwa in Hinblick auf seine Neuheit, seine Geltungsansprüche oder seine Verbreitung)?

2.2. Auf der Basis einer Unterscheidung von *story* und *discourse* kann man fragen: Was wissen die Figuren oder sonstige Erzählinstanzen? Wie wird dieses Wissen dargestellt? Welche Rolle spielt Wissen in fiktiven Welten oder für die Konstitution fiktiver Welten?

3. Auf der Leserseite:

3.1. Was muss ein Leser wissen, um den Text zu verstehen oder sich auf sonstige angemessene Weise dem Text gegenüber verhalten zu können?

3.2. Kann ein Leser anhand des Textes Wissen erwerben? Wenn ja: unter welchen Bedingungen? Um was für ein Wissen (bzw. was für einen Wissenstyp) handelt es sich? (Wodurch sind Inhalte und Struktur/Erwerbsbedingungen dieses Wissens gekennzeichnet? Vgl. zu diesen Fragen die Beiträge von Lutz Danneberg und Carlos Spoerhase sowie von Andrea Albrecht.)

3.3. Nach welchen Regeln/Konventionen werden literarische Texte rezipiert, und spielt dabei der Erwerb von Wissen oder gerade die Vermeidung des Erwerbs von Wissen (›Autonomieästhetik‹)[3] eine Rolle? Allgemein: Was

---

[3] Vgl. Köppe, Tilmann, *Literatur und Erkenntnis. Studien zur kognitiven Signifikanz fiktionaler literarischer Werke*, Paderborn 2008, Kap. 5.

sind die wissensbezogenen Regeln/Konventionen des Literatursystems bzw. der sozialen Institution ›Literatur‹, die das Verhalten von Lesern anleiten?[4]

4. In Bezug auf den Kontext:

4.1. Wie verhält sich der Text zu anderen Texten, die als ›Speicher‹ oder Medien der Vermittlung von Wissen verwendet werden? Wie verhält er sich zu bestimmten Gattungen, Institutionen (etwa der Wissenschaft oder Alltagspraxen) oder Personen (vgl. oben, 1.2)?

4.2. In welcher Weise partizipiert der Text an der Stabilisierung oder Destabilisierung der ›Wissensordnung‹ eines bestimmten Diskurses, der als einzeltextübergreifend konzipiert wird? Wovon ist abhängig, ob das Wissen, das ein Text vermitteln mag, anerkannt/publik/unterdrückt usw. wird? Auf welche Weisen geschieht dies?

Die genannten Leitfragen gestatten eine Reihe von Differenzierungen in Bezug auf die Kernbegriffe des Modells der literarischen Kommunikation. So können in konkreten Untersuchungen erstens *Textauswahl* und *Textverständnis* variieren: Man kann Einzeltexte untersuchen oder größere Textkorpora, und diese wiederum innerhalb eines Genres oder einer Gattung oder auch genre- bzw. gattungsübergreifend; man kann literarische Texte untersuchen oder fiktionale literarische Texte oder das ›Literarische‹ an Texten (hier geht es um die adjektivische Verwendung von ›literarisch‹ im Unterschied zu Literatur als Textsortenbegriff oder als Begriff für die Elemente dieser Textsorte). Den Beiträgen dieses Bandes geht es an zentraler Stelle um *fiktionale literarische Texte*. Für die Untersuchung der Zusammenhänge von ›Literatur‹ und Wissen ist gleichwohl charakteristisch, dass auch andere Textformen oder -gattungen in den Blick geraten – etwa, um Einflussbeziehungen zu verdeutlichen oder um die Leistungen fiktionaler Literatur vergleichend herauszustellen (vgl. hierzu etwa die Beiträge von Gideon Stiening, Sandra Richter und Andrea Albrecht im Band).

Zweitens können *Leserkonzepte* variieren: Man kann Untersuchungen anstellen etwa zum ›empirischen Leser‹, zum ›Idealleser‹ oder auch zum ›intendierten Leser‹.[5] Während ein empirisches Leserkonzept Studien zugrunde liegt, die nach der faktischen (wissensbezogenen) Wirkungsweise literarischer Texte fragen, ist ein ›Idealleser‹ ein hypothetisches Konstrukt, das

---

[4] Vgl. Lamarque, Peter/Olsen, Stein Haugom, *Truth, Fiction, and Literature. A Philosophical Perspective*, Oxford 1994, insbes. Kap. 10.

[5] Vgl. Prince, Gerald, »Reader«, in: Peter Hühn u. a. (Hrsg.), *Handbook of Narratology*, Berlin, New York 2009, S. 398–419.

beispielsweise zur Anwendung kommt, wenn man fragt, welche Wissensbestände ein Text für sein Verständnis idealerweise voraussetzt. Ein ›inten-
dierter Leser‹ wiederum ist ein solcher Idealleser aus der Perspektive des Autors; dieser Lesertyp verkörpert das Wissen, von dem der Autor annimmt
(oder wünscht), dass es der Lektüre seines Textes zugrunde liegt.

Drittens können *Kontext*-Konzepte variieren: Unterscheiden kann man
z.B. intertextuelle Kontexte (Beziehungen zu anderen Texten oder Text-
gruppen und deren Wissensgehalten) und extratextuelle Kontexte (z.B. Beziehungen zu Personen oder Personengruppen und deren Wissen).[6] Schließlich kann der Typ der Beziehung unter einer Vielzahl von Gesichtspunkten
untersucht werden, etwa als intendiert oder nicht-intendiert, einseitig oder
wechselseitig usw. (vgl. den Beitrag von Olav Krämer).

Unterschieden in der Bestimmung der Kernbegriffe des Modells der literarischen Kommunikation entsprechen viertens oft (aber nicht notwendig)
Unterschiede in der der Untersuchung zugrunde gelegten Methode bzw.
Literaturtheorie.[7] Aus der Methodenwahl (etwa analytisch-hermeneutisch,
strukturalistisch oder systemtheoretisch) resultieren allgemein Unterschiede
in der Beschreibungssprache, in der Konzipierung von Ergebnisformaten
oder in der ›Suchoptik‹ der Studie. Ein wichtiger Unterschied betrifft etwa
die Frage, ob man sich beispielsweise interessiert (i) für die bloße Rekonstruktion bestimmter Wissensgehalte; (ii) für die historische Berechtigung
bestimmter (rekonstruierter) Wissensansprüche; (iii) für die gegenwärtige
Berechtigung bestimmter (rekonstruierter) Wissensansprüche; oder (iv) für
die dialektische Situierung (den diskursiven Kontext) bestimmter (rekonstruierter) Wissensansprüche.[8]

Neben den Kernbegriffen des Modells der literarischen Kommunikation
ist natürlich insbesondere der Begriff ›Wissen‹ erläuterungsbedürftig. Das
nächste Ordnungsschema schlägt hier einige Klärungen vor.

II.   Ordnungsschema: Wissensbezogene Leistungen von Literatur

Ein zweites Ordnungsschema orientiert sich an verschiedenen Funktionen
von Literatur, d.h. an Dingen, von denen gesagt wird, dass Literatur sie leis-

---

6 Vgl. Danneberg, Lutz, »Kontext«, in: Harald Fricke u.a. (Hrsg.), *Reallexikon der
   deutschen Literaturwissenschaft*, Bd. 2, Berlin, New York 2000, S. 333–337.
7 Vgl. zu den Begriffen ›Methode‹ und ›Literaturtheorie‹ Köppe, Tilmann/Winko,
   Simone, *Neuere Literaturtheorien*, Stuttgart, Weimar 2008, Kap. 1.
8 Dieser Unterscheidung entsprechen vier grundsätzlich verschiedene Zugangsweisen zum Text; vgl. Rosenberg, Jay F., *The Practice of Philosophy*, Upper Saddle River
   (N.J.) 1996, S. 110–113.

ten kann oder auch leisten soll. Hier ist eine (offene) Liste solcher Funktionszuschreibungen:

– Literatur ergänzt/erweitert Wissen;
– Literatur vermittelt Wissen;
– Literatur veranschaulicht Wissen;
– Literatur popularisiert Wissen;
– Literatur problematisiert Wissen;
– Literatur antizipiert Wissen;
– Literatur partizipiert an der Konzeptualisierung eines Wirklichkeitsbereichs (und strukturiert den Bereich des für uns Wissbaren);
– Literatur setzt (für ein angemessenes Verständnis) Wissen voraus;
– Literatur enthält Wissen;
– Literatur ist (eine Form von) Wissen.

Auch hier sind verschiedene Differenzierungen möglich. Im zweistelligen Schema

A [Relationsausdruck] B

(z. B. ›Literatur vermittelt Wissen‹) kann man erstens die einzelnen Relata *A* und *B* und zweitens die Art der Relation näher bestimmen.[9] Von besonderer Bedeutung (nicht zuletzt für die Beiträge des Bandes) ist die Konturierung des Wissensbegriffs. Hier lassen sich mehrere Dimensionen unterscheiden, nämlich die Bestimmung der Struktur des Wissensbegriffs (1.1.), die Inhalte des Wissens (1.2.) sowie die Träger des Wissens (1.3.). Zudem ist der Relationstyp zu untersuchen (2.).

1.1. Zu klären ist, welche *Struktur* der jeweils zugrunde gelegte Wissensbegriff hat. Dieser Klärungsbedarf lässt sich zunächst als Aufforderung zur Definition des Wissensbegriffs verstehen. In der philosophischen Erkenntnistheorie, in der sich der Anspruch findet, alltägliche Verwendungsweisen des Ausdrucks ›Wissen‹ zu analysieren, wird diese Aufgabe meist als Antwort auf die Frage verstanden: Welche Bedingungen müssen erfüllt sein, damit man Recht hat, wenn man von einer Person sagt, sie verfüge über Wissen? Typischerweise werden zu den Bedingungen, die die Person erfüllen muss, Überzeugungen gerechnet, die gerechtfertigt und/oder wahr sind und/oder

---

[9] Neben zweistelligen Schemata sind natürlich auch mehrstellige möglich, etwa: ›Zwischen Literatur und Wissenschaft zirkuliert Wissen‹; vgl. hierzu den Beitrag von Olav Krämer.

für wahr gehalten werden, oder auch ein auf bestimmte Weise qualifiziertes kausales Verhältnis zwischen der Person und ihrer Umwelt. Entsprechende Definitionen sind notorisch umstritten. Zudem beziehen sie sich in aller Regel nur auf einen Kernbereich empirischen Wissens;[10] für ›phänomenales Wissen‹, ›praktisches Wissen‹ oder auch ›ethisches Wissen‹ müssen entsprechend andere Bedingungen angenommen werden.

1.2. Von der Struktur von ›Wissen‹ sind Wissens-*Inhalte* zu unterscheiden. Wenn man geklärt hat, unter welchen Bedingungen man von jemandem sagen kann, er verfüge über Wissen, so hat man sich noch nicht dazu geäußert, was der Inhalt dieses Wissens ist bzw. was es denn ist, das die Person weiß. In der Literaturwissenschaft gibt es hier mehrere Tendenzen. Einerseits wird betont, dass Literatur auf keinen ›Wissensbereich‹ festgelegt ist. Literarische Texte können demnach von buchstäblich allem Möglichen handeln, und daher können sie auch zur Quelle von Wissen über alles Mögliche werden. Andererseits wird das Wissen, das man anhand von Literatur gewinnen könne, auf verschiedene Weise qualifiziert. Es wird etwa als primär auf den Menschen bezogen bestimmt und damit inhaltlich umgrenzt,[11] oder es wird als ›riskant‹ oder ›subversiv‹ bezeichnet und damit bewertet.[12] Mit diesen Qualifizierungen ist nicht selten auch eine komparative These verbunden: dass nämlich literarische Texte im Unterschied zu Texten anderer Form oder Gattung besonders gut oder besonders oft geeignet seien, die fraglichen Leistungen (z.B. der Wissens-Vermittlung) zu erbringen. Der in der Forschung prominenteste Vergleichspartner der Literatur ist die Wissenschaft (vgl. zu verschiedenen Beziehungen zwischen Literatur und Wissenschaft den Beitrag von Olav Krämer).

1.3. Von der Struktur des Wissensbegriffs und den jeweiligen Wissens-Inhalten ist noch einmal der *Träger* des Wissens zu unterscheiden, d.h. derjenige oder dasjenige, von dem ausgesagt wird, er/es verfüge über Wissen. Oben (1.1.) habe ich die Standardauffassung der Erkenntnistheorie referiert, die besagt, dass es sich hierbei stets um Personen handelt. Diese Position kann problematisiert werden. Neben Einzelpersonen kommen auch (historische oder aktuelle) Personengruppen in Frage, und es lassen sich verschiedene Personengruppen anhand einer Rolle unterscheiden (so sprechen wir

---

[10] Empirisches Wissen ist jenes Wissen, das durch Erfahrung gerechtfertigt werden kann. Es ließe sich argumentieren, dass diese Beschränkung weiter Teile der traditionellen Erkenntnistheorie weniger engstirnig ist, als es den Anschein haben mag. Empirisches Wissen scheint tatsächlich so etwas wie einen unverzichtbaren Kernbereich unseres Wissens auszumachen.

[11] Vgl. jüngst etwa Gibson, John, *Fiction and the Weave of Life*, Oxford 2007.

[12] Vgl. hierzu einige der im Beitrag von Thomas Klinkert referierten Positionen.

beispielsweise von Experten- und Laienwissen oder auch von Autor- und Leserwissen). Problematisiert werden kann schließlich auch, ob nur Personen als Träger von Wissen infrage kommen. Auch von Texten sagen wir ja, dass in ihnen ein bestimmtes Wissen seinen Niederschlag gefunden habe oder dass sie zur Quelle von Wissen werden können. Es finden sich jedoch auch stärkere Formulierungen der Art, dass Texte selbst etwas ›wissen‹. Zu klären ist hier, unter welchen Bedingungen diese Aussagen richtig sind.[13]

2. In Bezug auf den *Relationstyp* muss geklärt werden, was im Einzelnen mit ›veranschaulichen‹, ›popularisieren‹, ›kritisieren‹, ›enthalten‹, ›exemplifizieren‹, ›verkörpern‹ usw. gemeint ist, und zwar u. a. in Hinblick auf die Voraussetzungen, Struktur, Folgen und Kontexte dieser Funktionen. (Die metaphorische Bemerkung, ein Text verkörpere ein bestimmtes Wissen, ist leicht gemacht; wissenschaftlich anspruchsvoll ist die Erklärung, was damit gemeint sein könnte.) Auch an dieser Stelle kommen oft Bewertungen ins Spiel (vgl. 1.2.). Während die Rolle des Popularisierens oder Veranschaulichens von Wissen oft abwertend gemeint ist (›Literatur kann Wissen *bloß* popularisieren‹),[14] gelten die Gewinnung von Wissen oder auch die Kritik herrschender Wissensbestände als hervorragende Leistungen. In Bezug auf die generelle wissensbezogene Leistungsfähigkeit literarischer Texte – wiederum im Unterschied zu Texten anderer Form oder Gattung – stehen sich von alters her zwei Positionen gegenüber: die platonische Tradition, die Literatur ab-, und die aristotelische Tradition, die Literatur aufwertet. Auch in der neueren Forschung wird von pauschalen komparativen Urteilen dieser Form nicht immer abgesehen, und dabei wird gern übersehen, dass der Erwerb (oder die Vermittlung) von Wissen in mehr als nur einer Hinsicht *kontextsensitiv* ist. Ob eine *bestimmte* Person Wissen erwirbt, hat immer auch etwas damit zu tun, mit welchem *bestimmten* Text sie es zu tun hat und wie es um ihre sonstige *epistemische Situation* (d. h. ihr Vorwissen, die ihr zur Verfügung stehenden Rechtfertigungsressourcen usw.) bestellt ist.[15]

---

[13] Vgl. dazu die Kontroverse in Band 17/2007 der *Zeitschrift für Germanistik*; Stellungnahmen finden sich in den Beiträgen von Gideon Stiening, Thomas Klinkert und Claus-Michael Ort im Band; Andrea Albrechts Beitrag behandelt eine ähnliche Frage in Bezug auf andere Textformen.

[14] Vgl. zu dieser Unterscheidung Kindt, Tom/Köppe, Tilmann, »Literatur und Medizin. Systematische und historische Überlegungen anhand programmatischer Texte des europäischen Naturalismus«, in: Nicolas Pethes/Sandra Richter (Hrsg.), *Medizinische Schreibweisen. Ausdifferenzierungen und Transfer zwischen Medizin und Literatur (1600–1900)*, Tübingen 2008, S. 265–283, hier S. 274–281.

[15] Vgl. den Beitrag von Lutz Danneberg und Carlos Spoerhase im Band.

III. Ordnungsschema: Literaturwissenschaftliche Arbeitsfelder

Das dritte Ordnungsschema orientiert sich an mehr oder minder etablierten literaturwissenschaftlichen Tätigkeitsbereichen, Forschungsprogrammen oder Ansätzen sowie denen gewisser Nachbardisziplinen und versucht, die Untersuchung der Beziehungen von Literatur und Wissen diesen Arbeitsgebieten zuzuordnen. Ich möchte eine (etwas artifizielle) Unterscheidung von Tätigkeits-Kernbereichen der Literaturwissenschaft (1.), neueren Forschungsprogramm oder Ansätzen (2.) und literaturwissenschaftsnahen Arbeitsgebieten von Nachbardisziplinen (3.) vorschlagen:

1. Kerngebiete der Literaturwissenschaft:
   1.1. Interpretation: Es gibt neue ›symptomatische‹ Interpretationen literarischer Texte, in denen die Beziehungen dieser Texte (oder ihrer Autoren oder Leser) zu Wissen herausgearbeitet werden; nicht selten handelt es sich dabei um Untersuchungen zu inhaltlich bestimmten Wissensbeständen (vgl. zum Beispiel des ökonomischen Wissens dreier Autoren/Werke den Beitrag von Sandra Richter im Band).
   1.2. Literaturgeschichte: Man kann neue Geschichten der Literatur schreiben, d. h. Rekonstruktionen von Verlaufslinien, die sich neuen thematischen Gesichtspunkten (›Literatur und Wissen‹) verdanken.
   1.3. Empirische Erforschung der Handlungsrollen des Literatursystems: Die Empirische Literaturwissenschaft kann mit psychologischen Methoden erforschen, wie der Erwerb von Wissen anhand literarischer Texte vonstatten geht.[16] Weitere Handlungsrollen sind die Produktion, Distribution oder auch Verarbeitung dieser Texte, und auch hier sind entsprechende Untersuchungen möglich.
   1.4. Historische Rezeptionsforschung: Untersucht werden kann, in welcher Weise literarische Texte den Wissenshorizont historischer Leser beeinflussten. Im Unterschied zur empirischen Rezeptionsforschung kann hier nicht psychologisch experimentiert werden; vielmehr müssen historische Dokumente ausgewertet werden.[17]
   1.5. Literaturtheorie: Als eine zentrale Aufgabe der Literaturtheorie (im Singular) kann man die Klärung der Methoden und Begriffe ansehen, die beim Umgang mit Literatur zur Anwendung kommen. Insofern ist die Literaturtheorie prinzipiell mit der Explikation aller vorab genannter Begriffe (›Literatur‹, ›Leser‹, ›Autor‹, ›Kontext‹, ›Interpretation‹ usw.) befasst. Für die Zusam-

---

[16] Vgl. etwa Appel, Markus, *Realität durch Fiktionen. Rezeptionserleben, Medienkompetenz und Überzeugungsänderungen*, Berlin 2005.

[17] Ein nachgerade berühmtes und oft untersuchtes Beispiel ist die Rezeption von Harriet Beecher Stowes *Uncle Tom's Cabin*.

menhänge von Literatur und Wissen ist insbesondere die Fiktionstheorie wichtig: Fiktionale literarische Texte unterscheiden sich im Hinblick auf ihre Eignung zur Vermittlung von Wissen in entscheidender Weise von nicht-fiktionalen Texten (vgl. hierzu den Beitrag von Lutz Danneberg und Carlos Spoerhase in diesem Band). Als Literaturtheorie*n* (im Plural) werden die theoretischen Überlegungen literaturwissenschaftlicher Ansätze oder ›Schulen‹ bezeichnet, die sich im Laufe der Fachgeschichte herausgebildet haben, etwa Hermeneutik, Dekonstruktion, Strukturalismus oder Rezeptionsästhetik. ›Wissen‹ spielt in einigen dieser Ansätze – insbesondere in jenen, die sich verstärkt um die Größen ›Autor‹, ›Leser‹ und ›Kontext‹ bemühen – eine Rolle, und zwar zumeist in einer jeweils charakteristischen Definition.

1.6. Wissenschaftsgeschichte: Die Untersuchung der Beziehungen von Literatur und Wissen hat einen bestimmten Ort in der literaturwissenschaftlichen Fachgeschichte, der seinerseits von der Wissenschaftsgeschichte untersucht werden kann. Eine solchermaßen thematisch zugespitzte Erforschung der literaturwissenschaftlichen Fachgeschichte steht noch aus (vgl. aber die Nachweise im Beitrag von Olav Krämer, Anm. 3).

2. Neuere Arbeitsgebiete:

2.1. Literarische Anthropologie: Als ›literarische Anthropologie‹ werden recht unterschiedliche Arbeitsfelder bezeichnet: erstens die Rekonstruktion anthropologischer Themen in literarischen Texten (oder literarischer Strukturen anthropologischer Texte), zweitens der Beitrag literarischer Texte zu einer Anthropologie sowie drittens anthropologisch orientierte Erklärungen für das Phänomen ›Literatur‹.[18] Insbesondere der zweite Untersuchungsbereich fragt offensichtlich nach dem Beitrag der Literatur zur Gewinnung anthropologischen Wissens; es handelt sich mithin um eine inhaltliche Spezifikation der allgemeinen Frage nach den wissensbezogenen Vermittlungsleistungen von Literatur.

2.1. Diskursanalyse: Ein einheitliches Programm oder eine Methode der literaturwissenschaftlichen Diskursanalyse gibt es nicht. In einer populären Richtung wird unter ›Diskurs‹ ein »System des Denkens und Argumentierens« verstanden, das sich durch einen geteilten »Redegegenstand«, durch »Regularitäten der Rede« sowie durch bestimmte »Relationen zu anderen Diskursen« auszeichnet.[19] ›Wissen‹ kann hier als eine Größe verstanden wer-

---

[18] Vgl. Köppe/Winko, *Literaturtheorie*, Kap. 15.

[19] Titzmann, Michael, »Skizze einer integrativen Literaturgeschichte und ihres Ortes in einer Systematik der Literaturwissenschaft«, in: Ders. (Hrsg.), *Modelle des literarischen Strukturwandels*, Tübingen 1991, S. 406.

den, die durch jenes ›Denken‹ und ›Argumentieren‹ produziert und vermittelt sowie vielfach ›reguliert‹ wird. Typischerweise wird angenommen, dass bestimmte Wissensinhalte in mehreren Diskursen eine Rolle spielen. Literarische Texte können daraufhin untersucht werden, in welcher Weise sie an den fraglichen Prozessen beteiligt sind. Die Diskursanalyse ist (in dieser Perspektive) also ein Verfahren, das symptomatische Interpretationen (s. o., 1.1.) mit bestimmten Kontext-Annahmen verbindet. Eine poststrukturalistische Ausprägung erhält die Diskursanalyse, wenn sie mit subjekt- sowie machtkritischen Annahmen einhergeht; dies hat weitreichende Konsequenzen dafür, wie die literaturtheoretischen Grundbegriffe ›Autor‹, ›Text‹, ›Leser‹ und ›Interpretation‹ verstanden werden, und auch der Begriff der Diskurs-Regularität wird neu bestimmt.[20]

2.2. Poetik/Poetologie des Wissens: Die Poetik oder Poetologie des Wissens versucht auf dem Wege der Textanalyse unter anderem herauszubekommen, in welcher Weise ›Wissensstrukturen‹ oder ›Wissensordnungen‹ ›poetisch‹ verfasst sind, ›inszeniert‹ oder ›performativ‹ stabilisiert‹ werden.[21] Einher geht mit diesem Programm typischerweise eine (aus verschiedenen Strömungen des Poststrukturalismus bekannte) Kritik herkömmlicher Begriffe von ›Wissen‹ oder auch ›Wahrheit‹. (Olav Krämer unterscheidet in seinem Beitrag verschiedene Weisen, dieses Anliegen zu verstehen; vgl. auch die Beiträge von Gideon Stiening und Thomas Klinkert in diesem Band.)

---

[20] Vgl. Köppe/Winko, *Literaturtheorie*, Kap. 7.2. Zur einflussreichen Philosophie Foucaults vgl. Freundlieb, Dieter, »Foucault and the Study of Literature«, in: *Poetics Today*, 16/1995, S. 301–344, sowie den Beitrag von Thomas Klinkert in diesem Band.

[21] Zur Analyse und Kritik vgl. Stiening, Gideon, »Am ›Ungrund‹ oder: Was sind und zu welchem Ende studiert man ›Poetologien des Wissens‹?, in: *KulturPoetik*, 7/2007, S. 234–248. Eine grundsätzliche Rekonstruktionsschwierigkeit ist darin zu sehen, dass eine Erläuterung des Programms der Poetik/Poetologie des Wissens meist nicht von Vertretern dieses Ansatzes geleistet wird (sondern eher von Kritikern); das dürfte etwas mit der Skepsis der Ansatz-Vertreter gegenüber dem Programm der rationalen Rekonstruktion zu tun haben. Für authentische Darstellungen vgl. etwa die Beiträge Vogl, Joseph, »Für eine Poetologie des Wissens«, in: Karl Richter u. a. (Hrsg.), *Die Literatur und die Wissenschaften 1770–1930*, Stuttgart 1997, S. 107–127; Pethes, Nicolas, »Poetik/Wissen«, in: Gabriele Brandstetter/ Gerhard Neumann (Hrsg.), *Romantische Wissenspoetik. Die Künste und die Wissenschaften um 1800*, Würzburg 2004, S. 341–372.

3. Literaturwissenschaftsnahe Nachbardisziplinen:

3.1. Philosophische Erkenntnistheorie: Die philosophische Erkenntnistheorie untersucht die Bedingungen, Grenzen und Quellen des Wissens.[22] Ist in der Erkenntnistheorie von den ›Quellen‹ des Wissens die Rede, so sind allerdings in aller Regel nicht verschiedene Typen von Texten gemeint, sondern vielmehr weiter gefasste Kategorien wie ›sinnliche Wahrnehmung‹, ›Erinnerung‹ oder ›testimony‹.[23] Gleichwohl gibt es in der philosophischen Ästhetik eine lange Tradition der Auseinandersetzung mit der (erkenntnistheoretischen) Frage, ob und inwiefern fiktionale Literatur für uns eine Quelle von Wissen sein kann (vgl. etwa die historischen Exkurse des Beitrags von Lutz Danneberg und Carlos Spoerhase im Band). Auch die zeitgenössische Ästhetik wendet sich, wenn von den Funktionen (oder dem Wert) fiktionaler Literatur die Rede ist, bevorzugt deren ›kognitiver Signifikanz‹ zu.

3.2. Wissenssoziologie: Die Wissenssoziologie untersucht – im Unterschied etwa zur traditionellen philosophischen Erkenntnistheorie – primär soziale Strukturen, Bedingungen und Funktionen von Wissen.[24] ›Wissen‹ wird dabei als etwas verstanden, das, ähnlich wie ›Kultur‹, erst in der Interaktion von Individuen entsteht und verschiedenste soziale Praxen auszeichnet und konstituiert. Der Begriff des Wissens wird hier deutlich anders gefasst als in der Erkenntnistheorie, etwa als »die Gewißheit, daß Phänomene wirklich sind und bestimmbare Eigenschaften haben«.[25] Literarische Texte können in wissenssoziologische Untersuchungen einbezogen werden, insofern die Institution ›Literatur‹ eine kulturelle Praxis ist (für Näheres vgl. die Beiträge von Claus-Michael Ort und Olav Krämer im Band.)

3.3. Geschichte des Wissens: Als ›Geschichte des Wissens‹ wird eine zumeist geschichtswissenschaftliche (aber auch soziologisch oder literaturwissen-

---

[22] Als Überblick nach wie vor ausgezeichnet geeignet ist Bieri, Peter, *Analytische Philosophie der Erkenntnis*, 2. Aufl., Frankfurt am Main 1992.

[23] Vgl. Audi, Robert, *Epistemology. A Contemporary Introduction to the Theory of Knowledge*, London, New York 1998. Die Frage, ob oder inwiefern man anhand literarischer Texte Wissen erwerben kann, gehört zum Problemkontext des Erwerbs von Wissen in Testimonialsituationen, d. h. von Situationen, in denen das Wort einer anderen Person Quelle meines Wissens ist; vgl. den Beitrag von Lutz Danneberg und Carlos Spoerhase in diesem Band sowie grundlegend Craig, Edward, *Was wir wissen können. Pragmatische Untersuchungen zum Wissensbegriff*, Frankfurt am Main 1993.

[24] Auch die philosophische Erkenntnistheorie widmet sich dem sozialen Charakter von Wissen; vgl. etwa Goldman, Alvin, »The Need for a Social Epistemology«, in: Brian Leiter (Hrsg.), *The Future for Philosophy*, Oxford 2004, S. 182–207.

[25] Berger, Peter/Luckmann, Thomas, *Die gesellschaftliche Konstruktion der Wirklichkeit. Eine Theorie der Wissenssoziologie*, übers. v. Monika Plessner, Frankfurt am Main 1980, S. 1.

schaftlich orientierte) Disziplin bezeichnet, die sich mit der historischen Verbreitung von Wissen beschäftigt. Im Mittelpunkt des Interesses stehen
dabei die Fragen, was von wem zu einem bestimmten Zeitpunkt unter ›Wissen‹ verstanden wurde (Begriffsgeschichte), unter welchen Bedingungen
bestimmte Annahmen als Wissen zählten und welche Individuen, Institutionen oder ›Praxen‹ an den entsprechenden Prozessen beteiligt sind (vgl.
hierzu den Beitrag von Gideon Stiening).[26] Die Wissensgeschichte hat überdies eine besondere Nähe zur *Wissenschafts*geschichte (vgl. hierzu den Beitrag
von Olav Krämer).

3.4. Rhetorik: Die traditionelle Rhetorik untersucht die Entstehung, Struktur und Wirkung von Rede und leitet diese an. Bezüge zum Thema ›Literatur
und Wissen‹ gibt es u. a. auf den folgenden zwei Feldern: Erstens spielt der
literarische Redeschmuck eine wichtige Rolle für die Funktion und Wirkung
der Rede (zu denen auch die Vermittlung von Wissen gehört); zweitens steht
gerade literarische Rede von jeher im Verdacht, eher zu überreden als (rational) zu überzeugen, und ist insofern ein wichtiger Gegenstand einer Ethik
der Rhetorik, die die Bedingungen untersucht, unter denen rhetorische Mittel legitime Instrumente der Überzeugungsbildung sind.[27]

Das folgende Schema kann diese Unterscheidungen noch einmal darstellen:

Literaturwissenschaftliche Arbeitsfelder zum Thema ›Literatur und Wissen‹

Kerngebiete der Literaturwissenschaft:	Neuere Arbeitsgebiete:	Literaturwissenschaftsnahe Nachbardisziplinen:
– Interpretation	– Literarische Anthropologie	– philosophische Erkenntnistheorie
– Literaturgeschichte	– Diskursanalyse	– Wissenssoziologie
– empirische Erforschung der Handlungsrollen des Literatursystems	– Poetik/Poetologie des Wissens	– Geschichte des Wissens
– historische Rezeptionsforschung		– Rhetorik
– Literaturtheorie		
– Wissenschaftsgeschichte		

---

26 Vgl. Landwehr, Jürgen, »Wissensgeschichte«, in: Rainer Schützeichel (Hrsg.),
Handbuch Wissenssoziologie und Wissensforschung, Konstanz 2007, S. 801–813.
27 Vgl. Fey, Gudrun, *Das ethische Dilemma der Rhetorik in der Antike und der Neuzeit*,
Stuttgart 1990.

Die drei vorgestellten Ordnungsschemata sind gewiss ergänzungs- und vor allem differenzierungsbedürftig (und die Unterscheidungen sind zudem kaum ohne gewisse Überschneidungen möglich). Die Beiträge dieses Bandes entwerfen z. T. alternative Schemata (vgl. hierzu insbesondere das problembezogene Ordnungsschema im Beitrag von Lutz Danneberg und Carlos Spoerhase sowie das an der Unterscheidung von Erklärungsmustern orientierte Ordnungsschema im Beitrag von Olav Krämer). Außerdem lässt sich kaum bestreiten, dass bereits Klassifikationen, wie ich sie vorgestellt habe, Thesen enthalten, die kontrovers sein mögen. Insbesondere die im zweiten Ordnungsschema getroffene Unterscheidung von begrifflicher Struktur, Inhalten und Trägern von ›Wissen‹ dürfte in dieser Weise strittig sein.

IV. Die Beiträge des Bandes: Kontroversen

Die Beiträge des Bandes nehmen zu bestimmten Themen des nunmehr knapp umrissenen Forschungsfeldes Stellung. Ich werde sie nun vorstellen und den Themen exemplarisch zuordnen. Das Exemplarische der Zuordnung verdankt sich der Tatsache, dass alle Beiträge mehrere und systematisch verschiedene (bzw. zu unterscheidende) Aspekte des Forschungsfeldes ansprechen; ich konzentriere mich auf Zuordnungen, die mir als besonders wesentlich erscheinen und von denen ich annehme, dass sie eine Kernaussage des jeweiligen Beitrags einfangen (und ich vermeide Mehrfachnennungen). Die Beiträge leisten insbesondere zweierlei: Sie nehmen erstens eine Metaperspektive ein und schlagen Systematisierungen einzelner Aspekte des Forschungsfeldes vor, und/oder sie nehmen zweitens Stellung zu der Kernfrage, in welchem Sinne davon gesprochen werden könne, Literatur sei ein Träger oder eine Quelle von Wissen. Ich konzentriere mich in meiner Vorstellung auf diese zwei Aspekte.

Lutz Danneberg und Carlos Spoerhase identifizieren in ihrem Beitrag verschiedene (›poetologische‹, ›hermeneutische‹ und ›epistemologische‹) Fragestellungen und »Problemkonstellationen«, die im Forschungszusammenhang »Wissen in Literatur« untersucht werden müssen. Die erste Problemkonstellation betrifft die Frage, inwiefern der Erwerb von Wissen anhand literarischer Texte mithilfe der Theorie des Testimoniums (d.i. des Zeugnisses anderer) beschrieben werden kann. Die zweite Problemkonstellation betrifft fiktionalitätstheoretische Voraussetzungen und Konsequenzen der Wissensthematik; die dritte die Frage, »wie das Verhältnis von Artefaktproduktion und Artefaktgehalt zu konzeptualisieren ist«; die vierte Problemkonstellation ist der Frage gewidmet, ob und inwiefern das Wissen in Literatur neu sein könne, die fünfte der Natur der »Exemplifikationsrelation im Hinblick auf literaturwissenschaftliche Wissenszuschreibungen« (und zwar insbesondere Zuschreibungen von »nichtpropositionalem Wissen«). Die sechste Problemkonstellation schließlich behandelt das Desiderat »einer ausformulierten Theorie der Wissensträger, die personale, textuelle und abstrakte Wissensträger deutlich unterscheidet«.

Olav Krämer nimmt in seinem Beitrag eine Systematisierung aktueller Forschungsansätze/Untersuchungstypen zum Verhältnis von Literatur und Wissenschaft vor. Primäres Unterscheidungskriterium sind dabei die »Erklärungsweisen, die in den Untersuchungen auf Beziehungen zwischen Literatur und Wissenschaft angewendet werden.« Weiterhin lassen sich die Ansätze in Hinblick auf übergeordnete Ziele, die verfolgt werden, sowie den Typ und die Rolle des jeweils in Anschlag gebrachten Wissensbegriffs unterscheiden. Das Erklärungsmuster der ›Intention‹ liegt einem Ansatz zugrunde, der die Beziehungen zwischen literarischem und wissenschaftlichem Text »durch den Rekurs auf die Kenntnisse und die angenommenen Intentionen des Autors des literarischen Textes erklärt«. Als »Korrelation« bezeichnet Krämer nicht notwendig einzeltextbezogene Erklärungsweisen von Ansätzen, die Beziehungen zwischen als ›Systemen‹, ›Diskursen‹ oder ›Praktiken‹ aufgefassten Bereichen der ›Literatur‹ und ›Wissenschaft‹ untersuchen, dabei von verschiedenen Einflussbeziehungen ausgehen und diese auf ihre Funktionen innerhalb einer Kultur oder Gesellschaft untersuchen können. Dem dritten Untersuchungstyp, von Krämer dem Erklärungsmuster »Zirkulation« zugeordnet, liegt die Vorstellung zugrunde, dass es »zwischen Literatur und Wissenschaften weitreichende Gemeinsamkeiten oder Verbindungen gebe«, die sich etwa darin ausdrücken könnten, dass »ihnen dieselben Regeln und Verfahren der Aussagenbildung zugrunde liegen und dass sie sich derselben Darstellungsweisen und Repräsentationsweisen bedienen«. Eine auf solchen Annahmen fußende ›Poetologie des Wissens‹ versucht, »jene Ähnlichkeiten zwischen der Literatur und den Wissenschaften eines Zeitabschnitts herauszuarbeiten, in denen sich ihre Situiertheit innerhalb desselben Wissensraums manifestiert«. ›Wissen‹ ist dabei etwas, das Literatur und Wissenschaften verbindet, und wird etwa (mit Foucault) als »ein ›Ensemble von Elementen‹ bestimmt, das auf regelmäßige Weise von einer ›diskursiven Praxis‹ hervorgebracht werde und das unter anderem eine Domäne von Gegenständen, einen Raum, in dem sich Subjekte positionieren können, und ein Feld der Koordination und Subordination von ›énoncés‹ umfasse«.

Thomas Klinkert unterscheidet in seinem Beitrag vier in der gegenwärtigen Forschung vertretene Typen der Relationierung von ›Literatur‹ und ›Wissen‹. Zugrunde liegt dabei ein Ordnungsschema wissensbezogener Leistungen (vgl. oben, Abschnitt II): (1) Literatur könne ein bestimmtes Wissen aufnehmen; (2) Literatur könne einseitige Wissensgehalte (oder auch: »Wissensbedingungen«) kompensieren; (3) Literatur könne Wissen generieren; (4) Literatur könne kein Wissen enthalten. Klinkert stellt fest, dass in jeder dieser Positionen etwas anderes unter ›Wissen‹ verstanden wird, und benennt, ausgehend von Überlegungen u. a. zur Systemtheorie, Gründe für die Annahme, dass fiktionale Literatur kein geeigneter Träger (empirischen) Wissens ist. Literatur kann gleichwohl, so Klinkert, ein spezifisches Wissen enthalten, das sich in seiner Struktur, seinen Erwerbsbedingungen und seiner Funktion vom empirischen Wissen unterscheidet: Es lässt sich »nicht auf Begriffe reduzieren«, realisiert sich »nur im Prozess der Rezeption des literarischen Textes« und kann etwas »anschaulich und begreiflich machen«.

Andrea Albrecht setzt sich in ihrem Beitrag ebenfalls mit der Frage auseinander, welchen Typs das Wissen ist, das sich einem Text zuschreiben lässt. Neben »propositionalem Wissen« (»Satzwissen«) gebe es auch »nicht-propositionale Wissensformen«, die »subjekt- und kontextgebunden sind und denen sich nicht ohne Weiteres ein Wahrheitswert zuschreiben lässt«. Albrecht zufolge gibt es Texte (ihr Beispiel ist Platons *Menon*), in denen sich ein solches nicht-propositionales Wissen »manifestieren«, »darstellen«, »abbilden« oder »performativ in Szene setzen« könne. Dies geschehe in Platons Dialog in der Figur des Sokrates. Leser des Dialogs sollen sich demnach vorstellen, dass Sokrates das fragliche Wissen »verkörpert«, und sie können es selbst zu erwerben versuchen, indem sie nachmachen, was er vormacht. Grundsätzlich ausgeschlossen sei dagegen, dass das »praktische« Wissen satzförmig ausbuchstabiert wird; es sei gleichwohl in den Texten »enthalten« oder werde von diesen »exemplifiziert«. Ein entsprechender Wissensbegriff könne, so mutmaßt Albrecht, auch für die Analyse literaturwissenschaftlich relevanter Texte fruchtbar gemacht werden. Die »Fixierung« auf einen ›engen‹, propositionalen Wissensbegriff sei demgegenüber abzulehnen.

Claus-Michael Ort konturiert in seinem Beitrag eine »wissenssoziologische Option« für die Literaturwissenschaft. Das ›in‹ Literatur vorhandene ›Wissen‹ sei hier im Sinne von »Semantik« zu verstehen als »Teilmenge« eines »Themenvorrats«, »die sich zu einem bestimmten historischen Zeitpunkt als ›*wissen*sfähig‹ erweist«. Aufgabe einer wissenssoziologisch orientierten Literaturwissenschaft kann es sein, die Beziehungen zwischen dieser »Semantik«

und dem ›Wissen‹ von Personen(gruppen) zu modellieren und zu untersuchen. Von der Wissenssoziologie zugrunde gelegte Konzepte von ›Wissen‹ sind notwendig weit (s. o., III.3.2.). Ferner kann es nicht darum gehen, festzustellen, welche Wissensansprüche wahr sind, weil »Wahrheit(en)‹ […] zu einem je diskursrelativen, gesellschaftlich ausgehandelten Konstrukt zu historisieren sind«. Anhand zweier Beispielinterpretationen veranschaulicht Ort, inwiefern Literatur »als Medium der Speicherung und Verbreitung, Popularisierung und Ästhetisierung von außerliterarisch präexistenten literatur-*un*spezifischen ›Wissensbeständen‹ fungieren« kann.

Gideon Stiening entwickelt am Beispiel von Goethes *Die Metamorphose der Pflanzen* ein Programm von »Wissensgeschichte« als Kontext der Literaturgeschichte (und der literaturgeschichtlichen Interpretation). Gegen die ›Poetologie des Wissens‹ sei an einem traditionellen Wissensbegriff festzuhalten, der »zwischen Wissen, Glauben, Meinen, Empfinden, Einbilden und Fühlen zu unterscheiden« erlaube, denn nur so könne die Wissensgeschichte als ein spezifischer Kontext literarischer Texte von anderen (ideengeschichtlichen) Kontexten unterschieden werden. Gleichwohl verweist Stiening darauf, dass es der Wissensgeschichte nicht auf eine Beurteilung der (heutigen) Berechtigung von Wissensansprüchen ankommen könne; statt eines »materialen« sei insofern ein »formaler« Wissensbegriff anzunehmen. Die Wissensgeschichte folge in einem ersten Schritt der »Maxime einer möglichst umfassenden Bearbeitung des Wissensfeldes und seiner wissenschaftlichen Erforschung *unabhängig* von den Rezeptionsformen und -ergebnissen des literarischen Autors«. In einem zweiten Schritte gelte es dann, »die dilettantischen oder professionellen Rezeptionswege, -umfänge und die Auswahl zu berücksichtigen, die der literarische Autor tätigte«.

Sandra Richter zeigt im Rahmen einer Fallstudie verschiedene Formen des Zusammenhangs von Literatur und Wissen auf. Die Autoren Heinrich Mann, Upton Sinclair und Herbert George Wells verarbeiten in ihren Romanen in je spezifischer Weise Elemente des ökonomischen Wissens ihrer Zeit, und sie weisen dabei auf bestimmte Aspekte der ökonomischen Realität hin, die sich in der Sach- oder Fachliteratur zum Thema in dieser Form nicht finden: »Durch ihre fiktionalen Interventionen vermittelt Literatur Einsichten, wie ökonomisches Wissen und Handeln wahrgenommen wird: Einsichten in Reaktionen wie Angst vor oder Vertrauen in ökonomischen Wettbewerb, Wettbewerbsskepsis oder -euphorie.« Hier zeige sich mithin eine besondere Leistung der Literatur: »Der Literatur ist es möglich, diese Ambivalenz in ihrer Komplexität auszudrücken, weil sie alle Sphären des Lebens und Schreibens umgreift. Sie leistet damit, was wohl keine andere Form der Wissensdarbietung vermag.«

V. Auswahlbibliographie

Altieri, Charles, »Poetics as ›untruth‹. Revising Modern Claims for Literary Truths«, in: *New Literary History*, 29/1998, S. 305–328.

Amend-Söchting, Anne, *Das Schöne im Wirklichen – das Wirkliche im Schönen*, Heidelberg 2002.

Angermüller, Johannes, u. a. (Hrsg.), *Reale Fiktionen, fiktive Realitäten. Medien, Diskurse, Texte*, Hamburg 2000.

Appel, Markus, *Realität durch Fiktionen. Rezeptionserleben, Medienkompetenz und Überzeugungsänderungen*, Berlin 2005.

Assmann, Aleida, *Die Legitimität der Fiktion. Ein Beitrag zur Geschichte der literarischen Kommunikation*, München 1980.

Bär, Katja, u. a. (Hrsg.), *Text und Wahrheit*, Frankfurt am Main u. a. 2004.

Battin, M. Papst, »Plato on True and False Poetry«, in: *The Journal of Aesthetics and Art Criticism*, 36/1978, S. 163–174.

Bauereisen, Astrid, u. a. (Hrsg.), *Kunst und Wissen. Beziehungen zwischen Ästhetik und Erkenntnistheorie im 18. und 19. Jahrhundert*, Würzburg 2009.

Baumann, Gerhart: »Dichtung – Wagnis der Wahrheit«, in: Ders. (Hrsg.), *Erschriebene Welt. Versuche zur Dichtung*, Freiburg 1988, S. 9–23.

Beardsley, Monroe C., *Aesthetics. Problems in the Philosophy of Criticism. Second Edition*, Indianapolis 1981.

Becker-Mrotzek, Michael, »Das Verhältnis von Wissen und sprachlichem Handeln am Beispiel des Erzählens«, in: Edda Weigand/Franz Hundsnurscher (Hrsg.), *Dialoganalyse, II. Referate der 2. Arbeitstagung Bochum 1988*, Tübingen 1989, S. 275–286.

Becker, Bernhard von, *Fiktion und Wirklichkeit im Roman. Der Schlüsselprozess um das Buch »Esra«. Ein Essay*, Würzburg 2006.

Begley, Louis, *Zwischen Fakten und Fiktionen. Heidelberger Poetikvorlesungen*, Frankfurt am Main 2008.

Bender, John W., »Art as a Source of Knowledge: Linking Analytic Aesthetics and Epistemology«, in: John W. Bender/H. Gene Blocker (Hrsg.), *Contemporary Philosophy of Art. Readings in Analytic Aesthetics*, Englewood Cliffs 1993, S. 593–607.

Bernhard, Fabian, »Das Lehrgedicht als Problem der Poetik«, in: Hans Robert Jauß (Hrsg.), *Die nicht mehr schönen Künste*, München 1968, S. 67–89.

Bicknell, Jeanette, »Self-Knowledge and the Limitations of Narrative«, in: *Philosophy and Literature*, 28/2004, S. 406–416.

Billen, Josef/Koch, Helmut H. (Hrsg.), *Was will Literatur? Aufsätze, Manifeste und Stellungnahmen deutschsprachiger Schriftsteller zu den Wirkungsabsichten und Wirkungsmöglichkeiten der Literatur*, Bd. 1, *1730–1917*, Bd. 2, *1918–1973*, Paderborn 1975.

Binder, Wolfgang, *Literatur als Denkschule*, Zürich, München 1972.

Blume, Peter, *Fiktion und Weltwissen. Der Beitrag nichtfiktionaler Konzepte zur Sinnkonstitution fiktionaler Erzähltexte*, Berlin 2004.

Bohrer, Karl Heinz, *Plötzlichkeit. Zum Augenblick des ästhetischen Scheins*, Frankfurt am Main 1981.

Borgards, Roland, »Wissen und Literatur. Eine Replik auf Tilmann Köppe«, in: *Zeitschrift für Germanistik N.F.*, 17/2007, S. 425–428.

Borgards, Roland/Neumeyer, Harald, »Der Ort der Literatur in einer Geschichte des Wissens. Plädoyer für eine entgrenzte Philologie«, in: Walter Erhart (Hrsg.), *Grenzen der Germanistik. Rephilologisierung oder Erweiterung?*, Stuttgart, Weimar 2004, S. 210–222.

Brandstetter, Gabriele/Neumann, Gerhard (Hrsg.), *Romantische Wissenspoetik. Die Künste und die Wissenschaften um 1800*, Würzburg 2004.

Carroll, Noël, *A Philosophy of Mass Art*, Oxford 1998.

Carroll, Noël, »The Wheel of Virtue: Art, Literature, and Moral Knowledge«, in: *The Journal of Aesthetics and Art Criticism*, 60/2002, S. 3–26.

Cebik, L.B., *Fictional Narrative and Truth. An Epistemic Analysis*, Lanham, London 1984.

Charpa, Ulrich, »Künstlerische und wissenschaftliche Wahrheit. Zur Frage der Ausgrenzung des ästhetischen Wahrheitsbegriffs«, in: *Poetica*, 13/1981, S. 327–344.

Charpa, Ulrich (Hrsg.), *Literatur und Erkenntnis. Texte zum Streit zwischen Dichtung und Wissenschaft*, Stuttgart 1988.

Coelsch-Foisner, Sabine (Hrsg.), *Fiction and Autobiography. Modes and Models of Interaction*, Frankfurt am Main 2006.

Currie, Gregory, »Realism of Character and the Value of Fiction«, in: Jerrold Levinson (Hrsg.), *Aesthetics and Ethics. Essays at the Intersection*, Cambridge 1998, S. 161–181.

Damerau, Burghard, »Pro und contra: Zu Käte Hamburgers Kritik der ästhetischen Wahrheit«, in: Johanna Bossinade/Angelika Schaser (Hrsg.), *Käte Hamburger. Zur Aktualität einer Klassikerin*, Göttingen 2003, S. 115–128.

Damerau, Burghard, *Die Wahrheit der Literatur. Glanz und Elend der Konzepte*, Würzburg 2003.

Dancy, Jonathan, »New Truths in Proust?«, in: *The Modern Language Review*, 90/1995, S. 18–28.

Danneberg, Lutz/Vollhardt, Friedrich (Hrsg.), *Wissen in Literatur im 19. Jahrhundert*, Tübingen 2002.

Daston, Lorrain (Hrsg.), *Things That Talk. Object Lessons from Art and Science*, Cambridge, London 2004.

Davies, David, *Aesthetics and Literature*, London 2007.

Davis, Lennard J., *Factual Fictions. The Origins of the English Novel*, New York 1983.

Day, J. Patrick, »Artistic Verisimilitude«, in: *Dialogue: Canadian Philosophical Review*, 1/1962, S. 163–187.

Detel, Wolfgang/Zittel, Claus (Hrsg.), *Wissensideale und Wissenskulturen in der frühen Neuzeit*, Berlin 2002.

Dittrich, Andreas, »Ein Lob der Bescheidenheit. Zum Konflikt zwischen Erkenntnistheorie und Wissensgeschichte«, in: *Zeitschrift für Germanistik N.F.*, 17/2007, S. 631–637.

Dorter, Kenneth, »Conceptual Truth and Aesthetic Truth«, in: *The Journal of Aesthetics and Art Criticism*, 48/1990, S. 37–51.

Dotzler, Bernhard, »Wissensordnungen: b) Neuere deutsche Literatur«, in: Claudia Benthien/Hans Rudolf Velten (Hrsg.), *Germanistik als Kulturwissenschaft. Eine Einführung in neue Theoriekonzepte*, Hamburg 2002, S. 103–123.

Dotzler, Bernhard/Weigel, Sigrid (Hrsg.), *»Fülle der combination. Literaturforschung und Wissenschaftsgeschichte*, München 2005.

20 Tilmann Köppe

Eisenhauer, Robert G., *Paradox and Perspicacity. Horizons of Knowledge in the Literary Text*, New York 2005.

Elgin, Catherine Z., »Understanding: Art and Science«, in: *Midwest Studies in Philosophy*, 16/1991, S. 196–207.

Elgin, Catherine Z., »Reorienting Aesthetics, Reconceiving Cognition«, in: *The Journal of Aesthetics and Art Criticism*, 58/2000, S. 219–225.

Elgin, Catherine Z., »Art in the Advancement of Understanding«, in: *American Philosophical Quarterly*, 39/2002, S. 1–12.

Elliott, R.K., »Poetry and Truth«, in: *Analysis*, 27/1967, S. 77–85.

Ernst, Gerhard, »Ästhetik als Teil der Erkenntnistheorie bei Nelson Goodman«, in: *Philosophisches Jahrbuch*, 107/2000, S. 316–340.

Eykman, Christoph, »Erfunden oder vor-gefunden? Zur Integration des Außerfiktionalen in die epische Fiktion«, in: *Neophilologus*, 62/1978, S. 319–334.

Faust, Wolfgang, »Kunst ist: Die größte Lüge. Die Suche nach der Wahrheit«, in: Siegfried J. Schmidt (Hrsg.), *Literatur und Kunst – Wozu?*, Heidelberg 1982.

Finken, Karl-Heinz, *Die Wahrheit der Literatur. Studien zur Literaturtheorie des 18. Jahrhunderts*, New York 1993.

Fleischacker, Samuel, »Poetry and Truth-Conditions«, in: Richard Eldridge (Hrsg.), *Beyond Representation*, Cambridge 1996, S. 107–132.

Fornet-Ponse, Raúl, *Wahrheit und ästhetische Wahrheit. Untersuchungen zu Hans-Georg Gadamer und Theodor W. Adorno*, Aachen, Mainz 2000.

Förster, Jürgen, »Literatur, Wissenschaft und Epistemologie«, in: *Zeitschrift für Literaturwissenschaft und Linguistik*, 134/2004, S. 44–65.

Foucault, Michel, *Archäologie des Wissens*, Frankfurt am Main 1973.

Freeland, Cynthia, »Art and Moral Knowledge«, in: *Philosophical Topics*, 25/1997, S. 11–36.

French, Peter A./Wettstein, Howard K. (Hrsg.), *Figurative Language*, Boston 2001.

Fulda, Daniel/Prüfer, Thomas (Hrsg.), *Faktenglaube und fiktionales Wissen. Zum Verhältnis von Wissenschaft und Kunst in der Moderne*, Frankfurt am Main u. a. 1996.

Fulford, Timothy/Lee, Debbie/Kitson, Peter J., *Literature, Science and Exploration in the Romantic Era. Bodies of Knowledge*, Cambridge 2004.

Gabriel, Gottfried, »Fiktion, Wahrheit und Erkenntnis in literarischen Texten«, in: *Der Deutschunterricht*, 27/1975, S. 5–17.

Gabriel, Gottfried, *Fiktion und Wahrheit. Eine semantische Theorie der Literatur*, Stuttgart 1975.

Gabriel, Gottfried, »Erkenntnis in Wissenschaft, Philosophie und Dichtung. Argumente für einen komplementären Pluralismus«, in: Helmut Bachmaier (Hrsg.), *Glanz und Elend der zwei Kulturen. Über die Verträglichkeit der Natur- und Geisteswissenschaften*, Konstanz 1991, S. 75–90.

Gabriel, Gottfried, *Zwischen Logik und Literatur. Erkenntnisformen von Dichtung, Philosophie und Wissenschaft*, Stuttgart 1991.

Gabriel, Gottfried, *Logik und Rhetorik der Erkenntnis. Zum Verhältnis von wissenschaftlicher und ästhetischer Weltauffassung*, Paderborn u.a 1997.

Gadamer, Hans-Georg, »Der ›eminente‹ Text und seine Wahrheit«, in: *Sprache und Literatur*, 17/1986, S. 4–10.

Gaskin, Richard, »Symposium: Truth, Meaning and Literature«, in: *British Journal of Aesthetics*, 34/1994, S. 382–388.

Gass, William H., *Fiction and the Figures of Life*, Boston 1980.

Gaut, Berys, »Art and Knowledge«, in: Jerrold Levinson (Hrsg.), *The Oxford Handbook of Aesthetics*, Oxford 2003, S. 436–450.

Gaut, Berys, »Art and Cognition«, in: Matthew Kieran u. a. (Hrsg.), *Contemporary Debates in Aesthetics and the Philosophy of Art*, Malden, Oxford 2006, S. 115–126 u. S. 140–142.

Geisenhanslüke, Achim, »Was ist Literatur? Zum Streit von Literatur und Wissen«, in: Jürn Gottschalk/Tilmann Köppe (Hrsg.), *Was ist Literatur?*, Paderborn 2006, S. 108–122.

Geisenhanslüke, Achim/Rott, Hans (Hrsg.), *Ignoranz. Nichtwissen, Vergessen und Missverstehen in Prozessen kultureller Transformation*, Bielefeld 2008.

Geuss, Raymond, »Poetry and Knowledge«, in: Ders. (Hrsg.), *Outside Ethics*, Princeton 2005, S. 184–205.

Gibson, John, »Between Truth and Triviality«, in: *British Journal of Aesthetics*, 43/2003, S. 224–237.

Gibson, John, u. a. (Hrsg.), *A Sense of the World. Essays on Fiction, Narrative and Knowledge*, New York 2007.

Gockel, Heinz, »Von der Wahrheit poetischer Rede«, in: Michael Krejci (Hrsg.), *Literatur, Sprache, Unterricht*, Bamberg 1984, S. 18–23.

Graesser, Arthur C./Bowers, Cheryl/Olde, Brent/White, Katherine/Person, Natalie K., »Who Knows What? Propagation of Knowledge among Agents in a Literary Storyworld«, in: *Poetics*, 26/1999, S. 143–175.

Graham, Gordon, »Learning from Art«, in: *British Journal of Aesthetics*, 35/1995, S. 26–37.

Graham, Gordon, »Aesthetic Cognitivism and the Literary Arts«, in: *Journal of Aesthetic Education*, 30/1996, S. 1–17.

Green, Melanie C./Strange, Jeffrey J./Brock, Timothy C., »Power Beyond Reckoning. An Introduction to Narrative Impact«, in: Melanie C. Green/Jeffrey J. Strange/Timothy C. Brock (Hrsg.), *Narrative Impact. Social and Cognitive Foundations*, Mahwah, London 2002, S. 1–15.

Grimminger, Rolf, »Über Wahrheit und Utopia in der hermeneutischen Erkenntnis«, in: Gert Ueding (Hrsg.), *Literatur ist Utopie*, Frankfurt am Main 1978, S. 45–80.

Groeben, Norbert/Vorderer, Peter, *Leserpsychologie: Lesemotivation – Lektürewirkung*, Münster 1988.

Gstrein, Norbert, *Wem gehört eine Geschichte? Fakten, Fiktionen und ein Beweismittel gegen alle Wahrscheinlichkeit des wirklichen Lebens*, Frankfurt am Main 2004.

Gymnich, Marion (Hrsg.), *Kulturelles Wissen und Intertextualität. Theoriekonzeptionen und Fallstudien zur Kontextualisierung von Literatur*, Trier 2006.

Hagenbüchle, Roland/Skandera, Laura (Hrsg.), *Poetry and Epistemology: Turning Points in the History of Poetic Knowledge*, Regensburg 1986.

Hahnemann, Andy, »Footnotes Are Real. Populäre Literatur als Medium der Wissensvermittlung«, in: David Oels (Hrsg.), *DokuFiktion*, Berlin 2006, S. 142–154.

Hamburger, Käte, *Wahrheit und ästhetische Wahrheit*, Stuttgart 1979.

Hartman, Geoffrey H., »Breaking with Every Star. On Literary Knowledge«, in: *Comparative Criticism*, 18/1996, S. 3–20.

Haug, Walter (Hrsg.): *Die Wahrheit der Fiktion. Studien zur weltlichen und geistlichen Literatur des Mittelalters und der frühen Neuzeit*, Tübingen 2003.

Heinze, Theodor T., »Subjektivität als Fiktion? Einleitende Anmerkungen zu Literatur und/als Psychologie«, in: Ders. (Hrsg.), *Subjektivität als Fiktion: Zur literarisch-psychologischen Konstruktion des modernen Menschen*, Pfaffenweiler 1993, S. 7–15.

Heißenbüttel, Helmut, »13 Hypothesen über Literatur und Wissenschaft als vergleichbare Tätigkeiten«, in: Ders., *Über Literatur*, Olten, Freiburg im Breisgau 1966, S. 206–215.

Hempfer, Klaus W./Traninger, Anita (Hrsg.), *Dynamiken des Wissens*, Freiburg 2007.

Henrich, Dieter/Iser, Wolfgang (Hrsg.), *Funktionen des Fiktiven*, München 2007.

Hepburn, Ronald W., »Art, Truth and the Education of Subjectivity«, in: *Journal of Philosophy of Education*, 24/1990, S. 185–198.

Hilmes, Carola/Mathy, Dietrich (Hrsg.), *Die Dichter lügen, nicht. Über Erkenntnis, Literatur und Leser*, Würzburg 1995.

Holz, Karl, »Fiktion und Wirklichkeit: Zur Diskussion um ›memoire involontaire‹ und ›memoire affective‹«, in: *Romanische Forschungen*, 85/1973, S. 459–485.

Hörisch, Jochen, *Das Wissen der Literatur*, München 2007.

Hospers, John, »Implied Truths in Literature«, in: *The Journal of Aesthetics and Art Criticism*, 19/1960, S. 37–46.

Hospers, John, *Meaning and Truth in the Arts*, Hamden (Conn.) 1964.

Ihwe, Jens, *Konversation über Literatur. Literatur und Wissen aus nominalistischer Sicht*, Braunschweig 1985.

Iser, Wolfgang, »Die Wirklichkeit der Fiktion«, in: Rainer Warning (Hrsg.), *Rezeptionsästhetik*, München 1975, S. 277–324.

Jacob, Lars, *Bildschrift – Schriftbild. Zu einer eidetischen Fundierung von Erkenntnistheorie im modernen Roman*, Würzburg 2000.

Jacobson, Daniel, »Sir Philip Sidney's Dilemma: On the Ethical Function of Narrative Art«, in: *The Journal of Aesthetics and Art Criticism*, 54/1996, S. 327–336.

Jacquart, Emmanuel C., »Can Literature Convey Knowledge?«, in: *French Review*, 48/1974, S. 291–297.

Jäger, Christoph/Meggle, Georg (Hrsg.), *Kunst und Erkenntnis*, Paderborn 2005.

Jannidis, Fotis, »Literarisches Wissen und Cultural Studies«, in: Martin Huber/Gerhard Lauer (Hrsg.), *Nach der Sozialgeschichte. Konzepte für eine Literaturwissenschaft zwischen Historischer Anthropologie, Kulturgeschichte und Medientheorie*, Tübingen 2000, S. 335–357.

Jannidis, Fotis, »Zuerst Collegium Logicum. Zu Tilmann Köppes Beitrag *Vom Wissen in Literatur*«, in: *Zeitschrift für Germanistik N.F.*, 18/2008, S. 373–377.

Jeanneret, Sylvie, »Literatur und Wissen(schaft)/Littérature et savoirs/Literature and Sciences«, in: *Colloquium Helveticum: Schweizer Hefte für Allgemeine und Vergleichende Literaturwissenschaft*, 37/2006, S. 11–321.

Jeanneret, Sylvie (Hrsg.), *Literatur und Wissen(schaft)*, Fribourg 2007.

John, Eileen, »Art and Knowledge«, in: Berys Gaut/Dominic McIver Lopes (Hrsg.), *The Routledge Companion to Aesthetics*, London, New York 2001, S. 329–340.

John, Eileen, »Reading Fiction and Conceptual Knowledge. Philosophical Thought in Literary Context«, in: *The Journal of Aesthetics and Art Criticism*, 56/1998, S. 331–348.

Juarroz, Roberto, *Poesie und Wirklichkeit*, Köln 1997.

Kamber, Richard, »Liars, Poets and Philosophers. The Assertions of Authors in Philosophy and Literature«, in: *The Journal of Aesthetics and Art Criticism*, 17/1977, S. 335–345.

Kayser, Wolfgang, *Die Wahrheit der Dichter. Wandlung eines Begriffs in der deutschen Literatur*, Hamburg 1959.

Kellermann, Karina, »Zwischen Gelehrsamkeit und Information: Wissen und Wahrheit im Umbruch vom Mittelalter zur Neuzeit«, in: Ursula Schäfer (Hrsg.), *Artes im Mittelalter*, Berlin 1999, S. 124–140.

Kimminich, Eva, *Erfundene Wirklichkeiten. Literarische und wissenschaftliche Weltentwürfe – zwei Wege, ein Ziel?*, Rheinfelden 1998.

Kivy, Peter, »On the Banality of Literary Truths«, in: *Philosophic Exchange*, 28/1997– 98, S. 17–27.

Klausnitzer, Ralf, *Literatur und Wissen. Zugänge – Modelle – Analysen*, Berlin, New York 2008.

Kleimann, Bernd, »Ästhetische Erkenntnis als Welterschließung«, in: *Zeitschrift für Ästhetik und Allgemeine Kunstwissenschaft*, 46/2001, S. 43–52.

Kleinschmidt, Erich, »Die Wirklichkeit der Literatur. Fiktionsbewußtsein und das Problem der ästhetischen Realität von Dichtung in der Frühen Neuzeit«, in: *Deutsche Vierteljahrsschrift für Literaturwissenschaft und Geistesgeschichte*, 56/1982, S. 147–197.

Klinkert, Thomas/Neuhofer, Monika (Hrsg.), *Literatur, Wissenschaft und Wissen seit der Epochenschwelle um 1800. Theorie, Epistemologie, komparatistische Fallstudien*, Berlin 2008.

Knapp, Fritz, »Historische Wahrheit und poetische Lüge. Die Gattungen weltlicher Epik und ihre theoretische Rechtfertigung im Hochmittelalter«, in: *Deutsche Vierteljahrsschrift für Literaturwissenschaft und Geistesgeschichte*, 54/1980, S. 581–635.

Koppe, Franz, »Kunst als entäußerte Weise, die Welt zu sehen. Zu Nelson Goodman und Arthur C. Danto in weitergehender Absicht«, in: Ders. (Hrsg.), *Perspektiven der Kunstphilosophie. Texte und Diskussionen*, Frankfurt am Main 1993, S. 81–103.

Köppe, Tilmann, »Fiktionalität, Wissen, Wissenschaft. Eine Replik auf Roland Borgards und Andreas Dittrich«, in: *Zeitschrift für Germanistik*, 17/2007, S. 638–646.

Köppe, Tilmann, »Vom Wissen *in* Literatur«, in: *Zeitschrift für Germanistik*, 17/2007, S. 398–410.

Köppe, Tilmann, *Literatur und Erkenntnis. Studien zur kognitiven Signifikanz fiktionaler literarischer Werke*, Paderborn 2008.

Krohn, Wolfgang (Hrsg.), *Ästhetik in der Wissenschaft. Interdisziplinärer Diskurs über das Gestalten und Darstellen von Wissen*, Hamburg 2006.

Lamarque, Peter/Olsen, Stein H., *Truth, Fiction, and Literature. A Philosophical Perspective*, Oxford 1994.

Lamarque, Peter, »Knowledge, Fiction and Imagination«, in: *Philosophy and Literature*, 13/1989, S. 365–374.

Lamarque, Peter, »Cognitive Values in the Arts: Marking the Boundaries«, in: Matthew Kieran (Hrsg.), *Contemporary Debates in Aesthetics and the Philosophy of Art*, Malden u. a. 2006, S. 127–141.

Lamping, Dieter, »Literatur und Wissenschaft. Ein Sondierungsversuch«, in: *Kultur-Poetik*, 5/2005, S. 139–152.

Landwehr, Jürgen, »Fiktion oder Nichtfiktion: Zum zweifelhaften Ort der Literatur zwischen Lüge, Schein und Wahrheit«, in: Helmut Brackert/Jörn Stückrath (Hrsg.), *Literaturwissenschaft: Ein Grundkurs*, Reinbek 1992, S. 491–504.

Leonard, Mary, »To Narrate the Past: The Uses of Fiction/The Uses of Nonfiction«, in: Nandiata Batra/Vartan P. Messier (Hrsg.), *Narrating the Past: (Re)Constructing Memory, (Re)Negotiating History*, Newcastle 2007, S. 16–24.

Lewis, C. Day, *The Poet's Way of Knowledge*, Cambridge 1957.

Livingsten, Paisley, *Literary Knowledge. Humanistic Inquiry and the Philosophy of Science*, Ithaca, London 1988.

Lorenz, Kuno, »Sinnliche Erkenntnis als Kunst und begriffliche Erkenntnis als Wissenschaft«, in: Christiane Schildknecht (Hrsg.), *Philosophie in Literatur*, Frankfurt am Main 1996, S. 55–68.

Lüderssen, Klaus, »Erkenntnis und Literatur«, in: Sabine Doering u. a. (Hrsg.), *Resonanzen. Festschrift für Hans Joachim Kreutzer zum 65. Geburtstag*, Würzburg 2000, S. 499–504.

Lützeler, Paul Michael, »Fiktion in der Geschichte – Geschichte in der Fiktion«, in: Dieter Borchmeyer (Hrsg.), *Poetik und Geschichte*, Tübingen 1989, S. 11–21.

Maillard, Christine/Titzmann, Michael (Hrsg.), *Literatur und Wissen(schaften) 1890–1935*, Stuttgart, Weimar 2002.

Maillard, Christine (Hrsg.), *Littérature et théorie de la connaissance 1890–1935. Literatur und Erkenntnistheorie 1890–1935*, Strasbourg 2004.

Marquard, Odo, »Kunst als Antifiktion – Versuch über den Weg der Wirklichkeit ins Fiktive«, in: Odo Marquard, *Aesthetica und Anaesthetica. Philosophische Überlegungen*, Paderborn 1989, S. 82–99.

McCormick, Peter, »Moral Knowledge and Fiction«, in: *The Journal of Aesthetics and Art Criticism*, 41/1983, S. 399–410.

McCormick, John, *Fiction as Knowledge: The Modern Post-Romantic Novel*, New Brunswick 1999.

Mein, Georg/Sieburg, Hans (Hrsg.), *Medien des Wissens. Interdisziplinäre Aspekte von Medialität*, Bielefeld 2008.

Mellor, D.H., »On Literary Truth«, in: *Ratio*, 10/1968, S. 150–168.

Mew, Peter, »Facts in Fiction«, in: *The Journal of Aesthetics and Art Criticism*, 31/1973, S. 329–337.

Michel, Matthias, *Fakt und Fiktion 7.0. Wissenschaft und Welterzählung: Die narrative Ordnung der Dinge*, Zürich 2003.

Mleynek, Sherryll S., *Knowledge and Mortality: Anagnorisis in Genesis and Narrative Fiction*, New York 1999.

Nigro, Roberto, »Spiele der Wahrheit und des Selbst zwischen Macht und Wissen«, in: Klaus W. Hempfer/Anita Traninger (Hrsg.), *Macht Wissen Wahrheit*, Freiburg 2005, S. 41–53.

Novitz, David, *Knowledge, Fiction and Imagination*, Philadelphia 1987.

Novitz, David, »The Trouble With Truth«, in: *Philosophy and Literature*, 19/1995, S. 350–359.

Novitz, David, »Epistemology and Aesthetics«. in: Michael Kelly (Hrsg.), *Encyclopedia of Aesthetics*, Bd. 2, New York, Oxford 1998, S. 120–122.

Oatley, Keith, »Why Fiction May Be Twice as True as Fact: Fiction as Cognitive and Emotional Simulation«, in: *Review of General Psychology*, 3/1999, S. 101–117.

Ort, Claus-Michael, »Vom Text zum Wissen. Die literarische Konstruktion soziokulturellen Wissens als Gegenstand einer nicht-reduktiven Sozialgeschichte der Literatur«, in: Lutz Danneberg/Friedrich Vollhardt (Hrsg.), *Vom Umgang mit Literatur und Literaturgeschichte. Positionen und Perspektiven nach der ›Theoriedebatte‹*, Stuttgart 1992, S. 409–441.

Pethes, Nicolas, »Poetik/Wissen«, in: Gabriele Brandstetter/Gerhard Neumann (Hrsg.), *Romantische Wissenspoetik. Die Künste und die Wissenschaften um 1800*, Würzburg 2004, S. 341–372.

Pierssens, Michel, »Literatur und Erkenntnis«, in: Johannes Anderegg/Edith Anna Kunz (Hrsg.), *Kulturwissenschaften. Positionen und Perspektiven*, Bielefeld 1999, S. 51–69.

Piwitt, Hermann Peter, »Poetische Fiktion, Wirklichkeitsauffassung und Erzählerrolle im neueren Romananfang«, in: Norbert Miller (Hrsg.), *Romananfänge: Versuch zu einer Poetik des Romans*, Berlin 1965, S. 173–184.

Pracht, Erwin, »Literatur und Wahrheit«, in: *Zeitschrift für Anglistik und Amerikanistik*, 7/1959, S. 17–34.

Price, Kingsley B., »Is There Artistic Truth?«, in: Francis J. Coleman (Hrsg.), *Contemporary Studies in Aesthetics*, New York 1968, S. 276–282.

Quinney, Laura, *Literary Power and the Criteria of Truth*, Gainesville 1995.

Rapaport, William J./Shapiro, Stuart C., »Cognition and Fiction«, in: Ashwin Ram/Kenneth Moorman (Hrsg.), *Understanding Language Understanding: Computational Models of Reading*, Cambridge 1999, S. 11–25.

Rasmussen, Dennis, *Poetry and Truth*, The Hague, Paris 1974.

Reicher, Maria E. (Hrsg.), *Fiktion, Wahrheit, Wirklichkeit. Philosophische Grundlagen der Literaturtheorie*, Paderborn 2007.

Reid, Louis Arnaud, »Art and Knowledge«, in: John W. Bender/H. Gene Blocker (Hrsg.), *Contemporary Philosophy of Art. Readings in Analytic Aesthetics*, Englewood Cliffs 1993, S. 563–570.

Reid, Louis Arnaud, »Art, Truth and Reality«, in: *British Journal of Aesthetics*, 4/1964, S. 321–331.

Reinhardt, Heinrich, *Die Wahrheit in der Dichtung. Philosophische Grundlinien der Poetologie*, Frankfurt am Main 2003.

Renneke, Petra, *Poesie und Wissen. Poetologie des Wissens der Moderne*, Heidelberg 2008.

Rheinberger, Hans-Jörg (Hrsg.), *Räume des Wissens. Repräsentation, Codierung, Spur*, Berlin 1997.

Rösch, Gertrud Maria, *Clavis Scientiae. Studien zum Verhältnis von Faktizität und Fiktionalität am Fall der Schlüsselliteratur*, Tübingen 2004.

Rösler, Wolfgang, »Die Entdeckung der Fiktionalität in der Antike«, in: *Poetica*, 12/1980, S. 289–319.

Rothkegel, Annely, »Wissen und Informationsstruktur im Text«, in: *Folia Linguistica*, 25/1991, S. 189–217.

Savile, Anthony, »Beauty and Truth: The Apotheosis of an Idea«, in: Richard Shusterman (Hrsg.), *Analytic Aesthetics*, Oxford, New York 1989, S. 123–146.

Scheer, Brigitte, »Kunst und Wissenschaft als Formen der Welterschließung«, in: *Zeitschrift für Ästhetik und Allgemeine Kunstwissenschaft*, 48/2003, S. 99–109.

Schlaffer, Heinz, *Poesie und Wissen. Die Entstehung des ästhetischen Bewußtseins und der philologischen Erkenntnis*, Frankfurt am Main 1990.

Schleifer, Ronald, *Culture and Cognition: The Boundaries of Literary and Scientific Inquiry*, Ithaca, 1992.

Schmidt-Henkel, Gerhard, *»Die wirkliche Welt ist in Wahrheit nur die Karikatur unserer großen Romane«. Über die Realität literarischer Fiktion und die Fiktionalität unserer Realitätswahrnehmungen*, Saarbrücken 1995.

Schmücker, Reinold, »Funktionen der Kunst«, in: Bernd Kleimann/Reinold Schmücker (Hrsg.), *Wozu Kunst? Die Frage nach ihrer Funktion*, Darmstadt 2001, S. 13–33.

Scholz, Oliver Robert, »Kunst, Erkenntnis und Verstehen. Eine Verteidigung einer kognitivistischen Ästhetik«, in: Bernd Kleimann/Reinold Schmücker (Hrsg.), *Wozu Kunst? Die Frage nach ihrer Funktion*, Darmstadt 2001, S. 34–48.

Schramm, Helmar (Hrsg.), *Bühnen des Wissens. Interferenzen zwischen Wissenschaft und Kunst*, Berlin 2003.

Schreier, Margrit, »Belief Change through Fiction. How Fictional Narratives Affect Real Readers«, in: Fotis Jannidis u. a. (Hrsg.), *Grenzen der Literatur*, Berlin, New York 2009, S. 315–337.

Schwab, Gabriele, »Das ungedachte Wissen der Literatur«, in: *Deutsche Vierteljahrsschrift für Literaturwissenschaft und Geistesgeschichte*, 68/1994, S. 167–185.

Sederberg, Peter C./Sederberg, Nancy B., »Transmitting the Nontransmissible. The Function of Literature in the Pursuit of Social Knowledge«, in: *Philosophy and Phenomenological Research*, 36/1975, S. 173–196.

Seel, Martin, »Kunst, Wahrheit, Welterschließung«, in: Franz Koppe (Hrsg.), *Perspektiven der Kunstphilosophie. Texte und Diskussionen*, Frankfurt am Main 1993, S. 36–80.

Sesonske, Alexander, »Truth in Art«, in: *The Journal of Philosophy*, 53/1956, S. 345–353.

Shrum, L.J. (Hrsg.), *The Psychology of Entertainment Media. Blurring the Lines Between Entertainment and Persuasion*, Mahwah, London 2004.

Sirridge, Mary J., »Truth from Fiction?«, in: *Philosophy and Phenomenological Research*, 35/1975, S. 453–471.

Sirridge, Mary J., »The Moral of the Story. Exemplification and the Literary Work«, in: *Philosophical Studies*, 38/1980, S. 391–402.

Skilleås, Ole Martin, *Philosophy and Literature. An Introduction*, Edinburgh 2001.

Spiro, Rand J., »Prior Knowledge and Story Processing: Integration, Selection, and Variation«, in: *Poetics*, 9/1980, S. 313–327.

Steinmann, Martin, Jr., »Literature, Knowledge, and the Language of Literature«, in: *College English*, 34/1973, S. 899–911.

Sternberger, Dolf, »Einige Bemerkungen über das Kriterium der Wahrheit in der Literatur«, in: *Neue Zürcher Zeitung und schweizerisches Handelsblatt*, 49/1985, S. 39–40.

Stiening, Gideon, »Am ›Ungrund‹ oder: Was sind und zu welchem Ende studiert man ›Poetologien des Wissens‹?«, in: *KulturPoetik*, 7/2007, S. 234–248.

Stierle, Karlheinz, »Fiktion, Negation und Wirklichkeit«, in: Harald Weinrich (Hrsg.), *Positionen der Negativität*, München 1975, S. 522–524.

Stingelin, Martin, »Spuren? Identifizierung? Besserung? Welches Wissen vom Verbrecher teilt die Literatur mit den Wissenschaften?«, in: *Scientia Poetica*, 9/2005, S. 293–309.

Stocklein, Paul, *Literatur als Vergnügen und Erkenntnis: Essays zur Wissenschaft von der Sprache und Literatur*, Heidelberg 1974.

Stockwell, Peter, »Language, Knowledge, and the Stylistics of Science Fiction«, in: Philip Shaw/Peter Stockwell (Hrsg.), *Subjectivity and Literature from the Romantics to the Present Day*, London 1991, S. 101–112.

Stolnitz, Jerome: »On the Cognitive Triviality of Art«, in: *British Journal of Aesthetics*, 32/1992, S. 191–200.

Strange, Jeffrey J., »How Fictional Tales Wag Real-World Beliefs«, in: Melanie C. Green u.a. (Hrsg.), *Narrative Impact. Social and Cognitive Foundations*, Mahwah (N.J.), London 2002, S. 263–286.

Strowick, Elisabeth/Bergermann, Ulrike (Hrsg.), *Weiterlesen: Literatur und Wissen. Festschrift für Marianne Schuller*, Bielefeld 2007.

Strube, Werner, »Was heißt ›Wahrheit‹, auf Kunstwerke bezogen? Überlegungen im Anschluß an Roman Ingarden«, in: *Literaturwissenschaftliches Jahrbuch*, 22/1981, S. 325–335.

Sukenick, Ronald, *Narralogues. Truth in Fiction*, Albany 2000.

Sutrop, Margit, *Fiction and Imagination. The Anthropological Function of Literature*, Paderborn 2000.

Swirski, Peter, *Between Literature and Science: Poe, Lem, and Explorations in Aesthetics, Cognitive Science, and Literary Knowledge*, Montreal 2000.

Thomé, Horst: »Wissensgeschichte und Textauslegung«, in: *Geschichte der Germanistik*, 23/24/2003, S. 18–20.

Titzmann, Michael, »Kulturelles Wissen – Diskurs – Denksystem. Zu einigen Grundbegriffen der Literaturgeschichtsschreibung«, in: *Zeitschrift für französische Sprache und Literatur*, 99/1989, S. 47–61.

Titzmann, Michael, »Literarische Strukturen und kulturelles Wissen: Das Beispiel inzestuöser Situationen in der Erzählliteratur der Goethezeit und ihrer Funktionen im Denksystem der Epoche«, in: Jörg Schönert (Hrsg.), *Erzählte Kriminalität*, Tübingen 1991, S. 229–281.

Titzmann, Michael, »Propositionale Analyse – kulturelles Wissen – Interpretation«, in: Ders. (Hrsg.), *Medien und Kommunikation: Eine interdisziplinäre Einführung*, Passau 2006, S. 67–92.

Valdés, Mario J., *World-making. The Literary Truth-Claim and the Interpretation of Texts*, Toronto 1992.

Valenza, Robin, »How Literature Becomes Knowledge: A Case Study«, in: *English Literary History*, 76/2009, S. 215–245.

Verweyen, Theodor, *Dichtung und Wahrheit. Zur reflexiven Kraft eines alten Arguments*, Konstanz 1979.

Vogl, Joseph, »Mimesis und Verdacht. Skizze zu einer Poetologie des Wissens nach Foucault«, in: François Ewald/Bernhard Waldenfels (Hrsg.), *Spiele der Wahrheit. Michel Foucaults Denken*, Frankfurt am Main 1991, S. 193–204.

Vogl, Joseph, »Für eine Poetologie des Wissens«, in: Karl Richter u.a. (Hrsg.), *Die Literatur und die Wissenschaften 1770–1930*, Stuttgart 1997, S. 107–127.

Vogl, Joseph (Hrsg.), *Poetologien des Wissens um 1800*, München 1999.

Walsh, Dorothy, *Literature and Knowledge*, Middletown (Conn.) 1969.

Wanning, Frank, *Gedankenexperimente. Wissenschaft und Roman im Frankreich des 19. Jahrhunderts*, Tübingen 1999.

Warner, Martin, »Literature, Truth and Logic«, in: *Philosophy*, 74/1999, S. 29–54.

Weitz, Morris, »Truth in Literature«, in: John Hospers (Hrsg.), *Introductory Readings in Aesthetics*, New York, London 1969, S. 213–224.

Werner, Hans-Georg, »Über die Wahrheit der Dichtung und ihre Ansprüche an die Literaturkritik«, in: *Weimarer Beiträge*, 3/1986, S. 570–587.

Wheater, Isabella, »Literature and Philosophy: Emotion and Knowledge?«, in: *Philosophy*, 79/2004, S. 215–245.

Wiegmann, Hermann, »Ästhetische Erkenntnis und Möglichkeiten des Werkbegriffs: Über die Bedingungen ästhetischer Analysen«, in: *Literatur und Kritik*, 106–107/1976, S. 419–427.

Williams, Bernard, *Shame and Necessity*, Berkeley 1993.

Wilson, Catherine, »Literature and Knowledge«, in: *Philosophy*, 58/1983, S. 489–496.

Wolff, Max J., »Die Wahrscheinlichkeit des Kunstwerks«, in: *Publications of the Modern Language Association of America*, 50/1935, S. 323–334.

Wood, James, *How Fiction Works*, London 2008.

Wood, Jane, »A Culture of Improvement: Knowledge, Aesthetic Consciousness, and the Conversazione«, in: *Nineteenth Century Studies*, 20/2006, S. 79–97.

Wood, Michael, *Literature and the Taste of Knowledge*, Cambridge 2005.

Young, James O., »Art, Knowledge, and Exemplification«, in: *British Journal of Aesthetics*, 39/1999, S. 126–137.

Zerbst, Rainer, *Die Fiktion der Realität – Die Realität der Fiktion. Prolegomena zur Grundlegung einer künftigen Romansoziologie*, Frankfurt am Main 1984.

Zeuch, Ulrike, »Gibt es ein Drittes neben faktualem Erzählen und Fiktion? Zum Problem der Wahrheit der Literatur am Beispiel von Uwe Johnsons ›Jahrestagen‹«, in: *Euphorion*, 102/2008, S. 107–127.

Lutz Danneberg und Carlos Spoerhase

Wissen in Literatur als Herausforderung einer Pragmatik von Wissenszuschreibungen: sechs Problemfelder, sechs Fragen und zwölf Thesen

Zusammenfassung

Der systematische Anspruch der folgenden Überlegungen zum Verhältnis von Literatur und Wissen besteht in dem Bemühen, die Problemkonstellationen zu isolieren, die im Hinblick auf den Forschungszusammenhang *Wissen in Literatur* einer intensiven Untersuchung bedürfen. Der Forschungsbedarf, der im Rahmen dieses Aufsatzes identifiziert wird, betrifft *sechs* mehr oder weniger verknüpfte Problemfelder: *Erstens* scheint es erforderlich, die literaturtheoretischen Bemühungen zum Forschungsfeld *Wissen in Literatur* mit den historischen wie mit den aktuellen Theorien des Testimoniums zu verknüpfen (*1. Problemfeld: Dichter als Wissensgeber*); die Untersuchung von Literatur als Wissensträger kann so von der Untersuchung des Zeugnisses anderer als Wissensträger profitieren. *Zweitens* ist die literaturwissenschaftliche Fiktionalitätstheorie dahingehend zu überprüfen, ob und inwieweit sie für die Wissensproblematik sensibel ist (*2. Problemfeld: Fiktionalität und Wissen in Literatur*). *Drittens* stellt sich aus der Perspektive eines Interesses für Wissen in Literatur dringend die Frage, wie das Verhältnis von Artefaktproduktion und Artefaktgehalt zu konzeptualisieren ist (*3. Problemfeld: Literatur und artefaktgenetisches Wissen*). *Viertens* erscheint es zentral bei der Analyse des Problems Wissen in Literatur, der Frage des *neuen* Wissens mehr theoretische Aufmerksamkeit zu schenken und die Frage eingehend zu erörtern, ob Literatur im Hinblick auf Wissen innovationsfähig ist (*4. Problemfeld: Literatur und neues Wissen*): Ist Literatur auch im Hinblick auf Wissen ›kreativ‹? Von welchen Bedingungen in einer (vergangenen, gegenwärtigen oder zukünftigen) epistemischen Situation hängt die Beantwortung dieser Frage ab? *Fünftens* bedarf es einer genaueren methodologischen Analyse der Exemplifikationsrelation im Hinblick auf literaturwissenschaftliche Wissenszuschreibungen, und zwar im Verbund mit anderen Relationen, die an den komplexen Wissenszuschreibungen an Literatur beteiligt sind (*5. Problemfeld: Exemplifikation und Wissen in Literatur*); solche Analysen profitieren *sechstens* von einer ausformulierten Theorie der Wissensträger, die personale, textuelle und abstrakte Wissensträger deutlich unterscheidet (*6. Problemfeld: Personales, textuelles, abstraktes Wissen*).

Einleitung: Knappes Wissen oder Wissen im Überfluss?

Literatur und Wissen: Die Konjunktur dieses Themas könnte einen fast glauben machen, man habe erst in jüngster Zeit entdeckt, dass Literatur sich in ein interessantes Verhältnis zu Wissen setzen lässt. Man könnte glauben, es sei aufgrund der Knappheit von Wissen in und um Literatur erst vor kurzem beobachtet worden, dass Wissen überhaupt in Literatur sei; und erst jetzt, nachdem man sich ob dieser Entdeckung überrascht die Augen gerieben hat, mache man sich langsam daran, dieses Verhältnis aufmerksam zu analysieren und historisch zu rekonstruieren. Die Aufgabe wäre nun, das vormals unsichtbare oder unzugängliche Wissen, das in den literarischen Texten tief vergraben war, mit avancierten Lektüretechniken zu bergen und in seinem ganzen Glanz endlich zur Geltung kommen zu lassen. Und natürlich ist auch nichts dagegen einzuwenden, wenn diese Entdeckung dazu führt, dass immer neue Publikationen erscheinen, die an dem *gold rush* partizipieren und ihre *claims* abstecken.

Oder *fast* nichts: Denn wir wollen uns dieser Goldgräberstimmung, der Wissen das Seltenste und Wertvollste im Umgang mit Literatur zu sein scheint, wenigstens insofern nicht anschließen, als sie gerade das *Hauptproblem* eines Umgangs mit Wissen *in* Literatur zu verfehlen scheint: Wissen ist nämlich *nicht*, wie es auf den ersten Blick aussehen mag, im Hinblick auf Literatur ein knappes Gut. Ganz im Gegenteil: Wissen ist, was die unterschiedlichen Formen des Umgangs mit Literatur angeht, einfach überall. Die Herausforderung liegt, wenigstens aus theoretischer Perspektive, deshalb eher in einem Überfluss als in einem Mangel an Wissen. Wir wissen, richtig besehen, meistens gar nicht, was wir mit all dem Wissen anfangen sollen, das im Hinblick auf Literatur eine Rolle spielt oder doch spielen kann.

Schon der Vorgang des Herstellens und Rezipierens von Literatur ist von Wissen durchsetzt: Sprachwissen, Sachwissen, Schemawissen (*frames, scripts, scenarios*), Kenntnis von Konversationsnormen, logisches Wissen als Wissen über (deduktionslogische oder nichtdeduktionslogische) Weisen des Schließens (Inferierens) usw. Der Dichter und der Leser von Dichtung müssen ziemlich viel wissen, wenn ästhetische Kommunikation stattfinden, möglicherweise sogar gelingen soll. Aber das ist nicht überraschend: Im Grunde ist *jede* menschliche Tätigkeit auf die eine oder andere Weise in einem komplexen Gefüge von unterschiedlichen Modi des Wissens eingebettet. Die Tatsache, dass literarische Kommunikation auf unterschiedliche Weisen Wissen voraussetzt, dass sie auf unterschiedliche Weisen Wissen zum Ausdruck bringt, bedeutet aber nicht, dass dieses Wissen auch schon *in* Literatur wäre. Wie kann man aber von dem vielen Wissen, in das literarische Kommunikation eingebettet ist, das Wissen in den Blick bekommen, das auch *in* Literatur ist?

Weiterhin ist unstrittig, dass man sehr viel durch den Umgang mit Literatur lernen kann; z.B. über formale Aspekte von Literatur selbst oder über Veränderungen in der ›Semantik‹ einer Gesellschaft usw. In gewisser Weise ist auch das nicht überraschend, da man im Umgang mit jedem denkbaren Gegenstand immer etwas lernen kann – angefangen bei diesem Gegenstand selbst. Kein Erkenntnisobjekt ist so beschaffen, kein Erkenntnissubjekt ist so beschaffen, dass sich nicht bei ihrer Begegnung *in der einen oder anderen Hinsicht* noch etwas lernen ließe. Nun lässt aber der Sachverhalt, dass man durch den Umgang mit Literatur Wissen erwerben kann, wiederum keinen Schluss darauf zu, dass *in* Literatur Wissen ist bzw. dass Literatur Wissen ist. Die Tatsache, dass man aus dem Umgang mit Eiskristallen eine Menge lernen kann, lässt eben keinen Schluss darauf zu, dass Eiskristalle eine Menge oder überhaupt irgendein Wissen enthalten.

Das Problem, vor das man sich gestellt sieht, wenn man nach Wissen *und* Literatur fragt, ist also, dass erstens überall dort, wo Literatur (in der einen oder anderen Weise) ist, auch Wissen (in dem einen oder anderen Modus) ist und dass zweitens vollkommen unklar ist, ob (und wenn ja, unter welchen Voraussetzungen) dieses Wissen, das literarische Kommunikation in vielfacher Weise durchsetzt, auch als Wissen *in* Literatur aufgefasst werden kann.[1] Die folgenden Überlegungen, die einen problematisierenden Charakter haben, bemühen sich darum, herauszustellen, unter welchen Voraussetzungen es sinnvoll ist, zu sagen, dass ein bestimmtes Wissen *in* Literatur ist.

Diese Frage nach *Wissen in Literatur* kann allerdings auf unterschiedliche Teilfragen abzielen, darunter die folgenden:

(1) *Poetologische Fragen*

(1.1) Literaturproduktion: Welches Wissen wird bei der Herstellung eines litcrarischen Textes beansprucht (bzw. muss beansprucht werden)?

(1.2) Produktion von *Wissen-im-Text*: Auf welchen Wegen findet Wissen im Rahmen des Produktionsprozesses in Literatur Eingang? Inwiefern verändert sich der Status dieses Wissens, sobald es in Literatur Eingang findet?

---

[1] In eine ähnliche Richtung gehen die kritischen Hinweise von Geuss, Raymond, »Poetry and Knowledge«, in: Ders., *Outside Ethics*, Princeton 2005, S. 184–205; vgl. die Kritik von Most, Glenn W., »Poetry, Knowledge, and Dr. Geuss«, in: Arion, 11/2003, 2, S. 193–201, und die Replik von Geuss, Raymond, »Plato, Romanticism, and Thereafter«, in: Ders., *Outside Ethics*, S. 206–218.

(2) *Hermeneutische Fragen*

(2.1) Literaturrezeption: Welches Wissen wird bei der Rezeption eines literarischen Textes beansprucht (bzw. muss beansprucht werden)?

(2.2) Rezeption von *Wissen-im-Text*: Wie lassen sich die von einem literarischen Werk implizierten, thematisierten oder problematisierten Wissensbestände identifizieren und interpretieren?

(3) *Epistemologische Frage*: Können literarische Werke überhaupt Wissen enthalten, wie die vorangehenden Fragen (1.2) und (2.2) voraussetzen? Kann der Umgang mit literarischen Werken, sollten sie Wissen enthalten, einen eigenen Zugang des Wissenserwerbs eröffnen?

Ausgehend von diesen Fragen möchten wir im Folgenden in Gestalt von Thesen, Erläuterungen, Adäquatheitsbedingungen, methodologischen Annahmen und Präferenzen andeuten, wie sich unserer Meinung nach die Antwort auf die Frage, was es bedeuten kann, *Wissen sei in Literatur*, innerhalb der Literaturwissenschaft traktieren lässt. Um auf der langen Wegstrecke, die wir zu diesem Zweck zurücklegen wollen, die Übersicht zu behalten, werden wir im Folgenden unsere Fragen mit *arabischen* Ziffern (1–6) und unsere Thesen mit *römischen* Ziffern (I–XII) auszeichnen.

Keine Frage ist, dass man Wissen braucht, um fiktionale Texte herzustellen (1.1) oder zu rezipieren (2.1). Gleiches gilt freilich auch für faktuale Texte. Daraus nun schließen zu wollen, dass damit die Frage (3) bereits beantwortet sei, ist ein *non sequitur*. Es gibt mithin ein für die Text-Konstruktion und Text-Interpretation *relevantes* Wissen (1.1, 2.1), das, bloß weil es für die Konstruktion oder Interpretation erforderlich ist, nicht schon *in* dem literarischen Text sein muss (3) und das dann auch nicht die spezifischen Probleme aufwirft, die mit *Wissen-im-Text* verbunden sind (1.2, 2.2). Um das am Beispiel der Text-Interpretation noch etwas deutlicher zu machen: Das interpretationsrelevante Wissen, aus dem man auf die Bedeutung des Textes schließt, ist ein Wissen, das nicht auch *im* literarischen Text sein muss. Zudem gilt umgekehrt: Nicht jedes Wissen, das *in* einem Text ist, ist auch schon für die Interpretation des Textes relevant: Wenn das anders wäre, könnte man ein neues, *in einem Text dargebotenes Wissen* nur dann verstehen, wenn man dieses Wissen bereits als *Interpretationswissen* besäße. Das hieße aber, es ließe sich z.B. auch aus wissenschaftlichen Texten kein *neues* Wissen erwerben. Die Frage, wie viel und welches Wissen man braucht, um einen Text zu interpretieren, ist das *Interpretationsproblem* (2.1); die Frage, welches Wissen man einem Text *zuschreiben* kann, ist dagegen das *Wissen-im-Text*-Problem – hier aus hermeneutischer Perspektive betrachtet (2.2). Unsere erste These lautet, verallgemeinernd, deshalb:

> (I.i) Das *Wissen-im-Text*-Problem (bzw. *Wissen-in-Literatur*-Problem) in seinen unterschiedlichen Dimensionen (1.2), (2.2) und (3) ist abzu-grenzen vom Problem, welches Wissen für die Konstruktion (1.1) und Interpretation (2.1) von Texten (bzw. literarischen Texten) rele-vant ist.

Die Frage, inwiefern Wissen *in* Literatur sein kann (3), kann zudem auch dann, wenn sie bejaht wird, unterschiedlich aufzufassen sein; je nachdem, ob man die (anspruchslosere) Position vertritt, dass sich in literarischen Texten Wissen ›gespeichert‹ finde, was dann literaturwissenschaftlich rekonstruiert werden könne, oder ob man die (anspruchsvollere) Position vertritt, dass Literatur auch Wissen übertragen kann. Zu unterscheiden wären also als Spe-zifikationen von (3) die folgenden Fragestellungen:

(3) *Epistemologische Fragen*

(3.1) Kann überhaupt ein *propositionaler* oder *nichtpropositionaler* Gehalt in einem *literarischen* Werk ein *Wissen* sein, und wenn ja: unter welchen Bedin-gungen oder Voraussetzungen, in welchen epistemischen Situationen? Dies wäre eine Frage nach der Möglichkeit einer Qualifikation bestimmter Merk-male von literarischen Texten als Wissen.

(3.2) Ist man überhaupt berechtigt, einen *propositionalen* oder *nichtpropositiona-len* Gehalt eines *literarischen* Textes als *Wissen* zu übernehmen, also *Glaubwür-digkeit* zu schenken, und wenn ja: unter welchen Bedingungen und Voraus-setzungen, in welchen epistemischen Situationen? Dies wäre eine Frage nach der epistemischen Transmissionsfähigkeit von Literatur im Sinne eines Wis-sensüberträgers, der unter bestimmten Voraussetzungen zur Übernahme von Wissen berechtigt.

Die Fragen fallen nicht von vornherein zusammen, und das sogar in dem strengen Sinn nicht, dass mit der Antwort auf die erste Frage nicht bereits eine auf die zweite Frage gegeben ist (und umgekehrt) – oder vorsichtiger: gegeben sein muss. Beide Fragen sind mithin hinsichtlich ihrer Beantwor-tung *unabhängig* voneinander. Die These lautet:

(I.ii) Die Fragen (3.1) und (3.2) sind unabhängig voneinander zu beantworten.

Dies setzt implizit eine Vorstellung davon voraus, was in diesem Fall mit ›Wissen‹ gemeint ist; aber es setzt nicht voraus, dass bei beiden Fragen das Gleiche mit dem Wissens-Ausdruck gemeint sein muss. Entscheidend für unsere These ist eine *methodologische* Vorannahme für die Beantwortung der Fragen (3.1) und (3.2): Uns erscheint es als nicht zulässig, allein schon durch die Wahl einer Bestimmung, also durch eine Vorab-Festlegung des Wissens-Ausdrucks, die Unabhängigkeit beider Fragen zu unterlaufen. Das Verhältnis der Frage, inwiefern Wissen in Literatur ist (oder sein kann), zu der Frage, ob und inwiefern Literatur als glaubwürdige Quelle für die Übernahme eines Wissensanspruchs verstanden werden kann, sollte also nicht *per definitionem* geklärt werden. Es ist nicht ausgeschlossen, dass Literatur, so unsere Vorannahme, eine relevante epistemische ›Größe‹ sein könnte bzw. eine epistemisch relevante ›Rolle‹ spielen könnte, ohne selbst, streng genommen, Wissen zu sein. Umgekehrt ist auch nicht auszuschließen, dass Literatur zwar Wissen zu ›speichern‹ vermag, dieses in Literatur ›gespeicherte‹ Wissen aber keine epistemisch relevante ›Rolle‹ spielt. Weder die Annahme der Abhängigkeit beider Fragen noch die Annahme ihrer Unabhängigkeit sollte man als potentielle Adäquatheitsbedingung der Explikation des in diesem Zusammenhang einschlägigen Wissensbegriffs ansehen.

In den folgenden sechs Abschnitten werden wir uns unterschiedlichen Problemfeldern widmen, die mit den skizzierten Fragen in enger Verbindung stehen: Der ersten (produktionsorientierten) Fragestellung widmet sich vor allem der *dritte Abschnitt*, der das Problem aufwirft, ob literarische Artefakte das Wissen enthalten, das bei der Artefaktgenese beansprucht wurde. Der zweiten (rezeptionsorientierten) Fragestellung widmet sich hauptsächlich der *fünfte Abschnitt*, der die Schwierigkeiten beschreibt, die die Anwendung der Exemplifikation bei der Zuschreibung von Wissen an Literatur mit sich bringt. Die dritte (mehr oder weniger epistemologische) Fragestellung wird in den anderen vier Abschnitten umkreist: Der *erste Abschnitt* problematisiert, unter welchen Voraussetzungen sich Dichter als Wissensgeber verstehen lassen; der *zweite Abschnitt* versucht zu klären, inwiefern ein Verständnis von ›Literatur als Wissen‹ mit der Fiktionalität literarischer Texte vereinbar ist; der *vierte Abschnitt* untersucht, ob literarische Texte *neues* Wissen enthalten können; der *sechste Abschnitt* plädiert schließlich dafür, bei der Zuschreibung von Wissen an Texte grundsätzlich personales, textuelles und abstraktes ›Wissen‹ zu unterscheiden.

Eine systematische Pointe der hier präsentierten Überlegungen ist, dass man die Frage, ob in Literatur Wissen sei, nur vor dem Hintergrund der jeweiligen gegebenen (historischen) *epistemischen Situation* beantworten kann.[2] Da das Anliegen dieses Aufsatzes ein primär theoretisches ist, musste auf eine umfassende historische Kontextualisierung der einzelnen Abschnitte verzichtet werden. Wir wollten trotzdem nicht ganz auf historische Hinweise verzichten, die in diesem Kontext lediglich die Funktion erfüllen, die historische Heterogenität der relevanten epistemischen Situationen vor Augen zu stellen. Die Lektüre dieser in *petit* gesetzten Passagen ist für das Verständnis der theoretischen Überlegungen hilfreich, aber nicht notwendig.

1.   Problemfeld: Dichter als Wissensgeber

Grundsätzlich wünschen wir, wenn wir Wissen entlehnen wollen, dass der Wissensgeber ein verlässlicher Informant, eine brauchbare Auskunftsquelle ist. Dann geht es nicht darum, ob Wissen in einem etwa literarischen Text ist, sondern ob es sich um ein für uns glaubwürdiges, gerechtfertigtes Wissen handelt. Wann ist man, so ließe sich im Anschluss an (3.2) fragen, nach der Theorie des Testimoniums berechtigt, das Wissen eines anderen für glaubwürdig zu halten? Oder genauer, auf den Umgang mit literarischen Texten zugespitzt:

(3.3) Wann ist man nach der (historisch jeweils in Anschlag gebrachten) Theorie des Testimoniums berechtigt, literarische Texte als glaubwürdige Vermittler von Wissen anzusehen?

Diese Frage zielt nicht auf Literatur als Dokument, das Informationen über Sachverhalte beinhaltet, sondern als Text, der Wissen(sansprüche) enthält und diese(s) möglicherweise auch zu verbürgen vermag. Damit ist die Frage nach den *konkreten Konzeptionen* und *epistemischen Situationen* der Zuweisung von Wissen an Literatur und des Umgangs mit literarischen Texten als vertrauenswürdigen ›Trägern‹ von Wissensansprüchen aufgeworfen. Blickt man auf die Autoritätstheorie, so ist auffällig, dass die *authoritas poetarum* selbst Teil einer epistemischen Situation sein kann, vor allem wenn das Wissenszeugnis der Poeten explizit in der philosophischen Lehre des Testimoniums Berücksichtigung findet. Das findet sich von Beginn an: So gilt nach Aristoteles das

---

[2]   Vgl. zum Konzept der *epistemischen Situation* Danneberg, Lutz, »Epistemische Situationen, kognitive Asymmetrien und kontrafaktische Imaginationen«, in: Lutz Raphael/Heinz-Elmar Tenorth (Hrsg.), *Ideen als gesellschaftliche Gestaltungskraft im Europa der Neuzeit. Exempel einer neuen Geistesgeschichte*, München 2006, S. 193–221.

Zeugnis der alten Poeten zu den nicht geringsten Bezeugungen von Wissensansprüchen.[3] Es wird verstanden als Beitrag in Kontexten des ›Argumentierens‹ und nicht als schmückendes Exempel uneigentlicher Redeweise (nur als
similitudo und nicht als *exemplum*). Bekannt ist, dass sich beim Stagiriten zahlreiche Zitationen aus den homerischen Werken oder denen anderer Dichter
finden.[4] Aristoteles unterscheidet zwei Arten von Zeugen: die zeitgenössischen und die alten – mit letzteren meint er Dichter und solche, deren Urteile
bekannt (und anerkannt) seien. Wichtig ist, dass es sich dabei nicht um ein
argumentum a fictione handeln muss, also um eine autoritative Verwendung eines
fingierten *exemplum*. Bei Quintilian findet sich zwar Ähnliches zum Dichter
als *auctoritas*;[5] er sagt aber auch,[6] dass dem Rückgriff auf den (berühmten)
Dichter ›weniger Beweiskraft‹ (*minus adfirmationis*) zukomme.[7]

Freilich scheint es nicht leicht zu sein, eine solche Ausweitung zu erklären,
respektive ihre Begründung zu erkennen, wenn man nicht Aristoteles oder
anderen die Ansicht zuschreiben will, Falsches sei tauglich, für oder gegen
einen Wissensanspruch zu sprechen. Eine Möglichkeit der Deutung besteht
darin, dass es bei diesen poetischen ›Zeugnissen‹ um etwas geht, bei dem die
faktische Falschheit keine Rolle spielt. Die aus den alten Dichtern entnommenen Exempel können dann wahr oder falsch sein und erfüllen (in gegebenen Situationen) bestimmte Aufgaben – durch sie wird etwas Allgemeines,
das wahr ist (das, was zwar nicht geschehen ist, aber zu geschehen pflegt)
illustriert, und es geht dann eher um Effekte des Überzeugens (von einer
für wahr *gehaltenen* Ansicht). Die fiktiven und die ›faktiven‹ Beispiele werden
dann nach anderen Gesichtspunkten miteinander verglichen: etwa nach der
lebensweltlichen Vertrautheit der Bestandteile des imaginierten Exempels;
oder aber es handelt sich um fiktive Exempel, die dadurch als ausgezeichnet
erscheinen (Autorität besitzen), dass sie schon früher als überzeugend wahrgenommen wurden (deshalb möglicherweise auch der Hinweis auf die *alten*

---

[3] Ein Beispiel bietet Aristoteles, *Rhet.*, 1375[b]28ff.; zum ganzen Komplex auch Moraitou, Despina, *Die Äußerungen des Aristoteles über Dichter und Dichtung außerhalb der
   Poetik*, Stuttgart 1994, S. 64–82.
[4] Zu einer Zusammenstellung u.a. Howes, George Edwin, »Homeric Quotation in
   Plato and Aristotle«, in: *Harvard Studies in Classical Philology*, 6/1895, S. 153–237.
[5] Vgl. Quintilian, *Inst. orat.*, I, 8, 11–12; vgl. auch XII, 4, 1–2.
[6] Vgl. Quintilian, *Inst. orat.*, V, 11, 17.
[7] Auf Quintilian greift beispielsweise Valla, Lorenzo, »Dialecticae Disputationes
   (1447/48, 1540)«, in: *Opera omnia*. Con una premessa di Eugenio Garin. Tomus
   prior. Scripta in editione Basilensi anno MDXL collecta. Torino (Monumenta
   politica et philosophica, I.5), S. 645–761, hier S. 754, zurück, wenn er sagt, fiktive
   Beispiele hätten zwar weniger Beweiskraft, würden aber bei den Ungelehrten angebracht sein, die dann eher die Argumente akzeptieren würden.

Poeten). Der faktische Zeugniswert wird so ergänzt um die erworbene *auctoritas* des fiktiven Exempels. So lässt sich eventuell Quintilians Erläuterung auffassen: Die faktischen Beispiele haben den Rang von ›Zeugnissen‹ oder gar von ›gerichtlichen Vorentscheidungen‹,[8] die fiktiven haben das nicht, kommen aber deshalb infrage, weil ihr Alter Vertrauen vermittelt, oder sie erlangen Glaubwürdigkeit, weil sie von bedeutenden Autoren am fiktiven Beispiel vorgetragene Lebensweisheiten darstellen.[9]

Historische Hinweise: Nicht selten dürfte es so gewesen sein, dass die Schüler in der griechischen wie römischen Antike die Realien aller möglichen Bereiche (wohl mit Ausnahme der Mathematik) anhand von Dichtung vermittelt erhielten – in der griechischen Antike allen voran Homer. Ein Beispiel bietet die Vermittlung geographischer Kenntnisse: Strabo (64/63 v. Chr.–23/26 n. Chr.) sieht Homer nicht allein als Philosophen, als den größten Dichter aller Zeiten und Führer zu allen Lebensweisheiten, sondern auch als den ἀρχηγέτης τῆς γεωγραφικῆς ἐμπειρίας.[10] Eine ähnliche Stellung wie Homer dürfte Vergil, *Virgilius noster*, für die lateinische Antike gehabt haben – »hic poeta omnis erroris immunis est«.[11]

Auf die verschiedenen Konzepte, in Dichtung trotz ihres fiktionalen Charakters (philosophische) Wahrheiten zu finden – für die *probatio* etwa in Gestalt des erdichteten Exempels (*fabula, argumentum fabulosum*) gegenüber den historischen – braucht nicht eingegangen zu werden.[12] Aber auch hier freilich findet sich keine einhellige

---

8 Vgl. Quintilian, *Inst. orat.*, XII, 4, 2: »aut testimonium aut etiam iudicatorum optinent locum«.

9 Vgl. Quintilian, *Inst. orat.*, XII, 4, 2: »sed haec quoque aut verustatis fide tuta sunt aut ab hominibus magnis praeceptorum loco ficta creduntur«.

10 Strabo, I, 1. Hierzu auch Schenkeveld, Dirk Marie, »Strabo on Homer«, in: *Mnemosyne* Ser. IV, 29/1976, S. 52–64; Biraschi, Anna M., »Strabone e la difesa di Omero nei *Prolegomena*«, in: Francesco Prontera (Hrsg.), *Strabone. Contributi allo studio della personalità e dell'opera*, Vol. I, Perugia 1984, S. 127–153, Palermo, Lucas, »Sicilia et *Odyssea*. Disputationes de Homerica geographia«, in: *Latinitas,* 45/1997, S. 95–114, jetzt auch Diederich, Silke, »Geographisches in Scholien und Kommentaren«, in: Wolfgang Hübner (Hrsg.), *Geographie und verwandte Wissenschaften*, Stuttgart 2000, S. 209–226.

11 Macrobius, *Somn. Scip.*, II, 8: »hic poeta omnis erroris immunis est«; ferner I, 6, 44: »Vergilius nullius disciplinae expers«, auch Macrobius, *Saturnalia*, I, 16, 12, I, 24, 8 und 16; hierzu u. a. Boeft, Jan den, »*Nullius Disciplinae Expers* – Virgil's Authority in (Late) Antiquity«, in: Leonard V. Rutgers u. a. (Hrsg.), *The Use of Sacred Books in the Ancient World*, Leuven 1998, S. 175–186, sowie Horsfall, Nicholas M., »Aspects of Virgilian Influence on Roman Life«, in: *Atti del convegno mondiale scientifico di studi sul Virgilio*, Vol. II, Milano 1984, S. 47–63.

12 Hierzu u. a. Müller, Wolfgang G., »Theorie und Praxis des Exemplums in der Renaissance«, in: Bernd Engler/Kurt Müller (Hrsg.), *Exempla. Studien zur Bedeutung und Funktion exemplarischen Erzählens*, Berlin 1995, S. 79–95, sowie Müller, Wolfgang G., »Das mythologische Exemplum in der englischen Renaissance«, in: Bodo Guthmüller/Wilhelm Kühlmann (Hrsg.), *Renaissancekultur und antike Mythologie*, Tübingen 1999, S. 183–206.

Ansicht. Selbst in der scholastischen Theologie und Philosophie kannte die Beweis-
lehre das Zeugnis der Poeten wie Thomas von Aquin und andere.[13] Für Thomas
ist die *poetica* »infirma inter omnes doctrinas«.[14] Der Grund liege letztlich in ihrer Darstellungsform: Sie bediene sich einer Bildersprache (*similitudines* und *repraesentationes*).
Drei Methoden (*modi*) der Theologie kennt der Aquinate: mittels Argumenten, Autoritäten und Vergleich.[15] Doch anders als andere wertet er die dritte Methode, die
Tragfähigkeit des vergleichbaren Falls, überhaupt die Ähnlichkeit, so weitgehend ab,
dass sie kaum noch eine Beweismethode darstellt.[16] Die Poesie befasse sich mit Dingen, die sich aufgrund des Fehlens von Wahrheit nicht von der Vernunft begreifen
lassen; die Vernunft werde daher durch Ähnlichkeiten getäuscht. Die Theologie be-
handle Dinge, die über der menschlichen Vernunft seien. Beiden, der Poesie wie der
Heiligen Schrift, sei trotz dieser Unterschiede – das Nichtrationale sowie das Über-
rationale – die ›symbolische‹ Darstellungsweise (*modus symbolicus*) gemein.[17] Thomas
scheint mitunter die Ausdrücke *figurativ, tropisch* und *symbolisch* synonym zu verwenden.[18] Gleichwohl sei die Poesie nach Thomas als Erkenntnismittel (*poetica scientia*)
Teil der rationalen Philosophie, indem sie (fiktionale) tugendhafte Handlungen als
tugendhaft darstellt und so den Leser zu solchen Handlungen animiere, auch wenn
sie im Vergleich (etwa) zur Theologie nur ein *minimum veritatis* biete.[19] Es kommt noch
etwas hinzu, und das macht das Problem in dieser epistemischen Situation deutlich.

So stellt für Thomas von Aquin (und das ist die herrschende Ansicht vor und nach
der Reformation) der *sensus litteralis* den einzigen beweistauglichen Sinn der Heiligen
Schrift dar. Zu unterscheiden ist also zwischen einer hermeneutischen Bestimmung
des *sensus litteralis* als *sensus proprius* und einer beweistheoretischen (für die *probatio
theologica* der in ihr niedergelegten theologischen Wissensansprüche). Deutlich wird
das schon daran, dass laut Thomas zum sensus *litteralis* ein *sensus* gehört, der im
hermeneutischen Sinn kein *sensus litteralis* (*proprius*) ist, sondern ein *sensus improprius*
(*figuratus*). Er bezeichnet diesen *sensus litteralis figuratus* als *sensus parabolicus*. Der Grund

---

[13] Vgl. Thomas, *S. Theol.* (1266–73), I-I, a. 8, ad. sec. (S. 20). Vgl. z. B. auch Alanus ab
      Insulis, *Summa de Arte Praedicatoria* (1198), I (*PL* 210, Sp. 111–198, hier Sp. 114B).
[14] Vgl. Thomas, *S. Theol.*, I-I, q. 1 a. 9, ob. 1 (S. 20/21): »Procedere autem per simili-
      tudines varias et repraesentationes, est proprium poeticae, quae est infirma inter
      omnes doctrinas.«
[15] Vgl. Thomas, *Scriptum* (1252–56), *prol.* q. 1, a. 5 (Opera Omnia, VII, 1, ed. Vivés,
      S. 10): »[…] et ideo oportet modum huius scientiae esse quandoque argumentati-
      vum, tum per auctoritas, tum etiam per rationes et similitudines naturales.«
[16] Vgl. Thomas, *Scriptum*, (1252–56), *prol.* q. 1, a. 5: »[…] ex similitudinariis locutio-
      nibus non potest sumi argumentatio.«
[17] Vgl. Thomas, *Scriptum, prol.* q. 1, a. 5: »Ad tertium dicendum, quod poetica scientia
      est de his quae propter defectum veritatis non possunt a ratione capi; unde oportet
      quod quasi quibusdam similitudines ratio seducatur; theologia autem est de his
      quae sunt supra ratione; et ideo, modus symbolicus utrique communis est, cum
      natura ratione proportionetur.«
[18] Vgl. Thomas, *De veritate*, q. 23, a 3 (*Opera Omnia*, ed. Parma, IX, S. 339): »Alius mo-
      dus est secundum figurativam sive tropicam vel symbolicam locutionem.«
[19] Vgl. Thomas, *Scriptum, prol.* q. 1, a. 5: »Poetica, quae minimum continet veritatis,
      maxime differt ab ista scientia, quae est verissima.«

für gerade diese Bezeichnung dürfte zum einen biblisch sein (der Ausdruck taucht im *Neuen Testament* auf zur Charakterisierung bestimmter ›Parabeln‹ von Jesus Christus),[20] hat aber auch einen festen Ort in der überlieferten antiken Rhetorik.[21] In der lateinischen Tradition wird παραβολή mit *simile*, mitunter auch mit *imago* wiedergegeben. Wichtig ist hier Quintilian, der als dritte Art des Beweises den griechischen Ausdruck παράδειγμα aufnimmt und sagt, dass die Lateiner für παραβολή den Ausdruck *similitudo* verwendeten;[22] und er sagt, dass Cicero diesen Ausdruck mit *collatio* wiedergebe.[23] An anderer Stelle verwendet Quintilian den Ausdruck »parabolae«, und zwar hinsichtlich der Unterteilung der Vergleiche (*similitudo*) in solche, die mitunter offen gezeigt würden, mitunter aber auch anspielungsweise, in Gleichnissen verhüllt (*parabolae*) seien.[24] Das macht deutlich, was der *sensus parabolicus* ›meint‹: Es ist die Ähnlichkeit (*similitudo*), die einen Wissensanspruch indirekt auszudrücken erlaubt. Das macht deutlich, dass eine bestimmte Darstellungsweise, eine bestimmte ›Bildersprache‹, die sich in Dichtung findet, in epistemischen Situationen nicht von vornherein untauglich erscheint zur Wissensvermittlung. Daher könnten ›Dichter‹ auch Wissen vermitteln.

Und so konnte dann Erasmus in seinem *Antibarbarus*, der großangelegten Verteidigung der Aufnahme des heidnischen Wissens durch Christen, darauf hinweisen, dass (selbst) der Aquinate bei der Erörterung sogar der Trinität auf heidnische *Poeten* zurückgegriffen habe.[25]

Doch das Zeugnis der Dichter war und konnte strittig sein, insbesondere hinsichtlich der Vermittlung von Wissen – und das nicht nur aufgrund ihres ausgeprägten Gebrauchs von Phantasie (Imagination, Einbildungskraft), die dem Status der von

---

20 Er findet sich als Selbstbeschreibung von Jesus in der Heiligen Schrift (*Mt* 13, 13): *ideo in parabolis loquor eis* (διὰ τοῦτο ἐν παραβολαῖς αὐτοῖς λαλῶ). Im griechischen Text der Synoptiker werden die Gleichnisse immer als παραβολαί bezeichnet, die Vulgata hat zumeist *parabolae*, gelegentlich *similitudines*.

21 Aristoteles unterscheidet in seiner Rhetorik zwei Arten von παράδειγμα: Die erste umfasst die aktuellen oder historischen Beispiele, die zweite sind die fingierten, die selbst erfundenen (τὸ αὐτὸν ποιεῖν); er veranschaulicht das mit einem Beispiel des Sokrates, vgl. Aristoteles, *Rhet.*, 2, 20 (1393^b4–8), es ist ein fingierter, illustrierender Vergleich, eine Analogie (allerdings bleiben einige Fragen hinsichtlich dieser Unterscheidung beim aristotelischen Text offen); es handelt sich dabei bei Aristoteles durchaus um das Erzeugen von Überzeugungen, vgl. auch *Metaph.*, 1036^b24.

22 Vgl. Quintilian, *Inst. orat.*, V, 11.

23 Vgl. Quintilian, V, 11, 23.

24 Vgl. Quintilian, VI, 3, 59. Allerdings ist diese Stelle nicht leicht zu deuten, denn Quintilian verwendet an anderer Stelle (VIII, 3, 77) den Ausdruck noch einmal, aber dann eher im Sinn von παραβολή.

25 Vgl. Erasmus, »Antibarbarorvm liber vnvs (1520)«, in: *Opera Omnia [...]. recognita et Adnotatione critica Instrvcta notisqve illvstrata. Amsterdam Ordinis Primi Tomvs Primvs*, Amsterdam 1969, S. 1–138, hier S. 129: »Thomas Aquinas scriptor nobilissimus in Aristotelem ethnicum philosophum commentarios aedidit atque adeo in ipsis theologici quaestionibus, vbi de summo principio, de trinitate disputat, Ciceronis ac poetarum testimonia profert.«

ihnen vorgetragenen Wissensansprüche einen problematischen Charakter verleihen konnte. Wie Platon (als das bekannteste Beispiel) zeigt: Die Kritik an Dichtung bezieht sich zum einen auf den Umstand, dass die Dichtung nur die sinnlich wahrnehmbare Welt imitiere, die selbst nur das Abbild der intelligiblen Welt darstelle, und daher Literatur nur das Abbild des Abbildes biete; zum anderen habe die Dichtung aufgrund ihres minderwertigen Gehalts einen schlechten Einfluss auf den Leser. In einem seiner frühen Dialoge lässt Platon den Homer-Rezitator und Homer-Erklärer Ion im Gespräch mit Sokrates zu dem Schluss kommen, dass der Dichtung für keinen der einzelnen Wissensbereiche wissenschaftliche Wahrheitserkenntnis (ἐπιστήμη) zu entnehmen sei, woraus folgt, dass der Homer-Erklärer nicht beanspruchen kann, begründetes Wissen zu vermitteln.

Den Homer konnte Platon auch explizit kritisieren – etwa im Zusammenhang damit, inwiefern nur das Gute von Gott komme oder aber ob er Ursache für alles Übrige, also auch das Schlechte sei. In diesem Zusammenhang heißt es bei Platon: Nicht dürfte man es gelten lassen, wenn Homer oder ein anderer Dichter aus Unverstand einen Fehler begehe im Blick auf die Götter.[26] Zwar hat es immer Kritik an den dichterischen Autoritäten gegeben – bekannt ist die Legende, dass der antike Rhetor Zoilus von Amphibolis (ca. 400–ca. 320), wegen seiner homerkritischen Schriften erhielt er den Namen Ὁμηρομάστιξ (Geißel Homers), seine Kritik mit dem Tode büßen musste.[27] Doch noch für Quintilian ist Homer der Dichter, bei dem »sich von jeder Art von Kunst wenn nicht vollkommene Werke, so doch gewiss unzweifelhafte Spuren finden«.[28]

Allerdings sind die Bedingungen, unter denen es strittig war, genau zu analysieren: Etwa dann, wenn es bei Ovid explizit heißt, man dürfe den Dichtern nicht wie Zeugen glauben.[29] Aus dieser Warnung könnte man schließen, dass dies durchgängig praktiziert wurde (und diese Praxis gleichsam den Hintergrund für diese Warnung bildet). Aber es ist nicht klar, wie generell Ovid seine Warnung verstanden wissen wollte: »Die fruchtbare Willkür der Dichter schweift ins Ungemessene, und sie binden die eigenen Worte nicht an die historische Treue.«[30] Zudem ist die konkrete Situation zu beachten: In diesem Fall ist es das Preisen seiner ›Geliebten‹, und es heißt: »Und so hätte man auch erkennen müssen, dass das Lob meiner Geliebten unwahr gewesen ist; eure Leichtgläubigkeit schadet mir jetzt.«[31] Zudem ist es so, dass sich die vertretenen Maximen nicht immer mit der *Praxis* der Anrufung von Zeugnissen decken.[32]

---

[26] Platon, *Rep.* II, 379d-e.

[27] Vgl. auch Wolff, Max J., »Der Lügner Homer«, in: *Germanisch-Romanische Monatsschrift*, 20/1932, S. 53–65, unter anderem zum Vorwurf der Verfälschung historischer Tatsachen des trojanischen Krieges.

[28] Quintilian, *Inst. orat.*, XII, 11, 21 (Übers. H. Rahn); vor allem aber *Inst. orat.*, X, 1, 46–51, wo Quintilian Homer in *jeder Hinsicht* als Vorbild für die *eloquentia* preist.

[29] Vgl. Ovid, *Amores*, V, 19: »nec tamen ut testes mos est audire poetas«.

[30] Vgl. Ovid, *Amores*, V, 41–42: »exit in immensum fecunda licentia vatuum / obligat historica nec sua verba fide«.

[31] Vgl. Ovid, *Amores*, V, 43–44.

[32] So sagt beispielsweise Sextus Empiricus, dass Philosophen sich nicht auf das Zeugnis der Dichter stützen sollten (*Math.*, 1, 280); er selbst allerdings zitiert Pindar, Homer und Euripides als Zeugen (*Pyr.*, 1, 86) sowie Menander (*Pyr.* 1, 108).

Die *Ambivalenz* in der Einschätzung der *authoritas poetarum* erklärt sich allerdings nicht aus dem Umstand, dass die Heilige Schrift (nach Ansicht aller) nicht nach den *Beweismustern* für *Wissensansprüche*, wie dies für andere Texte galt, eingerichtet war und sie Ähnlichkeit mit ›poetischen‹ Texten besaß. Als Offenbarungszeugnis anderer Güte von Wissen konnte man sie von dieser Pflicht entbinden. Doch der Grund, weshalb zumindest für Christen *immer* das Zeugnis der Dichter eine Rolle spielen konnte, ist, dass die Heilige Schrift das autorisiert, indem sie es selber *vollzieht*: So greift Paulus explizit auf das Zeugnis eines heidnischen Dichters zurück (*Apg* 17, 28), und diese Stelle ist dann auch immer zur Rechtfertigung der Ansicht herangezogen worden, dass Poeten als Zeugen für Wissen zumindest grundsätzlich eine Rolle spielen können – so etwa bei Philip Sidney (1556–1586) in seiner Verteidigung der Poesie.[33]

Derselbe, die Dichter zitierende Paulus konnte aber auch als Autorität dafür dienen, um von den Poeten als Lügen- und Fabeldichter zu sprechen: *aniles fabulae* wird zu einem stehenden Ausdruck. Es ist die Stelle im ersten Brief an Timotheus (1. *Tim* 4, 7), wo der Apostel empfiehlt: »ineptas autem et aniles fabulas devita« – in Luthers Übersetzung: »Der ungeistlichen aber und altvettelischen Fabeln enthalte dich«. Wie nun erklärt sich diese Ambivalenz – nicht bei Paulus, sondern in der verbreiteten Praxis des Umgangs mit Literatur im Mittelalter und in der Frühen Neuzeit überhaupt?

Historische Hinweise: Man unterschied den Bericht einer wahren, tatsächlich stattgefundenen Tatsache (*narratio, historia, genus narrationis, verum*), von dem, was Erlogenes und Nichtstattgefundenes wiedergibt (*fabula, neque verum neque versisimile, falsum*) und dem, was zwar Nichtstattgefundenes berichtet, aber potentiell Mögliches (*plasma, non verum sed verisimile*). Die (fiktionale) Literatur gehörte entweder Letzterem oder Mittlerem an. Die Entscheidung, also auch die der allegorischen Deutung, lag hier beim Leser.

Das Letztere hieß auch *argumentum*, wobei sich mindestens sechs verschiedene Verwendungsweisen von *argumentatio* und *argumentum* unterscheiden lassen, denn »ar-

---

[33] Sidney, Sir Philip, »The Defence of Poetry (1595)«, in: Katherine Duncan-Jones (Hrsg.), *Sir Philip Sidney*, Oxford, New York 1989, S. 212–250, hier S. 239: »St Paul himself, who yet, for the credit of poets, twice citeth poets, and one of them by the name of ›their prophet‹ setteth a watchword upon philosophy – indeed upon the abuse. So doth Plato upon the abuse, not upon poetry.« Für Sidney ist der Poet »indeed the right popular philosopher, whereof the Aesop's tales give a good proof; whose pretty allegories, seatling under the formal tales of beasts, make many, more beastly than beasts, begin to hear the sound of virtue form these dumb speakers« (ebd., S. 233). Auf den alten Vorwurf des lügenden Dichters respondiert Sidney bekanntlich, »[…] for the poet, he nothing affirms, and therefore never lieth«, was sich auf »feigned examples« bezieht; das Ziel des Poeten sei, (»not *Gnosis* but *Praxis*«) bei seinem Leser zu wirken (ebd., S. 235).

gumenta quoque plura significat«.[34] Das *Erste* ist eine spezifische Darstellungsweise und bezieht sich auf ein Textganzes wie bei der obigen Trias; das *Zweite* bezieht sich auf etwas, das dazu dient, die Plausibilität eines Wissensanspruchs zu erhöhen;[35] das *Dritte* ist eine Einschränkung des Zweiten, nämlich *argumentum* als *probatio artificialis*, also den intrinsischen *loci* entnommen und nicht etwa als *argumentum ab auctoritate* – wichtig ist hier, dass die Plausibilität des *argumentum* selbst nicht auf einer *argumentatio* beruht: Das *exemplum* illustriert und erzeugt dadurch unter Umständen Plausibilität, steht aber nicht in einer bestimmten Beziehung zu dem, was es zu plausibilisieren gilt; das *Vierte* ist *argumentatio* als eine mehrgliedrige Darstellung, als eine Sequenz, deren wesentliches Glied das *argumentum* bildet;[36] *fünftens argumentum* im Rahmen der Exegese als eine an den Anfang des Kommentars gesetzte knappe Zusammenfassung des Stoffes, der Textaussage; *sechstens* schließlich, als eine Variante des Vorhergehenden, kann ein *argumentum* bereits im literarischen Text an den Anfang gesetzt werden – wie in Miltons *Paradise lost*. Zumindest die zweite und dritte Verwendungsweise macht deutlich, dass *argumentum* und *argumentatio* sowohl in den Bereich der Rhetorik als auch in den der Dialektik fallen können.[37]

Das Mittlere, *fictio*, konnte (zumindest) vier verschiedene Bedeutungen haben: *Erstens*, es kann sich auf die Rhetorik beziehen, und dann meint es die rhetorische Ausschmückung eines Textes (durch Wortfiguren, Sinnfiguren, Metaphern usw.); *zweitens* kann es sich auf den Wahrheitsanspruch beziehen und *Falsches, Erfundenes* meinen, in den Worten Isidors: »falsum ad oratores pertinet, fictum ad poetas«[38] – diese *fictio* konnte zwar mit *mendacia* verknüpft sein, aber nie, auch nicht im Rahmen der strengen Lügeverbote seit Augustinus, musste das so sein, denn das Lügekonzept war definitorisch an bestimmte Intentionen gebunden;[39] *drittens* kann es eine Mischung von *Wahrem* und *Falschem, Erfundenem* bedeuten; *viertens* kann *fictio* schließlich das *verisimile* meinen, dazu erneut Isidor: »Falsum est ergo quod verum non est, fictum quod verisimile est«.[40]

---

34 Quintilian, *Inst. orat.*, II, 4, 2.

35 *Ad Herennium*, II, 5, 8. Vgl. Cicero, *Top.*, I, 2 und II, 8, Cicero, *Part. or.*, 45; Boethius, *In Topica Ciceronis*, 1 (PL 64, Sp. 1050B sowie Sp. 1053A-1054A); auch Boethius, *De topicis differentiis* (PL 64, Sp. 1174D und Sp. 1183).

36 Cicero, *De inv.*, I, 40, 74.

37 Vgl. z.B. Victorinus, Marius, *Ars grammatica* (ed. Keil, VI, S. 240), sich auf Cicero, *De inv.*, I, 31, 51 beziehend. Wohl nicht zuletzt über *De differentiis topicis* des Boethius vermittelt (vgl. Boethius, *De topicis* [PL 64, Sp. 1173C]), gelangen *argumentum* und *argumentatio* in die Logik, und im 16. und 17. Jahrhundert gehören beide Ausdrücke zwar nicht durchgängig, aber im Allgemeinen zum logischen Vokabular (vgl. z.B. Abaelard, *Dialectica* [1117]. First complete edition of the Parisian manuscript with an introduction by L.M. de Rijk. Second revised edition, Assen 1970, S. 462f.).

38 Zitiert nach von Moos, Peter, »*Poeta* und *historicus* im Mittelalter. Zum Mimesis-Problem am Beispiel einiger Urteil über Lucan«, in: *Beiträge zur Geschichte der deutschen Sprache und Literatur*, 98/1976, S. 93–130, hier S. 119, Anm. 57.

39 Vgl. z.B. Augustinus, Sol., II, 9, 16.

40 Zitiert nach von Moos, »*Poeta* und *historicus* im Mittelalter«, S. 119, Anm. 57.

Schließlich spielt *fingere* in der scholastischen Philosophie eine Rolle bei der Erklärung der Allgemeinbegriffe. Im Wesentlichen scheint es zwei Deutungen hierfür gegeben zu haben: Zum einen komme dem Allgemeinbegriff nur ›objektives Sein‹ in dem Sinn zu, dass es sich um ein bloßes Erkanntsein oder Vorgestelltsein handle, zum anderen komme ihm auch ›subjektives Sein‹ in dem Sinn zu, dass ihm auch ein ›aktuales‹ oder ›reales‹ Sein zugesprochen werden könne. Die erste Lösung bezeichnet Gabriel Biel als *opinio de fictis* und das Vorstellen oder Hervorbringen eines inneren Bildes (des Allgemeinbegriffs) als *fingere* sowie das Produkt als *fictum*; zudem findet sich bei ihm der Ausdruck *vis fictiva*.[41]

Immer wieder wurde hervorgehoben, dass die Heilige Schrift nicht unvermittelt von Gott spreche, sondern das Göttliche werde sinnbildlich dargeboten und verbunden nicht selten mit dem Gedanken, dass der Mensch gleichsam wie auf einer Stufenleiter durch die Analogie emporsteige.[42] Johannes Scotus spricht in diesem Zusammenhang von *prophetica figmenta*.[43] Explizit parallelisiert er das Wort der Dichter mit dem göttlichen Wort.[44] Die Grundlage bildet die im Mittelalter weithin rezipierte Theorie der unähnlichen Ähnlichkeiten (*dissimilia symbola, imaginationes turpes, deformes, inhonestae*), allein mit deren Hilfe sich über etwas Bestimmtes sprechen lasse. Doch dann gibt es keine wirklichen Beschränkungen dessen, was sich als ähnlich wählen lässt. Die offenkundige Falschheit erscheint dann sogar in dem Sinn als er-

---

[41] Burkard, Franz Joseph, *Philosophische Lehrgehalte in Gabriel Biels Sentenzenkommentar unter besonderer Berücksichtigung seiner Erkenntnislehre*, Meisenheim am Glan 1974, S. 76–81.

[42] Vgl. Johannes Scotus, *Versio operum S. Dionysii Areopagitae, De caelesti hierarchia*, I (*PL* 122, Sp. 1039): »[…] sensibilibus imaginibus supercaelestes descripsit intellectus in saccoscriptis eloquiorum compositionibus, quatenus nos reduceret per sensibilia in intellectualia, et ex sacre figuratis symbolis in simplas caelestium Ierarchiarum summitates.«

[43] Vgl. Johannes Scotus, *Espositiones super hierarchiam caelestem*, II, 1 (*PL* 122, Sp. 145): »Quae prophetica figmenta si quis incaute cogitaverit, ita ut in eis finem cognitionis suae constituat et non ultra ea ascendat in contemplationem rerum intelligibilium, quarum illa imagines sunt, non solum ipsius animus non purgatur et exercitatur, verum etiam turpissime polluitur et stultissime opprimitur.«

[44] Vgl. Johannes Scotus, *Espositiones super hierarchiam caelestem*, II, 1 (*PL* 122, Sp. 146): »Quemadmodum ars poetica per fictas fabulas allegoricasque similitudines moralem doctrinam seu physicam componit ad humanorum animorum exercitationem, hoc enim proprium est heroicorum poetarum, qui virorum fortium facta et mores figurate laudant: ita theologica veluti quaedam poetria sanctam Scripturam fictis imaginationibus ad consultum nostri animi et reductionem corporalibus sensibus exterioribus, veluti ex quadam imperfecta pueritia in rerum intelligibilium perfectam cognitionem, tanquam in quandam interioris hominis grandaevitatem conformat.« Auf den Vergleich mit den *poetica figmenta* greift er noch später zurück (vgl. Sp. 156).

wünscht, als dadurch vermieden werde, das bildlich Dargestellte mit dem Abgebildeten zu ›verwechseln‹ und bei ihm nicht zu verharren, sondern es zu ›übersteigen‹.[45]

Entscheidend für die angesprochene Ambivalenz ist ein spezielles Moment: Obwohl die *figmenta poetarum* eine Ausweitung erfahren konnten, wenn man damit nicht nur heidnische Dichter meinte, sondern jeder Dichter in Versen lüge, ging es vielmehr um die *Qualität* des Wissens in Literatur: Dieses Wissen hatte ein *wahres* Wissen zu sein, und das *Kriterium* für seine Wahrheit waren *die bereits bekannten Wissensbestände.* Entweder findet sich nach diesem Kriterium wahres Wissen *direkt* in Literatur oder *indirekt,* und zwar dann, wenn es der Deutung des Textes mit Mitteln der Allegorese gelingt, das den christlichen Glauben Störende – die *mendacia gentilium – in meliorem partem* zu interpretieren. Freilich trug das Allegorisieren dann auch zum ›Fortleben antiker Götter‹ und ›heidnischer Mysterien‹ bei. Wie dem auch sei: Nicht die Literatur als solche lügt, sondern sie lügt nur dann, wenn sie etwas Falsches sagt; doch das, was die Literatur ›sagt‹, ist das Ergebnis eines (nicht selten allegorischen) Interpretationsvorgangs.

Der Wahrheitsanspruch von Dichtung erschien aufgrund der Tradition und der Beglaubigung der (häufig geistlichen) Stoffe weithin als unproblematisch: Die poetischen ›Zeugnisse‹ entstammten, wenn nicht der Heiligen Schrift, so doch aus Quellen, deren Vertrauenswürdigkeit in der epistemischen Situation der Zeit als mehr oder weniger beglaubigt galt. Unsere These lautet deshalb:

(II) Nur selten wurde bezweifelt, dass in Literatur Wissen (verstanden als in der Zeit gerechtfertigtes Wissen) sein *könne.*

---

[45] Vgl. Johannes Scotus, *Versio operum S. Dionysii Areopagitae, De caelesti hierarchia* II (PL 122, Sp. 1042): Man könne aus allem schöne Anschauungen ersinnen und sowohl für die hohen wie für die höchsten Geister aus dem Bereich der Materie unähnliche Ähnlichkeiten bilden (»et invisibilibus et intellectualibus ex materiis reformare dictas dissimiles similitudines«). Vgl. ferner Boccaccio, *Tratello in laude di Dante* (Opere in versi, ed. Pier Giorgio Ricci, S. 620), wo es über die Technik der *dissimulatio* heißt, sie verberge die Wahrheit unter solchen Dingen, die ihr so weit entgegengesetzt wie möglich scheinen: »La verità piana, pericò ch'è tosto compresa con piccole, diletta e passa nella memoria. Adunque, acciò che non fatica acquistata fosse più grata, e perciò meglio si coservasse, li poeti sotto cose molto ad essa contrarie apparenti la nascosero; e perciò favole fecero, più che altra coperta, perché la bellezza di quelle attraesse coloro li quali né le dimostrazioni filosofiche, né le persuasioni avevano potulo a sé tirare.«

Zum Problem wurde das angesichts profaner weltlicher Themen. Die hier gewählten Stoffe bedurften einer Begründung, aber auch der Beglaubigung. Das Dichten wird so zum *Wiedererzählen*[46] und erlangt (für einige Zeit) dadurch seine Beglaubigung, dass der Bezug auf Vorgegebenes den Lügevorwurf aussetzt. Die Beglaubigung (etwa in der mittelalterlichen Literatur) durch die Berufung auf eine vorgängige Quelle lässt sich dann so deuten,[47] dass die im Text dargebotene ›Welt‹ nicht nur einen einzigen Zugang besitzt und dadurch *versucht* wird, den Text als nichtfiktional auszuweisen – gleichgültig dabei, wie ›ernst‹ oder wie ›täuschend‹ das in der gegebenen epistemischen Situation erfolgt und unabhängig davon, ob es gelingt oder nicht. Ob ›historische‹ oder ›literarische‹ Werke: In beiden Fällen konnte selbst bei dem, was nicht nur aus der Sicht einer späteren epistemischen Situation als ›fabulös‹ erscheint, behauptet werden, die Wahrheit zu erzählen, da die Angaben aus *schriftlichen* Quellen – sie gelten in der Regel als sicherer als die mündliche Überlieferung – entlehnt und kompiliert seien; es konnte sich sowohl in ›historischen‹ als auch in ›literarischen‹ Werken dann sogar die Betonung des Wahrheitsgebotes finden sowie die Forderung nach einem kritischen Umgang mit eventuell fehlerbehafteter Überlieferung. Dennoch konnte es zwischen beiden in der epistemischen Situation der Zeit nicht nur den Unterschied geben zwischen *historia* und *fehlerhafter, nicht wahrheitsgetreuer historia*, sondern in diesem Fall auch den Unterschied zwischen *historia* und *literarischem* Text.

Sicherlich ist es voreilig, den Menschen vor dem ›Humanismus‹ eine besonders ausgeprägte und allgemeine Leichtgläubigkeit zu unterstellen, ein anderes Wahrheitsverständnis oder ein *Nichtunterscheidenwollen* in Fragen von *historia* und *fabula*. Das zeigt sich bereits daran, dass es zur Authentizitätskritik an den alten und tradierten autoritativen Texten kommen konnte. Unsere These lautet:

> (III) Bevor man ein solches Nichtunterscheidenwollen von *historia* und *fabula* annimmt, liegt die Annahme eines *Nichtunterscheidenkönnens* wesentlich näher.

---

46   Vgl. Worstbrock, Franz Josef, »Wiedererzählen und Übersetzen«, in: Walter Haug (Hrsg.), *Mittelalter und frühe Neuzeit. Übergänge, Umbrüche und Neuansätze*, Tübingen 1999, S. 128–142.

47   Vgl. u.a. Lofmark, Carl, *The Authority of the Source in Middle High German Narrative Poetry*, London 1981.

Es ist ein Nichtkönnen schlicht aus dem Umstand der zu einem bestimmten historischen Zeitpunkt bestehenden Unverfügbarkeit des relevanten Wissens, das es erst erlauben würde, Indikatoren der Zuschreibung von *faktual* als irrig zu erkennen[48] – ebenso wie bei der irrigen Zuweisung eines Textes an einen bestimmten Verfasser.

2.   Problemfeld: Fiktionalität und Wissen in Literatur

Wie im Rahmen der Testimoniumslehre immer wieder betont wurde, gilt (unter normalen Bedingungen) eine generelle Präsumtion zugunsten der Verlässlichkeit von Äußerungen anderer Personen. Zum Charakter der Präsumtion gehört, dass es Gegebenheiten geben kann, die sie außer Kraft setzt. Eine spezielle Frage wäre nun die, ob es in der Eigenart literarischer Texte liegt, diese Präsumtion auszusetzen.

Wir wollen die Eigenart des literarischen Textes allein an seinen fiktionalen Charakter binden. Unsere These besagt:

> (IV) Der fiktionale oder faktuale Charakter eines Textes wird durch den *Umgang* mit den jeweiligen Texten gestiftet.

Das schließt nicht aus, dass literarische Darstellungsformen in einer spezifischen Situation einen *sehr sicheren* Schluss auf den fiktionalen Charakter eines Textes erlauben (freilich nicht mehr, aber immerhin). Es schließt zudem nicht aus, dass es in raum-zeitlichen Ausschnitten eine *historische Determiniertheit* zwischen der Darstellungsweise und dem fiktionalen Charakter von Texten geben kann und womöglich auch gegeben hat. Davon zu unterscheiden ist das Problem, dass sich alle solche Darstellungsmittel fingieren lassen und damit (in einer epistemischen Situation) geltendes Wissen irreführend verwendet wird. Grundsätzlich kann das in beiderlei Hinsicht stattfinden. Sicherlich steht das Fingieren von (Indikatoren der) Nichtfiktionalität im Vordergrund, aber auch das Umgekehrte, nämlich dass Fiktionalität fingiert wird, kann eine Rolle spielen.

---

[48] Vgl. hierzu u.a. Fichte, Joerg O., »›Fakt‹ und Fiktion in der Artusgeschichte des 12. Jahrhunderts«, in: Volker Mertens/Friedrich Wolfzettel (Hrsg.), *Fiktionalität im Artusroman*, Tübingen 1993, S. 45–62; es wird durch die Imitation der »Trennungslinie zwischen ›Fakt‹ und Fiktion« für Zeitgenossen die Unterscheidung nur in dem Sinne nicht »trennscharf«, als sie beides oftmals nicht mehr sicher voneinander unterscheiden können.

Dass der fiktionale oder faktuale Charakter eines Textes durch den *Umgang* mit ihm gestiftet wird, sagt noch überhaupt nichts über die *spezifische* Unterscheidung aus. Es muss etwas Allgemeines sein, das über die epistemischen Situationen, in denen dieser Umgang erfolgt, läuft – eine Möglichkeit wäre: Behandelt man in der gegebenen epistemischen Situation einen Text als den einzigen Zugang zu der von ihm (propositional) beschriebenen ›Welt‹, dann – so die vereinfachte Festlegung – macht man im Zuge des Umgangs aus ihm einen fiktionalen Text. Das schließt nicht aus, dass sich *dieser* Umgang erst nach Erfahrungen des Umgangs mit dem Text ausbildet, also die Umgangsweise nicht aufgrund von in der Situation mehr oder weniger sicheren (textuellen) Indikatoren gewählt wird. Behandelt man den Text so, dass es *mehrere* Zugänge zu der von ihm (propositional) beschriebenen Welt gibt, dann behandelt man ihn als faktualen Text.[49]

Verteidigung gegen potentielle Kritik: Vorab scheint dieser allgemeinen Unterscheidung zwischen fiktional und faktual ein überaus präsentes Gegenbeispiel zu widerstreiten: Es gibt einen Text, mit dem man einen solchen Umgang pflegte und mitunter noch immer pflegt, dass er zwar den einzigen Zugang zu der Welt bietet, die er beschreibt, zugleich aber und sogar emphatisch als faktual aufgefasst wird. Es ist die Heilige Schrift – zumindest im Umgang gläubiger Christen mit ihm, und man denke nur an eine Maxime wie das *sola-scriptura*-Prinzip des Umgangs mit dieser Schrift. Doch dieser Eindruck täuscht, und aus dem Umstand, dass die vergleichsweise einfache Unterscheidung von fiktional und faktual (anhand der Unterscheidung von zwei Arten des Umgangs) an diesem Beispiel nicht scheitert, mag man als kleinen Plausibilitätspunkt werten.

Die Auszeichnung der Heiligen Schrift als einziger Zugang bedeutet die Zuweisung einer exklusiven epistemischen Eigenschaft: Als Wort Gottes ist sie uneingeschränkt wahr (freilich nur bei richtiger Interpretation); sie ist in dieser Hinsicht die einzige Beweisquelle. Das bedeutet nun aber nicht, dass sie die einzige Quelle ist, die von einer bestimmten Welt mit ihren wundersamen Ereignissen kündet – auch wenn die profanen Quellen spärlich fließen, ist einem Christen nie eingefallen, dass die Heilige Schrift in diesem Sinn univial sei. Anders freilich sieht es mit bestimmten Dingen aus, von denen die Heilige Schrift berichtet. Gemeint sind die Glaubensmysterien, insbesondere solche, die grundsätzlich unbeobachtbar sind – also etwa die Verwandlung von Brot und Wein in das Blut und den Leib des Herrn. Allein bei solchen Glaubensmysterien wäre eine Parallelisierung mit dem einwegigen Zugang zu fiktionalen Welten gegeben: Denn in der Tat verbindet sich die epistemische Auszeichnung der Heiligen Schrift mit ihrer Privilegierung als einzigem Zugang zu diesen Mysterien.

Man könnte zwar sagen, dass aufgrund der Vorannahme von ›fiktional‹ als Makroeigenschaft solche Partien in der Heiligen Schrift nicht fiktional sind, wenn sie selbst als Gesamtheit nicht fiktional ist; aber damit wäre diese Annahme nicht mehr heuris-

---

49 Vgl. Danneberg, Lutz, »Weder Tränen noch Logik: Über die Zugänglichkeit fiktionaler Welten«, in: Uta Klein u. a. (Hrsg.), *Heuristiken der Literaturwissenschaft. Einladung zu disziplinexternen Perspektiven auf Literatur*, Paderborn 2006, S. 35–83.

tisch, sondern festlegend. Doch dieser Eindruck täuscht: Die Sätze, die ein Glaubensmysterium wiedergeben sollen, müssen einem wörtlichen Verständnis ausgesetzt werden, zumindest keinem Verständnis, das durch einen Bedeutungsübergang zustande
kommt, der ihren Status als Glaubensmysterium tilgt. Nicht geht es dabei um das semantische Verstehen, sondern um die epistemische Zustimmung, und (sehr vereinfacht gesagt) der Status eines Mysteriums ist dann gegeben, wenn der Mensch anhand
allein seines Wissens über die ihm bekannte und von ihm als real ausgezeichnete Welt
diese Zustimmungsleistung nicht zu erbringen vermag. Die Glaubensmysterien sind
in dieser Hinsicht *supra rationem* oder *naturam* oder sogar *contra naturam* oder *rationem*.

Die Passagen in der Heiligen Schrift, die von ihnen künden, verschaffen dem
Gläubigen gerade keinen Zugang zu ihnen, und wenn er einen Zugang zu ihnen gewinnt, dann handelt es sich nicht mehr um Glaubensmysterien. Damit wird der gra-
vierende Unterschied klar, und das Beispiel ist kein Gegenbeispiel mehr: Fiktionale
Welten sind nicht Teil der als real angesehenen Welt, nur das Wissen über sie ist Teil
der realen Welt. Das, worauf sich die Glaubensmysterien beziehen, gehört zu der
vom Gläubigen als real ausgezeichneten Welt, aber das Wissen um sie kann er nicht in
dieser Welt erlangen.

Mitunter wird nicht zwischen *Literarizität*, also spezifischen als literarisch
geltenden Darstellungsweisen, und *Fiktionalität* unterschieden. Es gibt kein
Darstellungsmittel, das *per se* literarisch oder nichtliterarisch ist. Solche Prä-
gungen erfolgen nicht unabhängig von den epistemischen Situationen sowie
den dort entwickelten und wandelbaren Vorstellungen darüber, was angemessene Darstellungsmittel zu einem bestimmten Zweck sind.

Historische Beispiele: Die Klassifikation von Texten kann (muss aber nicht) in gegebenen epistemischen Situationen mit bestimmten Darstellungsweisen verknüpft sein.
Nur hingewiesen sei in diesem Zusammenhang darauf, dass für Aristoteles das Metrum der Dichtung äußerlich ist; Gorgias scheint hingegen allein im Versmaß den
Unterschied zwischen Prosa und Poesie gesehen zu haben.[50] Aristoteles findet zu
dem oft angeführten Diktum, dass die metrische Umwandlung des Werks Herodots
aus ihm keine Dichtung mache und dass Empedokles, obgleich er die metrische
homerisierende Form wähle, ein Erforscher der Naturwahrheiten (φυσιολόγοι) und
kein Dichter (ποιηταί), kein ›Gestalter der nacherlebten Wirklichkeit‹ sei.[51] Obwohl
Epikur die Poesie als ein Mittel der (philosophischen) Instruktion abgelehnt hat, verfasst Lukrez *De rerum natura* in Versen.[52]

---

[50] Siehe Gorgias, Ἑλένης ἐγκώμιον (ca. 400 v. Chr.): τὴν ποίησιν ἅπασαν νομίζω καὶ
ὀνομάζω λόγον ἔχοντα μέτρον, in: Gorgia, *Encomio di Elena*. Testo critico, introdu-
zione e note a cura di Francesco Donadi, Roma 1982, 9, 51 (S. 12).

[51] Vgl. Aristoteles, *Poet.*, 1 (1447^b17).

[52] Vgl. die Erörterung bei Schrijvers, Petrus H., *Horror ac Divina Voluptas: études sur la
poétique et la poésie de Lucrèce*, Amsterdam 1970, insb. S. 325ff., ferner Classen, C. Joachim, »Poetry and Rhetoric in Lucretius«, in: *Transactions and Proceedings of the American Philological Association*, 99/1968, S. 77–118; Wogodsky, Michael, »The Alleged
Impossibility of Philosophical Poetry«, in: Dirk Obbenik (Hrsg.), *Philodemus and
Poetry. Poetic Theory and Practice in Lucretius, Philodemus and Horace*, New York, Ox-

Aristoteles trennt zwar zwischen Historie und Poesie, doch ist damit noch nichts über die Wertschätzung gesagt, auch nichts hinsichtlich des Wissensgehalts. Aristoteles spricht der poetischen Wahrheitsaussage einen höheren Rang zu als der (nur) empirisch-historischen Darstellung (Forschung): Letztere biete nur zufällige Einzelwirklichkeit (τὸ καθ ἕκαστον), erstere biete das gesamthaft Wesentliche (τὸ καθόλου) einer Sache. Freilich sind die Einzelheiten seiner komplexen Auffassung in der Deutung strittig.[53] Hinzu treten seine Ausführungen im 24. Kapitel seiner *Poetik*, wo er dem Unmöglichen, das als wahrscheinlich erscheint, den Vorrang einräumt gegenüber dem Möglichen, das aber unglaubwürdig ist. Hierbei könnte es sich um eine Thematisierung des fiktionalen Charakters von Literatur handeln.

Allerdings bleibt die Metrik als Unterscheidungskriterium geraume Zeit gängig,[54] so z. B. bei Melanchthon, der in seinem Kommentar zu Ovids *Metamorphosen* festhält, dass die Dichtung nichts anderes sei als in Metrum und in Handlung verwandelte Philosophie, die das Wissen der angesehensten Künste und die Verhaltensregeln an Beispielen von Königen biete. Melanchthon gibt dann (er beruft sich auf Horaz) die Gründe an, weshalb dafür gerade die Dichtung Vorteile biete; damit die Menschen lernten, sei der Rückgriff auf Darstellungsmittel, die Vergnügen bereiten (nämlich das Metrum) und das Erfinden von Handlungen (die veranschaulichend sind) sinnvoll.[55]

---

ford 1995, S. 58–68; auch Klingner, Friedrich, »Philosophie und Dichtkunst am Ende des zweiten Buches des Lukrez«, in: *Hermes*, 80/1952, S. 3–31.

[53] Vgl. zu Aristoteles, *Poetik*, 9 (1451ᵃ36–1451ᵇ7), vor allem Fritz, Kurt von, »Entstehung und Inhalt des neunten Kapitels von Aristoteles' Poetik« [1958], in: Ders. (Hrsg.), *Antike und moderne Tragödie. Neun Abhandlungen*, Berlin 1962, S. 430–457; Radt, Stefan L., »Aristoteles und die Tragödie«, in: *Mnemosyne*, 24/1971, S. 189–205; Erbse, Hartmut, »Aristoteles über Tragödie und Geschichtsschreibung (zum 9. Kapitel der ›Poetik‹)«, in: Adolf Lippold/Nikolaus Himmelmann (Hrsg.), *Bonner Festgabe Johannes Straub zum 65. Geburtstag*, Bonn 1977, S. 127–136; vgl. auch die zusammenfassende Behandlung bei Richard Kannicht, »Der alte Streit zwischen Philosophie und Dichtung. Zwei Vorlesungen über die Grundzüge der griechischen Literaturauffassung«, in: *Der altsprachliche Unterricht*, 23/1980, S. 6–36; zum ko-textuellen Kontext Horn, Hans-Jürgen, »Zum neunten Kapitel der aristotelischen Poetik«, in: *Rheinisches Museum für Philologie* N.F., 131/1988, S. 117–121; Schwinge, Ernst-Richard, »Aristoteles über Struktur und Sujet der Tragödie«, in: *Rheinisches Museum für Philologie* N.F., 139/1996, S. 111–126; übergreifend Puelma, Mario, »Der Dichter und die Wahrheit in der griechischen Poetik von Homer bis Aristoteles« [1989], in: Ders. (Hrsg.), *Labor et Lima. Kleine Schriften und Nachträge*, Basel 1995, S. 111–151.

[54] Vgl. u. a. Pöhlmann, Egert, »Charakteristika des römischen Lehrgedichts«, in: Hildegard Temporini (Hrsg.), *Aufstieg und Niedergang der römischen Welt*, I, 3, Berlin 1973, S. 813–901, hier vor allem S. 820–825.

[55] Philipp Melanchthon, *Enarratio Metamorphoseon Ovidii* (*CR* 19, Sp. 497–654, hier 501): »Poetica nihil alius est nisi philosophia numeris in fabulis concinna, qua honestarum artium doctrina et praecepta de moribus illustrata regnorum exemplis continentur. [...] Hi vero ut lenociniis quibusdam allicerent homines ad discendum, consectati sunt duas res, quae plurimum delectationis afferunt: nempe suavitatem numerorum, et commenta fabularum [...].«

Die Auffassung, dass das Charakteristische von Dichtung im Metrum liege, ist zugleich auch weithin einhellige Ansicht von Ramisten. William Temple (1555–1627), einer der vehementesten Fürsprecher des Ramus in England, ist in einer der in der Zeit so beliebten *analyses* (*textus*) der Apologie der Poesie Philip Sidneys, bei dem er als Sekretär wirkte, bei aller Hochachtung und kluger Zurückhaltung nicht überzeugt von den Argumenten, die Sidney vorbringt und die zeigen sollen, dass »not rhyming and versing that maketh a poet«, sondern »feigning«.[56]

Die hier gewählte Charakterisierung von *fiktional* sagt nichts darüber aus, inwieweit sich fiktionale Darstellungen (und Welten) vergleichen lassen und inwiefern auf eine Vergleichsbasis bezogen sich grundsätzlich verschiedene *komparative* Begriffe bilden lassen – etwa ›realistischer als‹, ›naturalistischer als‹; nur eben nicht beim Begriff der Fiktionalität. Wenn man so will, dann ist die Forderung nach Wahrscheinlichkeit einer *narratio* ein separater Effekt in der gegebenen Wissenskonstellation einer epistemischen Situation.[57]

In einer gegebenen epistemischen Situation kann man unter Umständen zwischen Texten hinsichtlich des sie fiktional und faktual machenden Umgangs hin- und herschalten – aber nicht beides zugleich. Inwieweit sich das auf so etwas wie fiktional-faktual gemischte Texte erstreckt, wollen wir nicht erörtern. Wir würden für den theoretischen Zugang eher plausibilisieren wollen, dass es sich empfiehlt, dass ›fiktional‹ allein eine solche Makroeigenschaft von Darstellungsgesamtheiten bezeichnen sollte, die auch jedem ihrer Bestandteile zukommt. Also: Wenn eine Darstellung als fiktional klassifiziert wird, dann gilt das auch für jeden ihrer (sinnvollen) Bestandteile. Nach dieser Ansicht ist fiktional ein dissektives Prädikat[58] – oder anders formuliert: Es gibt keine Formen von ›Semifiktionalität‹ und auch keine ›Semifaktualität‹ (aber das ist zunächst nicht mehr als eine *heuristische* Vorgabe).

Wie bereits gesagt, gibt es (in der Regel) aber auch solche Texte, in denen das Hin- und Herschalten in einer *gegebenen epistemischen* Situation nicht ›möglich‹ ist. Das philosophische Gedankenexperiment, dass man jeden Text als einen fiktionalen oder als einen faktualen ansehen könnte, stellt selbst *eine eigene epistemische Situation* dar, in der man z. B. philosophisch zu zeigen versucht, dass der fiktionale Charakter von Texten sich nicht etwa auf intrinsische Eigenschaften von Texten zurückführen lässt. Zwar *kann* es theoretisch in einer *gegebenen epistemischen Situation* vorkommen, dass man faktisch einen Text *wie einen fiktionalen* liest; aber in solchen Fällen hat man in der episte-

---

[56] Vgl. William Temple, *Analysis of Sir Philip Sidney's Apology of Poetry*, Edition and Translation by John Webster, Binghamton 1984, S. 85–91.

[57] Etwa Cicero, *De inv.*, I, 21.

[58] Vgl. Goodman, Nelson, *The Structure of Appearance*, Third edition […], Dordrecht, Boston (1951) 1964, S. 38.

mischen Situation einen *Fehler* begangen. Das schließt nicht aus, dass dieser Fehler als Fehler etwas in der Situation exemplifizieren soll oder in einer nachfolgenden epistemischen Situation nicht mehr als Fehler angesehen wird. Das Pendant stellt die Täuschung durch fingierte Indikatoren etwa der faktualen Glaubwürdigkeit dar. Nicht von vornherein ist damit ausgeschlossen, dass es epistemische Situationen geben kann, in denen die Unterscheidung zwischen fiktional und faktual nicht gegeben ist (sollte das der Fall sein, so ist unsere empirische Vermutung, dass dann alle Texte als faktuale behandelt werden). Wir können nun unsere These (IV) spezifizieren:

> (V) Bei der paarweisen Aufteilung in *fiktional/faktual* und *glaubwürdig/nichtglaubwürdig* als Quelle von Wissen kann es sein, dass in einer gegebenen epistemischen Situation *faktual* mit *glaubwürdig* verbunden ist und *fiktional* mit *unglaubwürdig*.

Nun gilt aber sicherlich nicht, dass sich immer: *wenn faktual, dann glaubwürdig* folgern lässt; es gibt mithin auch faktuale Texte, die zugleich als unglaubwürdig gelten. Der faktuale Charakter eines Textes lässt allein genommen – von der Präsumtion der Vorab-Glaubwürdigkeit einmal abgesehen – keinen Schluss darauf zu, ob er glaubwürdig ist. In jeder epistemischen Situation dürfte es faktuale Texte geben, die als unglaubwürdig angesehen werden. Faktualität impliziert also allein genommen noch nicht Glaubwürdigkeit. Unsere nächste These lautet deshalb:

> (VI) Es ist zudem nicht so, dass Faktualität notwendige Voraussetzung für Glaubwürdigkeit in jeder epistemischen Situation sein muss; hier kommt es darauf an, welches Wissen man einem Text entnehmen will.

In einer gegebenen epistemischen Situation gibt es möglicherweise ein bestimmtes Wissen, das man einem Text entnehmen kann, auch wenn man ihn als fiktional ansieht. Nach unserer Ansicht handelt es sich hier um eine jeweils empirisch-historisch zu entscheidende Frage.

Wir binden – wie gesagt – das literarische Werk an die Zuschreibung von Fiktionalität, und diese Fiktionalität resultiert aus der Art und Weise, wie man mit diesem Text umgeht, und das wiederum ist gebunden an den univialen Zugang zu der durch diesen Text (anhand sowohl seiner propositionalen als auch seiner nichtpropositionalen Bedeutungen) konstituierten fiktionalen Welt. In der Regel gibt es in einem literarischen Text Propositionen, die, würde man ihn als faktualen auffassen, falsch sind. Doch das muss nicht sein: Denkbar ist sogar, dass aufgrund des Umgangs ein Text fiktional ist und sich bei einem (gleichzeitigen) Umgang, der aus ihm einen faktualen macht, zeigt, dass *jede* seiner propositionalen Aussagen wahr ist. In bestimmten epistemischen Situationen mag das als ein sicherer Indikator gelten, um ihn für faktual zu halten, aber es ist kein zwingendes Kriterium für Faktualität.

Literatur, deren Aussagen zugestandenermaßen als propositional *falsch* gelten, kann gleichwohl Wissen enthalten. Das heißt: Wenn bestimmte Teile als faktual aufgefasst und mit der Welt verglichen werden, die wir für die reale Welt halten, weil wir zu ihr mehrere Zugangswege haben, dann gelten sie vor dem Hintergrund bestimmter Standards in einer gegebenen epistemischen Situation als *wahr* (oder nach irgendeinem epistemischen Wert als ausgezeichnet). In den verschiedenen epistemischen Situationen haben sich verschiedene Verfahren ausgebildet, wie sich in einem literarischen Text, der offenkundig falsche Aussagen macht und der deshalb als fiktional gelten kann, Wissen im Sinn von wahren propositionalen Aussagen erzeugen lässt. Die Verfahren sind bekannt: Es sind die Techniken der allegorischen Bedeutungszuweisung – etwa in Gestalt der ethischen Allegorese, der *interpretatio philosophica* oder der *interpretatio christiana*: Verhüllt im Falschen zeigt sich so das Wahre – oder im Falschen wird (in verhüllender Rede) das Wahre gesagt (*integumentum, involucrum*).[59]

3. Problemfeld: Literatur und artefaktgenetisches Wissen

Es scheint sinnvoll, ein Wissen, das in die Herstellung eines Artefakts in der einen oder anderen Form eingegangen ist, zu unterscheiden von einem Wissen, das als Wissen(sanspruch) in einem Artefakt vorliegt. Diese Unterscheidung führt zur folgenden Frage:

---

[59] Hierzu u. a. Chenu, Marie-Dominique, »»Involucrum«: le mythe selon les théologiens médiévaux«, in: *Archives d'histoire doctrinale et littéraire du moyen age*, 23/1955, S. 75–79; Jeauneau, Edouard, »L'usage de la notion d'*integumentum* à travers les Gloses de Guillaume de Conches (1957)«, in: Ders. (Hrsg.), *Lectio Philosophicorum*, Amsterdam 1973, S. 127–179; Brinkmann, Hennig, »Verhüllung (›integumentum‹) als literarische Darstellungsform im Mittelalter«, in: Albert Zimmermann (Hrsg.), *Der Begriff der Repräsentation im Mittelalter. Stellvertretung, Zeichen, Bild*, Berlin, New York 1971, S. 314–339, sowie Brinkmann, Hennig, *Mittelalterliche Hermeneutik*, Darmstadt 1980; Dronke, Peter, *Fabula. Explorations into the Uses of Myth in Medieval Platonism*, Leiden, Köln 1985, insb. S. 23–67.

(4) Ist es so, dass immer schon dann, wenn ein bestimmtes Wissen bei der Herstellung eines (literarischen) Artefakts beansprucht wird, dieses Wissen auch schon automatisch *als dieses Wissen* in dem (literarischen) Artefakt vorhanden ist?

Wissen kann sich nicht nur in textuellen Artefakten finden – also etwa in wissenschaftlichen, dabei sowohl mit Blick auf Frage (3.1) als auch im Blick auf Frage (3.2). Selbst in dem Fall wissenschaftlicher Texte können diese beiden Fragen hinsichtlich ihrer Antworten unabhängig sein. Es sei denn, man bestimmt den Ausdruck *wissenschaftlicher Text* in der Weise, dass beide Fragen gerade nicht mehr unabhängig sind, weil die Bestimmung des Ausdrucks *wissenschaftlicher* Text nicht unabhängig von der Bestimmung *glaubwürdiger* Text ist. Wenn sich Wissen in *nichttextuellen (bzw. nichtsprachlichen)* Gebilden findet, dann ist es zwangsläufig *nichtpropositional*. Beispiele wären epistemische Instrumente wie Mikroskop oder Fernrohr,[60] vielleicht auch Bilder oder Abbildungen, aber auf letztere wollen wir nicht näher eingehen. Unsere These lautet:

(VII) *Theoretisch* kann sich ein Wissen in jedem menschlichen Artefakt finden.

Nur hingewiesen sei zur Erläuterung auf den Aspekt, dass für die These, dass Wissen sich in jedem menschlichen Artefakt finden kann, unter Umständen ein bestimmtes Verständnis von *menschlichem Artefakt* eine Rolle spielt – *menschliche Artefakte* verstanden etwa in dem Sinn, dass es nicht allein schon bei einem bestimmten Gebrauch eines natürlichen Gegenstandes gegeben ist, sondern Produkt einer Bearbeitung darstellt. So würde ein natürlich gebildeter Stein (der so genannte Lesestein), der die Eigenschaft besitzt, zu vergrößern, und der verwendet wird als eine plankonvexe Lupe, selber (unter Umständen) kein Artefakt darstellen, die geschliffene Linse hingegen schon – und in der Tat ist das der historische Ausgangspunkt der Entwicklung der Brillen, da solche Steine dem Auge je nach Schliff der plankonvexen Linse angenähert werden konnten. Im Fall des natürlich gebildeten Steins wäre nur das *Arrangement* des Gebrauchs zu Vergrößerungen ein Artefakt, das Wissen beinhalten könnte, nämlich ein Wissen um die Vergrößerungsleistung des unbearbeiteten Steins. Das erlaubt dann die Differenzierung der

---

[60] Unzulängliches findet sich hierzu bei Baird, Davis, »Meaning in a Material Medium«, in: David Hull u. a. (Hrsg.), *PSA 1994, Vol. II*, East Lansing 1994, S. 441–451.

Bestandteile menschlicher Artefakte in (natürliche) Nicht-Artefakte und Artefakte. *Artefakt* wäre dann ein Ausdruck, der – wenn er ein komplexes Arrangement bezeichnet – nicht zugleich auf jeden der Teile dieses Arrangements anwendbar sein muss,[61] ebenso wie der Ausdruck *fiktional*.

Die sich hinsichtlich des Artefakt-Charakters anschließende Frage lautet: Enthält jedes menschliche Artefakt bereits aufgrund seines Artefaktcharakters Wissen? Man kann der Meinung sein, es sei unplausibel, jedem Artefakt auf diese Weise einen *Wissensgehalt* zuzusprechen. Das nun bringt den Wissensausdruck ins Spiel, da die Beantwortung der Frage (3.1) entscheidend davon abhängt, wie *extensiv* der Wissensausdruck gefasst wird. Aus unserer Sicht ist das zunächst vor allem die Frage, inwieweit ein Wissen, das sich *nicht-propositional* dargestellt findet, in einem Artefakt sein kann – das ist selbstverständlich zu unterscheiden von einem Wissen, bei dem man annimmt, es entziehe sich grundsätzlich einer propositionalen Darstellung. Die Frage, wie uns scheint, läuft darauf hinaus, inwiefern sich ein (Herstellungs-)Wissen in einem durch *erworbene* Fertigkeiten, Fähigkeiten und Praktiken erzeugten Artefakt findet. Dabei soll vorausgesetzt sein, dass die Beteiligung von Fertigkeiten bei der Erzeugung eines Artefakts Teil einer *wahren Beschreibung* seiner Erzeugung ist und es selber sich nicht allein dem ›Zufall‹ oder ausschließlich natürlichen Kräften verdankt.

Historische Hinweise: Können auch nichtmenschliche Artefakte Wissen enthalten? Bereits in der Antike ist bestimmten Tieren eine Art von Intelligenz zugeschrieben worden, und nach Aristoteles könnten einige von ihnen sogar lernen: Die Tiere, die sich zu erinnern vermögen und die auf akustische Phänomene reagieren, könnten auch unterrichtet werden – Aristoteles denkt vermutlich an lautliche Verständigungsmittel im Umgang mit Jungtieren. Allerdings sind selbst solchen Tieren Grenzen gezogen: Zwar könnten sie das Allgemeine (und nicht nur Singuläre) erfassen, doch seien sie weder fähig zur (begrifflichen) Überlegung noch zu Schlussfolgerungen, also, wenn man so will, zu propositionalem Denken, und (damit) nicht zur wissenschaftlichen Betrachtung. Nach Aristoteles seien die Tiere nicht zur Mittelwahl und Mittelsuche fähig. Auch verfügten sie nicht über technisches Wissen, das ihre Tätigkeiten anleite. Selbst die intelligenteren Tiere schafften ihre Werke nur aus der Natur heraus zweckmäßig. Grundlage hierfür ist im Wesentlichen die empirische Beobachtung, dass sich etwa die Spinnennetze oder die Bienenwaben immer gleichen – letztlich für Aristoteles der Grund, weshalb dieser Vorgang ›von Natur aus‹ ablaufe, da nach ihm weitgehende Gleichartigkeit und Regelmäßigkeit ein Kriterium für natürliche Vorgänge darstellen. Solche Fähigkeiten seien daher angeboren und nicht erworben, und kein Tier einer bestimmten Art könne ›gelehrter‹ sein als seine Artgenossen.[62]

---

[61] Vgl. hierzu das von Peter Kores und Anthonie Meijers arrangierte Themenheft in *Studies in History and Philosophy of Science*, 37/2006.

[62] Hierzu neben Dickermann, Sherwood Owen, »Some Stock Illustrations of Animal Intelligence [De sens. 25]«, in: *Transactions of the American Philological Association*,

Nun ist die Grenzziehung nicht einfach im Blick auf ein ›Wissen‹, wenn es sich nichtpropositional in einem menschlichen oder einem tierischen Artefakt ›verkörpert‹ findet. Bekannt sind die lange anhaltende Erörterung von so genannten Tiersprachen, also der Frage, inwieweit sich solche Formen der ›Kommunikation‹ als Sprache auffassen lassen,[63] oder die Frage, ob und unter welchen Voraussetzungen sich Tieren Glaubensüberzeugungen zuschreiben lassen:[64] also Sätze der Art: *S a-t, dass p*, wobei für a-t intentionale Verben eingesetzt werden.

Das Problem, das wir hier meinen, ist bereits im 19. Jahrhundert thematisiert worden. In einer der großen Wissenschaftsgeschichten des 19. Jahrhunderts argumentiert der Naturwissenschaftler und anglikanische Geistliche William Whewell, dass die unbezweifelten technologischen Errungenschaften des Mittelalters und ihre Fortsetzung in den praktischen Künsten keinen Rückschluss auf den hohen Entwicklungsstand ihrer wissenschaftlichen Erkenntnis zuließen. Ein solches Wissen wäre etwa das hinsichtlich der Gesetze des Gleichgewichts, mit denen wir »the actions of every man who raises and balances weights or walks along a pole« erklären: »[E]ven animals, constantly avail themselves of such Principles«. So könnte dann von Tieren »be truly said to have practical knowledge of geometry«[65] – allerdings könnten wir eben nicht von einem zuschreibbaren Wissen sprechen. Whewell gibt dem eine übergreifende Formulierung, wenn es heißt: »Art is the parent, not the progeny of Science«.[66] Diese Stelle hat Darwin offenbar stark beeindruckt, denn er verweist auf sie in seinem postum edierten »Notebook N«,[67] und das führt ihn dann zu seiner Auf-

---

42/1911, S. 123–130; Pohlenz, Max, »Tierische und menschliche Intelligenz bei Poseidonios«, in: *Hermes*, 76/1941, S. 1–3; Browning Cole, Eve, »Theophrastus and Aristotle on Animal Intelligence«, in: William W. Fortenbaugh/Dimitri Gutas (Hrsg.), *Theophrastus: His Psychological, Doxographical, and Scientific Writings*, New Brunswick, London 1992, S. 44–62, vor allem Dierauer, Urs, »Das Verhältnis von Mensch und Tier im griechisch-römischen Denken«, in: Paul Münch (Hrsg.), *Tiere und Menschen. Geschichte und Aktualität eines prekären Verhältnisses*, Paderborn 1998, S. 37–85, sowie Paul Münch, *Tier und Mensch im Denken der Antike. Studien zur Tierpsychologie, Anthropologie und Ethik*, Amsterdam 1977, insb. S. 100–161 (zu Aristoteles).

63 Vgl. u.a. Kainz, Friedrich, *Die Sprache der Tiere*, Stuttgart 1961; Alfons Nehring, »Das Problem der Tiersprache in sprachtheoretischer Sicht«, in: *Die Sprache*, 10/1964, S. 202–239; besonders umstritten sind die Darlegungen zu einer so genannten Tanzsprache der Bienen von Karl von Frisch, hierzu u.a. Crist, Eileen, »Can an Insect Speak? The Case of the Honeybee Dance Language«, in: *Social Studies of Science*, 34/2004, S. 7–43; Munz, Tania, »The Bee Battles: Karl von Frisch, Adrian Wenner and the Honey Bee Dance Language Controversy«, in: *Journal of the History of Biology*, 28/2005, S. 535–570.

64 Hierzu, wenn auch mit Vorsicht hinsichtlich der Ausdeutungen zu konsultieren, Sommer, Volker, *Lob der Lüge. Täuschung und Selbstbetrug bei Tier und Mensch*, München (1992) 1994.

65 Whewell, William, *History of the Inductive Sciences*, London 1837, Vol. I, S. 254.

66 Whewell, *History*, S. 253.

67 Vgl. Darwin, Charles, *Metaphysics, Materialism and the Evolution of Mind: The Early Writings of Charles Darwin*, Transcribed and Annotated by Paul H. Barrett with a Commentary by Howard E. Gruber, Chicago 1980, S. 6–45, hier S. 14.

fassung eines instinktiven Wissens etwa von Bienen als eines geometrischen Wissens hinsichtlich räumlicher Relationen wie hexagonaler Strukturen (als effektivste Lösung eines Mengenproblems der Bienen).[68]

Sollten auch tierische Artefakte Wissen beinhalten, so enthält von vornherein *jedes* menschliche Artefakt Wissen, und dabei nicht nur solche, die durch erworbene Fähigkeiten, Fertigkeiten, Praktiken erstellt, sondern auch solche, die durch *angeborene* erstellt wurden – also auch etwa die Gebilde, die durch einfaches Ausatmen in einer kalten Winternacht entstehen. Doch dann ist die Antwort auf die Frage (3.1), inwiefern Wissen in einem literarischen Text sein kann, *trivial* – aber mehr noch: In *jedem* literarischen Text wäre dann eine Fülle an Wissen. Eine solche Antwort scheint aus unserer Sicht deshalb nicht angemessen, weil auch sie der Adäquatheitsbedingung widerstreitet, nicht bereits durch eine Bestimmung des Wissensausdrucks eine Antwort auf die Frage (3.1) festzulegen – die Frage sollte nach der gewählten Bestimmung ihrer terminologischen Ausdrücke noch immer eine offene Frage sein.

Wir würden demgegenüber präferieren, den Wissensbegriff für *menschliche* Artefakte zu reservieren, und als spezielle Adäquatheitsbedingung einführen, dass der Artefaktcharakter nicht allein schon den Wissenscharakter einschließt. Wir würden auf der anderen Seite aber auch nicht das Wissenskonzept so spezifiziert ansetzen wollen, dass (a) sich beispielsweise nicht mehr von *nichtpropositionalem* Wissen sprechen ließe oder (b) Wissen auf die *textuelle* Darstellung begrenzt wäre oder (c) es um ein ganz *spezifisches* Wissen gehen sollte, das – soll die Frage nach Wissen in Literatur beantwortet werden – sich in nichts anderem als in literarischen Texten finden lasse.

Es ist eine immer wieder anzutreffende Rede, dass sich irgendwie etwas in Literatur ausdrücke, was in irgendeiner Weise als ihr vorgängig angenommen werden muss. Es sind irgendwelche Entstehungsmomente, die sich dann in Literatur niederschlagen – so etwa als Wissen. Als Grundlage könnte z. B. folgende Annahme dienen: Auf ein Wissen in einem literarischen Werk lässt sich schließen, wenn sein Zustandekommen sich nicht anders als mit einem bestimmten Wissen erklären lasse: Derjenige, der ein Artefakt erstellt hat, das bestimmte Eigenschaften besitzt, muss, um diese Eigenschaften zu schaffen, über ein bestimmtes Wissen verfügt haben, das dem Artefakt sich somit auch zuschreiben lasse und sich in ihm (indirekt) manifestiere – und zwar als Bestandteil eines Verhaltens, das dieses Handeln ›verständlich‹ macht, und dieses verständlich machende Wissen wäre dann Teil des durch dieses Handeln erstellten Produkts.

---

[68] Vgl. Darwin, Charles, »Essay on Theology and Natural Selection«, in: Darwin, *Metaphysics, Materialism and the Evolution of Mind*, S. 154–162, insb. S. 161f.

Der Schluss selber ist ohne zusätzliche flankierende Annahmen (immer) ein Fehlschluss. Das, was allerdings immer bekannt war und was mitunter in Untersuchungen zum Wissen in Literatur vernachlässigt wird, ist das Problem, das die Alten als *fallacia consequentis* bezeichneten. Vereinfacht gesagt ist es das Problem, das sich mit der Frage ausdrücken lässt: Wie kann man aus einem nichtnatürlichen zustande Gekommenen die Art und Weise seines Zustandekommens erschließen und daraus dann möglicherweise auf das schließen, was in dem so zustande Gekommenen *ist*? Ein Beispiel: Was für ein Wissen drückt sich in der Handlung des Einschaltens eines Fernsehers aus? Das kann von faktisch keinem Wissen reichen – eben nur ein Wissen darüber, dass, wenn man das und jenes tut, dann oft das oder jenes eintritt – bis hin dazu, dass sich in dem Vorgang des Einschaltens eine komplexe physikalische Theorie über das Funktionieren des eingeschalteten Gerätes ausdrückt. Ein ähnliches Problem, das immer wieder intensiv diskutiert wird (z.B. im Hinblick auf T. S. Eliots *The Waste Land*), ist das Problem des intertextuellen *black-boxing*: Inwiefern lässt etwa der in einem literarischen Text identifizierbare Verweis auf eine Homer-Stelle bereits zu, auf ein entsprechendes Wissen über diese Homerstelle zu schließen und dieses Wissen dann auch *in* dem literarischen Text zu situieren?[69]

Hierbei erscheint es unter bestimmten Umständen als ratsam, zwischen einem bewussten und einem unbewusstem Wissen (respektive entsprechenden Überzeugungen) und einem impliziten und expliziten Wissen in Texten zu unterscheiden. Die Annahme unbewusster Überzeugungen (respektive subdoxastischen Zuständen) spielt eine gewichtige Rolle bei Erklärungen – seien es nun kognitionspsychologische oder andere. Traditionelles Beispiel sind Klassifikationshandlungen etwa beim Sortieren grammatisch wohlgeformter und nicht wohlgeformter Sätze, ohne dass dabei der Proband über ein entsprechendes explizites grammatisches Wissen verfügt. Das wird in der Regel daraus geschlossen, dass der Proband bei Befragung das in die Sortierung eingehende ›Wissen‹ begrifflich nicht zu fassen (nicht zu begründen) vermag; er verfügt – wie es heißt – zwar über eine grammatische ›Perfor-

---

[69] Bei *intertextuellen* Beziehungen zwischen literarischen Texten ließe sich überhaupt prüfen, ob und wie in ihnen in bestimmter Weise Wissen präsent ist; zumindest scheinen intertextuelle Relationen zwischen literarischen Texten zu bestehen, die gewisse Ähnlichkeiten haben zu solchen, die zwischen wissenschaftlichen Texten bestehen können: Man bezieht sich auf einen literarischen Text und ›korrigiert‹ ihn. Das wäre dann nicht *aemulatio*, also allein das Überbieten hinsichtlich bestimmter Eigenschaften der Darstellung, sondern möglicherweise auch hinsichtlich des Wissensgehalts; vgl. Vöhler, Martin/Seidensticker, Bernd (Hrsg.), *Mythenkorrekturen. Zu einer paradoxalen Form der Mythenrezeption*, Berlin, New York 2005.

manz‹, ohne aber über ein entsprechendes Wissen *bewusst* zu verfügen. Auf diese Weise könnte nun auch ein Wissen in ein erzeugtes (textuelles) Artefakt gelangen.

Doch die sich dabei einstellenden Probleme sind nicht gering: Erstens ist die Unterscheidung zwischen *bewusstem* und *unbewusstem* Wissen, auch wenn damit oftmals operiert wird, alles andere als unproblematisch; zweitens, selbst wenn sich eine solche Unterscheidung einigermaßen akzeptabel fassen lässt, bleibt das Problem, weshalb ein solches Wissen auch in dem Artefakt ist, selbst wenn es zugestandenermaßen zu seinem Entstehen beigetragen hat – hier stellt sich also die Frage: Inwiefern und inwieweit bestimmt die Genese den Gehalt eines Artefaktes? Auf diese Frage kommen wir im Rahmen des Problemfelds zum personalen, textualen und abstrakten Wissen zurück.

Bei unbewusstem Wissen handelt es sich um ein Wissen, das die Wissensträger sich in der fraglichen Situation (aber auch danach) selbst nicht zuschreiben. Es handelt sich um ein Wissen, das Wissensträgern zugeschrieben wird, ihnen selbst (ihrem ›Bewusstsein‹) aber unzugänglich ist. Dies wirft das weitere Problem der *Feststellbarkeit* von unbewusstem Wissen auf. Häufig wird davon ausgegangen, dass sich unbewusstes Wissen manifestiert, wenn man den Wissensträger in die Situation bringt, dieses Wissen zu aktualisieren (z.B. dadurch, dass der Proband einem bestimmten propositionalen Gehalt zustimmt oder nicht). Hieraus wird dann der Schluss gezogen, dass dieses Wissen zuvor schon als ein unbewusstes vorgelegen haben muss. Die Aktualisierbarkeit eines bestimmten Wissens erlaubt aber nur festzustellen, dass ein solches Wissen den Probanden *grundsätzlich* zugänglich ist, nicht aber, dass sie über dieses Wissen *schon vorher* unbewusst verfügt haben. Angenommen, man würde Peano den Beweis eines Theorems der natürlichen Zahlen vorlegen und er würde dem Theorem zustimmen: Lässt sich dann ohne weiteres darauf schließen, dass er über dieses Wissen bereits vorher unbewusst verfügt hat? Bejaht man diese Frage, so ergibt sich daraus, dass alles, was einer Person einleuchtet, automatisch auf bereits vorhandenes unbewusstes Wissen dieser Person verweist.[70] Streng genommen schlösse das auch aus, dass man hinzulernt, d.h. *neues* Wissen erwirbt, weil man im Grunde immer dann, wenn man sein bewusstes Wissen erweitert, nur ein vormals unbewusstes Wissen aufspürt und bewusst macht.

---

[70] Weiterhin ließe sich derart auch unbewusstes Wissen in beliebiger Menge durch den Negationsoperator erzeugen: Da jedes Wissen etwas ausschließt (und zwar unbegrenzt viel), würden zumindest große Teile dieses Ausgegrenzten zu bereits vorhandenem unbewussten Wissen erhoben.

4. Problemfeld: Literatur und neues Wissen

Die Frage, ob Wissen in Literatur sein kann, lässt sich auch hinsichtlich des Status des in Literatur vorhandenen Wissens pointieren:

(5) Kann sich in literarischen Texten *neues* Wissen befinden?

Die Frage lässt sich weiter ausdifferenzieren:

(5.1) Kann Literatur *neues* Wissen durch bestimmte Darstellungsweisen *veranschaulichen*?

(5.2) Kann Literatur eine Quelle des Wissens in dem Sinn sein, dass sich *neues* Wissen aus Literatur *entnehmen lässt*, das aber nicht von ihr selbst verbürgt werden kann?

(5.3) Kann Literatur eine Quelle des Wissens in dem Sinn sein, dass Literatur *neues* Wissen *zu verbürgen* vermag – dabei:

(5.3.1) Kann Literatur *Gründe* dafür liefern, dass das präsentierte neue Wissen als gerechtfertigt gelten kann?

(5.3.2) Kann Literatur *nichtpropositionale Eigenschaften* besitzen (›zeigen‹), aus denen sich eine solche Bürgschaft (ohne die Angabe von Gründen) erschließen lässt?

Die Frage (5.1) lässt sich vermutlich ohne größere Bedenken bejahen; dabei ist zu beachten, dass hier *neu* bezogen ist auf die Qualität des zu veranschaulichenden Wissens. *Lehrdichtung* ist seit alters das Beispiel – wie es bei Cicero wirkungsvoll heißt, habe der Redner Wissen aus dem ganzen Bereich der Lebensführung sich zu erarbeiten (weniger hinsichtlich der geheimnisvollen Naturwissenschaften und der scharfsinnigen Dialektik – »in naturae obscuritatem, in disserendi subtilitatem«[71]). Es gebe aber auch Beispiele, bei denen man zwar nicht selber eigenständig die Kenntnisse erworben habe, sondern sie einem zur Verfügung gestellt worden sind. Doch kann ein solches Wissen gleichwohl in schönen Worten (»ornare dicendo«) verfasst sein und man nicht aufgrund der Kenntnisse, sondern aufgrund der dichterischen Fähigkeit (»poetica quadam facultate«) vortrefflich geschrieben haben.[72] Es ist ein *vorhandenes* Wissen, das etwa in versifizierter Gestalt einer mehr oder weniger

---

71 Cicero, *De or.*, I, 16, 68
72 Cicero, *De or.*, I, 16, 69

systematischen Darstellung zugeführt werden kann.[73] Schon daraus, dass die Glaubwürdigkeit eines solchen Wissens *entlehnt* ist, folgt, dass sich in diesen Texten (in den Vorstellungen der Zeit) kein *neues* Wissen befinden kann.

Die Frage (5.3) gilt bekanntlich als sehr strittig – sowohl in der Variante (5.3.1) als auch (5.3.2). Bei (5.3.2) finden sich nicht wenige Kandidaten, und zwar anhebend mit der Inspiration als Garant der Wahrheit: Die Musen als Wahrheitszeugen, die ihre Wahrheiten dem Dichter mitteilen und alles ›aus eigener Anschauung wissen‹. Unabhängig von einer solchen Weise der Beglaubigung ist es nicht leicht (vielleicht sogar nicht möglich), von vornherein auszuschließen, dass Literatur Eigenschaften nach (5.3.2) besitzt, die epistemisch *zugänglicher* sind als *Gründe* in (nichtliterarischen) Texten oder sogar zugänglicher als die Erlangung von Wissen aus *eigenen gerechtfertigten* (wahren) Überzeugungen.

Die übersprungene Frage (5.2) scheint demgegenüber eher zu bejahen zu sein. Auch wenn es wirklich kein gutes Argument ist, so bietet doch die mittlerweile umfangreiche ›Industrie‹ literaturwissenschaftlicher Untersuchungen, die alles mögliche Wissen in Literatur *vorweggenommen* findet, das bei seiner Entstehung neu, mitunter radikal neu war, zumindest den Hinweis darauf, dass eine bejahende Antwort auf (5.2) nicht auszuschließen ist. Doch das ist bei näherer Betrachtung nicht die Pointe der Frage (5.2). Denn knifflig wird die Frage (5), wenn man einen *Zusatz* hinzufügt:

(5*) Kann sich in literarischen Texten neues Wissen finden, wenn sich seine Neuheit nicht erst *ex post* wahrnehmen lässt, sondern *zeitgleich in der epistemischen Situation des Entstehens*?

Keine Frage ist, dass das auch für Texte einschlägig ist, die keine literarischen sind. Das *allgemeine* Problem ist trefflich formuliert bei Kant, und zwar im Blick auf eine Abhandlung des Philosophen Johann August Eberhard, der die neue Philosophie Kants (und noch Besseres) bereits bei Leibniz entdeckt zu haben meinte. Dazu schreibt Kant am Beginn seiner Auseinandersetzung:

> Wie es nun zugegangen sei, daß man diese Sachen in der Philosophie des großen Mannes [d.i. Leibniz] und ihrer Tochter, der Wolffischen, nicht schon längst gesehen hat, erklärt er zwar nicht; allein wie viele für neu gehaltene Entdeckungen sehen jetzt nicht geschickte Ausleger ganz klar in den Alten, nachdem ihnen gezeigt worden, wornach sie sehen sollen![74]

---

73 Vgl. aus der mittlerweile größeren Anzahl von Untersuchungen zum Lehrgedicht Haye, Thomas, *Das lateinische Lehrgedicht im Mittelalter. Analyse einer Gattung*, Leiden 1997.

74 Kant, Immanuel, »Über eine Entdeckung, nach der alle neue Kritik der reinen

Unsere These lautet:

> (VIII) Ein neues Wissen mag sich zwar in Literatur finden, es ist aber *nicht zeitgleich als neu wahrnehmbar.* Voraussetzung für seine Wahrnehmung *als neu* ist, dass dieses Wissen bereits bekannt ist, und zwar als Wissen im *propositionalen* Gehalt und in *nichtliterarischen* Texten.

Literarische Texte gehören dann zu der Gruppe von Texten, die ein als in gegebenen epistemischen Situationen geltendes Wissen erläutern, belegen, ausschmücken, Unkundigen in pädagogischer Weise nahe bringen können. Die Relation zum Wissen wäre immer retrospektiv, nie prospektiv. Erfundene Geschichten (*narrationes fabulosae*) dienen zwar mitunter zur Darstellung einer ›höheren Wahrheit‹, doch ist dabei nicht die Rechtfertigung von Dichtung generell als einem Ort der Wahrheitsfindung gemeint:[75] Auf der Seite der Literaturproduktion steht die Darstellung, auf der Seite der Rezeption das interpretatorische Auffinden von bereits gewusstem Wissen.

Es scheint eine sehr spezielle Ausnahme gegeben zu haben, und zwar angesichts der heidnischen Literatur, die aufgrund ihres Alters vor der Christus-Offenbarung verfasst wurde: In dieser Dichtung konnte man nicht allein Wahrheit finden, sondern selbst solches ›Wissen‹, das erst viel später offenbart wurde; freilich ist dann ein solches Wissen nicht in einer bestimmten Weise erlangt, sondern offenbart, und der Dichter weiß nicht unbedingt, welches Wissen er vermittelt. Freilich gibt es das Problem auch bei nichtliterarischen Texten – wie laufende Meter philosophiehistorischer Untersuchungen zeigen – und Kant selber, das soll hier nicht verschwiegen werden, hatte auch daran Freude, bei den alten Philosophen aufgrund seiner eigenen Philosophie mitunter genau das zu finden, was sie nicht gesagt haben, aber *haben sagen wollen*; so wie er just am Ende seiner Kritik an Eberhard seine eigene Philosophie als Interpretin der Ansichten von Leibniz andient.

Vernunft durch eine ältere entbehrlich gemacht werden soll« (1790), in: *Kants Werke*, Akademie-Ausgabe, Bd. VIII, Berlin 1912/13, S. 185–251, hier S. 187.

75 Vgl. auch Knapp, Fritz Peter, »Integumentum und Aventiure. Nochmals zur Literaturtheorie bei Bernardus (Silvestris?) und Thomasin von Zerklaere«, in: *Literaturwissenschaftliches Jahrbuch* N.F., 28/1987, S. 299–307; zu Huber, Christoph, »Höfischer Roman als Integumentum? Das Votum Thomasins von Zerklaere«, in: *Zeitschrift für deutsches Altertum*, 115/1986, S. 79–100, sowie Haug, Walter, *Literaturtheorie im deutschen Mittelalter. Von den Anfängen bis zum Ende des 13. Jahrhunderts. Eine Einführung*, Darmstadt 1985, S. 222–234.

Für die Interpretation ist – wie gesagt – Wissen erforderlich, aber *dieses* Wissen selbst muss nicht zwingend in dem interpretierten Text selbst sein, und es ist auch nicht schon deshalb im Text, weil die Interpretation darauf zurückgreift; aber es scheint auch nicht zwingend, dass für die Interpretation alles in dem zu interpretierenden Text niedergelegte Wissen als Wissen in die Interpretation eingeht. Unsere These (VIII) lautete, dass gerade bei literarischen Texten das nicht gegeben zu sein scheint: Um neues Wissen in einem literarischen Text zu erkennen und es auszuzeichnen, muss dieses Wissen bereits im Interpretationswissen vorhanden sein. Das hätte die Konsequenz, dass zwar Wissen in Literatur sein und es auch die Qualität eines *neuen* Wissens besitzen kann, aber dass man diese Qualität *erst sehen oder wissen kann*, wenn dieses neue Wissen unabhängig vom literarischen Text bereits bekannt oder verfügbar ist.

Das Problem mit der Qualität der Neuheit rührt aber noch aus einer Schwierigkeit, die nicht allein diejenigen betrifft, die nach neuem Wissen in Literatur fahnden. Das Problem besteht darin, dass die Feststellung eines neuen Wissens in irgendeiner Weise voraussetzt, dass sich ein Wissen so individuieren lässt, dass es ein *bestimmtes* Wissen darstellt und so Wissensansprüchen vergleichbar wird. Das scheint eine der Voraussetzungen zu sein, um überhaupt Aussagen über die Qualität eines Wissens *als neu* fällen zu können. Wie viel muss man an vorliegendem Wissen annehmen, damit sich sagen lässt, es liege ein Wissen über etwas Bestimmtes vor? Es ist auf den ersten Blick einleuchtend, dass ein umgekehrt proportionaler Zusammenhang besteht: Umso unspezifischer ein Wissen gefasst ist, desto leichter lassen sich zu ihm Vorwegnahmen *avant la lettre* finden. Ob es überhaupt und wann es erlaubt erscheint, aus Teil-Übereinstimmungen zwischen zwei Wissensansprüchen (W_1) und (W_2) auf ihre Übereinstimmung zu schließen, wäre näher zu untersuchen. Gemeinhin scheint die ›Lösung‹ darin zu liegen, dass man intuitiv und inexplizit bei den Wissensansprüchen *wesentliche* von *unwesentlichen* Bestandteilen trennt und die Übereinstimmung bei den wesentlichen Elementen ausreicht, um eine Vorwegnahme zu konstruieren.

Historische Hinweise: In Adalbert von Chamissos Gedicht *Das Dampfroß* wird eine Geschwindigkeit imaginiert, die schneller als die Zeit ist; dort fährt die Bahn so schnell, dass man die Großeltern als junge Menschen trifft und bei Adam und Eva ankommt. Ist das eine Vorwegnahme physikalischer Ideen, zu denen sich die demgegenüber uninspirierten und trägen Physiker erst am Beginn des 20. Jahrhunderts aufschwingen? In Kleists *Über das Marionettentheater* heißt es unter anderem, dass das »Bewußtsein« für die »Unordnungen in der natürlichen Grazie des Menschen« »unvermeidlich« sei, »seitdem wir von dem Baum der Erkenntnis gegessen haben«. Kleist beruft sich explizit auf *Genesis* 3, und es geht um das Spannungsverhältnis zwischen einem bewusst geregelten Bewegungsablauf und einem unbewussten, intuitiven. Dazu findet er dann folgenden Vergleich:

Wir sehen, daß in dem Maße, als, in der organischen Welt, die Reflexion dunkler und schwächer wird, die Grazie darin immer strahlender und herrschender hervortritt. – Doch so, wie sich der Durchschnitt zweier Linien, auf der einen Seite eines Punkts, nach dem Durchgang durch das Unendliche, plötzlich wieder auf der anderen Seite einfindet, oder das Bild des Hohlspiegels, nachdem es sich in das Unendliche entfernt hat, plötzlich wieder dicht vor uns tritt: so findet sich auch, wenn die Erkenntnis gleichsam durch ein Unendliches gegangen ist, die Grazie wieder ein; so, daß sie, zu gleicher Zeit, in demjenigen menschlichen Körperbau am Reinsten erscheint, der entweder gar keins, oder ein unendliches Bewußtsein hat, d. h. in dem Gliedermann, oder in dem Gott.[76]

Trotz der mathematischen Beispiele, die sich in der Erzählung noch an anderer Stelle finden:[77] Was für Wissen kommt hier zum Ausdruck? Kann man, wie geschehen,[78] hier eine Vorwegnahme von Vorstellungen einer nichteuklidischen Geometrie sehen?

Aber das ist nicht nur ein Problem in literarischen Kontexten: Als Friedrich Wilhelm Herschel 1781 den Planeten Uranus ›sah‹, da ›sah‹ er nur einen Kometen mit ein wenig ungewöhnlichen Eigenschaften. Nachdem Anders Lexell Monate später das Gebilde als neuen Planeten ›erkannte‹, stellte sich heraus, dass der Uranus seit 1690 wenigstens siebzehn Mal beobachtet worden war.[79] Aber was wurde beobachtet? Wem lässt sich die erste Beobachtung des *Uranus* zuschreiben? Wer hat Amerika entdeckt?[80] Wie viel muss man wissen, um etwas Bestimmtes beobachtet zu haben, gar wenn es um Prioritätsansprüche geht?

Zudem könnte man der Ansicht sein, dass eine Geschichte *der Gründe* in vielfacher Hinsicht historisch angemessener, vor allem aber erhellender ist als eine schiere Geschichte von Vermutungen oder des Verdachts. Wenn (5.3.1) oder/und (5.3.2) negativ beantwortet werden, dann können literarische Texte kein Gegenstand einer Wissensgeschichte *der Gründe* sein. Selbst Wissenshistoriker scheinen, wenn es um Vorwegnahmen in literarischen Texten geht, für dieses Problem wenig sensibilisiert zu sein.

---

[76] Kleist, Heinrich von, »Über das Marionettentheater«. In: *Sämtliche Werke und Briefe*, Bd. 3, Klaus Müller-Salget (Hrsg.), Frankfurt am Main 1990, S. 555–563, hier S. 563.

[77] Kleist, Heinrich von, »Über das Marionettentheater«, S. 557: »Vielmehr verhalten sich die Bewegungen seiner Finger zur Bewegung der daran befestigten Puppen ziemlich künstlich, etwa wie Zahlen zu ihren Logarithmen oder die Asymptote zur Hyperbel.«

[78] Vgl. Stern Weiss, Sydna, »Kleist and Mathematics: The Non-Euclidean Idea in the Construction of the Marionettentheater Essay«, in: Alexej Ugrinsky (Hrsg.), *Heinrich von Kleist-Studien*, Berlin 1980, S. 117–126.

[79] Vgl. Kuhn, Thomas, *Die Struktur wissenschaftlicher Revolutionen*, Frankfurt am Main 1996, S. 127f., ferner Grosser, Morton, *Entdeckung des Planeten Neptun*, Frankfurt am Main 1970, S. 25ff.

[80] Hierzu Washburn, Wilcomb E., »The Meaning of ›Discovery‹ in the Fifteenth and Sixteenth Centuries«, in: *The American Historical Review*, 68/1962, S. 1–21.

Doch scheint in einer bestimmten Hinsicht unsere These (VIII), dass sich ein neues Wissen zwar in Literatur finden mag, aber nicht *zeitgleich als ein als neu wahrnehmbares*, offensichtlich nicht korrekt zu sein – nämlich in der Hinsicht, dass es Beispiele gibt, dass Literatur eine Rolle spielt beim Zustandekommen neuen Wissens, d. h. eine *heuristische Rolle* spielt beim Finden neuer Wissensansprüche. Freilich ist es eine verzwickte Frage, in welchem Sinn man dabei von neuem Wissen *in* dem betreffenden Stück Literatur sprechen kann: Wenn Heisenberg aufgrund seiner Goethe-Lektüre auf Helgoland zu bestimmten Ideen der Lösung von Problemen der Quantenmechanik gekommen ist: In welchem Sinn ist dann ein solches Wissen in den betreffenden Goethe-Texten?[81] Selbst angenommen, der Goethe-Text spielte in der Kausalgeschichte des Entstehens neuen Wissens wirklich eine Rolle – so weit, so gut: Aber was geschieht, wenn man die berüchtigte Tasse Kaffee Otto Neuraths in der Kausalgeschichte des Entstehens neuen Wissens bei Heisenberg findet: Ist die Tasse Kaffee Träger von Wissen? Ist es entscheidend für ein entsprechendes Wissen *in Literatur*, welche Selbstbeschreibung Heisenberg diesem Vorgang gibt?

5. Problemfeld: Exemplifikation und Wissen in Literatur

Eine weitere Erläuterung ist zu dem immer wieder verwendeten, unter anderem auch in (5.3.2) auftretenden Ausdruck *nichtpropositionaler* Gehalt angebracht. Zwar folgen wir hier dem mehr oder weniger üblichen Verständnis von propositional und nichtpropositional; aber unsere nächste These besagt:

(IX) Das Problem liegt nicht in der Unterscheidung von propositional und nichtpropositional selbst, sondern darin, *wie* sich ein nichtpropositionaler Gehalt *ermitteln* lässt, und das ist ein genuin *methodologisches* Problem.

Hierzu einige Erläuterungen. *Wissen in Literatur* ist aus unserer Sicht eine eminent *methodologische* Frage, und diese Frage orientiert sich an der Vermeidung einer Trivialisierung der Frage dadurch, dass es ein *Zuviel* an Wissen gibt, das sich in Texten, insonderheit in literarischen Texten, findet.

---

[81] Weithin ohne jede Sensibilität für die Problematik ist Partenheimer, Maren, *Goethes Tragweite in der Naturwissenschaft. Hermann von Helmholtz, Ernst Haeckel, Werner Heisenberg und Carl Friedrich von Weizsäcker*, Berlin 1989 (zu Heisenberg S. 55–77).

Die Frage ist mithin nicht so sehr, ob Wissen in Literatur ist, sondern wie sich verhindern lässt, dass man *zu viel* Wissen in Literatur findet. Beim Sprechen beispielsweise ist man sich (in der Regel) des Vorgangs bewusst, man hat dabei aber kein ausdrückliches Bewusstsein von allen motorischen Vorgängen. Zwar gilt das auch für die Ausdrucksverwendungen beim Sprechen, aber hier kann man (eventuell) auf Befragen diese Verwendungen mit semantischen Regeln, mit semantischem Wissen begründen bzw. zu begründen versuchen. Das wäre dann gleichsam der Test zur Eruierung eines ›unbewussten‹, impliziten Wissens (*tacit knowledge*), das in das Reden eingegangen ist. Wollte man das bei Texten simulieren, deren Autoren sich nicht mehr befragen lassen, so müsste etwas funktional Ähnliches an die Stelle eines solchen Tests treten. Letztlich handelt es sich um die Frage nach einer *angemessenen Bedeutungs- und Interpretationskonzeption* für die Bedeutungszuweisung an literarische Texte, die dann (unter Umständen) implizit auch das begrenzt oder zu erkunden anleitet, was als Wissen in einem literarischen Text auftritt oder sein kann. Da eine extensive Erörterung dieses Interpretationsproblems an dieser Stelle nicht erfolgen kann, soll ein in diesem Zusammenhang wichtiges Teil-Problem hervorgehoben werden.

Dieses Teil-Problem entsteht dadurch, dass wir die Möglichkeit einräumen wollen, dass Wissen auch als nichtpropositionaler Gehalt in Literatur sein kann – freilich muss das auch nichtliterarischen Texten zugestanden werden. Nichtpropositionaler Gehalt, der Literatur Wissen zuführt, ist zumeist nur dadurch charakterisiert, dass es *kein* propositionaler Gehalt ist und damit kein in diesem Gehalt vorliegendes oder zu findendes Wissen darstellt. Unsere These besagt:

> (X) Der nichtpropositionale Gehalt und damit das unter Umständen im Text auftretende Wissen lässt sich *immer* im Rückgriff auf die *Exemplifikationsrelation* (im Sinne Goodmans) rekonstruieren und gegebenenfalls propositional in einer Interpretation darlegen.

Exemplifikation meint sehr vereinfacht: Ein Text selber, seine materiale Gestalt, oder die aus seiner Bedeutung erschlossene Beschreibung der durch ihn konstituierten fiktionalen Welt besitzt Eigenschaften, auf die er *zugleich* verweist. Dadurch nun können diese exemplifizierten Eigenschaften einen Beitrag zu seinem Gehalt leisten. Zwar kann sich dieser Gehalt zugleich propositional in demselben Text ausgedrückt finden, aber es kann dann einen Gehalt und damit unter Umständen ein Wissen geben, das sich allein im

nichtpropositionalen Gehalt dieses Textes ausgedrückt findet. Das Erkennen von nichtpropositionalem Wissen in menschlichen Artefakten ist methodologisch gesehen in gleicher Weise problematisch, ob es sich nun um
nicht-sprachliche Artefakte[82] oder sprachliche handelt,[83] aber auch ob es sich
um fiktionale oder nichtfiktionale Texte handelt.[84]

Es gibt faktisch nur *drei Relationen*, auf die sich *jede* Bedeutungszuschrei-
bung an einen Text zurückführen lässt: *Denotations-*, *Exemplifikations-* und
Analogierelation. Die Pointe liegt freilich darin, dass sich diese drei Relationstypen miteinander kombinieren lassen und so Verkettungen bilden können,
wobei die einzelnen Relationstypen in einer solchen Verkettung, die von beliebiger Länge sein kann, mehrfach auftreten können. Goodman (wie auch
anderen) geht es allerdings nur um die Unterscheidung und die Analysen, die
sich mit Hilfe dieser Unterscheidung machen lassen; nicht geht es ihnen darum, wie man *erkennt*, dass nicht nur eine bestimmte Eigenschaft vorliegt,
sondern zugleich auch *die Bezugnahme* auf diese Eigenschaft – und das ist die
(methodologische) Pointe. Wenn Goodman oder andere darüber ein Wort
verlieren, dann dient es eher der Entproblematisierung und erscheint daher
nicht als sonderlich hilfreich. Wir wollen deshalb das Problematische der
Exemplifikation ein wenig dramatisieren.

Historische Hinweise: Einige der fraglos beeindruckenden Kachel-Muster der Alhambra lassen sich mit Hilfe der modernen, erst im letzten Jahrhundert entwickelten mathematischen Gruppentheorie beschreiben.[85] Diese maurischen Ornamente *exemplifizieren* die entsprechende mathematische Theorie; aber ist ihre Kenntnis auch den

---

[82] Vgl. einige Hinweise bei Brenni, Paolo, »Historische Instrumente als materielle
Zeugen der Wissenschaftsgeschichte«, in: Christoph Meinel (Hrsg.), *Instrument –
Experiment – Historische Studien*, Berlin, Diepholz 2000, S. 74–82.

[83] Vgl. u. a. Danneberg, Lutz, »Wie kommt die Philosophie in die Literatur?«, in:
Christiane Schildknecht/Dieter Teichert (Hrsg.), *Philosophie in Literatur*, Frankfurt
am Main 1996, S. 19–54, sowie Danneberg, Lutz, »Beschreibungen in den text-
interpretierenden Wissenschaften«, in: Rüdiger Inhetveen/Rolf Kötter (Hrsg.),
Betrachten – Beobachten – Beschreiben: Beschreibungen in Kultur- und Naturwissenschaften,
München 1996, S. 193–224.

[84] Dergleichen etwa als ›poem‹ bei philosophischen (oder wissenschaftlichen) Texten zu bezeichnen, erscheint als abwegig. Das geschieht etwa in einem Beitrag (gemeint ist Rozema, David, »Tractatus Logico-Philosophicus: A ›Poem‹ by Ludwig
Wittgenstein«, in: *Journal of the History of Ideas*, 63/2002, S. 345–363), der den Ausdruck *poem* mit keiner Zeile erläutert, der nicht weiß, dass es sich bei den beschriebenen Aspekten des *Tractatus* um Exemplifikation handelt und die bisherige Forschung ignoriert, die das unleugbar Spezielle dieses Textes weitaus erhellender in
den Griff zu bekommen versucht.

[85] Vgl. Müller, Edith, *Gruppentheoretische und strukturanalytische Untersuchungen der maurischen Ornamente aus der Alhambra in Granada*, Zürich, Rüschlikon 1944.

Baumeistern zuzuschreiben?[86] Max Bills Skulptur *Endless Ribbon* von 1935 ist unabhängig von der Kenntnis des Möbius-Bandes (1858) entstanden.[87] Einige der Bilder von M.C. Escher lassen mathematische Beschreibungen zu (dem mathematisch versierten Betrachter drängen sie sich geradezu auf), während Escher selbst zugestandenermaßen über keine diesbezüglichen Kenntnisse verfügt hat.[88]

Die Ausdrücke »Don Quijote« und »Sancho Panza« treten in Cervantes' Roman exakt gleich oft auf, nämlich 2143-mal. Nur wenige dürften sich angesichts einer solchen Koinzidenz des Eindrucks eines *bedeutungsvollen* Zufalls entziehen können – aber mehr noch: Spielt es eine Rolle, welche mathematischen Eigenschaften diese Zahl besitzt oder dass sie kreisförmig gelesen werden kann (man bestimme einmal die Anzahl aller Zahlen, die diese Eigenschaft besitzen) oder 1234 eine ihrer Permutationen ist? Wäre es nicht diese Zahl, sondern 2281, könnte man dann annehmen, Cervantes oder der Text habe ein (verborgenes) Wissen von der für lange Zeit größten gefundenen Primzahl 2^{2281-1} besessen? Oder wenn es 2187 wäre?[89] Jede Zahl, die in einer wahren Beschreibung der materialen Gestalt des Textes oder der ihm zugeordneten fiktiven Welt auftritt, besitzt eine unbegrenzte Anzahl *ungewöhnlicher* Eigenschaften.[90]

Die künstlerische Praxis der gotischen Architekten lässt sich recht gut geometrisch analysieren, gleichwohl erlaubt das keinen Schluss darauf, dass die Bauherren

---

86 Ein interessanter Versuch, die Planung und Ausführung der geometrisch-komplexen ornamentalen Muster in einem mittelalterlichen Manuskript zu rekonstruieren, findet sich bei Guilman, Jacques, »The Geometry of the Cross-Carpet Pages in the Lindisfarne Gospels«, in: *Speculum*, 62/1987, S. 21–52, zusammenfassend S. 47.

87 Vgl. Emmer, Michele, »Visual Art and Mathematics: the Moebius Band«, in: *Leonardo*, 13/1980, S. 108–111.

88 Vgl. Hargittai, Istvàn, »Lifelong Symmetry: A Conversation with H. S. M. Coxeter«, in: *The Mathematical Intelligencer*, 18/1996, S. 35–41, hier S. 39, zur mathematischen Analyse Coxeter, H. S. M., »The Non-Euclidean Symmetry of Escher's Picture ›Circle Limit III‹«, in: *Leonardo*, 12/1979, S. 10–25, sowie Coxeter, H. S. M., »The Trigonometry of Escher's Woodcut ›Circle Limit III‹«, in: *The Mathematical Intelligencer*, 18/1996, S. 42–46; Dunham, Douglas, »Families of Escher Patterns«, in: Doris Schattschneider/Michele Emmer (Hrsg.), *M.C. Escher's Legacy* [...], Berlin 2003, S. 286–296; Ernst, Bruno, *Der Zauberspiegel des Maurits Cornelis Escher*, München 1978; Ernst, Bruno, *Das verzauberte Auge. Unmögliche Objekte und mehrdeutige Figuren*, Berlin 1989; Smit, Bart de/Leinstra Jr., Hendrik W., »The Mathematical Structure of Escher's Print Gallery«, in: Michele Emmer (Hrsg.), *Mathematics and Culture IV*, Berlin 2007, S. 217–226.

89 Unterhaltsam hierzu Gardner, Martin, »Lucky Numbers and 2187«, in: *The Mathematical Intelligencer*, 19/1997, S. 26–29.

90 Um zu zeigen, dass Allgemeinheit kein hinreichendes Kriterium für wissenschaftliche Wahrheit darstellt, hat Jan Łukasiewicz am Ausschnitt eines Gedichts von Adam Mickiewicz das Vorkommen und die Abfolge von Buchstaben gezählt und dazu eine Funktion formuliert, die durch die so erhobenen Werte erfüllt wird, vgl. Łukasiewicz, Jan, »Creative Elements in Science (poln. 1905)«, in: *Selected Works*, Ludwik Borkowski (Hrsg.), Amsterdam u.a. 1970, S. 1–15.

über ein spezielles mathematisches Wissen verfügten oder gar dass sie Mathematiker gewesen seien; man weiß nur wenig über das mathematische Wissen des Mittelalters außerhalb der akademischen Institutionen, also etwa der Baumeister.[91] Vielleicht trifft auch hier das zu, was als *sub-scientific mathematics* bezeichnet wurde: Es handelt sich um eine künstlerische Gestaltung mit einer einmal festgelegten Methode (bei sich allerdings verändernden Maßwerken, die immer komplizierter werden), aber an der Methode der Problemlösung ändert sich nichts. Zu einer gegebenen Lösungsmethode wird ein zunehmend größerer Problemvorrat angehäuft, aber es wird nicht versucht, die Methoden den Problemen anzupassen.[92]

Zwar schreibt jede interpretatorische Bedeutungszuweisung einem Text unweigerlich Elemente eines (kulturellen) Wissens zu, doch selbst wenn man der Ansicht ist, ein bestimmtes Wissen sei verwendbar zur Interpretation oder Analyse von Literatur (etwa die Chaos-Theorie;[93] besser: was der interpretierende, etwa kulturwissenschaftliche Laie sich an popularisierten Vorstellungen dazu macht) bedeutet das nicht, dass sich damit ein solches Wissen *in Literatur* findet – selbst wenn man entdeckt, dass in einem der so traktierten Texte gelegentlich einmal das Wort »Chaos« verwendet wird: Zunächst ist es nicht mehr als die makrophysikalische Gestalt der Buchstaben und ihrer Abfolge.[94]

---

[91] Hierzu allerdings Shelby, Lon R., »The Geometrical Knowledge of Mediaeval Master Masons«, in: *Speculum*, 47/1972, S. 395–421.

[92] Vgl. Høyrup, Jens, »Sub-scientific Mathematics«, in: *History of Science*, 28/1990, S. 63–87.

[93] Hierzu neben Hayles, N. Katherine, *Chaos Bound: Orderly Disorder in Contemporary Literature and Science*, Ithaca 1990; vgl. auch die Beiträge in Hayles, N. Katherine (Hrsg.), *Chaos and Order: Complex Dynamics in Literature and Science*, Chicago, London 1991, sowie Boon, Kevin A., *Chaos Theory and the Interpretation of Literary Texts: The Case of Kurt Vonnegut*, Lewiston 1997, und Rice, Thomas Jackson, *Joyce, Chaos, and Complexity*, Urbana 1997.

[94] So bei Novalis, vgl. hierzu Walker, Joyce, »Romantic Chaos: The Dynamic Paradigm in Novalis's Heinrich von Ofterdingen and Contemporary Science«, in: *German Quarterly*, 66/1993, S. 43–59; Mahoney, Dennis F., »Hardenbergs Naturbegriff und -darstellung im Lichte moderner Chaostheorien«, in: Herbert Uerlings (Hrsg.), *Novalis und die Wissenschaften*, Tübingen 1997, S. 107–120, der meint, mit Hilfe der Chaostheorie »ein vertieftes Verständnis für die Weltentwürfe« zu gewinnen, »die im theoretischen und dichterischen Werk des Novalis zu finden sind, aber lange Zeit unbeachtet waren, weil man im 19. Jahrhundert [d.i. vor der Chaostheorie] eine andere Auffassung von Natur und Naturwissenschaft hatte«. Vgl. ferner Livingston, Ira, *Arrow of Chaos: Romanticism and Postmodernity*, Minneapolis, London 1997; Reahard, Julie A., *Aus einem unbekannten Zentrum, zu einer nicht erkennbaren Grenze: Chaos Theory, Hermeneutics and Goethe's Die Wahlverwandtschaften*, Amsterdam 1997; Gimelli Martin, Catherine, »Fire, Ice, and Epic Entropy: the Physics and Metaphysics of Milton's Reformed Chaos«, in: *Milton Studies*, 35/1997, S. 73–113. – Vgl. auch Peer, Willie van, »Sense and Nonsense of Chaos Theory in Literary Studies«, in: Elinor S. Shaffer (Hrsg.), *The Third Culture: Literature and Science*, Berlin, New York 1998, S. 40–48, hier S. 48.

An und *in* einem Text kann es vieles geben, das sich beschreiben lässt: Nicht jede *richtig* wiedergegebene Eigenschaft eines Textes kann aber interpretationsrelevant sein; das ist unsere These:

> (XI) Nicht alle Eigenschaften, die der Text besitzt, kann er *wörtlich* – und womöglich die dann noch fehlenden Eigenschaften *metaphorisch* – exemplifizieren.

Freilich ist die Exemplifikation immer an eine Interpretation gebunden, die zwei Beschränkungen zu begründen hat: zum einen, welche Eigenschaften eine fiktionale Darstellung (oder eine fiktionale Welt) nicht nur besitzt, sondern auf welche sie auch (bedeutsam) verweist, da die Exemplifikation zwar eine ›rückverweisende‹ Richtungsumkehr gegenüber der Denotation vollzieht, sie aber nicht schlicht die konverse Relation ist; zum anderen, wie die mehr oder weniger langen, aus mehrfacher Denotation, Exemplifikation und Analogisierung zusammengesetzten Referenzketten einzuschränken sind, die alles mit allem zu verbinden vermögen und so jeder fiktionalen Darstellung dieselbe exorbitante Bedeutungs- und Wissensfülle bescheren würden – womit alle fiktionalen Darstellungen in ihrer Fülle letztlich wissens- und bedeutungsgleich wären.

Über die Beispiele hinaus bestätigt sich das auf der elementaren Ebene der *Beschreibung* eines literarischen Artefaktes. Jede Beschreibung eines Artefaktes wendet notgedrungen ein Wissen an – das kann von der Identifikation und Beschreibung seiner Sprache bis zu den mathematischen Strukturen reichen, von denen man annimmt, dass sie sich in ihm manifestieren. Von diesem Wissen, das bei einer Beschreibung zur Anwendung gelangt, ließe sich in einem bestimmten Sinne sagen, dass es in dem so beschriebenen Artefakt enthalten ist: Dieses Artefakt *exemplifiziere* dieses Wissen. Das jedoch ist ein *non sequitur*. Das einzige, was sich alleingenommen sagen lässt, ist, dass ein bestimmtes Objekt eine bestimmte Eigenschaft hat, aber nicht, dass dieses Objekt diese Eigenschaft auch *exemplifiziert*, also darauf Bezug nimmt (und das ist nicht auf *textuelle* Artefakte beschränkt, sondern schließt bildliche oder musikalische Darstellungen und letztlich alle Artefakte ein).[95]

---

[95] Ein endemisches Beispiel sind die mystischen Ausdeutungen von Zahlenverhältnissen an den Pyramiden. Vgl. mit weiteren Hinweisen Jenemann, Hans R., »Über die Zahlenmystik an der Großen Pyramide zu Giseh«, in: *NTM* N.S., 4/1996, S. 249–268. Es gibt dazu eine kaum überschaubare Literatur. Es handelt sich dabei um eine ›Wissenschaft‹, die seit dem 19. Jahrhundert floriert und immer wieder mit neuen Spekulationen aufwartet. Regeln für das Konstruieren von Pseudo-

Wann aber lässt sich ein solches, auf Texte appliziertes Wissen *diesen auch zuschreiben*? Einen literaturwissenschaftlichen Bereich, in dem diese Frage notorisch ist, stellt die Suche nach symmetrischen oder allgemein mathematischen Textkompositionen in mittelalterlicher Literatur dar. Zweifelsfrei ist, dass solche zahlenkompositorischen Befunde der Textbeschreibung dienen können, etwa im Zuge der Erkundung kompositioneller Regelmäßigkeiten bei bestimmten Textmengen, dem Vergleich mit ihren Interpretationen, etwa zur Prüfung von Fragen »zahlenmäßiger und inhaltlicher Gliederung«,[96] oder mitunter auch als Argument für die Entscheidung textkritischer Fragen.[97] Doch mit der Deskription kompositioneller Zahlenverhältnisse in Texten, mit der Ermittlung ihrer ›Baupläne‹, verbinden sich oftmals auch Versuche, über die ermittelten Zahlen *bedeutungsstiftende* oder *-aufladende* Kontexte zu konstruieren. Die Exemplifikation etwa numerischer Eigenschaften bildet auf diese Weise die Grundlage für einen *Bedeutungstransfer* und damit gegebenenfalls für einen *Wissenstransfer* an die Texte: Beispiele sind *Zahlenallegorese* oder *Zahlensymbolik* mit der Einbettung in mehr oder weniger komplexe religiöse *Deutungssysteme*. Inwieweit aber darf das Wissen, das auf solchen Koinzidenzen beruht, als Bedeutungs- und damit als Wissensgehalt dem Text (oder seinem Autor) zugeschrieben werden?

Selbst dann, wenn es explizite Verweise im Text gibt, ist ein *Pars-pro-toto*-Schluss nicht immer zulässig: Wie viel ein Hinweis auf kulturelle Ressourcen, auf Entlehnungen (»borrowings«) in einem Text ihm tatsächlich an Wissen zuführt, ist das *Interpretationsproblem*, das mit dem Thema *Wissen in Literatur*

Wissenschaften, insb. unter Rückgriff auf Zahlenverhältnisse, finden sich bei Glymour, Clark/Stalker, Douglas, »Winning Through Pseudoscience«, in: Patrick Grim (Hrsg.), *Philosophy of Science and the Occult*, Albany 1982, S. 75–86. Der Mystizismus der Zahlen scheint allerdings vor kaum einer Disziplin (auch nicht der physikalischen) haltzumachen, vgl. hierzu Klotz, Irving M., »Number Mysticism in Scientific Thinking«, in: *The Mathematical Intelligencer*, 17/1995, S. 43–51, wo allerdings ein Beispiel (S. 45) – es handelt sich um einen Beitrag in *Die Naturwissenschaften* von 1931 – nicht als *intendierte* indirekte Kritik an Auffassungen Eddingtons erkannt wird, zu dem Beitrag von 1931 Weigert, Stefan, »Wissenschaftliche Darstellungsformen und uneigentliches Sprechen. Analyse einer Parodie aus der Theoretischen Physik«, in: Lutz Danneberg/Jörg Niederhauser (Hrsg.), *Darstellungsformen der Wissenschaften im Kontrast: Aspekte der Methodik, Theorie und Empirie*, Tübingen 1998, S. 131–156.

[96] Formulierung nach Langosch, Karl, »Komposition und Zahlensymbolik in der mittellateinischen Dichtung«, in: Albert Zimmermann (Hrsg.), *Methoden in Wissenschaft und Kunst des Mittelalters*, Berlin 1970, S. 106–151, hier S. 108.

[97] Vgl. z.B. Hufeland, Klaus, »Quantitative Gliederung und Quellenkritik aufgezeigt an Hartmanns Verserzählung ›Der arme Heinrich‹«, in: *Wirkendes Wort*, 17/1967, S. 246–263.

aufgeworfen wird. Die Suche nach Wissen in Literatur muss sich an Restrik-
tionen binden, und das heißt im Wesentlichen, dass die Wissensfrage auf den
historischen Kontext und die *epistemische Situation* begrenzt ist: So kann man fragen, ob bei der Konstruktion von Zahlenverhältnissen zu einem mittelalterlichen Text mathematische Operationen verwendet werden dürfen, die zur
Zeit der Abfassung des Textes als nicht verfügbar gelten; und im Fall eines
Gegenwartsautors etwa, ob bei der Beschreibung seines Textes die zwar gegenwärtig, nicht aber dem Autor verfügbaren mathematischen Kenntnisse in
Anschlag gebracht werden dürfen, um die Grundlagen für eine exemplifizierende und analogisierende Bedeutungszuweisung zu legen.[98] Das ist freilich
in gleicher Weise ein Problem für die Ermittlung eines Wissens in nichtliterarischen Texten: Das reicht vom Einsatz späteren Wissens zur Rekonstruktion der aristotelischen Syllogistik bis, sagen wir einmal, der ›klassischen Mechanik‹, wie sie sich in Newtons *Principia* dargeboten findet, und macht vor
der *Gleichzeitigkeit* des Wissens der Gegenwart nicht halt, wenn es um Wissen
in *konkreten Texten* geht und nicht um Wissen in davon *abstrahierten Wissensge-*
bilden. Auch wenn beides legitime Konstrukte von Wissen sind (in dem einen
Fall gebunden an die direkte Form seiner ›Verkörperung‹, in dem anderen
versucht man davon in gewisser Hinsicht abzusehen), so erfordern beide
einen unterschiedlichen Umgang; diesen Sachverhalt möchten wir im nächs-
ten Abschnitt näher analysieren.

6. Problemfeld: Personales, textuelles, abstraktes Wissen

Welches Wissen lässt sich einem Text zuschreiben? Davon ist die Frage nach
dem Wissen, das sich einem *literarischen* Text zuschreiben lässt, ein spezielles
Problem. Nicht selbstverständlich ist aber auch die Antwort auf die Frage:
Welches Wissen lässt sich einem *wissenschaftlichen* Text zuschreiben? Denn
obwohl es nicht oft geschieht, ist eine Trennung zu vollziehen zwischen dem
Wissen in einem konkreten wissenschaftlichen *Text* und dem Wissen, das
eine etwa aus ihm entlehnte *Theorie* beinhaltet.[99]

Die zulässigen *Prozeduren* der Ermittlung von Wissen und der Zuschreibung von Wissen sind bei beiden zu unterscheiden, auch wenn diese Unterscheidung bei Philosophen und mitunter auch bei Wissenschaftshistorikern

---

[98] Vgl. dazu Spoerhase, Carlos, *Autorschaft und Interpretation. Methodische Grundlagen*
einer philologischen Hermeneutik, Berlin, New York 2007.

[99] Vgl. auch Danneberg, Lutz, »Erfahrung und Theorie als Problem moderner
Wissenschaftsphilosophie in historischer Perspektive«, in: Jörg Freudiger u. a.
(Hrsg.), *Der Begriff der Erfahrung in der Philosophie des 20. Jahrhunderts*, München 1996,
S. 12–41.

nur selten deutlich gemacht wird. Während für den *Text*, in dem Peano die Axiome für die natürlichen Zahlen aufgestellt hat, ein durch diese Axiome später bewiesenes Theorem, das zu Zeiten Peanos noch unbekannt war, nicht Teil des Wissens des Textes sein kann, ist es Teil der von ihm axiomatisierten *Theorie*. Jede deduktionslogisch gezogene Folgerung aus einer Theorie gehört zu ihrem Wissen, zu ihrem *sensus implicitus*. Aber nicht jedes in dieser Weise erzeugte Wissen muss zum *sensus implicitus* des Textes gehören, in dem sich diese Theorie niedergelegt findet. Wenn eine Theorie widersprüchlich ist, dann lässt sich aus ihr bei Anerkennung elementarer logischer Regeln (wie etwa die der disjunktiven Erweiterung) jedes beliebige Wissen erzeugen. Das ist bei einem widersprüchlichen Text nicht der Fall, wenn man ihm Wissen zuschreiben will.

Wir sind der Ansicht, dass mindestens drei Konstellationen zu unterscheiden sind, die verschieden *behandelt* werden können:

(a) Es gibt zunächst einen personalen Wissensträger mit seinem bewussten und unbewussten Wissen:

$$T^p \, (w_u \cup w_b),$$

(b) dann einen textuellen Wissensträger mit expliziter und impliziter Bedeutung:

$$T^t \, (b_i \cup b_e),$$

(c) dann einen abstrakten Wissensträger mit expliziten Propositionen und implizierten Propositionen:

$$T^a \, (p_e \cup p_i).$$

Nun ist freilich der abstrakte Wissensträger immer an seine Konkretisierung in Texten (T^t) gebunden: Das von Texten abstrahierte Wissen (T^a) findet sich in Texten niedergelegt, die freilich wiederum als textuelle Wissensträger (T^t) auftreten und die daher selbst nicht nur als Träger eines aus Texten abstrahierten Wissens (T^a) gesehen werden können, sondern als (T^t). Das ist grundsätzlich immer möglich: Die konkretisierte textuelle Gestalt (T^t), in der sich ein abstrahiertes Wissen (T^a) dargeboten findet, kann somit jenseits dieses abstrahierten Wissens (T^a) und über dieses hinaus Wissen, welcher Art auch immer, enthalten. Dieses abstrakte Wissen (T^a) können beispielsweise (ausformulierte und formalisierte) Theorien sein, die man zugrunde legt, etwa als klassische Mechanik – und nicht etwa Newtons Text der *Principia* (sowie weitere konkrete textuelle Wissensträger); und auf dieses Theorieformular beziehen sich beispielsweise dann wissensverarbeitende und wissensfortbildende Texte, und *damit* nur indirekt auf Newtons *Principia* – wie im Fall der Klassischen Mechanik etwa Mitte des 19. Jahrhunderts.[100] Es kann sich aber auch um (rationale) Rekonstruktionen von in textuellen Wissensträgern niedergelegten Wissensansprüchen handeln.

Wir wollen keine ontologischen Fragen erörtern, sondern solche des Umgangs mit Wissenszuschreibungen, der systematischen *Pragmatik* der Wissenszuschreibung. Diese Dreiteilung macht Sinn, wenn unterschiedliche ›Maximen‹ des Umgangs der Wissenszuschreibung gegeben sind, also hinsichtlich des Wissens eines *personalen* Wissensträgers, des Wissens *in einem Text*, insonderheit in einem literarischen, und des Wissens in einem *abstrahierten Wissensgebilde*.

Wir würden dafür plädieren, (zumindest) eine solche Dreiteilung vorzunehmen, wobei die verschiedenen Wissensgehalte zwar grundsätzlich übereinstimmen *könnten*, also

$$w_b(T^p) = b_e(T^t) = p_e(T^a), \text{ respektive } w_u(T^p) = b_i(T^t) = p_i(T^a),$$

es aber nicht *müssen*. Hier konzentrieren wir uns auf die Beziehung von T^p und T^t. Es scheint, so unsere letzte These, Folgendes für diese Beziehung zu gelten:

> (XII.i) Nicht notwendig: Wenn $w_b(T^p)$, dann $b_e(T^t)$

Also: Nicht jedes bewusste Wissen des Wissensträgers $w_b(T^p)$ vermittelt sich von vornherein als explizite Bedeutung dem geschaffenen Artefakt.

> (XII.ii) Nicht notwendig: Wenn $w_u(T^p)$, dann $b_i(T^t)$

Also: Nicht jedes unbewusste Wissen des Wissensträgers $w_u(T^p)$ vermittelt sich von vornherein dem geschaffenen Artefakt.

Zwar sagt Cicero sinngemäß *ars sine scientia nihil est*,[101] aber das ist in einem *bestimmten Verständnis* offenbar falsch. Das Produkt einer Handlung als sol-

---

100 Zur Unterscheidung von ›Text‹ und ›Theorie‹ auch ebd.
101 Cicero, *Academia*, II, 146.

ches bietet mithin nur wenige Anhaltspunkte, um auf ein Wissen zu schließen, das in ihm ist und das durch die Herstellungshandlung ›eingeflossen‹ ist.

Historische Hinweise: Nur angemerkt sei in diesem Zusammenhang die *dissimulatio artis,*
also solche Fälle, bei denen das über die Entstehung in das Artefakt eingehende Wissen gerade verborgen bleiben soll. Das ist freilich recht kompliziert: Um bei einem
Artefakt bestimmte artifizielle Eigenschaften zu verbergen und ihm so den Anschein
eines ›natürlichen‹, ›kunstlosen‹, ›schlichten‹ Charakters zu verleihen, müssen entweder Eigenschaften *simuliert* werden (was immer die *dissimulatio* einschließt), oder das
Werk hat tatsächlich diese Eigenschaften nicht, indem es auf bestimmte Eigenschaften der Darstellung *verzichtet* (es besitzt gleichwohl einen ›artifiziellen‹ Charakter, und
der Verzicht selbst ist gewollt, d.h., dass dieser Verzicht nicht aus Unvermögen resultiert). Dass der Kunstcharakter verborgen sein soll, kann dann Doppeltes meinen:
Zum einen, dass das Werk bestimmte Eigenschaften in der Tat nicht hat, gleichwohl erreicht man mit ihm das, wofür die nicht eingesetzten Mittel des Wissens dienen würden, wenn sie eingesetzt worden wären, und dieser Erfolg würde gerade dann nicht
eintreten, wenn diese Mittel als *Mittel* erkannt werden würden; *zum anderen* das Verbergen der Kompetenz desjenigen, der das Werk schafft; nach dem geläufigen Schluss
causatum causae simile werden dann bestimmte Eigenschaften auf das Werk selbst übertragen oder auf das, worüber es spricht – so gehört das Hinweisen auf das Ungebil-
detsein, die ›Einfalt‹, zu den Autorisierungen eigener Glaubwürdigkeit. Dahinter steht
die alte Vorstellung, beim Einfachen, Einfältigen sei keine oder eine geringere Gefahr
der Verfälschung gegeben; denn das Lügen, die Unaufrichtigkeit erfolge *ex duplici-
tate animi,* aufgefasst als das Nichteinfache, als *duplex cor* (διπλοκαρδία), als *duplicitas*
(διγλωσσία). Man denke etwas anderes im Herzen, als man mit dem Mund ausspricht.

So scheint es sogar bei Jacob Böhme der Fall zu sein, der für sich selbst als einen
›Erleuchteten‹ die Bezeichnung »*Philosophus* der Einfältigen« verwendet.[102] Und so gehörte beispielsweise an den italienischen Renaissancehöfen zum Bildungs- und Men-
schenideal die *sprezzatura,* nicht nur »eine gewisse Lässigkeit«, sondern auch ›Täuschung‹, die darin bestand, das Artifizielle zu verbergen und allem den Anschein einer
gewissen Natürlichkeit zu verleihen.[103] Aber das ist nicht auf eine bestimmte Zeit beschränkt, sondern reicht weit darüber hinaus und stellt gleichsam das Gegenmodell
zur Ostentation der Gelehrsamkeit dar, und das sowohl in literarischen als auch in
nichtliterarischen Texten: beispielweise die Ansicht, dass das Originalgenie nur aus
Unkenntnis, aus mangelndem Wissen entstehen könne.[104]

---

[102] Vgl. Böhme, Jacob, »Mysterium Magnum, Erklärung über Das Erste Buch Mosis
(1623)«, in: *Theosophia Revelata. Oder: Alle Göttliche Schriften* […]. 1730, 12. Bd.,
Fak.-ND, Stuttgart 1958, cap. XVIII, 80, S. 256, dazu auch Barner, Wilfried,
»Über das ›Einfeltige‹ in Jacob Böhmes Aurora«, in: Dieter Breuer (Hrsg.), *Religion und Religiosität im Zeitalter des Barock*, Bd. 2, Wiesbaden 1995, S. 441–453.

[103] Vgl. Ferroni, Giulio, »›Sprezzatura‹ e Simulazione«, in: Carlo Ossola (Hrsg.), *La
corte e il ›Cortegiano‹*, Tom. I, Roma 1980, S. 119–147.

[104] Vgl. u.a. [Johann Bernhard Merian], *Von dem Einflusse der Wissenschaften auf die
Dichtkunst* (Comment les sciences influent dans la poésie). Aus dem Französischen des Herrn Merian, […] übersetzt von Jakob Bernoulli, 2 Bde., Leipzig
1784/86, S. 58–107.

Während die Thesen (XII.i) und (XII.ii) als solche sehr plausibel zu sein scheinen, ist freilich die jeweilige Bestimmung dessen, was sich vom unbewussten oder bewussten personalen Wissen des Wissensträgers in dem von ihm erzeugten Artefakt (T^t) niederschlägt, genau die (empirisch) vor dem Hintergrund theoretischer Vorannahmen zu beantwortende Frage. Erscheinen (XII.i) und (XII.ii) als plausibel, so scheinen die beiden folgenden Beziehungen es viel weniger zu sein. Zumindest bei der hier gewählten theoretischen Rahmung des Problems von Wissen in Literatur gehört das zu den zentralen Fragen:

(6.1) Wenn $w_e(T^t)$, dann $w_b(T^p)$?

Also: Inwieweit lässt sich das explizite Wissen $w_e(T^t)$, enthalten in der expliziten Bedeutung $b_e(T^t)$, auch dem Urheber dieses Textes, also dem personalen Wissensträger seiner Erzeugung zurechnen, also: (T^p ($w_b \cup w_u$))?

Ferner:

(6.2) Wenn $w_i(T^t)$, dann $w_u(T^p)$?

Also: Inwieweit lässt sich das implizite Wissen $w_i(T^t)$, enthalten in der expliziten Bedeutung $b_e(T^t)$, auch dem Urheber dieses Textes, also dem personalen Wissensträger seiner Erzeugung zurechnen, also: (T^p ($w_b \cup w_u$))?

Verneint man die Fragen (6.1) und (6.2), dann bedeutet das u. a.: Dem textuellen Wissensträger (T^t) lässt sich ein Wissen (welcher Art auch immer) zuschreiben, das sich *nicht* seinem Urheber zuschreiben lässt; Beispiele sind die im 19. Jahrhundert mehr oder weniger gängige Auffassung, dass das Gesetz (der Gesetzestext) klüger sei als seine Urheber, oder generell bestimmte Maximen des Besserverstehens.[105]

Das Problem bei dieser Auffassung liegt in der Frage, wie sich dieser Überschuss erklären lässt, respektive wie er zustande kommt. Die zumeist gewählten relationalen Bestimmungsversuche laufen darauf hinaus, dass sich hier etwas ›ausdrückt‹ oder zum ›Ausdruck‹ kommt. Die Vorstellung scheint dann zu sein, dass sich in (T^t) etwas ausdrückt, was jenseits des Wissens des erzeugenden personalen Wissensträgers (T^p ($w_b \cup w_u$)) liegt. Aufgrund be-

---

[105] Vgl. Danneberg, Lutz, »Besserverstehen. Zur Analyse und Entstehung einer hermeneutischen Maxime«, in: Fotis Jannidis u.a. (Hrsg.), *Regeln der Bedeutung. Zur Theorie der Bedeutung literarischer Texte*, Berlin, New York 2003, S. 644–711.

stimmter geteilter Annahmen galt die Ausdrucksrelation A im Blick auf $A(T^p, T^t)$ als theoretisch durchschaubar; hier gilt dann nichts anderes als für alle anderen Ausdrucksrelationen, die zumeist eher implizit vorausgesetzt werden: Es muss das Relationsglied angegeben sein $_wD$ (früher war das z. B. der ›Zeitgeist‹, der sich ›ausdrückt‹); $_wD$ muss so gefasst sein, dass es prinzipiell unabhängig von dem anderen Relationsglied $(T^t (w_i \cup w_e))$ feststellbar ist; es muss eine Theorie formuliert werden, die die relationale Verbindung als zumindest möglich aufzeigt.

Olav Krämer

Intention, Korrelation, Zirkulation

Zu verschiedenen Konzeptionen der Beziehung zwischen Literatur, Wissenschaft und Wissen

I. Einleitung

Der Begriff des Wissens wird innerhalb der Literaturwissenschaft besonders häufig in Untersuchungen verwendet, die sich mit Beziehungen zwischen Literatur und Wissenschaften befassen.[1] Als ein Indiz dafür, dass die Themen ›Literatur und Wissen‹ und ›Literatur und Wissenschaft‹ generell als eng miteinander verbunden oder einander überlappend aufgefasst werden, mag auch die gelegentliche Verwendung des Ausdrucks »Wissen(schaften)«[2] gelten. In dem Forschungsgebiet ›Literatur und Wissenschaft‹ nun gibt es eine Vielzahl verschiedenartiger Ansätze. Im Folgenden möchte ich drei dieser Ansätze charakterisieren und diskutieren, die in der jüngeren Entwicklung dieses Forschungsgebiets innerhalb der germanistischen Literaturwissenschaft eine wichtige Rolle gespielt haben und auch in der aktuellen Forschungspraxis noch verbreitet sind.

Überblicke zum Forschungsgebiet ›Literatur und Wissenschaft‹ sortieren die Ansätze auf diesem Feld und die Entwicklungsphasen dieser Forschungsrichtung oft danach, ob sie Einwirkungen der Wissenschaft auf die Literatur oder Einwirkungen der Literatur auf die Wissenschaft oder Wechselwirkungen zwischen beiden Bereichen zum Gegenstand machen.[3] Außer-

---

[1] Vgl. etwa: Danneberg, Lutz/Vollhardt, Friedrich (Hrsg.), *Wissen in Literatur im 19. Jahrhundert*, Tübingen 2002. Der überwiegende Teil der Beiträge dieses Bandes beschäftigt sich mit Beziehungen zwischen Literatur und Wissenschaften. Mit dieser Feststellung soll wohlgemerkt nicht behauptet werden, dass in diesen Untersuchungen oder in anderen Studien aus diesem Gebiet Wissen und Wissenschaften immer oder meistens miteinander gleichgesetzt werden.

[2] Vgl. Dotzler, Bernhard J./Weigel, Sigrid (Hrsg.), ›*fülle der combination*‹. *Literaturforschung und Wissenschaftsgeschichte*, München 2005, dort S. 9: »Literaturforschung und Wissen(schaft)sgeschichte. Vorwort«; ferner: Maillard, Christine/Titzmann, Michael (Hrsg.), *Literatur und Wissen(schaften) 1890–1935*, Stuttgart, Weimar 2002.

[3] Vgl. etwa: Pethes, Nicolas, »Literatur- und Wissenschaftsgeschichte. Ein Forschungsbericht«, in: *Internationales Archiv für Sozialgeschichte der deutschen Literatur*, 28/2003, 1, S. 181–231, hier S. 210–231. Vgl. auch: Levine, George, »One Culture:

dem werden die Untersuchungsansätze gelegentlich im Hinblick darauf charakterisiert und voneinander unterschieden, auf welcher ›Ebene‹ sich die analysierten Rezeptions- oder Austauschbeziehungen zwischen Literatur und Wissenschaft befinden: ob also etwa die Rezeption wissenschaftlicher Themen und Theorien oder der Transfer von Schreibweisen untersucht wird.

Der im Folgenden vorgeschlagenen Differenzierung zwischen drei Forschungsansätzen oder Untersuchungstypen liegt ein anderes Unterscheidungskriterium zugrunde; sie orientiert sich in erster Linie an den Erklärungsweisen, die in den Untersuchungen auf Beziehungen zwischen Literatur und Wissenschaft angewendet werden. Sehr grob gesprochen, beschreiben Arbeiten aus dem Gebiet ›Literatur und Wissenschaft‹ so gut wie immer Ähnlichkeiten und/oder Differenzen zwischen literarischen und wissenschaftlichen Texten eines Zeitraums; diese Ähnlichkeiten oder Differenzen können beispielsweise die Darstellung bestimmter Phänomene oder die Verwendung bestimmter sprachlicher Ausdrücke betreffen. Die Untersuchungen beschränken sich aber nicht darauf, solche Ähnlichkeiten oder Unterschiede bloß zu beschreiben, sondern bieten auch Erklärungen für sie an. So können Ähnlichkeiten zwischen der Darstellung eines Phänomens in einem Roman und der Darstellung desselben Phänomens in wissenschaftlichen Texten etwa auf Intentionen des Romanautors zurückgeführt werden. Von solchen Erklärungen, die mit dem Konzept der Intention arbeiten, lassen sich zwei andere Erklärungsmuster unterscheiden, die hier behelfsweise mit den Ausdrücken ›Korrelation‹ und ›Zirkulation‹ betitelt werden sollen.[4] Die drei Erklärungsweisen unterscheiden sich nicht nur darin, was für ein Explanans sie bemühen, sondern teilweise auch in dem exakten Zuschnitt der Explananda: Zwar geht es in allen Fällen um Ähnlichkeits- oder Differenzbeziehungen zwischen literarischen und wissenschaftlichen Texten; aber während die intentionalistischen Erklärungen sich dabei meist auf die litera-

---

Science and Literature«, in: George Levine (Hrsg.), *One Culture. Essays in Science and Literature*, Madison (Wisconsin), London 1987, S. 3–32, hier S. 6f.; Weininger, Stephen J., »Introduction: The Evolution of Literature and Science as a Discipline«, in: Frederick Amrine/Robert S. Cohen (Hrsg.), *Literature and Science as Modes of Expression*, Dordrecht u. a. 1989, S. xiii–xxv, vor allem S. xiv-xvi.

[4] Um bloß behelfsmäßige Bezeichnungen handelt es sich, weil zunächst einmal offenkundig weder ›Korrelation‹ noch ›Zirkulation‹ als Name für eine Erklärungsart taugt. Diese Ausdrücke können aber zumindest schlaglichtartig die Art und Weise bezeichnen, wie in den verschiedenen Untersuchungstypen die Beziehungen zwischen Literatur, Wissen und Wissenschaft konzipiert werden, und die Auffassungen von diesen Beziehungen sind wiederum mit verschiedenen Erklärungsweisen verknüpft.

rischen Texte eines einzelnen Autors und ihr Verhältnis zur Wissenschaft beziehen, zielen die Korrelations- und Zirkulations-Untersuchungen typischerweise auf Beziehungen zwischen breiteren Tendenzen in der Literatur und den Wissenschaften eines Zeitabschnitts.[5]

Die Unterschiede zwischen den verwendeten Erklärungsweisen sind eng verbunden mit den Unterschieden zwischen den übergeordneten Zielen, die in den Untersuchungen der drei Typen verfolgt werden. Die folgenden Charakterisierungen der drei Ansätze werden daher auch diese umfassenderen Zielsetzungen zu benennen suchen. Außerdem ist darauf einzugehen, welche Rolle der Wissensbegriff in den verschiedenen Untersuchungstypen spielt bzw. was für ein Wissensbegriff gegebenenfalls verwendet wird.

Die im Folgenden entwickelte Unterscheidung von drei durch ihre Erklärungsweisen charakterisierten Untersuchungstypen erhebt nicht den Anspruch, *alle* Erklärungsmuster zu erfassen, die im Forschungsgebiet ›Literatur und Wissenschaft‹ gängig sind. Es soll also auch nicht behauptet

---

[5] Es mag problematisch erscheinen, dass hier ausgerechnet *Erklärungs*weisen als konstitutive Merkmale verschiedener Untersuchungsansätze betrachtet werden: Einer verbreiteten Auffassung zufolge ist die Literaturwissenschaft keine erklärende, sondern eine interpretierende oder verstehende Disziplin, und so könnte man meinen, dass hier Forschern oder Untersuchungen ein Anspruch unterstellt wird, den sie womöglich gar nicht erheben. Um diesem Einwand vorzubeugen, sei zweierlei betont. (1) Hier wird nur angenommen, dass in Untersuchungen aller drei Richtungen an *einer* bestimmten Stelle ein Erklärungsanspruch erhoben wird, dass nämlich diese Untersuchungen die jeweils analysierten Ähnlichkeiten oder Differenzen zwischen literarischen und wissenschaftlichen Texten nicht nur beschreiben, sondern auch in irgendeiner Weise zu erklären versuchen. Täten sie dies im Übrigen nicht, so bliebe es einigermaßen rätselhaft, warum sie überhaupt die literarischen und die wissenschaftlichen Texte zusammen untersuchen und auf Ähnlichkeiten und Differenzen hinweisen. (2) Der Begriff ›Erklärung‹ wird hier in einem weiten Sinne verstanden, soll also zum Beispiel nicht nur kausale Erklärungen bezeichnen, sondern auch intentionale und funktionale sowie gegebenenfalls weitere Arten, die man neben diesen Grundtypen noch annehmen mag (zu Kausal-, Funktional- und Intentionalerklärungen vgl.: Føllesdal, Dagfinn/Walløe, Lars/Elster, Jon, *Rationale Argumentation. Ein Grundkurs in Argumentations- und Wissenschaftstheorie*, Berlin, New York 1986, S. 148–181). Es geht mir bei der Verwendung dieses Begriffs nicht um einen Kontrast zwischen Erklären und Interpretieren (oder Verstehen), sondern vor allem um den Unterschied zwischen dem ›bloßen‹ Beschreiben und dem Erklären eines Phänomens. – Die Annahme eines Erklärungsanspruchs könnte vor allem im Hinblick auf den hier mit ›Zirkulation‹ überschriebenen Forschungsansatz problematisch erscheinen. Ich werde daher in dem betreffenden Abschnitt des Beitrags noch einmal darauf eingehen, weshalb in meinen Augen auch die Untersuchungen dieser Richtung an der genannten Stelle Erklärungen anbieten (vgl. unten, v. a. Anm. 72 in diesem Aufsatz).

werden, dass alle Arbeiten aus diesem Feld sich ohne weiteres einem der drei hier unterschiedenen Typen zuordnen lassen; es mag viele Studien geben, deren Vorgehensweise zwei dieser Ansätze verbindet oder sich an der Grenze zwischen ihnen bewegt. Die Absicht der folgenden Ausführungen ist lediglich, innerhalb der Vielzahl von Ansätzen und Vorgehensweisen einige Grundtypen herauszuarbeiten und näher zu charakterisieren, die für die Entwicklung und die aktuelle Gestalt des Forschungsgebiets ›Literatur und Wissenschaft‹ von größerer Bedeutung sind.

Die Absichten dieses Beitrags sind primär deskriptiver, nicht evaluativer Art; es geht mir vor allem darum, einige typische Vorgehensweisen innerhalb des Forschungsgebiets ›Literatur und Wissenschaft‹ zu rekonstruieren und möglichst klar voneinander abzugrenzen. An die Darstellung der Ansätze wird sich aber in jedem Fall auch eine knappe kritische Diskussion anschließen, in der ich einzuschätzen versuche, wie es um die theoretische Begründung der jeweiligen Erklärungsweise steht und wo man Stärken, Probleme oder Desiderate des betreffenden Forschungsansatzes sehen kann.

II. Intention

Unter der Überschrift »Intention« sei zunächst der Forschungsansatz betrachtet, der unter den auf dem Feld ›Literatur und Wissenschaft‹ praktizierten Ansätzen die längste Tradition hat. Die Beziehungen zwischen Literatur und Wissenschaft, die in Untersuchungen dieses Typs analysiert werden, können vielfältiger Art sein; sie können, grob gesprochen, in Ähnlichkeiten oder in Differenzen bestehen, und sie können unterschiedliche Elemente oder Ebenen von wissenschaftlichen und literarischen Texten involvieren (z. B. Theoreme, Konzepte oder Methoden bzw. Handlungsstrukturen, Figurenkonzeptionen oder Erzählweisen). Das konstitutive Merkmal des Untersuchungsansatzes besteht darin, dass er diese Beziehungen durch den Rekurs auf die Kenntnisse und die angenommenen Intentionen des Autors des literarischen Textes erklärt. Anders ausgedrückt: Dieser Ansatz interessiert sich nur für Beziehungen, die sich auf diese Weise erklären lassen. Ähnlichkeiten zwischen literarischen und wissenschaftlichen Texten werden also durch Annahmen wie die erklärt, dass der Autor bestimmte Elemente seines literarischen Textes in Übereinstimmung mit den Aussagen der betreffenden, ihm bekannten wissenschaftlichen Texte entworfen habe, dass er etwa Figuren oder Handlungssegmente als Exemplifikationen[6] von wissenschaftlichen

---

[6] Zum Begriff der Exemplifikation vgl. den Beitrag von Lutz Danneberg und Carlos Spoerhase in diesem Band.

Theorien angelegt oder Anspielungen auf diese Theorien in seinen Text eingebaut habe. Solche Untersuchungen haben folglich nachzuweisen oder zumindest plausibel zu machen, dass der Autor des literarischen Textes die wissenschaftlichen Texte, auf die er sich bezogen haben soll, gekannt hat. Außerdem wird man an sie meist den Anspruch stellen, dass ihre Annahmen über diejenigen Intentionen des Autors, die die Bezüge zur Wissenschaft betreffen, in eine intentionalistische Gesamtinterpretation des literarischen Textes integriert werden können.[7] In der Regel besteht ein übergeordnetes Ziel von Untersuchungen dieses Typs gerade darin, durch die Einbeziehung des wissenschaftlichen Kontextes frühere (intentionalistische) Interpretationen des Textes zu ergänzen oder zu revidieren und zu einer adäquaten Gesamtinterpretation beizutragen.[8]

In den Intentionen, die in Untersuchungen dieses Typs hypothetisch den Autoren der literarischen Texte zugeschrieben werden, kann die Bezugnahme auf die Wissenschaften unterschiedliche Gestalten annehmen. Besonders häufig dürften die folgenden zwei Varianten sein: Die Intention kann erstens darin bestehen, innerhalb eines literarischen Textes die Inhalte einer wissenschaftlichen Theorie zum Thema zu machen und zu ihnen Stellung zu beziehen, etwa indem man sie zum Gegenstand von Erörterungen

---

[7] Zu den Zielen und Vorgehensweisen von intentionalistischen Interpretationen generell sowie zu den Forderungen an geglückte Interpretationen dieser Art vgl.: Strube, Werner, »Die literaturwissenschaftliche Textinterpretation«, in: Paul Michel/Hans Weder (Hrsg.), *Sinnvermittlung. Studien zur Geschichte von Exegese und Hermeneutik I*, Zürich 2000, S. 43–69, hier S. 52–56.

[8] Angesichts der großen Zahl von Untersuchungen dieses Typs sowie der Vielfalt unterschiedlicher Akzentsetzungen und Vorgehensweisen im Detail muss es zwangsläufig willkürlich erscheinen, wenn einzelne Arbeiten als Repräsentanten dieses Ansatzes herausgegriffen werden. Als eine Studie, die das eben beschriebene Grundmuster besonders deutlich verwirklicht, sei aber genannt: Adler, Jeremy, *›Eine fast magische Anziehungskraft‹. Goethes ›Wahlverwandtschaften‹ und die Chemie seiner Zeit*, München 1987. Adler wählt als Ausgangspunkt seiner Studie die Aussage Goethes, die *Wahlverwandtschaften* seien nach einer ›durchgreifenden Idee‹ gearbeitet (vgl. ebd., 1. Kapitel); unter der Annahme, dass mit dieser Idee die der ›Wahlverwandtschaft‹ gemeint sei, sucht Adler durch eine Untersuchung zeitgenössischer Theorien der Chemie zu klären, was Goethe unter ›Verwandtschaft‹ und ›Wahlverwandtschaft‹ verstanden haben dürfte, wobei er ausdrücklich auf die Frage eingeht, was Goethe von dieser zeitgenössischen Chemie kannte (vgl. ebd., 2. Kapitel; zu Goethes Kenntnissen S. 73–83). Nachdem er auf diesem Weg eine Hypothese über den Gehalt der von Goethe erwähnten ›Idee‹ erarbeitet hat, entwickelt er Interpretationen des ›Chemiegesprächs‹ und des gesamten Romans, die zeigen sollen, wie die so gedeutete ›Idee‹ in ihnen ausgedrückt, verarbeitet und funktionalisiert wird (3. und 4. Kapitel).

der Figuren oder des Erzählers werden lässt. Dabei können diese Inhalte ausdrücklich *als* Inhalte einer wissenschaftlichen Theorie, aber auch ohne jede derartige Einordnung vorgestellt und diskutiert werden.[9] Die Intention kann zweitens, wie oben bereits erwähnt, darauf zielen, Teile der fiktionalen Welt in Übereinstimmung mit wissenschaftlichen Theorien zu entwerfen und zu präsentieren, ohne dass diese Theorien selbst innerhalb des literarischen Textes zum Thema gemacht würden.[10]

Ein Begriff des Wissens spielt in Studien dieses Typs meist keine prominente, zumindest keine konstitutive Rolle. Das soll nicht heißen, dass solche intentionalistischen Untersuchungen nicht prinzipiell mit einem Wissensbegriff arbeiten können; sie können etwa Feststellungen wie die enthalten, dass

---

[9] So haben mehrere Forscher die These vertreten, dass Franz Moor in Schillers Drama *Die Räuber* Auffassungen artikuliert, die an materialistische Positionen in der zeitgenössischen Philosophie und Wissenschaft (vor allem bei Helvétius und La Mettrie) angelehnt waren, und dass Schiller in diesem Drama zu den Inhalten dieser materialistischen Theorien Stellung beziehen wollte; vgl. hierzu vor allem: Schings, Hans-Jürgen, »Schillers ›Räuber‹: Ein Experiment des Universalhasses«, in: Wolfgang Wittkowski (Hrsg.), *Friedrich Schiller. Kunst, Humanität und Politik in der späten Aufklärung. Ein Symposium*, Tübingen 1982, S. 1–21, vor allem S. 10, S. 16f.; Neubauer, John, »The Freedom of the Machine. On Mechanism, Materialism and the Young Schiller«, in: *Eighteenth-Century Studies*, 15/1982, S. 275–290. Die betreffenden Annahmen über Körper und Seele werden in den Monologen Franz Moors aber nicht ausdrücklich *als* der Wissenschaft entnommene Theorien präsentiert. – Dagegen reflektieren und diskutieren etwa die Figuren in Thomas Manns *Der Zauberberg* auch über bestimmte wissenschaftliche Theorien *als* wissenschaftliche Theorien. Vgl. zur Rolle der Naturwissenschaften im *Zauberberg*: Herwig, Malte, *Bildungsbürger auf Abwegen. Naturwissenschaft im Werk Thomas Manns*, Frankfurt am Main 2004, S. 72–142; Riedel, Wolfgang, »Literatur und Wissen. Thomas Mann: ›Der Zauberberg‹«, in: *Archiv für das Studium der neueren Sprachen und Literaturen*, 153/2001, 238, S. 1–18. Beide Untersuchungen gehen den Fragen nach, welche naturwissenschaftlichen Werke und Entwicklungen Thomas Mann zur Kenntnis genommen und wie er sie im Roman verarbeitet und instrumentalisiert hat, sind also – ebenso wie die oben genannten Studien zu Schiller – intentionalistische Untersuchungen im Sinne der hier vorgenommenen Einteilung.

[10] Um wiederum eine Untersuchung zu Schillers *Die Räuber* als Beispiel zu nennen: Franz Moors Heimsuchung durch Alpträume, Gewissensqualen und Angstzustände ist Wolfgang Riedel zufolge von Schiller nach dem Modell von Johann Georg Sulzers psychologischer Theorie der ›dunklen Vorstellungen‹ konzipiert worden; vgl. Riedel, Wolfgang, »Die Aufklärung und das Unbewusste. Die Inversionen des Franz Moor«, in: *Jahrbuch der deutschen Schillergesellschaft*, 37/1993, S. 198–220, vor allem S. 207–220; zu Schillers anzunehmenden Sulzer-Kenntnissen vgl. ebd., S. 214f., S. 220; zu dem Interpretationsproblem, das sich mithilfe der Hinzuziehung dieses Kontextes beseitigen lässt, vgl. ebd., S. 209f.

bestimmte Annahmen des behandelten Autors ein Teil des zeitgenössischen Wissens oder kulturellen Wissens waren, wobei mit dem Ausdruck ›Wissen‹ eine Menge von in der jeweiligen Epoche mehrheitlich akzeptierten Meinungen oder Annahmen bezeichnet wird.[11] Die intentionalistischen Erklärungen der konstatierten Beziehungen zwischen literarischen und wissenschaftlichen Texten sind aber nicht auf Aussagen dieser Art angewiesen.

Literaturwissenschaftliche Arbeiten, die sich des hier als intentionalistisch bezeichneten Ansatzes bedienen, werden gelegentlich mit dem Etikett ›Einflussforschung‹ versehen. Tatsächlich kann das Konzept des Einflusses in Untersuchungen dieses Typs zweifellos sinnvoll eingesetzt werden. Die Bezeichnung ›Einflussforschung‹ ist aber etwas missverständlich, da sie manchmal auch zur Rubrizierung von literaturwissenschaftlichen Studien gebraucht wird, für die nicht die Verwendung des Einflussbegriffs als solche, sondern eine bestimmte Art der Verwendung dieses Begriffs konstitutiv ist: Gemeint sind Untersuchungen, die im Aufspüren der Quellen, aus denen der Autor eines literarischen Textes die Anregungen oder Vorlagen für sein Werk schöpfte, ihre alleinige oder primäre Aufgabe sehen und folglich nicht oder kaum der Frage nachgehen, welchen Gebrauch der Autor von den herangezogenen Quellen innerhalb seines literarischen Textes machte, wie er also etwa wissenschaftliche Konzeptionen transformiert und funktionalisiert hat. Auf solcherart begrenzte Fragestellungen aber ist der intentionalistische Ansatz, wie er hier vorgestellt wurde, keineswegs festgelegt. Die Frage danach, *was* der Autor kannte und benutzte, kann prinzipiell immer mit der Frage verknüpft werden (und wird de facto sehr häufig mit ihr verknüpft), *wie* und *wozu* der Autor die ihm bekannten Theorien, Konzepte oder Verfahrensweisen in seinen literarischen Werken gebrauchte.

Um nun von der Beschreibung dieses Ansatzes zu einer knappen kritischen Diskussion überzugehen: Die Frage, ob autorintentionalistische Interpretationen literarischer Texte überhaupt sinnvoll und theoretisch haltbar sind, ist in den vergangenen Jahrzehnten bekanntlich Gegenstand breiter und kontrovers geführter Debatten in der Literaturtheorie gewesen. Mittlerweile liegen zahlreiche theoretische Arbeiten vor, die Begriffe wie ›Intention‹, ›Autor‹ und ›Einfluss‹ explizieren und begründen, inwiefern Interpretationen, die auf hypothetische Rekonstruktionen der Autorintention zielen, konsistent, sinnvoll und mit etablierten Positionen der aktuellen Sprachphi-

---

[11] Auf diesen Wissensbegriff und den von Michael Titzmann geprägten Begriff des kulturellen Wissens wird unten, im Abschnitt »Korrelation«, zurückzukommen sein.

losophie kompatibel sein können.[12] Untersuchungen dieses Typs können
sich somit auf ausgearbeitete theoretische und methodologische Grundlagen stützen. Für wie tragfähig jemand diese Fundamente hält, wird offenkundig davon abhängen, welcher sprachphilosophischen, zeichen- oder text-
theoretischen Position sie oder er zuneigt; aber dass die Option für einen
intentionalistischen Ansatz als solche schon ein Symptom interpretations-
theoretischer Naivität sei, kann angesichts der gegenwärtigen Diskussions-
lage nicht plausibel behauptet werden.

Die erwähnten Arbeiten zu konzeptuellen und theoretischen Grundlagen intentionalistischer Interpretationen scheinen allerdings bisher nur in
geringem Maß von historischen Untersuchungen dieser Richtung aufgegriffen worden zu sein, wie denn auch generell auffällt, dass diese Untersuchungen sich häufig nur knapp über ihre theoretischen Prämissen äußern und
mit theoretischen und methodologischen Problemen befassen. Das muss
keine Schwäche solcher Untersuchungen darstellen; die dort entwickelten
Argumentationen zu Auffassungen und Absichten der untersuchten Autoren können offensichtlich dennoch stichhaltig und konsistent sein. Gleichwohl kann man eine intensivere Wahrnehmung von und Auseinandersetzung mit theoretischen Grundsatzdiskussionen für ein Desiderat innerhalb
dieser Forschungsrichtung halten, da die Zielsetzungen solcher intentionalistischen Untersuchungen spezifische theoretische und methodologische
Probleme aufwerfen, die noch nicht hinreichend geklärt sein dürften.
Wenn man die Rezeption wissenschaftlicher, beispielsweise psychologischer
Theorien durch einen Autor untersucht, so stellt sich generell die Frage, in
welchem Vokabular man diese Theorien und die darauf bezogenen Auffassungen des Autors reformuliert. Insbesondere ist zu fragen, ob und in welchem Maße dabei auf jüngere wissenschaftliche Termini und Theorien zurückgegriffen werden kann, ohne dass man problematische Anachronismen

---

[12] Vgl. zum Begriff der Intention und zu intentionalistischen Interpretationen:
Livingston, Paisley, *Art and Intention. A Philosophical Study*, Oxford 2005; Iseminger,
Gary (Hrsg.), *Intention and Interpretation*, Philadelphia 1992; Danneberg, Lutz,
»Zum Autorkonstrukt und zu einem methodologischen Konzept der Autorinten-
tion«, in: Fotis Jannidis u. a. (Hrsg.), *Rückkehr des Autors. Zur Erneuerung eines umstrit-
tenen Begriffs*, Tübingen 1999, S. 77–105; Spoerhase, Carlos, *Autorschaft und Interpre-
tation. Methodische Grundlagen einer philologischen Hermeneutik*, Berlin, New York 2007.
Zum Begriff des Einflusses vgl.: Danneberg, Lutz, »[Art.] ›Einfluß‹«, in: Klaus
Weimar (Hrsg.), *Reallexikon der deutschen Literaturwissenschaft*, Bd. 1, *A–G*, Berlin,
New York 1997, S. 424–427; Hermerén, Göran, *Influence in Art and Literature*,
Princeton (N.J.) 1975.

produziert.[13] Um ein Beispiel zu nennen: In Studien zu Literatur und Anthropologie des 18. Jahrhunderts wird gelegentlich der Begriff des Unbewussten gebraucht und von einer ›Entdeckung des Unbewussten‹ gesprochen.[14] Wohl nicht in allen, aber doch in manchen Fällen ist diese Redeweise auch ausdrücklich mit der These verbunden, dass es relevante Ähnlichkeiten zwischen den Auffassungen der betreffenden Autoren des 18. Jahrhunderts und denjenigen Sigmund Freuds gebe und dass hier insofern ein Fall von Antizipation oder von historischer Kontinuität vorliege.[15] Um präziser klären zu können, wie man sich solche Antizipationen oder Kontinuitäten vorzustellen hat und ob sie in einem konkreten Fall vorliegen, dürfte es sinnvoll sein, theoretische Überlegungen über die Rekonstruktion des historischen Gehalts von Begriffen sowie über die Beziehungen zwischen Begriffen und den Theorien, in die sie eingebettet sind, heranzuziehen.

III. Korrelation

Der zweite der hier behandelten Forschungsansätze soll als Korrelations-Ansatz bezeichnet werden. Genau genommen handelt es sich hierbei weniger um *einen* Ansatz als um eine Gruppe verwandter Ansätze, von denen einige sich in mancher Hinsicht mit dem Intentions-, andere sich in mancher Hinsicht mit dem Zirkulations-Ansatz berühren. Sie weisen aber gleichwohl

---

13 Vgl. zu diesem Problem, speziell im Hinblick auf die historische Untersuchung psychologischer Begriffe: Danziger, Kurt, »Generative Metaphor and the History of Psychological Discourse«, in: David E. Leary (Hrsg.), *Metaphors in the History of Psychology*, Cambridge 1990, S. 331–356, hierzu S. 335–338. – Für eine Rekonstruktion von theoretischen Diskussionen, die in verschiedenen historischen Wissenschaften um das Anachronismus-Problem geführt wurden, sowie für einen Vorschlag zur Explikation und Systematisierung der dort erörterten Arten von Anachronismen vgl.: Spoerhase, Carlos, »Zwischen den Zeiten: Anachronismus und Präsentismus in der Methodologie der historischen Wissenschaften«, in: *Scientia Poetica*, 8/2004, S. 169–240.

14 Wolfgang Riedel hat einen Abschnitt seines Forschungsüberblicks zu Literatur und Anthropologie im späten 18. Jahrhundert mit der Überschrift »Die Entdeckung des Unbewußten« versehen; vgl. Riedel, Wolfgang, »Anthropologie und Literatur in der deutschen Spätaufklärung. Skizze einer Forschungslandschaft«, in: *Internationales Archiv für Sozialgeschichte der deutschen Literatur*, 6. Sonderheft/1994, S. 93–157, hier S. 106f., 128.

15 Vgl. ebd., S. 128 (sowie die dort genannte Literatur); ferner: Riedel, »Die Aufklärung und das Unbewußte«, S. 218; ders., »Influxus physicus und Seelenstärke. Empirische Psychologie und moralische Erzählung in der deutschen Spätaufklärung und bei Jacob Friedrich Abel«, in: Jürgen Barkhoff/Eda Sagarra (Hrsg.), *Anthropologie und Literatur um 1800*, München 1992, S. 24–52, hier S. 32.

hinreichend viele gemeinsame Merkmale auf, um sinnvoll in einer Rubrik versammelt werden zu können.[16]

Das erste konstitutive Merkmal der Korrelations-Untersuchungen betrifft nicht die in ihnen verwendeten Erklärungsweisen, sondern den Charakter und gewissermaßen den Umfang der Explananda, deren sie sich annehmen: Was hier erklärt werden soll, sind nicht Eigenschaften von Werken einzelner Autoren, sondern Eigenschaften ›der Literatur‹ eines Zeitabschnitts oder Eigenschaften eines Teilsektors dieser Literatur, also etwa der Lyrik oder der Erzählliteratur. Diese Untersuchungen begreifen mithin die Literatur – und auch die Wissenschaft – als Bereiche (Systeme, Diskurse, Praktiken oder ähnliches), die innerhalb eines Zeitabschnitts ein gewisses Maß an Einheitlichkeit aufweisen. Sie beschreiben einerseits Merkmale, Tendenzen oder Veränderungen, die die Literatur oder einen Teilbereich der Literatur eines Zeitraums kennzeichnen, andererseits den Zustand oder die Entwicklung bestimmter wissenschaftlicher Disziplinen während desselben Zeitraums; häufig, wenn auch nicht in allen Fällen, geht es dabei auf der einen Seite um die Darstellung bestimmter Phänomene in der Literatur, auf der anderen Seite um zeitgenössische wissenschaftliche Theorien über diese Phänomene. Diese literarischen und wissenschaftlichen Systemzustände oder Entwicklungsreihen werden in den Untersuchungen in einen erklärenden Zusammenhang gebracht.

Um die konstatierten Merkmale der Literatur des betreffenden Zeitabschnitts zu erklären, ziehen diese Untersuchungen allgemeinere Rahmen-

---

[16] Dem Korrelations-Ansatz werden hier die folgenden Untersuchungen zugeordnet: Richter, Karl, *Literatur und Naturwissenschaft. Eine Studie zur Lyrik der Aufklärung*, München 1972; Thomé, Horst, *Roman und Naturwissenschaft. Eine Studie zur Vorgeschichte der deutschen Klassik*, Frankfurt am Main u.a. 1978; Ders., *Autonomes Ich und ›Inneres Ausland‹. Studien über Realismus, Tiefenpsychologie und Psychiatrie in deutschen Erzähltexten (1848–1914)*, Tübingen 1993. – Außerdem haben Michael Titzmann und Jürgen Link theoretische Grundlagen für solche ›korrelationistischen‹ Untersuchungen von Literatur und Wissenschaft erarbeitet und sie auch in historischen Studien umgesetzt. Als theoretische Arbeiten vgl.: Titzmann, Michael, »Skizze einer integrativen Literaturgeschichte und ihres Ortes in einer Systematik der Literaturwissenschaft«, in: Ders. (Hrsg.), *Modelle des literarischen Strukturwandels*, Tübingen 1991, S. 395–438; Ders., »Kulturelles Wissen – Diskurs – Denksystem. Zu einigen Grundbegriffen der Literaturgeschichtsschreibung«, in: *Zeitschrift für französische Sprache und Literatur*, 99/1989, S. 47–61; Link, Jürgen, »Literaturanalyse als Interdiskursanalyse. Am Beispiel des Ursprungs literarischer Symbolik in der Kollektivsymbolik«, in: Jürgen Fohrmann/Harro Müller (Hrsg.), *Diskurstheorien und Literaturwissenschaft*, Frankfurt am Main 1988, S. 284–307; Link, Jürgen/Link-Heer, Ursula, »Diskurs/Interdiskurs und Literaturanalyse«, in: *Zeitschrift für Literaturwissenschaft und Linguistik [LiLi]*, 20/1990, S. 88–99.

annahmen über Beziehungen zwischen Literatur und Wissenschaften ganz generell oder innerhalb der untersuchten Epoche heran. Da diese Annahmen als Teil des Explanans fungieren, müssen sie unabhängig von den zu erklärenden Phänomenen in Literatur und Wissenschaften formuliert und plausibel gemacht werden. Diese Annahmen können unterschiedlicher Art sein; zwei Grundtypen dürften besonders wichtig sein:

(i) Die Rahmenannahmen können besagen, dass in dem untersuchten Zeitraum generell mit Einwirkungen bestimmter Wissenschaften auf die Literatur oder einen speziellen Bereich innerhalb der Literatur zu rechnen ist, dass mithin solche Wirkungen vorausgesetzt werden können, auch ohne dass für die einzelnen Autoren die Rezeption der betreffenden Wissenschaften nachgewiesen wird. Auf eine Rahmenannahme dieser Art stützt sich etwa Karl Richters Studie über Beziehungen zwischen der Lyrik der Aufklärung und den zeitgenössischen Naturwissenschaften. Richter fasst die Aufklärung als eine »Epoche« auf, »die den Naturwissenschaften eine prägende Wirkung auf alle Bereiche des geistigen Lebens gab«,[17] und verweist zur Begründung dieser Grundannahmen allgemein auf das hohe Prestige dieser Wissenschaften im 18. Jahrhundert und konkret auf die intensiven Bemühungen um eine Verbreitung der naturwissenschaftlichen Ergebnisse und Methoden in Pädagogik und popularisierender Sachliteratur[18]. Die Wirkung der Naturwissenschaften auf die Literatur als ein epochales Phänomen vollzog sich nach Richter über die Vermittlung einer Instanz, die er als das ›Zeitbewusstsein‹ bezeichnet und für deren spezifische historische Ausprägung vor allem ein bestimmtes ›menschliches Selbstverständnis‹ kennzeichnend sei.[19] In ungefähr vergleichbarer Weise geht Horst Thomé in seiner Studie

---

[17] Richter, *Literatur und Naturwissenschaft*, S. 18. Vgl. auch ebd., S. 25–31.

[18] Vgl. ebd., S. 26–28.

[19] Vgl. ebd., vor allem S. 40f.; für den Begriff des »Zeitbewußtseins« auch ebd., S. 25, 38. Auf ähnliche, wenn auch im Einzelnen anders akzentuierte und begründete Rahmenannahmen stützt sich: Thomé, *Roman und Naturwissenschaft*; vgl. dort v. a. S. 26–28. Hinzu kommen bei Thomé Annahmen, die sich speziell auf die Gattung des Romans beziehen; im Anschluss an Hans Blumenberg sieht Thomé den neuzeitlichen Roman als gekennzeichnet durch den »Anspruch, eine zweite Wirklichkeit zu realisieren, die der Realität formal analog ist, ebenso einen einsinnigen Kontext darzustellen, wie die Wirklichkeit selbst es ist« (ebd., S. 32). Historische Variationen innerhalb des neuzeitlichen Romans ergeben sich unter anderem dadurch, dass »die Strukturen, mit denen [der Roman] seine Realität verwirklicht, […] den historisch vermittelten Wahrheitskriterien der Zeit unterliegen« (ebd., S. 33). Diese Wahrheitskriterien der Zeit können in bestimmten Epochen, wie etwa in der Aufklärung, wesentlich durch die Naturwissenschaften geprägt sein.

über Beziehungen zwischen der Erzählliteratur des Realismus und den Entwicklungen in der Psychiatrie im 19. Jahrhundert von der Annahme aus, dass
grundsätzlich mit einer indirekten und vermittelten Wirkung psychiatrischer
Theorien auf diese Literatur gerechnet werden könne; als Vermittlungsinstanz setzt er dabei das ›kulturelle Wissen‹ der Epoche an.[20] Diese Grundannahme der Untersuchung kann nach Thomé durch den Rekurs auf die poetologischen Positionen des Realismus plausibel gemacht werden, da die
spezifische Fassung des darin enthaltenen Wahrscheinlichkeitspostulats eine
Berücksichtigung zumindest derjenigen wissenschaftlichen Theorien for-
derte, die in das allgemeine kulturelle Wissen eingegangen waren.[21]

›Korrelationistische‹ Untersuchungen wie die von Richter und Thomé berühren sich in mancher Hinsicht mit dem oben beschriebenen ›intentionalistischen‹ Ansatz; in den Analysen der einzelnen literarischen Texte, die sie als
repräsentativ für bestimmte Tendenzen erachten, berücksichtigen sie gegebenenfalls auch den nachweisbaren wissenschaftlichen Kenntnisstand der
Autoren und fragen nach ihren Intentionen.[22] Das vorrangige Ziel der Untersuchungen aber besteht in der Feststellung von überindividuellen Trends
in der Literatur und ihren Beziehungen zu wissenschaftlichen Entwicklungen; diese Wirkungsbeziehungen zwischen Wissenschaft und Literatur können zwar, müssen aber nicht über die bewussten Intentionen der Autoren

---

[20] Vgl. Thomé, *Autonomes Ich*, S. 14–18.

[21] Vgl. ebd., S. 4f., S. 17, S. 22–28. – Thomé betont allerdings auch mehrfach, dass die
exakte Bestimmung historischer Konstellationen von Literatur, Wissenschaften
und kulturellem Wissen in vielen Fällen erhebliche methodische Schwierigkeiten
aufwerfe. So sei der Grad an Verbindlichkeit, den das kulturelle Wissen für die
Literatur eines Zeitabschnitts besitzt, durch verschiedene Determinanten beeinflusst und selbst für eine Epoche wie die des Realismus, der in dieser Hinsicht eine
vergleichsweise klare Position vertritt, nicht leicht zu bestimmen (vgl. ebd., S. 17).
Im Hinblick auf das Verhältnis zwischen Psychiatrie und kulturellem Wissen im
19. Jahrhundert ergeben sich spezifische Schwierigkeiten aus der »Unübersicht-
lichkeit« (ebd.) der betreffenden Teile des kulturellen Wissens: Bei »interessierten
Ärzten und Laien« sei »durchwegs mit der eklektizistischen Kontaminierung und
spekulativen Weiterbildung von Theoremen der verschiedensten Provenienz zu
rechnen. Der Fundus des Wissens umfaßt neben der offiziellen Universitätslehre
das ›diskrete‹ Praktikerwissen, Fragmente bereits überholter wissenschaftlicher
Konzepte, philosophische Mutmaßungen über das Wesen der Seele und ihre
Krankheiten und volkstümliche Vorstellungen bis hinunter zum schieren Aber-
glauben« (ebd., S. 16f.).

[22] Vgl. etwa ebd., S. 264–272 (zu Intentionen ›hinter‹ einem Roman von Hermann
Stehr), S. 399f. und 403f. (Anm. 25, zu Hermann Bahrs Rezeption der zeitgenössischen Wissenschaften), S. 600–608 (zu einigen Grundintentionen von Schnitz-
lers literarischem Werk). Vgl. auch Thomé, *Roman und Naturwissenschaft*, S. 19.

vermittelt sein.[23] Hervorgehoben sei ferner, dass die Rede von ›Wirkungsbeziehungen‹ nicht impliziert, dass in den Untersuchungen dieses Typs die
wissenschaftlichen Entwicklungen als *Ursachen* von literarischen angesehen
werden; ebenfalls denkbar und de facto wohl häufiger ist eine Sichtweise,
nach der die Vorgänge in der Wissenschaft *Bedingungen* von literarischen
Trends darstellen.[24] Außerdem müssen die untersuchten Wirkungs- oder Re-
zeptionsbeziehungen sich nicht in Ähnlichkeiten oder Übereinstimmungen
zwischen Wissenschaft und Literatur manifestieren – also nicht auf einer
bloß ›passiven‹ oder affirmativen Übernahme wissenschaftlicher Auffassungen in die Literatur beruhen –, sondern können vielfältige Formen von
der Affirmation bis zu Transformation und Ablehnung annehmen und sich
nicht zuletzt in verschiedenen Arten der Funktionalisierung wissenschaftlicher Theorien zu literarischen Zwecken niederschlagen. Auch die literarischen Phänomene, die Untersuchungen dieses Typs analysieren und als
durch wissenschaftliche Entwicklungen bedingt zeigen, sind vielfältiger Art:
Sie betreffen unter anderem die Wahl von Motiven oder Gegenständen der
Darstellung,[25] Figurenkonzeptionen,[26] Erzähltechniken,[27] Erklärungs- und

---

23 Es dürfte aber nicht wenige Untersuchungen geben, die als Grenzfälle zwischen
den hier als intentionalistisch und korrelationistisch bezeichneten Ansätzen liegen, also etwa Studien, die eine Reihe von Werken verschiedener Autoren in intentionalistischer Weise untersuchen und diese Werke dabei als repräsentativ für
einen breiteren Trend auffassen.

24 So spricht Richter in der genannten Arbeit mehrfach von einem »Bedingungs-
zusammenhang von Literatur und Naturwissenschaft« (Richter, *Literatur und
Naturwissenschaft*, S. 37; vgl. auch S. 143, 180).

25 Vgl. Richter, *Literatur und Naturwissenschaft*, S. 68–93 (über »[n]eue Wirklichkeiten
und ihre poetische Adaption« in der Lyrik Albrecht von Hallers, unter anderem
zur Darstellung von Hochgebirge und Weltenraum).

26 In Thomés Untersuchung über Beziehungen zwischen realistischer Erzählliteratur und Psychiatrie bilden Figurenkonzeptionen der literarischen Texte (insbesondere die Konzeption der Figuren mit pathologischen Zügen) durchgehend einen
Schwerpunkt der Analysen. Vgl. generell zur Absicht, die Figurenentwürfe und
die ›erzählte Psychologie‹ der literarischen Texte durch Rekurs auf das zeitgenössische kulturelle Wissen zu interpretieren: Thomé, *Autonomes Ich*, S. 4–6, 19; vgl.
außerdem etwa die Abschnitte über den ›rätselhaften Charakter‹ im Spätrealismus
(ebd., S. 131–168) oder über literarische Darstellungen der Hysterie (vgl. ebd.,
S. 229–293). – Vgl. außerdem auch die Analyse des Protagonisten von Goethes
Werther-Roman in: Ders., *Roman und Naturwissenschaft*, vor allem S. 382–391 sowie
S. 380–431 insgesamt.

27 Was in Thomés Untersuchung *Autonomes Ich und ›Inneres Ausland‹* analysiert und
mit den Entwicklungen der zeitgenössischen Psychiatrie und Tiefenpsychologie
korreliert werden soll, sind »Transformationen der realistischen Schreibweise
seit der Etablierung des programmatischen Realismus« sowie – ansatzweise – der

Argumentationsweisen[28] sowie schließlich die Formulierung und Deutung ästhetischer Kategorien, etwa des Erhabenen[29].

(ii) ›Korrelationistische‹ Untersuchungen können sich in ihren Erklärungen auch auf Rahmenannahmen stützen, die nicht auf *Wirkungsbeziehungen* zwischen Wissenschaft und Literatur, sondern auf die *Funktionen* dieser Bereiche innerhalb einer größeren Einheit wie Kultur oder Gesellschaft verweisen. Die Grundvoraussetzung lautet hier, dass die Literatur Funktionen innerhalb dieses größeren ›Ganzen‹ erfüllt und dass die konkrete Verfasstheit dieses Ganzen zu einem gegebenen Zeitpunkt unter anderem durch den Teilbereich der Wissenschaft bestimmt wird; gegebenenfalls können auch noch typische oder konstante Funktionen der Literatur spezifiziert werden. Mithilfe solcher Annahmen kann man Zustände und Veränderungen in Wissenschaften und Literatur in einen erklärenden Zusammenhang bringen, indem man zeigt, dass die Entwicklungen in der Literatur ihr die Erfüllung einer bestimmten Funktion innerhalb der durch die Vorgänge in den Wissenschaften charakterisierten kulturellen oder sozialen Umgebung gestatten. Damit bietet man eine funktionale Erklärung der literarischen Phänomene.[30]

»Übergang zum spezifisch ›modernen Erzählen‹« (Thomé, *Autonomes Ich*, S. 5). Für Ausführungen zu spezielleren erzähltechnischen Entwicklungen vgl. etwa: S. 76–83, S. 131f. (zu besonderen Ausgestaltungen der Erzählerfigur im späten Realismus), S. 412–422 (zur Darstellung psychischer Abläufe bei Hermann Bahr), S. 454–470 (zu verschiedenen Formen einer ›Vergegenständlichung des Psychischen‹ im modernen Erzählen), S. 670–672 (zur Vereinigung von ›Gegenspieler‹ und ›therapeutischer Figur‹ bei Schnitzler).

[28] Vgl. die Analysen zu Wielands *Agathon*- und Goethes *Werther*-Roman in: Thomé, *Roman und Naturwissenschaft*, hier S. 198–224 (zu Erklärungs- und Argumentationsmustern des Erzählers bei Wieland), S. 428–431, S. 445–451 (zum *Werther*). In seiner Analyse von Goethes *Werther*-Roman entwickelt Thomé die These, dass die typische Argumentationsweise Werthers, die auf unkontrollierten Generalisierungen individueller und einmaliger Gefühlserlebnisse beruht, als depravierte Variante einer Argumentationsweise gelten könne, die dem Realitätsmodell und der Erkenntnistheorie des Sturm und Drang – repräsentiert durch Herders *Vom Erkennen und Empfinden der menschlichen Seele* – entspricht; die Erzähl- und Argumentationsweise des fiktiven Herausgebers hingegen, der das Geschehen durch eine Rückführung des Besonderen auf das Typische zu erklären sucht, aber keinen Zugang mehr zu Werthers Bewusstsein findet, erscheine als problematische Schwundstufe einer Erzählweise, die dem Realitäts- und Erkenntnisbegriff der Aufklärung verpflichtet ist und vom Erzähler in Wielands *Geschichte des Agathon* praktiziert wird.

[29] Vgl. Richter, *Literatur und Naturwissenschaft*, S. 139–146. Vgl. außerdem das Kapitel zu Einwirkungen der Naturwissenschaft auf die Literaturtheorie der Aufklärung: Ebd., S. 182–214.

[30] Die Rede von funktionalen Erklärungen an dieser Stelle erfordert eine kurze Erläuterung. Wenn in literaturwissenschaftlichen Arbeiten der Literatur oder

Rahmenannahmen dieser Art stellen etwa Michael Titzmanns Entwurf einer ›integrativen Literaturgeschichte‹ und Jürgen Links Theorie des Interdiskurses bereit.[31] Beide Ansätze können an dieser Stelle nicht vollständig referiert werden; knappe Andeutungen zu den im vorliegenden Zusammenhang relevanten Annahmen müssen genügen. Nach Titzmann kann die Literatur einer Epoche als ein kulturelles Teilsystem aufgefasst werden, das historisch variable Relationen zu anderen kulturellen Teilsystemen und

---

einzelnen literarischen Phänomenen soziale oder kulturelle Funktionen zugeschrieben werden, so ist oft nicht klar, ob mit diesen Zuschreibungen bestimmte literarische Phänomene oder Entwicklungen erklärt werden sollen oder ob statt einer *functional explanation* nur ein *functional account* angestrebt wird (zu dieser Unterscheidung vgl.: Mahner, Martin/Bunge, Mario, »Function and Functionalism: A Synthetic Perspective«, in: *Philosophy of Science*, 68/2001, S. 75–94, hier S. 82–84). Diese Frage wird auch in jüngeren literaturtheoretischen Diskussionen über den Gebrauch des Funktionsbegriffs in der Literaturwissenschaft nicht oder nur am Rande aufgeworfen. Vgl. für solche Erörterungen: Gymnich, Marion/Nünning, Ansgar, »Funktionsgeschichtliche Ansätze: Terminologische Grundlagen und Funktionsbestimmungen von Literatur«, in: Dies. (Hrsg.), *Funktionen von Literatur. Theoretische Grundlagen und Modellinterpretationen*, Trier 2005, S. 3–27; Sommer, Roy, »Funktionsgeschichten. Überlegungen zur Verwendung des Funktionsbegriffs in der Literaturwissenschaft und Anregungen zu seiner terminologischen Differenzierung«, in: *Literaturwissenschaftliches Jahrbuch*, 41/2000, S. 319–341. – Die Erklärung von Veränderungen gilt immerhin traditionell als ein zentrales Ziel der Literaturgeschichtsschreibung, und zumindest in manchen Fällen wird der Funktionsbegriff in literarhistorischen Kontexten offenbar auch zum Zweck der Erklärung gebraucht. Auf die im Folgenden genannten Ansätze von Titzmann und Link scheint mir das jedenfalls zuzutreffen; in Titzmanns Entwurf der Literaturgeschichtsschreibung sind ausdrücklich funktionale Erklärungen von historischem Wandel vorgesehen (vgl. Titzmann, »Skizze einer integrativen Literaturgeschichte«, S. 430). – In der Wissenschaftstheorie ist bekanntlich umstritten, wie aussagekräftig oder tragfähig funktionale Erklärungen (als deren primärer ›Ort‹ die Biologie gilt) im Bereich der Sozial- und Geschichtswissenschaften sind. Vgl. dazu neben dem oben genannten Aufsatz von Mahner und Bunge etwa: Føllesdal/Walløe/Elster, *Rationale Argumentation*, S. 165–176; Lorenz, Chris, *Konstruktion der Vergangenheit. Eine Einführung in die Geschichtstheorie*, Köln u. a. 1997, S. 298f. (dort auch weitere Literatur). Vgl. auch: Dupré, John, »Comments on Terry Eagleton's ›Base and Superstructure Revisited««, in: *New Literary History*, 31/2000, S. 241–245, hier S. 243f.

[31] Andere, hier nicht angesprochene Ansätze zur Bestimmung der Funktionen von Literatur im Verhältnis zum kulturellen Wissen werden kritisch diskutiert und um eine weitere, eigenständige Hypothese ergänzt bei: Alt, Peter-André, »Beobachtungen dritter Ordnung. Literaturgeschichte als Funktionsgeschichte kulturellen Wissens«, in: Walter Erhart (Hrsg.), *Grenzen der Germanistik. Rephilologisierung oder Erweiterung?*, Stuttgart, Weimar 2004, S. 186–209.

Diskursen unterhält.[32] Die »Funktionen literarischer Strukturen im Kultur-
system«, also die von diesen Strukturen für das Gesamtsystem erbrachten
Leistungen,

> hängen ab von und sind erschließbar aus den epochenspezifischen Relationen der
> Strukturen des Literatursystems – der von ihm transportierten Bedeutungsmen-
> gen, der Modi der Bedeutungsvermittlung, den nicht-bedeutungshaften Struktu-
> ren – zum jeweiligen Denksystem und zu den Texten und Diskursen, die es trans-
> portieren.[33]

In historischen Studien hat Titzmann etwa die Darstellung des Inzests und
der Abfolge der Lebensalter in der Literatur und in wissenschaftlichen Diskursen der Goethe-Zeit untersucht[34] und aus den beobachteten Ähnlichkeiten und Unterschieden Schlussfolgerungen im Hinblick auf die Funktionen
der literarischen Darstellungen gezogen; sehr allgemein gesprochen, betreffen diese Funktionen meist die Aufrechterhaltung von Normen und Wertsys-
temen der Kultur.[35] – Die allgemeinen Rahmenannahmen, die Links Theorie

---

[32] Vgl. Titzmann, »Skizze einer integrativen Literaturgeschichte«, S. 412f.; zu dem
bei Titzmann verwendeten Literaturbegriff vgl. auch ebd., S. 406; zur Definition
von ›Kultur‹ und zu verschiedenen möglichen Relationen zwischen Teilsystemen
einer Kultur vgl. ebd., S. 410f.; zum Begriff des Diskurses vgl. ebd., S. 406f. – Vgl.
auch ders., »Kulturelles Wissen – Diskurs – Denksystem«.

[33] Titzmann, »Skizze einer integrativen Literaturgeschichte«, S. 427f. – Für eine Definition des Funktionsbegriffs vgl. ebd., S. 428: »Funktionen sind die Leistungen,
die ein Teil-/Subsystem aufgrund seiner Relationen zu anderen Teil-/Subsyste-
men für das jeweilige übergeordnete Gesamtsystem erbringt […].«

[34] Vgl. Titzmann, Michael, »Die ›Bildungs-‹/Initiationsgeschichte der Goethe-Zeit
und das System der Altersklassen im anthropologischen Diskurs der Epoche«, in:
Danneberg/Vollhardt (Hrsg.), *Wissen in Literatur im 19. Jahrhundert*, S. 7–64; Ders.,
»Literarische Strukturen und kulturelles Wissen: Das Beispiel inzestuöser Situationen in der Erzählliteratur der Goethezeit und ihrer Funktionen im Denksystem
der Epoche«, in: Jörg Schönert (Hrsg., in Zusammenarbeit mit Konstantin Imm
und Joachim Linder), *Erzählte Kriminalität. Zur Typologie und Funktion von narrativen
Darstellungen in Strafrechtspflege, Publizistik und Literatur zwischen 1770 und 1920. Vor-
träge zu einem interdisziplinären Kolloquium, Hamburg, 10.–12. April 1985*, Tübingen
1991, S. 229–281.

[35] So gelangt Titzmann in seiner Untersuchung der Behandlung des Inzests in der
Literatur und im juristischen und theologischen Diskurs der Goethezeit zu der
These, dass die literarischen Darstellungen die Funktion erfüllen, den Inzest weiterhin als ein ›mythisch-sakrales Delikt‹ von ›absoluter Scheußlichkeit‹ erscheinen
zu lassen, obwohl diese Bewertung nicht mehr rational begründet und folglich
in juristischen und philosophischen Diskussionen nicht mehr vertreten werden
kann. Vgl. Titzmann, »Literarische Strukturen und kulturelles Wissen«, S. 263f.
Dieses speziell auf das Inzestthema bezogene Ergebnis fügt sich in Titzmanns
umfassendere These ein, nach der die Literatur der Spätaufklärung bzw. der Goethezeit im Verhältnis zu den theoretischen Diskursen vorwiegend »komplemen-

des Interdiskurses für ›korrelationistische‹ Untersuchungen zur Verfügung stellt, besagen vor allem, dass die ›Dialektik‹ der Arbeitsteilung bzw. der funktionalen Ausdifferenzierung in der Moderne einerseits zur Herausbildung immer weiterer Spezialdiskurse, andererseits zur Entstehung von Interdiskursen oder interdiskursiven Dispositiven führe, die gegenüber dem Auseinanderdriften der Spezialdiskurse eine reintegrative Funktion erfüllen.[36] Die Literatur sei ein ›institutionalisierter Interdiskurs‹[37] beziehungsweise eine »Elaboration interdiskursiver Elemente«[38]. Zu den interdiskursiven Elementen gehören unter anderem Kollektivsymbole.[39] Mithilfe dieser Rahmenannahmen kann also ganz generell das Vorkommen bestimmter Symbole oder Metaphern in literarischen und wissenschaftlichen Texten eines Zeitraums erklärt werden. Darüber hinaus bietet Links Theorie eine Reihe weiterer Annahmen zu typischen Verwendungen oder Wirkungsweisen von Kollektivsymbolen und anderen interdiskursiven Elementen sowie zu ihren Beziehungen zu sozialen Strukturen. Diese Annahmen erlauben es auch, spezielle Merkmale des Symbolgebrauchs in Literatur und Wissenschaft eines Zeitraums einzuordnen oder zu erklären, etwa die ambivalenten Bedeutungen und Wertungen, die häufig mit Kollektivsymbolen verknüpft sind.[40]

---

täre Funktionen« ausübe, indem sie dasjenige ausspreche, was in den theoretischen Diskursen »nicht mehr oder noch nicht legitim gedacht werden darf oder kann« (Titzmann, »Skizze einer integrativen Literaturgeschichte«, S. 427). – Auch die Darstellung von Lebensphasen bzw. Altersklassen in der Literatur der Goethezeit leistet, ebenso wie die theoretische Erörterung dieser Altersklassen in biologischen, medizinischen und juristischen Diskursen, eine Normsetzung, wobei die literarischen Texte allerdings auf andere Weise zur Stabilisierung der sozialen Normen beitragen als die theoretischen Diskurse; vgl. Titzmann, »Die ›Bildungs-‹/Initiationsgeschichte der Goethe-Zeit und das System der Altersklassen im anthropologischen Diskurs der Epoche«, vor allem S. 28, 41–48, 51–58.

36 Vgl. Link, »Literaturanalyse als Interdiskursanalyse«, vor allem S. 285, S. 288f.

37 Vgl. Link/Link-Heer, »Diskurs/Interdiskurs und Literaturanalyse«, S. 93.

38 Link, »Literaturanalyse als Interdiskursanalyse«, S. 286.

39 Zum Konzept der Kollektivsymbolik vgl.: Link, »Literaturanalyse als Interdiskursanalyse«, S. 286, S. 289–293; Link/Link-Heer, »Diskurs/Interdiskurs und Literaturanalyse«, S. 96.

40 Grundsätzlich kann der Gebrauch von Kollektivsymbolen und anderen interdiskursiven Elementen mit Wertungen verbunden werden, in denen sich soziale Positionen oder Interessen ausdrücken (vgl. Link, »Literaturanalyse als Interdiskursanalyse«, S. 290, S. 294f., S. 297–300; Link/Link-Heer, »Diskurs/Interdiskurs und Literaturanalyse«, S. 97). Dadurch, dass diese Elemente von verschiedenen ›Parteien‹ mit divergierenden Wertungen verknüpft werden, erhalten sie eine Ambivalenz, die in der Literatur häufig hervorgetrieben und künstlich gesteigert wird (vgl. Link, »Literaturanalyse als Interdiskursanalyse«, S. 301; ähnlich auch: Link/Link-Heer, »Diskurs/Interdiskurs und Literaturanalyse«, S. 97).

Die Untersuchungen des Korrelations-Typs weisen einen Grundzug auf, der in dem bisher Gesagten bereits implizit deutlich wurde, aber ausdrücklich hervorgehoben zu werden verdient: Diese Untersuchungen schreiben der Literatur (wie auch der Wissenschaft) jeweils eine begrenzte Eigenständigkeit und Eigengesetzlichkeit zu und suchen dieser relativen Autonomie gerecht zu werden. Das heißt, dass die Rahmenannahmen dieser Untersuchungen in der Regel die Literatur als einen Bereich konzipieren, dessen Zustände und Transformationen bis zu einem gewissen Grad durch ›äußere‹ Faktoren, also etwa gesamtkulturelle Veränderungen oder wissenschaftliche Innovationen, bedingt oder beeinflusst werden, in einem gewissen Maß aber auch durch ›interne‹, bereichsspezifische Regeln, Institutionen, Wertmaßstäbe oder Normen bestimmt werden.[41] Eine solche Sichtweise lässt im-

---

[41] Titzmann zufolge kann das Literatursystem ebenso wie alle Teil- oder Subsysteme der Kultur eine relative Autonomie besitzen (vgl. Titzmann, »Skizze einer integrativen Literaturgeschichte«, S. 411, S. 424): »Eine *relative Autonomie* hat das Literatursystem nur in genau dem Ausmaß, in dem es literaturspezifische Regularitäten in ihm gibt, die es von anderen kulturellen (Teil-/Sub-)Systemen unterscheiden und in dem diese Regularitäten resistent gegenüber den Strukturen und Transformationen dieser Umwelt sind« (ebd., S. 424). – Eine zentrale These von Karl Richters Studie über Lyrik und Naturwissenschaften in der Aufklärung lautet, dass die Literatur dieses Zeitraums sich einerseits in wesentlichen Hinsichten an die Wissenschaften annähere und sich ihre Erkenntnisse ›anzuverwandeln‹ suche, andererseits aber gerade in der Auseinandersetzung mit den Wissenschaften zunehmend ihre Eigengesetzlichkeit reflektiere und herausstelle; vgl. dazu Richter, *Literatur und Naturwissenschaft*, S. 46–48, S. 111, S. 128f. sowie S. 131–181 *passim*. – Thomé weist in der Einleitung seiner Studie *Autonomes Ich und ›Inneres Ausland‹* generell darauf hin, dass »der literarische Diskurs den anthropologischen niemals nur dupliziert«, dass vielmehr »akzeptierte psychologische und psychopathologische Annahmen nach spezifisch literarischen Intentionen selegiert und modelliert werden« (Thomé, *Autonomes Ich*, S. 17). In welchem Maße etwa die Theorien der zeitgenössischen Psychiatrie in der Literatur rezipiert werden, hängt nach Thomé wesentlich davon ab, ob psychische Krankheiten in diesen Theorien so konzipiert werden, dass ihre Darstellung in der Literatur mit den poetologischen Grundüberzeugungen der Epoche kompatibel ist (vgl. u.a. ebd., S. 53f.). Das sei im frühen Realismus zunächst nicht der Fall, da die wissenschaftlichen Auffassungen vom Wahnsinn nicht mit den poetologischen Forderungen nach Repräsentativität und Verstehbarkeit der literarischen Figuren vereinbar seien (vgl. ebd., S. 21–97). Im späteren Realismus dagegen verlagere sich das Interesse der Literatur, u.a. aufgrund eines gewandelten Poetizitätsbegriffs, tendenziell hin zur Darstellung ›extremer‹ Charaktere und pathologischer Fälle, an denen anthropologische Annahmen oder gesellschaftskritische Positionen exemplifiziert werden sollen; damit komme es zu einer dilemmatischen Situation, da die zeitgenössische Psychiatrie keine Erklärungen zur Herausbildung solcher Charaktere liefere, die den literarischen Darstellungen als Grundlage dienen könnten (vgl. ebd., S. 106–130, zusammenfassend v.a. S. 129; zu

mer die Vermutung als prinzipiell legitim erscheinen, dass zwischen zeitlich parallelen oder eng aufeinander folgenden Entwicklungen in Literatur und Wissenschaften kausale oder funktionale Zusammenhänge bestehen; sie legt aber zugleich stets die Erwartung nahe, dass diese Zusammenhänge, wo sie bestehen, mehrfach vermittelt sind. Wenn die Autoren von Untersuchungen dieses Typs den Ausdruck ›Korrelation‹ verwenden,[42] also wissenschaftliche und literarische Phänomene als miteinander korreliert oder korrelierbar bezeichnen, so dürften sie damit eben dieser Annahme Rechnung zu tragen suchen, nach der Literatur und Wissenschaft zugleich miteinander ›gekoppelte‹ *und* relativ autonome Bereiche sind.

Mehrere, wenn auch nicht alle Untersuchungen oder Ansätze dieser Richtung arbeiten mit einem Wissensbegriff. Von Titzmann stammt die vermutlich geläufigste Definition des Begriffs ›kulturelles Wissen‹: Er versteht darunter »die Gesamtmenge der Propositionen, die die Mitglieder der Kultur für wahr halten bzw. die eine hinreichende Anzahl von Texten der Kultur als wahr setzt«.[43] Dieser Wissensbegriff lässt sich in die Tradition der Wissenssoziologie stellen, auf die Titzmann auch ausdrücklich verweist.[44] Auf den

---

erzähltechnischen ›Lösungen‹ dieses Dilemmas vgl. S. 76, S. 131 f.). Die literarische Rezeption der Degenerationspsychiatrie werde in der Folgezeit eben dadurch befördert, dass ihre Theorien sich für gesellschaftskritische Intentionen funktionalisieren lassen (vgl. ebd., S. 129 f., S. 177–186). Diese Thesen und Analysen zu den wechselnden Beziehungen zwischen Literatur und Psychiatrie heben somit jeweils die partielle ›Eigenlogik‹ der Entwicklungen in beiden Bereichen hervor.

[42] Vgl. etwa: Titzmann, »Die ›Bildungs-‹/Initiationsgeschichte der Goethe-Zeit und das System der Altersklassen im anthropologischen Diskurs der Epoche«, S. 9, S. 53; Thomé, *Autonomes Ich*, S. 4 f.; Ders., *Roman und Naturwissenschaft*, S. 18–26.

[43] Titzmann, »Kulturelles Wissen – Diskurs – Denksystem«, S. 48. Vgl. auch Titzmann, »Skizze einer integrativen Literaturgeschichte«, S. 402; Ders., *Strukturale Textanalyse. Theorie und Praxis der Interpretation*, München 1977, S. 268.

[44] Titzmann erläutert seine Verwendung des Wissensbegriffs weiter wie folgt: »›Wissen‹ wird hier in der weiten Bedeutung verwendet, wie sie jüngeren Arbeiten zur Wissenssoziologie (vgl. z. B. Berger/Luckmann), zur Wissenschaftsgeschichte (vgl. z. B. Th. S. Kuhn), zur Wissensgeschichte (vgl. z. B. Foucault) zugrunde liegt. Das heißt: ›Wissen‹ umfaßt hier alle Aussagen, die das Kulturmitglied mit ›ich weiß‹/›wir wissen‹/›sie wissen‹, mit ›ich glaube‹/›wir glauben‹/›sie glauben‹ usw. einleiten würde oder könnte« (Titzmann, »Skizze einer integrativen Literaturgeschichte«, S. 403). Die Nähe des Titzmann'schen Begriffsgebrauchs zu dem Wissensbegriff von Berger/Luckmann scheint mir eher evident zu sein als die zu dem Begriff Foucaults (auf den unten noch zurückzukommen sein wird); der Begriff des Wissens dürfte bei Foucault jedenfalls nicht generell eine ›Menge von Aussagen‹ bezeichnen, und auch die Bezugnahme darauf, was Personen für wahr halten, ist seinem Ansatz eher fremd. – Berger und Luckmann erklären zu Beginn ihres einschlägigen Werks, dass sie den Begriff des Wissens in einem »admittedly simp-

Titzmann'schen Begriff des kulturellen Wissens greift auch Thomé in der Studie *Autonomes Ich und ›Inneres Ausland‹* zurück.[45] Ein solcher Begriff des (kulturellen) Wissens eignet sich insofern für die Zwecke von Korrelations-Untersuchungen, als diese häufig indirekte oder vermittelte Wirkungsbeziehungen zwischen Wissenschaften und Literatur analysieren oder beide Bereiche innerhalb eines größeren ›Ganzen‹ wie Gesellschaft oder Kultur zu situieren suchen; der Begriff des kulturellen Wissens bezeichnet eine Dimension dieses größeren Ganzen und zugleich eine Instanz, die die Verbreitung von wissenschaftlichen Theorien und Konzepten trägt und in diesem Sinn zwischen Wissenschaften und Literatur vermitteln kann.

Was typische übergeordnete Ziele von Korrelations-Untersuchungen sind, geht aus dem bisher Gesagten bereits hervor: Allgemein formuliert, besteht das Ziel meist darin, Merkmale und Veränderungen in der Literatur eines Zeitabschnitts zu erklären; zugleich soll das spezifische Verhältnis zwischen Literatur und Wissenschaft in dieser Zeit bestimmt werden. Diese angestrebten Klärungen werden dabei zumindest in manchen Studien als Beitrag zu dem umfassenderen Vorhaben aufgefasst, den ›Ort‹ von Literatur und Wissenschaft oder die Funktionen der untersuchten literarischen und wissenschaftlichen Entwicklungen innerhalb der Gesellschaft festzustellen.

Was die Bewertung der hier unter dem Begriff ›Korrelation‹ zusammengestellten Ansätze betrifft, so lässt sich kaum ein pauschales Urteil über ihre Fundiertheit, Tragfähigkeit oder Fruchtbarkeit fällen; wie man die Überzeugungskraft oder Leistungsfähigkeit dieser Ansätze einschätzt, hängt wesentlich davon ab, wie man die jeweils vorausgesetzten Annahmen oder umfassenden Theorien über Literatur, Wissenschaft und Gesellschaft beurteilt, die den Rahmen für die gemeinsame Analyse literarischer und wissenschaftlicher Entwicklungen und die Grundlage der angebotenen Erklärungen bilden. Die ganz allgemeine Annahme von der relativen oder partiellen Autonomie der Literatur allerdings, die oben als Charakteristikum dieser Untersuchungsrichtung herausgestellt wurde – die Annahme also, dass die Literatur

---

listic« Sinne verstehen, nämlich als »the certainty that phenomena are real and that they possess specific characteristics« (Berger, Peter L./Luckmann, Thomas, *The Social Construction of Reality. A Treatise in the Sociology of Knowledge*, London 1991 [zuerst 1966], S. 13). Über den Gegenstandsbereich der Wissenssoziologie schreiben sie: »It is our contention, then, that the sociology of knowledge must concern itself with whatever passes for ›knowledge‹ in a society, regardless of the ultimate validity or invalidity (by whatever criteria) of such ›knowledge‹« (ebd., S. 15). – Zu klassischen und neueren Ansätzen der Wissenssoziologie vgl.: Schützeichel, Rainer (Hrsg.), *Handbuch Wissenssoziologie und Wissensforschung*, Konstanz 2007.

[45] Vgl. Thomé, *Autonomes Ich*, S. 6.

wie auch die Wissenschaft zumindest in der Moderne partiell eigenständige Bereiche innerhalb der Gesellschaft darstellen –, diese Annahme dürfte
einem relativ weitreichenden Konsens innerhalb der aktuellen Literaturwissenschaft entsprechen, und sofern man dieser Sichtweise zustimmt, wird
man eine generelle Stärke des korrelationistischen Ansatzes darin sehen können, dass er sowohl die Bedingtheit literarischer Entwicklungen durch ›äußere‹ Faktoren wie etwa Vorgänge in der Wissenschaft als auch die begrenzte
›Eigenlogik‹ dieser Entwicklungen zu berücksichtigen sucht. Mit diesem
Grundzug des Korrelations-Ansatzes hängt es auch zusammen, dass Untersuchungen dieses Typs tendenziell in besonders hohem Maße anschlussfähig an literaturgeschichtliche Forschungen verschiedener Richtungen sein
dürften, nämlich sowohl an Forschungen mit primär formgeschichtlichen
Schwerpunkten als auch an solche mit primär sozialgeschichtlichem Akzent.

Da es, wie bereits erwähnt, zwischen den verschiedenen Ausprägungen
des Korrelations-Ansatzes erhebliche Unterschiede gibt, lassen sich für diesen
Ansatz auch kaum in pauschaler Weise Desiderate benennen. Generell wird
man sagen können, dass die seit den 1990er Jahren zu beobachtende Konjunktur von Forschungen zu Literatur und Wissenschaften in der Germanistik
tendenziell auf Kosten sozialgeschichtlicher Fragestellungen gegangen ist, die
Wissenschaften also oft die Gesellschaft als Kontext der Literatur verdrängt
haben.[46] Das heißt auch, dass das Interesse an umfassenden theoretischen
Konzeptionen des Verhältnisses von Literatur, Wissenschaft und Gesellschaft, wie sie zumindest für manche Korrelations-Untersuchungen grundlegend sind, in dieser Zeit zurückgegangen ist. Erst seit wenigen Jahren scheint
diese Lage sich zu ändern und die Frage, wie die Untersuchung der Relationen
von Literatur und Wissenschaften mit sozialgeschichtlichen Perspektiven verbunden werden könne, wieder auf die Tagesordnung zu rücken.[47] Welche

---

[46] So etwa, mit Blick auf die Moderneforschung, die Einschätzung von: Erhart,
Walter, »Die germanistische Moderne – eine Wissenschaftsgeschichte«, in: Sabina
Becker/Helmuth Kiesel (Hrsg.), *Literarische Moderne. Begriff und Phänomen*, Berlin,
New York 2007, S. 145–166, hier S. 162f.

[47] Vgl.: Erhart, Walter, »Medizin – Sozialgeschichte – Literatur«, in: *Internationales
Archiv für Sozialgeschichte der deutschen Literatur*, 29/2004, 1, S. 118–128, v. a. S. 120f.
Erhart entwirft hier die Verbindung einer Sozialgeschichte der Literatur und einer
Sozialgeschichte der Medizin (oder allgemeiner der Wissenschaften) als Aufgabe:
»Im Falle einer Wissenschafts- oder Medizingeschichte der deutschen Literatur
sind demnach mindestens zwei scheinbar getrennte Geschichten zu kombinieren,
deren Zusammenspiel weniger aus Text- und Kontextbeziehungen besteht als
vielmehr zwei koexistente und koevolutionäre ›Sozialgeschichten‹ voraussetzt.
Der gemeinsame Horizont dieser Sozialgeschichten ist einerseits durch die zirkulierenden Bestände des kulturell-historischen Wissens markiert, andererseits

der vorliegenden Theorieangebote sich dabei bewähren werden, ist allerdings noch nicht abzusehen.[48]

IV. Zirkulation

Zu den jüngsten Ansätzen, die in der Erforschung von Beziehungen zwischen Literatur und Wissenschaften erprobt wurden, gehört Joseph Vogls Projekt einer ›Poetologie des Wissens‹.[49] Diesem Projekt stehen hinsichtlich ihrer Grundannahmen und Zielsetzungen auch einige andere neuere Ansätze nahe, darunter etwa das von Roland Borgards und Harald Neumeyer vorgestellte Programm einer wissensgeschichtlich ausgerichteten Literaturwissenschaft.[50] Diese Ansätze sollen hier unter der Überschrift »Zirkulation« betrachtet werden.

---

    durch die mal stärker, mal schwächer übereinstimmende gesellschaftlich-soziale Situierung ihrer Gegenstände, Praktiken und Institutionen« (ebd., S. 121).

[48] Für unterschiedlich perspektivierte Vorschläge dazu, wie sozialgeschichtliche Forschungsprogramme weitergeführt oder mithilfe jüngerer theoretischer Ansätze neu ausgerichtet werden können, vgl. den Band: Huber, Martin/Lauer, Gerhard (Hrsg.), *Nach der Sozialgeschichte. Konzepte für eine Literaturwissenschaft zwischen Historischer Anthropologie, Kulturgeschichte und Medientheorie*, Tübingen 2000; vgl. dort etwa: Schönert, Jörg, »Mentalitäten, Wissensformationen, Diskurse und Medien als dritte Ebene einer Sozialgeschichte der Literatur. Zur Vermittlung zwischen Handlungen und symbolischen Formen«, in: ebd., S. 95–103.

[49] Für programmatische Darstellungen dieses Projekts vgl.: Vogl, Joseph, »Für eine Poetologie des Wissens«, in: Karl Richter u.a. (Hrsg.), *Die Literatur und die Wissenschaften 1770–1930*, Stuttgart 1997, S. 107–127; Ders., »Einleitung«, in: Ders. (Hrsg.), *Poetologien des Wissens um 1800*, München 1999, S. 7–16; Ders., »Robuste und idiosynkratische Theorie«, in: *KulturPoetik*, 7/2007, S. 249–258. – Für eine Umsetzung des Programms vgl. vor allem: ders., *Kalkül und Leidenschaft. Poetik des ökonomischen Menschen*, München 2002.

[50] Als programmatischen Text vgl. vor allem: Borgards, Roland/Neumeyer, Harald, »Der Ort der Literatur in einer Geschichte des Wissens. Plädoyer für eine entgrenzte Philologie«, in: Erhart (Hrsg.), *Grenzen der Germanistik. Rephilologisierung oder Erweiterung?*, S. 210–222, eine Bezugnahme auf Vogls Projekt der ›Poetologie des Wissens‹ ebd., S. 213. Vgl. auch: Neumeyer, Harald, »Literaturwissenschaft als Kulturwissenschaft (Diskursanalyse, *New Historicism*, ›Poetologien des Wissens‹). Oder: Wie aufgeklärt ist die Romantik?«, in: Ansgar Nünning/Roy Sommer (Hrsg.), *Kulturwissenschaftliche Literaturwissenschaft. Disziplinäre Ansätze – Theoretische Positionen – Transdisziplinäre Perspektiven*, Tübingen 2004, S. 177–194. – Für Umsetzungen dieses wissensgeschichtlichen Ansatzes in historischen Analysen vgl.: Borgards, Roland, *Poetik des Schmerzes. Physiologie und Literatur von Brockes bis Büchner*, München 2007; Neumeyer, Harald, »»Wir nennen aber jetzt Melancholie‹ (Adolph Henke). Chateaubriand, Goethe, Tieck und die Medizin um 1800«, in: Thomas Lange/Harald Neumeyer (Hrsg.), *Kunst und Wissenschaft um 1800*, Würzburg 2000, S. 63–88. –

Die Verfasser der Zirkulations-Untersuchungen setzen einige Grundannahmen über Wissen und über das Verhältnis von Literatur und Wissenschaften voraus, die für die Festlegung ihrer Untersuchungsgegenstände, für die Formulierung ihrer Fragestellungen und für ihre Vorgehensweisen leitend sind. Die grundlegenden Annahmen über Wissen besagen, dass Wissen stets innerhalb von Wissensordnungen hervorgebracht werde, die durch bestimmte Regeln und Verfahren der Aussagenbildung und insbesondere durch spezifische Darstellungsformen charakterisiert seien, und dass diese Formen das hervorgebrachte Wissen entscheidend prägen, indem sie etwa mögliche Objekte des Wissens und Zugangsweisen zu ihnen festlegen.[51] So ist Vogl zufolge für den Untersuchungsansatz der Poetologie des Wissens eine Betrachtungsweise konstitutiv, die »das Auftauchen neuer Wissensobjekte und Erkenntnisbereiche mit den Formen ihrer Darstellung korreliert«;[52] diese Sichtweise folge »der These, dass jede Wissensordnung bestimmte Darstellungsoptionen ausbildet, dass in ihrem Innern besondere Verfahren wirksam sind, die über die Möglichkeit, über die Sichtbarkeit, über die Konsistenz und die Korrelation ihrer Gegenstände entscheiden.«[53] Vogl betont ebenso wie Borgards, dass Wissen nicht mit Wissenschaft gleichzusetzen sei;[54] die eben referierte Grundannahme bezieht sich aber auch und besonders auf das in den Wissenschaften produzierte Wissen.[55] Mit dieser

---

Auch in dem Vorwort eines von Bernhard J. Dotzler und Sigrid Weigel herausgegebenen Sammelbandes wird ein Forschungsansatz skizziert, der den von Vogl und Borgards/Neumeyer entworfenen Programmen nahe steht: vgl. Dotzler/Weigel (Hrsg.), ›fülle der combination‹. Literaturforschung und Wissenschaftsgeschichte, S. 7–13. – Schließlich hat Walter Erhart in einem Aufsatz eine Betrachtungsweise des Verhältnisses von Literatur und Wissenschaften um 1900 vorgestellt, die sich in einigen Punkten mit den oben genannten Ansätzen berührt: Erhart, Walter, »Die Wissenschaft vom Geschlecht und die Literatur der décadence«, in: Danneberg/Vollhardt (Hrsg., in Zusammenarbeit mit Hartmut Böhme und Jörg Schönert), Wissen in Literatur im 19. Jahrhundert, S. 256–284, vgl. dort vor allem S. 258–265.

[51] Vgl. Borgards/Neumeyer, »Der Ort der Literatur«, S. 211–213; Vogl, »Einleitung«, S. 13f.; Ders., »Robuste und idiosynkratische Theorie«, S. 254f.

[52] Vogl, Kalkül und Leidenschaft, S. 13. Ähnlich auch in: Vogl, »Einleitung«, S. 13; Ders., »Robuste und idiosynkratische Theorie«, S. 254.

[53] Vogl, Kalkül und Leidenschaft, S. 13. Eine verwandte Position wird formuliert bei Borgards, Poetik des Schmerzes, S. 38: »Für das Wissen – in Literatur und Medizin – gilt also dreierlei: Es hat einen Gegenstand; es gibt sich in einer Form; und es vollzieht zugleich die formierende Poiesis des Gegenstandes. Das Wissen bringt seinen Gegenstand selbst formend hervor« (ebd., S. 38).

[54] Vgl. Vogl, Kalkül und Leidenschaft, S. 15; Borgards, Poetik des Schmerzes, S. 37.

[55] Vgl. etwa Borgards/Neumeyer, »Der Ort der Literatur«, S. 211; Vogl, »Für eine Poetologie des Wissens«.

Sicht auf die Wissenschaften knüpfen die Protagonisten dieses Ansatzes an (sozial-)konstruktivistische, relativistische und nominalistische Positionen in der Wissenschaftstheorie und Wissenschaftsgeschichtsschreibung an.[56]

Die Grundannahmen über das Verhältnis von Literatur und Wissenschaften scheinen aus diesen Thesen über das Wissen abgeleitet zu werden oder sich zumindest zum Teil auf sie zu stützen. Diese Annahmen laufen darauf hinaus, dass es zwischen Literatur und Wissenschaften weitreichende Gemeinsamkeiten und Verbindungen gebe oder dass es zwischen historischen Ausprägungen von Literatur und Wissenschaften zumindest solche Gemeinsamkeiten geben könne.[57] Diese Gemeinsamkeiten zeigten sich eben auf der Ebene des Wissens;[58] sie werden etwa durch die Aussagen umschrieben, dass Literatur und Wissenschaften in *einem* Raum des Wissens situiert beziehungsweise Teil *einer* Wissensordnung seien oder von demselben Wissen ›durchquert‹ werden.[59] Im Einzelnen bedeutet das, dass literarische und wissenschaftliche Texte durch die gleichen »diskursive[n] Regularien« bestimmt sind und die gleichen »narrativen, argumentativen und rhetorischen Figuren« aufweisen,[60] dass ihnen dieselben Regeln und Verfahren der Aussagenbil-

---

[56] Vogl sowie Borgards und Neumeyer berufen sich vor allem auf Foucault, daneben auch auf Ludwik Fleck und Gaston Bachelard; vgl. vor allem: Vogl, »Für eine Poetologie des Wissens«, S. 110–116, S. 122–125; Borgards/Neumeyer, »Der Ort der Literatur«, S. 211f. – Vgl. zu diesen Aspekten des ›wissenspoetischen‹ Ansatzes die kritischen Ausführungen bei: Stiening, Gideon, »Am ›Ungrund‹ oder: Was sind und zu welchem Ende studiert man ›Poetologien des Wissens‹?«, in: *KulturPoetik*, 7/2007, S. 234–248.

[57] Borgards und Neumeyer beginnen ihren programmatischen Entwurf einer wissensgeschichtlich ausgerichteten Literaturwissenschaft, indem sie auf die in mehreren Hinsichten zu beobachtende »Durchlässigkeit« zwischen Literatur und Wissenschaften hinweisen, die von der (angeblich) weit verbreiteten Kontrastierung dieser zwei Bereiche verkannt werde; vgl. Borgards/Neumeyer, »Der Ort der Literatur«, S. 211f., Zitat S. 211. – Vgl. auch: Vogl, *Kalkül und Leidenschaft*, S. 13–16.

[58] Immer wieder zitiert wird in den Arbeiten dieser Richtung ein Satz aus dem Buch von Deleuze über Foucault: »Wissenschaft und Poesie sind gleichermaßen Wissen« (Deleuze, Gilles, *Foucault*, Frankfurt am Main 1987 [frz. Orig. 1986], S. 34). Vgl. Vogl, *Kalkül und Leidenschaft*, S. 15; Ders., »Für eine Poetologie des Wissens«, S. 123; Borgards, *Poetik des Schmerzes*, S. 38.

[59] Vgl. Borgards, *Poetik des Schmerzes*, S. 39: »Kurz: Welches Wissen liefert die schöne Literatur und welche Poiesis leistet die physiologische Wissenschaft? Diese beiden Herausforderungen konvergieren in einer dritten: im Entwurf eines Raumes, der Literatur und Physiologie, der Kunst und Wissenschaft gleichermaßen umfasst. Dieser gemeinsame Raum ist der Raum des Wissens.« Vgl. auch: Borgards/Neumeyer, »Der Ort der Literatur«, S. 211f.; Vogl, *Kalkül und Leidenschaft*, S. 15f.; Ders., »Einleitung«, S. 11.

[60] Borgards/Neumeyer, »Der Ort der Literatur«, S. 213.

dung zugrunde liegen und dass sie sich derselben Darstellungsformen oder Repräsentationsweisen bedienen.[61] An anderen Stellen werden auch ›Kodes‹ und ›Wahrnehmungsstrukturen‹[62] sowie ›Programme‹[63] als etwas genannt, das literarische und wissenschaftliche Texte miteinander verbindet. – Diesen Annahmen über die Verbindungen zwischen Literatur und Wissenschaften fügen Vogl und andere Autoren noch eine These hinzu, die der Literatur in einer Hinsicht einen Sonderstatus zuweist, nämlich ihr die Fähigkeit zuschreibt, das ›Ungesagte‹ einer Wissensordnung oder das ›Unbewusste‹ des wissenschaftlichen Wissens sichtbar werden zu lassen.[64]

[61] Vgl. Vogl, *Kalkül und Leidenschaft*, S. 15f.; Ders., »Einleitung«, S. 13f.

[62] Vgl. Neumeyer, »»Wir nennen aber jetzt Melancholie««, S. 78f.: »Die Beziehung zwischen Medizin und Literatur ›läßt sich nicht auf den Nenner von Ursache und Wirkung oder von Quelle und literarischer Verarbeitung bringen.‹ Beide, Medizin und Literatur, haben vielmehr an einer ›Wahrnehmungsstruktur‹ teil, die sie selbst prägen und von der sie selbst geprägt werden; beide partizipieren an einem kulturellen Kode, den sie kollektiv erstellen und in den sie selbst gestellt sind.« Die Formulierung über ›Ursache und Wirkung‹ bezieht Neumeyer aus: Greenblatt, Stephen, »Dichtung und Reibung«, in: Ders., *Verhandlungen mit Shakespeare. Innenansichten der englischen Renaissance*, Berlin 1990 [amerikan. Orig. 1988], S. 66–91, hier S. 85. Zur Abgrenzung von Greenblatt vgl. Neumeyer, »»Wir nennen aber jetzt Melancholie««, S. 79, Anm. 79: »Anders als Greenblatt sehe ich jedoch die dem Kode angehörigen Bilder und Figuren nicht ›als Übertragungsmodi zwischen verschiedenen gesellschaftlichen Diskursen‹ […], sondern als das an, was selbst zirkuliert bzw. ausgetauscht wird.« Vgl. ferner ebd., S. 79: »Mit dem Austausch einzelner, in die umfassende ›Wahrnehmungsstruktur Melancholie‹ eingelassener Bilder zirkulieren zugleich das Begehren nach Depotenzierung eines Phänomens, das den Menschen zu überwältigen droht, und die gesamte Problemlage, die die Ursachenforschung, Kausalitätsbestimmungen und Symtombeschreibungen [sic] betrifft.« Den Begriff der ›Wahrnehmungsstruktur‹ übernimmt Neumeyer von Foucault; vgl. ebd., S. 76.

[63] Vgl. Vogl, *Kalkül und Leidenschaft*, S. 86f. Zur Erläuterung des Begriffs heißt es: »So lassen sich diese diskursiven Konkretionen oder Darstellungen auch als Momente unterschiedlicher Programme verstehen, wenn Programme jene Operation enthalten, die mit der Her- und Darstellung eines Objekts zugleich bestimmte Interventionsmöglichkeiten garantiert und die Wirklichkeit damit in eine Form bringt, die sie eben programmierbar erscheinen lässt« (ebd., S. 86; vgl. auch S. 223).

[64] Eine der (möglichen) Relationen zwischen literarischen Texten und Wissensordnungen wird von Vogl so beschrieben: »[…] [U]nd Literatur wird schließlich durch eine Ordnung des Wissens produziert, dort etwa, wo ihre Sprache wie keine andere beauftragt scheint, das Uneingestandene zu sagen, das Geheimste zu formulieren, das Unsagbare ans Licht zu holen« (Vogl, *Kalkül und Leidenschaft*, S. 15f.; fast wortgleich auch in: Vogl, »Für eine Poetologie des Wissens«, S. 124; Ders., »Einleitung«, S. 15). Eine verwandte Auffassung scheint in dem bereits zitierten Vorwort eines von Dotzler und Weigel herausgegebenen Sammelbandes vertreten zu werden, wo es heißt: »In einer solchen Betrachtungsweise trägt Literaturforschung dazu bei, das Verborgene, Ungelöste und auch Unbewußte in den rationa-

In der Formulierung ihrer theoretischen Grundannahmen bedienen sich die Autoren der ›Zirkulations-Untersuchungen‹ vielfach metaphorischer Redeweisen. Besonders häufig begegnen dabei metaphorische Aussagen über das Wissen, die dieses als einen Raum oder als eine Menge von materiellen Objekten, die in einem Raum verstreut sind oder sich in ihm bewegen, erscheinen lassen.[65] Das Wort ›Zirkulation‹, dessen sich mehrere Arbeiten dieser Richtung in Anlehnung an Stephen Greenblatt bedienen,[66] wurde im vorliegenden Beitrag als Chiffre für diesen Ansatz gewählt, weil es repräsentativ für diese Metaphorik des Räumlichen und Materiellen stehen kann.

Ausgehend von den oben zusammengefassten Grundannahmen, suchen die historischen Studien des Zirkulations-Typs literarische und wissenschaftliche Texte eines Zeitraums als Teile derselben Wissensordnung zu erweisen, also jene Ähnlichkeiten zwischen der Literatur und den Wissenschaften eines Zeitabschnitts herauszuarbeiten, in denen sich ihre Situiertheit innerhalb desselben Wissensraums manifestiert. Die Ähnlichkeiten, die in den Untersuchungen beschrieben werden, sind vielfältiger Art und liegen auf unterschiedlichen Ebenen. Zum Teil betreffen sie Annahmen über bestimmte Phänomene, etwa über den Schmerz[67] oder über die Ablaufweisen und An-

---

len Erklärungen und wissenschaftlichen Systemen zu entziffern, […]« (»Literaturforschung & Wissen(schaft)sgeschichte. Vorwort«, in: Dotzler/Weigel (Hrsg.), *fülle der combination*, S. 11). – Walter Erhart entwickelt in einer Studie zur Dekadenz-Literatur und zu den medizinischen Wissenschaften um 1900 eine Variante dieser These, der zufolge beim Transfer des wissenschaftlichen Wissens in die Literatur ein in den Wissenschaften verborgener »Geschlechter-Text« mit spezifischen Männlichkeitsbildern sichtbar werde; vgl. Erhart, »Die Wissenschaft vom Geschlecht und die Literatur der décadence«, S. 265, 275, Zitat S. 265.

[65] Vgl. Vogl, *Kalkül und Leidenschaft*, S. 15; Borgards/Neumeyer, »Der Ort der Literatur«, S. 212, S. 221; Borgards, *Poetik des Schmerzes*, S. 39, S. 43, S. 63.

[66] Vgl. Greenblatt, *Verhandlungen mit Shakespeare*, S. 7–24 (»Einleitung. Die Zirkulation sozialer Energie«). Nach Borgards und Neumeyer dient Greenblatts Zirkulations-Begriff der Aufhebung einer »Hierarchie zwischen Text und Quelle bzw. Kontext«; eine solche »Enthierarchisierung« setze auch die von ihnen propagierte ›wissensgeschichtliche Lektüre‹ literarischer Texte voraus (Borgards/Neumeyer, »Der Ort der Literatur«, S. 214 und ebd., Anm. 17). Für einen Rekurs auf Greenblatts Begriff der Zirkulation vgl. außerdem: Neumeyer, »»Wir nennen aber jetzt Melancholie««, S. 79 und ebd., Anm. 79. Vgl. auch: Erhart, »Die Wissenschaft vom Geschlecht und die Literatur der décadence«, S. 258f.

[67] Borgards analysiert in seinem Buch *Poetik des Schmerzes* Parallelen zwischen Auffassungen vom Schmerz, die zwischen dem späten 17. und dem frühen 19. Jahrhundert in der Literatur einerseits, in der Physiologie (oder allgemeiner der Medizin) andererseits artikuliert wurden. Eine zentrale These der Arbeit lautet, dass sich in dem genannten Zeitraum eine »anthropologische[ ] Aufwertung« des Schmerzes vollzogen habe (Borgards, *Poetik des Schmerzes*, S. 159, 421; vgl. hierzu

triebskräfte wirtschaftlicher Prozesse[68] – Annahmen, die in den wissenschaftlichen Texten explizit formuliert und in den literarischen Texten in

---

Kap. II des Buchs, S. 41–155). Während der Schmerz noch zu Beginn des 18. Jahrhunderts sowohl in der Physiologie als auch in literarischen Texten als eine Bedro-
hung für den Körper und als ein Ausnahmephänomen betrachtet worden sei, das
für das Verständnis des eigentlichen Wesens von Körper und Leben nicht relevant
war (vgl. ebd., etwa S. 50f., S. 58, S. 82f.), sei der Schmerz im späteren 18. Jahrhundert als ein zentraler und fundierender Bestandteil des Lebens begriffen worden
und zudem als ein produktives Prinzip, das die kulturschaffenden Tätigkeiten des
Menschen antreiben kann (vgl. ebd., etwa S. 98–100, S. 118–126, S. 133f., S. 137,
S. 145–150). Der Übergang zu einer solchen Deutung des Schmerzes lässt sich
Borgards zufolge wiederum sowohl in physiologischen Abhandlungen als auch in
literarischen Texten von Goethe und Brentano verfolgen. Für nachdrückliche Be-
tonungen der Parallelen oder Gemeinsamkeiten zwischen Literatur und medizinischen Wissenschaften vgl. ebd., S. 63–65, S. 154f.

[68] Vogl untersucht in seiner Studie *Kalkül und Leidenschaft* Beziehungen zwischen der
politischen Ökonomie und der Literatur zwischen dem späten 17. und dem frühen
19. Jahrhundert. Eine These Vogls lautet, dass es in den Jahrzehnten um 1800 zu
einem fundamentalen Bruch in der Geschichte des ökonomischen Wissens gekommen sei: Vorher habe man wirtschaftliche Prozesse nach dem Modell von Kreisläu-
fen aufgefasst, deren Dynamik durch ein Verhältnis von Bedürfnissen und Über-
flüssen bestimmt wurde und in die man zum Zwecke der Kompensation und der
Herstellung eines Gleichgewichts gezielt eingreifen konnte (vgl. Vogl, *Kalkül und
Leidenschaft*, S. 223–246); dagegen habe im Zentrum der neuen ökonomischen
Theorien, die in den Jahrzehnten um 1800 aufkamen, ein Konzept der Selbstregu-
lierung gestanden (vgl. ebd., S. 247–249). Nach diesen neueren Theorien wird ferner
die »Dynamik« ökonomischer Prozesse »nicht durch die Kompensation von Über-
schüssen, sondern durch die Erzeugung von Knappheitsgrenzen angetrieben«
(ebd., S. 250), durch einen »stets ungestillt« bleibenden »Mangel« (ebd., S. 254).
Diese ökonomischen Theorien entwickeln außerdem eine neue Auffassung vom
Geld, der zufolge dieses nicht mehr als Zeichen für einen bestimmten Wert fungiert,
sondern »eine Art instituierter Selbstreferenz« darstellt, »die weder einen Eigenwert
ausdrückt noch eine Wertsubstanz repräsentiert, sondern ihre Funktion durch Verweis auf dasjenige System erhält, das Geldanwendungen ermöglicht und konditio-
niert« (ebd., S. 252). Entsprechungen zu diesen neuen ökonomischen Theorien findet Vogl sowohl in Novalis' Roman *Heinrich von Ofterdingen* als auch in Goethes
Wahlverwandtschaften. Novalis' Roman entwerfe eine Analogie zwischen poetischer
Sprache und Geld und zeige beide als »Medien im strengen Sinn«, die »selbstregu-
lierende Prozesse« begründen und »durch eine konstitutive Selbstreferenz« bestimmt seien (ebd., S. 267; vgl. dazu S. 264–270); der Roman »verhält sich in dieser
Hinsicht als poetische wie ökonomische Programmschrift, die auf universale Vermittlung, Selbststeuerung und Selbstreferenz setzt« (ebd., S. 267). – Die Beziehung
von Goethes *Wahlverwandtschaften* zum neuen ökonomischen Wissen der Zeit ergibt
sich für Vogl unter anderem dadurch, dass der Roman den »Einbruch von Knappheit und Mangel in die Struktur der ökonomischen und libido-ökonomischen Prozesse« vorführt (ebd., S. 302, vgl. dazu näher S. 299–302; zu anderen Beziehungen
zwischen diesem Roman und der zeitgenössischen Ökonomie ebd., S. 289–310).

bildhafter oder indirekter Weise ausgedrückt oder ebenfalls explizit formuliert werden. Zum Teil bestehen die untersuchten Ähnlichkeiten zwischen Literatur und Wissenschaft darin, dass beide mit denselben Problemstellungen befasst sind, wobei in den Untersuchungen nicht ganz klar wird, ob damit die Probleme gemeint sind, auf die sich die Autoren der literarischen und wissenschaftlichen Texte intentional bezogen haben.[69] Analysiert werden außerdem Parallelen zwischen den ›Logiken‹, die jeweils dem Sprechen über bestimmte Gegenstände zugrunde liegen,[70] sowie zwischen den in Literatur und Wissenschaften verwendeten Darstellungsweisen;[71] insgesamt

---

[69] Im Vorwort der Studie *Kalkül und Leidenschaft* geht Vogl zunächst in allgemeiner Weise darauf ein, wie sich »das Verhältnis von (literarischen) Texten und Wissen« ausprägen kann (Vogl, *Kalkül und Leidenschaft*, S. 15), und führt dann aus, dass »Ökonomie und Literatur (und das ästhetische Feld überhaupt) seit dem 18. Jahrhundert eine Reihe gemeinsamer Themen aufweisen« und dass es in dieser Zeit ferner einige »Problemstellungen« gebe, »die den ökonomischen wie den ästhetischen Bereich in einem gemeinsamen Raum ansiedeln und die jeweiligen Darstellungsformen dirigieren. Dazu gehört im 18. Jahrhundert die Frage nach Zufällen und kontingenten Ereignissen, die an bestimmte Regeln der Verknüpfung und an eine übersichtliche Repräsentation der diversen Ereignisserien appelliert; [...]« (ebd., S. 16.). Dass der Begriff oder das Thema des Zufalls sowohl in ökonomischen Abhandlungen als auch in Romanen des 18. Jahrhunderts eine prominente Rolle spielt, wird von Vogl überzeugend belegt (vgl. ebd., S. 139–170). Ob allerdings die Autoren der ökonomischen Schriften und der Romane im Hinblick auf den Zufall dieselben Probleme aufstellten und zu lösen versuchten, ist weniger offensichtlich; es ist aber auch nicht klar, inwiefern es Vogl hier darum geht, was die Autoren des 18. Jahrhunderts als ihre Probleme aufgefasst haben. – Für eine jüngere Auseinandersetzung mit dem Problembegriff vgl.: Werle, Dirk, »Modelle einer literaturwissenschaftlichen Problemgeschichte«, in: *Jahrbuch der deutschen Schillergesellschaft*, 50/2006, S. 478–498. Werle plädiert dafür, Probleme als »auf historische Akteure bezogen« zu denken, also als etwas, das »nicht einfach da [ist]«, sondern das »jemand hat« (ebd., S. 496).

[70] Vgl. Borgards, *Poetik des Schmerzes*, S. 157–418. Borgards entwickelt in diesem Teil seiner Studie die These, dass sich parallel zu der ›anthropologischen Aufwertung‹ des Schmerzes im Laufe des 18. Jahrhunderts (vgl. oben, Anm. 67 dieses Beitrags) eine zweite Entwicklung vollzogen habe, die er als eine »semiologische[ ] Verunsicherung der Schmerzzeichen« bezeichnet (ebd., S. 159). Dieser Vorgang betrifft Auffassungen von der »Schmerzenskommunikation«, worunter für Borgards einerseits die Schmerzenskommunikation innerhalb des Menschen fällt, also der ›Weg‹ vom schmerzauslösenden Reiz über die Empfindung bis zum Schmerzausdruck, andererseits die Schmerzenskommunikation zwischen den Menschen (vgl. ebd., S. 421). Die Auffassungen über die Schmerzenskommunikation seien zunächst von einer »Repräsentationslogik« geprägt gewesen, später von einer »Experimentallogik« und einer »Fiktionslogik«.

[71] Vogl zufolge ist das Erzählen im Roman des 18. Jahrhunderts durch einen »diagrammatische[n] Zug« gekennzeichnet (Vogl, *Kalkül und Leidenschaft*, S. 199, 205,

wird allerdings die Form der literarischen und wissenschaftlichen Texte weniger konsequent ins Zentrum der Untersuchungen gerückt, als die programmatischen Ausführungen erwarten lassen könnten. Die Ähnlichkeiten werden grundsätzlich nicht nur konstatiert und beschrieben, sondern auch als Indizien dafür ausgewertet, dass die betreffenden literarischen und wissenschaftlichen Texte in demselben Wissensraum oder in derselben Wissensordnung situiert seien; diese Annahme eines umfassenden ›Raums‹ oder einer gemeinsamen ›Tiefenstruktur‹ fungiert offenbar jeweils als hypothetische Erklärung für die beobachteten Ähnlichkeiten.[72]

223; vgl. hierzu insgesamt ebd., S. 170–222). Das Diagramm und das Tableau sind nach ihm zugleich bevorzugte Darstellungsmittel des Kameralismus und der politischen Ökonomie im 18. Jahrhundert überhaupt (vgl. ebd., S. 57–70). Diese Ähnlichkeit stellt nach Vogl nicht eine bloße Koinzidenz unabhängiger Entwicklungen dar, sondern verweist auf eine »Gleichursprünglichkeit und eine gemeinsame Genealogie im Wissen vom kontingenten Weltzustand« (ebd., S. 170).

[72] Einige programmatische Äußerungen bei Borgards scheinen zu besagen, dass die von ihm angestrebte Wissensgeschichte nur beschreiben und vergleichen, aber nicht erklären wolle. Vgl. vor allem den Satz: »[…] [I]n einer Geschichte des Wissens geht es nicht um die Herleitung, sondern um die Vergleichbarkeit von Aussagen« (Borgards, *Poetik des Schmerzes*, S. 38). Damit ist an dieser Stelle vor allem gemeint, dass es für die Geschichte des Wissens nicht von großer Bedeutung sei, »ob die unterschiedlichen Redner sich aufeinander beziehen, voneinander wissen, sich missverstehen oder in wechselseitiger Ignoranz, Unwissen und Unkenntnis befangen bleiben« (ebd.). Aber auch wenn diese Wissensgeschichte Aussagen nicht ›herleitet‹, indem sie auf Kenntnisse und Intentionen der Redner rekurriert, so beschränkt sie sich doch andererseits nicht – wie diese Stelle anzudeuten scheint – auf das bloße Vergleichen von Aussagen. Borgards vergleicht beispielsweise nicht nur die Aussagen in physiologischen Abhandlungen des frühen 18. Jahrhunderts mit Gedichten von Brockes, sondern zieht aus den konstatierten Ähnlichkeiten auch den Schluss, es finde sich hier »ein konsistentes Wissensfeld, das durch eine Serie von allgemein genutzten Argumentationsfiguren strukturiert wird und in dem sich auch einige Schmerzgedichte aus Brockes' *Irdischem Vergnügen in Gott* situieren lassen« (ebd., S. 43). Eine solche Behauptung scheint mir im Verhältnis zu den festgestellten Ähnlichkeiten zwischen literarischen und wissenschaftlichen Texten eine erklärende Funktion zu erfüllen. – Bei Vogl wird der erklärende Anspruch an mehreren Stellen expliziter als bei Borgards ausgedrückt, etwa wenn er mit Bezug auf den Roman des 18. Jahrhunderts die Vermutung formuliert, »dass der Status der vielfältigen ökonomischen Motive in der Romanliteratur auf eine *fundamentalere* Kodierung von Ereignishaftigkeit selbst *zurückgeht*« (Vogl, *Kalkül und Leidenschaft*, S. 170; Hervorhebungen von mir, O.K.). – Was hingegen sowohl Vogl als auch Borgards (vermutlich im Anschluss an Foucault) offensichtlich *nicht* erklären wollen, sind die Transformationen der Wissensordnung bzw. die Übergänge von einem Zustand eines Wissensraums zu einem anderen.

Der Zirkulations-Ansatz ist in mancher Hinsicht mit dem Korrelations-Ansatz verwandt: Ähnlich wie die Untersuchungen des Korrelations-Typs zielen auch die Zirkulations-Untersuchungen nicht primär auf Aussagen über individuelle Texte oder Autoren, sondern auf Aussagen über Eigenschaften der Literatur und bestimmter wissenschaftlicher Disziplinen oder Wissensgebiete eines Zeitabschnitts. Arbeiten beider Richtungen verwenden den (bzw. einen) Diskursbegriff und berufen sich für einige ihrer theoretischen Grundannahmen auf Michel Foucault.[73] Insofern könnte man erwägen, die hier unter dem Titel »Zirkulation« zusammengestellten Arbeiten oder Ansätze als eine spezielle Art von Korrelations-Untersuchungen zu betrachten, die durch spezifische Rahmenannahmen gekennzeichnet sei.

Aber die hier als Zirkulations-Untersuchungen eingeordneten Studien weisen auch einige spezifische Merkmale auf, die sie von den oben als Korrelations-Untersuchungen beschriebenen Arbeiten deutlich unterscheiden und es sinnvoll erscheinen lassen, sie einem eigenen Typ zuzuordnen. Für den Korrelations-Ansatz, wie er oben beschrieben wurde, ist kennzeichnend, dass er Literatur und Wissenschaften als Bereiche von begrenzter Eigenständigkeit oder Eigengesetzlichkeit auffasst und diese relative Eigengesetzlichkeit der Literatur auch zu berücksichtigen versucht; das bedeutet für die Argumentations- und Erklärungsweisen dieser Untersuchungen konkret, dass sie Ähnlichkeitsbeziehungen zwischen literarischen und wissenschaftlichen Texten eines Zeitraums eben nicht in der Weise erklären, die für die Zirkulations-Untersuchungen charakteristisch ist, nämlich durch den Verweis auf eine gemeinsame Wissensordnung oder eine andere ›Tiefendimension‹, die sich in beiden Bereichen manifestiere. Statt dessen führen diese Arbeiten solche Parallelen oder Übereinstimmungen auf vermittelte Wirkungsbeziehungen zurück oder suchen die Funktionen zu benennen, die Literatur und Wissenschaften aufgrund der jeweils herausgearbeiteten Inhalte, Strukturen oder Formen innerhalb der Kultur erfüllen können. Dass diese Korrelations-Untersuchungen mit Erklärungsweisen arbeiten, die sich auf Annahmen über Wirkungsbeziehungen oder Funktionen stützen, bedeutet aber auch, dass sie nicht nur Ähnlichkeiten oder Parallelen zwischen Literatur und

---

[73] Für Bezugnahmen auf Foucault vgl. etwa: Borgards/Neumeyer, »Der Ort der Literatur«, S. 212f.; Borgards, *Poetik des Schmerzes*, S. 36; Vogl, *Kalkül und Leidenschaft*, S. 14f. – Für Bezugnahmen Titzmanns auf Foucault vgl.: Titzmann, »Kulturelles Wissen – Diskurs – Denksystem«, S. 48 (Anm. 7). In seiner Explikation des Diskursbegriffs will Titzmann die älteren theoretischen Diskussionen über Foucaults Gebrauch dieses Begriffs auswerten und fortführen und dabei »Foucaults Überlegungen so nahe […] bleiben […], wie dies ein Präzisierungsversuch erlaubt« (ebd., S. 50f., Anm. 12).

Wissenschaften eines Zeitraums in den Blick nehmen und erklären können, sondern auch Divergenzen oder anders geartete Beziehungen, die sich gar nicht als Ähnlichkeiten oder Abweichungen beschreiben lassen (etwa Beziehungen zwischen wissenschaftlichen Theorien und Erzähltechniken).[74]

Wie bereits angedeutet, spielt ein spezifischer Begriff des Wissens in den Arbeiten des Zirkulations-Typs eine zentrale, gewissermaßen eine strategische Rolle. Wissen wird von vornherein als etwas konzipiert, das Literatur und Wissenschaften miteinander verbindet, insofern es wie ein Raum beide umfasst oder in beiden mithilfe derselben Regeln und Verfahren hervorgebracht wird. Die Annahme, dass Wissen prinzipiell eine ›Form‹ habe und auf ›poetische‹ Weise verfertigt werde, lässt Literatur und Wissen als durch eine gleichsam natürliche oder privilegierte Beziehung miteinander verbunden erscheinen. Zu klären bleibt, was hier mit dem Ausdruck ›Wissen‹ gemeint ist, was also dieses Etwas ist, das eine Form hat und gleichermaßen die Literatur und die Wissenschaften ›durchzieht‹. Vogl rekurriert ausdrücklich auf den Begriff des Wissens, den Foucault in der *Archäologie des Wissens* entworfen hat, wenn er das Wissen, um das es ihm in seiner Untersuchung geht, wie folgt charakterisiert:

> Dieses Wissen ist jenes Milieu, in dem diskursive Gegenstände ebenso ermöglicht werden wie Subjekte, die darüber reden, es ist ein Gebiet, das die Regeln zur Koordination und Subordination von Aussagen bereitstellt, es ist ein Raum, der den Grenzziehungen zwischen Fächern, Disziplinen und Wissenschaften voraus liegt.[75]

Foucault hat in dem genannten Buch das Wissen als ein ›Ensemble von Elementen‹ bestimmt, das auf regelmäßige Weise von einer ›diskursiven Praxis‹ hervorgebracht werde und das unter anderem eine Domäne von Gegenständen, einen Raum, in dem sich Subjekte positionieren können, und ein Feld der Koordination und Subordination von »énoncés« umfasse; dieses Ensemble sei nicht mit einer Wissenschaft zu identifizieren, stelle aber notwendige Bedingungen zur Konstitution einer Wissenschaft bereit.[76] Wie eng der An-

---

[74] In den Korrelations- und den Zirkulations-Untersuchungen werden denn auch unterschiedliche Aspekte von Foucaults theoretischen Entwürfen aufgegriffen. Grob gesagt, rekurrieren die Korrelations-Untersuchungen vor allem auf den *Diskursbegriff* und fassen Literatur und Wissenschaften als *verschiedene* Diskurse auf, während die Zirkulations-Arbeiten sich den *Wissensbegriff* zu eigen machen und damit eine der Literatur und den Wissenschaften *gemeinsame* Dimension bezeichnen. Auf diesen Foucault'schen Wissensbegriff ist gleich noch näher einzugehen.

[75] Vogl, *Kalkül und Leidenschaft*, S. 15. Vgl. auch: Ders., »Einleitung«, S. 10.

[76] Vgl. Foucault, Michel, *L'archéologie du savoir*, Paris 1969, S. 236–240, hier vor allem S. 238.

schluss an Foucault bei Vogl gemeint ist, wird allerdings nicht ganz klar, da das Gerüst von Begriffen, in das der Wissensbegriff bei Foucault eingefügt ist, von ihm kaum herangezogen wird oder zumindest nicht die Analysen zu leiten scheint.[77] Borgards und Neumeyer verweisen in der Erläuterung des von ihnen verwendeten Wissensbegriffs ebenfalls auf Foucault, aber auch bei ihnen ist nicht deutlich zu erkennen, inwiefern sie die spezifischen Momente des eigenwilligen Foucault'schen Begriffs von »savoir« aufgreifen wollen.[78] An anderen Stellen scheinen sie den Begriff des Wissens eher in dem Sinne zu verstehen, wie er auch Titzmanns Begriff des kulturellen Wissens zugrunde liegt, also als Bezeichnung für eine Menge von für wahr gehaltenen Meinungen oder von als wahr ›gesetzten‹ Aussagen.[79]

---

[77] Der Begriff des ›savoir‹ ist bei Foucault, wie schon angedeutet, vor allem mit dem der ›pratique discursive‹ verknüpft: »Il y a des savoirs qui sont indépendants des sciences […], mais il n'y a pas de savoir sans une pratique discursive définie; et toute pratique discursive peut se définir par le savoir qu'elle forme« (Foucault, *L'archéologie du savoir*, S. 238f.). Der Begriff der ›pratique discursive‹ wiederum scheint für Foucault ungefähr gleichbedeutend zu sein mit dem der ›formation discursive‹ (vgl. ebd., S. 220f.), der eine der zentralen Analysekategorien seiner ›Archäologie‹ darstellt. Die politische Ökonomie der Frühen Neuzeit, die im Zentrum von Vogls Buch *Kalkül und Leidenschaft* steht, ist nach Foucault eine solche ›formation discursive‹ oder ›pratique discursive‹ (vgl. Foucault, *L'archéologie du savoir*, S. 44–54, 232, 238). Für eine spezifische Diskursformation sind nach Foucault bestimmte ›règles de formation‹ konstitutiv, die sich in vier Gruppen einteilen lassen (vgl. ebd., S. 55–93). Der Begriff der Diskursformation spielt in Vogls Untersuchung aber keine prominente Rolle, und er orientiert sich bei der Analyse der politischen Ökonomie im 18. Jahrhundert auch nicht (oder zumindest nicht ausdrücklich) an den vier von Foucault beschriebenen Regeltypen.

[78] Vgl. Borgards/Neumeyer, »Der Ort der Literatur«, S. 212f. Vgl. außerdem Borgards, *Poetik des Schmerzes*, S. 37f.: »Was aber ist das nun: das Wissen? Zunächst einmal ist Wissen nicht gleichbedeutend mit Wissenschaft. Denn neben den wissenschaftlichen liefern auch die literarischen Texte – und im weiteren Sinne alle kulturell institutionalisierten Praktiken – Elemente zu einer umgreifenden Geschichte des Wissens: ›Wissenschaft und Poesie sind gleichermaßen Wissen.‹« Das Zitat in dieser Passage stammt aus dem Foucault-Buch von Deleuze, und für die Feststellung, Wissen sei »nicht gleichbedeutend mit Wissenschaft«, beruft sich Borgards auf Foucaults *Archäologie des Wissens*. Aber so umfassend, wie Borgards an dieser Stelle den Wissensbegriff versteht (Wissen als etwas, das in *allen* kulturellen Praktiken produziert wird), scheint er bei Foucault gerade nicht gemeint zu sein.

[79] Borgards und Neumeyer verwenden selbst gelegentlich die Rede von ›kulturellem Wissen‹, allerdings ohne sich explizit auf Titzmann zu beziehen; so heißt es bei ihnen: »Literatur und Wissenschaft sind gleichermaßen an der Herstellung von kulturellem Wissen beteiligt«; die »Inhalte« der Literatur seien »als Teil kultureller Wissensbestände konstitutiv für die Texte« (Borgards/Neumeyer, »Der Ort der Literatur«, S. 212).

Das Ziel der Zirkulations-Untersuchungen besteht grundsätzlich darin, wissensgeschichtliche Entwicklungen darzustellen, die sich gleichermaßen in Literatur und Wissenschaften manifestieren oder zu denen sowohl Literatur als auch Wissenschaften beitragen; Vorgänge der Literatur- und der Wissenschaftsgeschichte sollen in eine umgreifende Wissensgeschichte integriert werden. Ob sich diese wissensgeschichtliche Perspektive an herkömmliche literaturgeschichtliche Betrachtungsweisen, also etwa an form- oder gattungsgeschichtliche Fragestellungen, anschließen lassen oder deren Einteilungen und Kategorien gänzlich durch andere ersetzen soll, erscheint in den programmatischen Entwürfen des wissensgeschichtlichen Ansatzes als weitgehend offen. Allerdings deuten Borgards und Neumeyer an, dass der von ihnen vorgestellte wissensgeschichtliche Ansatz den Kontakt zu ›traditionellen‹ Betrachtungsweisen wahren soll, wenn sie schreiben:»Eine wissensgeschichtliche Lektüre vermag das Verständnis von Texten zu erweitern, indem sie gegenüber immanenten wie geistesgeschichtlichen Interpretationen neue Perspektiven auf Inhalte und Formen literarischer Texte ermöglicht.«[80] Den historischen Untersuchungen dieser Richtung lässt sich entnehmen, dass der wissensgeschichtliche Ansatz zu neuen Beschreibungen und Erklärungen von bekannten literaturhistorischen Entwicklungen – etwa der Entstehung eines ›bürgerlichen‹ Schauspiels im 18. Jahrhundert – führen[81] oder auch etablierte literaturgeschichtliche Periodisierungen relativieren kann.[82]

Um nun zu einer knappen kritischen Diskussion des Zirkulations-Ansatzes zu kommen: Zu den theoretischen Grundannahmen des Ansatzes gehören, wie erwähnt, unter anderem Annahmen, die erkenntnis- und wissenschaftstheoretische Fragen im engeren Sinne betreffen. Die Positionen, die die Protagonisten dieses Ansatzes dabei vertreten, können zumindest als umstritten bezeichnet werden und sind denn auch bereits eingehend kritisiert worden;[83] auf diese Merkmale des Ansatzes soll daher im Folgenden

---

[80] Borgards/Neumeyer, »Der Ort der Literatur«, S. 221 f.

[81] Vgl. die Ausführungen zum Aufkommen des »neuen ›bürgerlichen‹ Schauspiels« in: Vogl, *Kalkül und Leidenschaft*, S. 96–100, S. 132 f., Zitat S. 100.

[82] Vgl. Neumeyer, »Literaturwissenschaft als Kulturwissenschaft«, vor allem S. 177, S. 191. Neumeyer sucht hier zu zeigen, wie kulturwissenschaftliche Ansätze wie die ›Poetologie des Wissens‹, »insofern sie die Teilhabe der Literatur an der Produktion kulturellen Wissens untersuchen, eine Neuperspektivierung auch mehrfach interpretierter literarischer Texte und ästhetischer Programme vornehmen« können (ebd., S. 191); konkret könnten solche Ansätze etwa dazu beitragen, »Oppositionierungen« wie die zwischen Aufklärung und Romantik aufzulösen, »die sich meist groben geistesgeschichtlichen Rastern verdanken« (ebd., S. 177).

[83] Vgl. Stiening, »Am ›Ungrund‹«.

auch nicht näher eingegangen werden. Für die Art und Weise, wie in den Zirkulations-Untersuchungen Beziehungen zwischen Literatur und Wissenschaften analysiert werden, scheinen mir auch nicht in erster Linie die erkenntnis- und wissenschaftstheoretischen Grundannahmen im engeren Sinn konstitutiv zu sein, also die Annahmen darüber, wie Wissen oder Wahrheit in den Wissenschaften ›hergestellt‹ werden; in dieser Hinsicht ist von zentraler Bedeutung vielmehr die Annahme, dass Literatur und Wissenschaften eines Zeitraums – immer oder in vielen Fällen – Teil *eines* gemeinsamen Wissensraums oder einer Wissensordnung seien, wobei dieser Raum oder die Ordnung des Wissens durch spezifische Darstellungsformen, durch »diskursive[ ] Regularien«[84] beziehungsweise durch »Verfahren und Regeln […], die gewisse Aussagen ermöglichen«,[85] charakterisiert sein soll. Eine Schwäche des Zirkulations-Ansatzes nun scheint mir darin zu bestehen, dass zumindest in den theoretischen und programmatischen Ausführungen dieser Arbeiten nicht näher erläutert wird, welcher Art diese einen Wissensraum charakterisierenden Verfahren und Regeln sind, wie man sich die Entstehung und Verbreitung dieser Regeln vorzustellen hat, welches Maß an Variation sie gestatten[86] und wie sie methodisch festgestellt, also aus Texten erschlossen werden können. Wie oben bereits angedeutet wurde, legen die diesbezüglichen Bemerkungen in den Zirkulations-Untersuchungen den Eindruck nahe, dass es dabei teils um Regelmäßigkeiten in der Verwendung einzelner sprachlicher Ausdrücke geht, teils um sprachlich verankerte Typisierungen und Klassifikationen, teils um komplexe Ar-

---

[84] Borgards, *Poetik des Schmerzes*, S. 38.

[85] Vogl, *Kalkül und Leidenschaft*, S. 15.

[86] Die Verfasser der Zirkulations-Untersuchungen heben gelegentlich hervor, dass das von ihnen in den Blick genommene Wissen, das Literatur und Wissenschaften durchziehe, einen heterogenen oder verstreuten Charakter habe. Bei Borgards und Neumeyer heißt es: »Denn ein spezifisches Wissen existiert nur als konträr, heterogen und an unterschiedlichen kulturellen Orten Besprochenes; es existiert nur in einem Wissenschaft und Literatur umfassenden Wissensraum.« (Borgards/ Neumeyer, »Der Ort der Literatur«, S. 212) Vgl. auch: Vogl, *Kalkül und Leidenschaft*, S. 15. – Das soll vermutlich heißen, dass die Darstellungsformen und Diskursregeln, die für einen bestimmten Wissensraum kennzeichnend sind, sich auf verschiedenartige und geradezu gegensätzliche Weisen in konkreten Texten aus unterschiedlichen Bereichen einer Kultur manifestieren können. Aber wenn diese Grundannahme nicht die Zuordnung tendenziell beliebiger Texte zu demselben Wissensraum ermöglichen soll, so dürfte sie präzisierende Erläuterungen dazu erfordern, welcher Art oder welchen Umfangs die Variationen sein können bzw. welche Art oder welches Maß an Ähnlichkeiten konkrete Texte aufweisen müssen, um trotz anderweitiger Unterschiede in demselben Wissensraum verortet werden zu können.

gumentationsweisen, Darstellungsformen oder Textstrukturen. Zwischen diesen Arten von Regeln und Regelmäßigkeiten bestehen wesentliche Unterschiede, was den Grad ihrer Bewusstheit, die Modi ihrer Entstehung und Verbreitung und die Ausmaße ihrer bindenden oder verpflichtenden Kraft angeht. Solange in den theoretischen Darlegungen der Zirkulations-Studien nicht genauer dargelegt wird, welcher Art die behaupteten Regeln oder Aussageweisen sind, kann auch die starke These, dass Literatur und Wissenschaften eines Zeitabschnitts immer oder typischerweise Manifestationen eines gemeinsamen Sets solcher Regeln aufweisen, kaum plausibel gemacht werden.

Eine präzisere Erläuterung dessen, was mit den genannten Regeln, Verfahren oder diskursiven Regularien gemeint ist, erscheint vor allem deshalb als wünschenswert, weil Erklärungen, die mit der Annahme solcher ›Tiefenstrukturen‹[87] operieren, prinzipiell der Willkür besonders weiten Spielraum öffnen können. Diese Regeln oder Verfahren müssen den Prämissen zufolge einen weit allgemeineren Charakter haben als die einzelnen Äußerungs- oder Textstrukturen, in denen sie sich manifestieren; eine Untersuchung, die die Freilegung solcher Regeln zu ihrem Ziel erklärt, erteilt sich damit also gewissermaßen die Lizenz, die Eigenschaften der analysierten Texte in einer Weise zu beschreiben, die von den expliziten Inhalten und ›oberflächlich‹ sichtbaren Strukturen in hohem Maße abstrahiert. Die Autorintention sowie zeitgenössische Rezeptionsdokumente müssen dabei nicht berücksichtigt werden, da die in den Zirkulations-Analysen interessierenden Regeln oder Verfahren solchen Intentionen oder Deutungen vorausliegen können und den Akteuren nicht bewusst zu sein brauchen.[88] *Irgendwelche* Einschränkungen oder Adäquatheitsbedingungen aber sollte es für diese Beschreibung der Textstrukturen und die Erschließung der zugrunde liegenden Regeln oder Aussageweisen geben; ansonsten ist der Einwand kaum von der Hand zu weisen, dass sich, zugespitzt gesagt, fast beliebige literarische und wissenschaftliche Texte als Manifestationen derselben Regeln oder Aussageweisen beschreiben lassen: Je abstrakter oder metaphernreicher man die Beschreibung der Textstrukturen formuliert, desto eher wird man eine Regel oder eine Darstellungsweise postulieren und von

---

[87] Vogl bedient sich, wo er die Gemeinsamkeiten zwischen Literatur und Wissenschaften beschreibt, gelegentlich einer Metaphorik der Tiefe. Vgl. Vogl, *Kalkül und Leidenschaft*, S. 170, S. 205f.

[88] Nach Borgards zielt die »Geschichte des Wissens« ausdrücklich auf »eine Ebene der Argumentationen und Debatten, die den Akteuren gerade entgeht«, nicht auf den »offenen Dissens«, sondern auf den »verborgenen Konsens« (Borgards, *Poetik des Schmerzes*, S. 38).

ihr behaupten können, dass sie sich in allen diesen Textstrukturen manifestiere.[89]

Es gibt Indizien dafür, dass die Verfasser der Zirkulations-Untersuchungen es bewusst vermeiden, den Begriff des Wissens sowie Art und Status der
für eine Wissensordnung konstitutiven Regeln vorab präzise zu definieren,
weil sie hoffen, mit solchen vergleichsweise ›offenen‹ Analysekategorien bislang unberücksichtigte Beziehungen zwischen Literatur und Wissenschaften
in den Blick bekommen zu können – Beziehungen, die durch bestimmte
begriffliche oder theoretische Festlegungen von vornherein als unmöglich
ausgeschlossen würden. Vor allem Vogls Rechtfertigung einer ›idiosynkratischen‹ gegenüber einer ›robusten‹ Theoriebildung scheint in diese Richtung
zu weisen. Für ein »idiosynkratisches Verfahren« ist demnach kennzeichnend, dass es im Gegensatz zu einer »robuste[n] Theorie«, die ihre Gegenstände immer schon kenne, die »Unerklärtheit seines Untersuchungs-

---

[89] Beispiele für die oft sehr abstrakten oder metaphorischen Formulierungen der
     Problemstellungen oder Wissenselemente, die von Vogl als Bindeglieder zwischen
     Literatur und politischer Ökonomie präsentiert werden, liefern die oben, in
     Anm. 68 dieses Beitrags, knapp angedeuteten Thesen über Novalis' *Heinrich von
     Ofterdingen* und Goethes *Wahlverwandtschaften*. Als ein weiteres Beispiel kann die
     Analyse von Lessings *Minna von Barnhelm* dienen: Diese Analyse mündet in die
     These, dass Lessings Stück (ebenso wie seine Mitleidspoetik und die Sympathie-
     lehre von Adam Smith) Antworten auf das Problem seien, »wie sich unbewusste
     Kohäsionen, Zufallsereignisse und komplexe Interdependenzen auf den Stand
     vertraglicher, repräsentativer und personaler Verhältnisse anheben lassen« (Vogl,
     Kalkül und Leidenschaft, S. 17, vgl. auch S. 87). Dieses Problem wiederum sei durch
     den Gegensatz zwischen zwei unterschiedlichen Sichtweisen auf den Staat
     und den Menschen hervorgebracht worden, die in Philosophie und politischer
     Ökonomie des späten 17. und des 18. Jahrhunderts formuliert worden seien: Ei-
     nerseits sei der Mensch in Naturrechts- und Sozialvertragstheorien als ein Wesen
     entworfen worden, das sich durch seine Fähigkeit zur Repräsentation oder Stell-
     vertretung als Person konstituiert und damit zugleich vertragsfähig wird; anderer-
     seits habe die in Philosophie und politischer Ökonomie entwickelte oder voraus-
     gesetzte ›politische Anthropologie‹ die Menschen als Wesen betrachtet, die durch
     unwillkürliche und kontingent auftretende Affekte bestimmt werden und deren
     Leidenschaften ein Geflecht komplexer Interdependenzen erzeugen (vgl. dazu
     S. 19–82, zusammenfassend vor allem S. 51–54, S. 83–87). Zur Sympathielehre
     von Adam Smith vgl. S. 87–96; zu Lessings Mitleidspoetik S. 100–107; zu *Minna
     von Barnhelm* S. 107–138, für eine zusammenfassende Formulierung der zentralen
     Thesen vor allem S. 131–133. – Auch die These über das ›diagrammatische Erzäh-
     len‹ im Roman des 18. Jahrhunderts und seine Nähe zu diagrammatischen Dar-
     stellungsweisen in der Ökonomie beruht auf einem recht weiten oder metapho-
     rischen Verständnis von ›Diagramm‹ und ›diagrammatisch‹; vgl. vor allem ebd.,
     S. 59–63, S. 198–200, S. 220–222.

bereichs« voraussetze und dass es die historischen Analysen auch als Ausgangspunkt für »eine theoretische Aktivität« nutze, nämlich für »die Arbeit an der Adaptionsfähigkeit seiner Beschreibungen«.[90] Demnach hätte eine Beurteilung dieses Verfahrens vor allem die historischen Analysen daraufhin zu befragen, wie plausibel ihre Beschreibungen und Erklärungen der Beziehungen zwischen konkreten literarischen und wissenschaftlichen Texten sind und inwiefern in ihnen Wesen und Status der Regeln greifbarer werden, die den interessierenden Ähnlichkeiten zwischen literarischen und wissenschaftlichen Texten zugrunde liegen sollen. Eine solche detaillierte Würdigung der einzelnen historischen Untersuchungen des Ansatzes kann hier nicht geleistet werden, und es sei daher betont, dass die oben formulierten kritischen Einwände sich primär auf die theoretischen Darlegungen in den Zirkulations-Untersuchungen beziehen. Grundsätzlich sei allerdings mit Blick auf die Rechtfertigung des idiosynkratischen Verfahrens auch zu bedenken gegeben, dass dieses Verfahren, wenn es an der »Adaptionsfähigkeit seiner Beschreibungen« arbeiten will, auf Kriterien zur Unterscheidung zwischen gelungenen und misslungenen Adaptionen angewiesen ist; und diese Kriterien sollten, um als solche fungieren zu können, ihrerseits keine ›idiosynkratischen‹ sein. Anders gesagt: Wenn ein solches Verfahren einige Begriffe – wie etwa ›Wissen‹ oder ›Wissenschaft‹ – absichtlich in einer offenen und wenig festgelegten Weise verwendet, weil es die etablierten Definitionen dieser Begriffe für problematisch erachtet, so benötigt es daneben andere, weniger offen definierte Begriffe, um überhaupt gehaltvolle Aussagen formulieren zu können.[91]

---

[90] Vogl, »Robuste und idiosynkratische Theorie«, S. 258.

[91] In vielen Fällen scheint mir das Vokabular, das Vogl in seinen historischen Analysen an die Stelle von traditionelleren Begrifflichkeiten setzt, kaum einen Gewinn an Beschreibungsgenauigkeit zu bringen, da es hochgradig metaphorischen Charakter hat und sein deskriptiver Gehalt dadurch eher unklar ist. Nachdem Vogl etwa das Vorkommen der Begriffe »Überschuss«, »Zirkulation«, »Gleichgewicht« und »Kompensation« in ökonomischen, medizinischen, physikalischen und ästhetischen Texten des 18. Jahrhunderts untersucht hat, stellt er abschließend fest, dass diese »Begriffe oder Kategorien« keine »Ideen« seien, nicht »im Milieu eines ›Interdiskurses‹ angesiedelt« und auch nicht »bloße Abstrakta« seien, wobei er jeweils kurz die vorausgesetzte Bedeutung von ›Ideen‹, ›Interdiskurs‹ usw. erläutert (Vogl, *Kalkül und Leidenschaft*, S. 241 f.). Dann fährt er fort: »In den weitläufigen Diskussionen über Luxus und Thesaurierung, über Schwulst und Verschwendung, über Frivolität, hitzige Leidenschaften und Schwärmerei durchqueren [die genannten Begriffe oder Kategorien] nicht nur die unterschiedlichen Gebiete von Naturgeschichte, Ökonomie, Medizin, Ästhetik, Diätetik etc., sie sind vielmehr in jedem dieser Gebiete selbst nur als begriffliche Mannigfaltigkeiten fassbar, die physiologische und ethische, physikalische und ökonomische Momente versam-

V. Schluss

Abschließend möchte ich erstens kurz auf die Frage eingehen, wie sich die hier vorgestellten Forschungsansätze zueinander verhalten, und zweitens noch einmal in allgemeinerer Weise darauf zurückkommen, welche Rolle der Begriff des Wissens in der Forschung zu Literatur und Wissenschaften spielt.

Die drei hier unterschiedenen Untersuchungsansätze schließen sich gegenseitig nicht in dem Sinne aus, dass die Option für einen der Ansätze notwendig die Auffassung implizierte, die zwei anderen oder einer von ihnen seien verfehlt oder unzulässig: Wer die Wissenschaftsrezeption eines Autors und die intendierten Bezugnahmen auf die Wissenschaft in seinen literarischen Texten untersucht, muss deswegen nicht bestreiten, dass es auch andersgeartete Beziehungen zwischen Literatur und Wissenschaften gibt, darunter auch solche, die sich ›hinter dem Rücken‹ der bewussten Intentionen der Akteure herstellen; auf der anderen Seite muss jemand, der nach gemeinsamen Diskursregularitäten in beiden Bereichen fragt, deswegen nicht in Abrede stellen, dass Autoren auch bewusst wissenschaftliche Theorien zur Kenntnis nehmen und sie gezielt in literarischen Werken verarbeiten können. Anders gesagt: Die Ansätze konkurrieren insofern nicht direkt miteinander, als sie nicht exakt dieselben Arten von Beziehungen zwischen Literatur und Wissenschaften zum Gegenstand haben. Von einer Konkurrenz kann man allerdings in dem Sinne sprechen, dass Entscheidungen für einen dieser Ansätze meist auf Ansichten darüber beruhen dürften, welche Arten

---

meln und in dieser Heterogenität einen immanenten Verweiszusammenhang herstellen. Diese Kette, diese transversale Linie hat keinen Ursprung außerhalb ihrer selbst. Sie lässt nicht einfach den Schluss zu, die Gebiete seien auf analoge Weise strukturiert oder mit denselben Gegenständen befasst. Ihre Positivität konstituiert sich vielmehr durch eine interne Resonanz. So enthält etwa die Frage nach der repräsentativen Kraft der Zeichen ein Problem der Wertentstehung, so provoziert die Schatzbildung einen desaströsen Bedeutungsverlust der Wörter, so ist der Blutandrang kaum ohne Affektstörung denkbar, so ist die Kommunikation von Zeichen korrelativ zu einer Hydraulik der Ströme. Diese Verkettung stellt einen überdeterminierten Zusammenhang zwischen verschiedenen Wissensregionen her, von denen keine als ursprünglich gedacht werden kann. Sie konstituiert keine Einheit des Gegenstandes, sondern eine Schwelle, an der sich die verschiedenen – ökonomischen, naturhistorischen, medizinischen, ästhetischen – Gegenstände erst formieren« (ebd., S. 242). – Diese Passage handelt zwar von der Rolle, die bestimmte »Begriffe« in »Diskussionen« spielen, enthält aber so gut wie keine Ausdrücke, die sprachliche Einheiten oder Strukturen (Aussagen, Diskurse, sprachliche Regeln) bezeichnen; daher fällt es schwer, den Metaphern wie »Kette«, »Resonanz«, »Verkettung« oder »Schwelle« in diesem Zusammenhang einen konkreten Sinn zu geben.

solcher Beziehungen besonders wichtig oder interessant und folglich untersuchungswürdig sind. Auf was für Kriterien sich solche Einschätzungen der Wichtigkeit oder ›Interessantheit‹ stützen mögen und wie sie begründet und diskutiert werden könnten, ist wieder eine Frage für sich.

Was die Rolle von Wissensbegriffen in der Forschung zu Literatur und Wissenschaften betrifft, so dürfte dort insgesamt am verbreitetsten und zugleich am unproblematischsten jener Gebrauch des Ausdrucks ›Wissen‹ sein, in dem damit eine Menge von Meinungen bezeichnet wird, die in einer bestimmten historischen Epoche von den Angehörigen einer Gruppe oder einer ganzen Kultur für wahr gehalten werden. Es handelt sich also um jenes Verständnis von ›Wissen‹, das auch der Titzmann'schen Begriffsprägung des ›kulturellen Wissens‹ zugrunde liegt und in ihr eine besonders klare Fassung erhalten hat.

Die Begriffe des Wissens und des kulturellen Wissens in dem genannten Sinn leisten in Forschungen zu Beziehungen zwischen Literatur und Wissenschaften vielfach wichtige, vielleicht unverzichtbare Dienste. Aber es erscheint fraglich, ob der Wissensbegriff sich als *die* zentrale Analysekategorie solcher Untersuchungen eignet. Gerade wenn man berücksichtigt, wie typische Fragestellungen und Vorgehensweisen von Studien auf diesem Gebiet aussehen, kann man zu dem Schluss kommen, dass andere Begriffe mindestens ebenso wichtig sind und vielleicht in höherem Maße Aufmerksamkeit und weitere Ausarbeitung verdienen: jene Begriffe nämlich, die sich auf speziellere Einheiten und Strukturen wie etwa Theorien, Probleme, Hypothesen, Typologien oder Argumentationsverfahren beziehen. Denn wo Untersuchungen konkrete Relationen zwischen Literatur und Wissenschaften zu beschreiben versuchen, da sprechen sie in aller Regel nicht mehr einfach von Wissen, sondern verweisen auf solche spezielleren Strukturen oder Elemente, also etwa auf Theoreme, Problemstellungen oder Metaphern, auf Argumentationsmuster, Codes oder Wahrnehmungsstrukturen. Gerade für diese Ebene der Gegenstände aber gibt es kein allgemein etabliertes Beschreibungsvokabular und Analyseinstrumentarium; die eben aufgezählten Ausdrücke ebenso wie einige andere werden gewissermaßen nebeneinander gebraucht, und insgesamt scheint wenig theoretische Anstrengung darauf verwendet zu werden, die einzelnen Begriffe und die Beziehungen zwischen verschiedenen Vokabularen zu klären. Die Differenziertheit, die Analysen zu Literatur und Wissenschaften erreichen können, dürfte aber nicht zuletzt von der Differenziertheit der Begrifflichkeit abhängen, deren sie sich in der Beschreibung dieser konkreteren Ebene bedienen.

Thomas Klinkert

Literatur und Wissen

Überlegungen zur theoretischen Begründbarkeit ihres Zusammenhangs

Es gehört seit Platon zum offiziellen Wissensbestand der abendländischen Kultur, dass Literatur und Wissen als getrennte Bereiche zu gelten haben. Heinz Schlaffer erläutert diese Trennung wie folgt:

> Der Philosoph enterbt den Dichter, indem er ihm die Fähigkeit abspricht, Wissen zu überliefern; das Zeugnis der Musen erkennt er nicht mehr an. Damit verliert die Poesie ihre soziale Aufgabe, Lehre und Weisheit zu sein, an die Philosophie der Gebildeten und an die Religion des Volkes.[1]

Wolfgang Rösler zufolge entsteht in der Antike im Zuge dieses Ausdifferenzierungsprozesses von Wissen (d.h. Philosophie) und Poesie, welcher ganz wesentlich mit der Entstehung und Verbreitung der griechischen Alphabetschrift im Zusammenhang steht, erstmals ein Bewusstsein von Fiktionalität.[2] Trotz dieser Trennung unterstellen Dichter, aber auch Gelehrte und Wissenschaftler der Literatur immer wieder ein ihr eigenes Wissen, welches sich unterschiedlich artikulieren kann. So kann dieses Wissen Dante zufolge in allegorischer Form in der »bella menzogna« der »favole dei poeti«[3] enthalten sein, d. h. der poetische Diskurs wird – nicht anders als der theologische – als mögliche Codierung einer allen Redeformen übergeordneten, von Gott garantierten Wahrheit angesehen. Oder die Dichtung wird, wie im System der »connaissances humaines« von Diderot, als eine Disziplin angesehen, welche sich aus einem der drei Vermögen (»facultés«) des menschlichen Geistes, nämlich der »imagination«, herleitet und damit den Disziplinen der Geschichtsschreibung und der Philosophie gleichge-

---

[1] Schlaffer, Heinz, *Poesie und Wissen* (1990), erw. Aufl., Frankfurt am Main 2005, S. 21.

[2] Rösler, Wolfgang, »Die Entdeckung der Fiktionalität in der Antike«, in: *Poetica*, 12/1980, S. 283–319. Zur revolutionären kulturellen Bedeutung der griechischen Alphabetschrift vgl. grundlegend Havelock, Eric A., *Preface to Plato*, Cambridge 1963, und Ders., *The Literate Revolution in Greece and its Cultural Consequences*, Princeton 1982.

[3] Dante, *Convivio*, II, 1.

stellt ist.[4] Freud schließlich betrachtet die Dichter als »Bundesgenossen« des Psychoanalytikers, insofern sie »aus Quellen schöpfen, welche wir noch nicht für die Wissenschaft erschlossen haben«.[5]

In der durch solch illustre Vorbilder legitimierten und zunehmend unüberschaubar werdenden Forschung zum Verhältnis zwischen Literatur und Wissen gibt es prinzipiell verschiedene Möglichkeiten, dieses Verhältnis zu konzeptualisieren.[6] Man kann postulieren, (1) dass das in der Philosophie oder in den Wissenschaften generierte Wissen (wie auch die damit verbundenen Seh- und Denkweisen) von der Literatur importiert wird, und somit der Literatur eine wissensrezeptive Rolle zuschreiben. Implizit oder explizit liegt diesem Ansatz, soweit er sich auf die Zeit seit dem 18. Jahrhundert bezieht, häufig die Auffassung einer durch die funktionale Ausdifferenzierung bedingten strikten Trennung der gesellschaftlichen Teilsysteme und ihrer Funktionen im Sinne Niklas Luhmanns zugrunde. Man kann (2) Literatur und Wissenschaft als diskursive Formationen betrachten, welche auf je eigene Weise das Korrelat einer ihnen zugrunde liegenden Episteme im Sinne von Michel Foucault sind. Als theoretische Bezugshorizonte der Alternativen (1) und (2) fungieren die von Luhmann inspirierte Systemtheorie und die auf Foucault fußende Diskursanalyse. Insofern sind im Folgenden auch die Prämissen dieser beiden Theorieformationen zu betrachten und auf Kompatibilität zu befragen. Man kann (3) der Literatur die Funktion zuschreiben, dass sie selbst Wissen generiert; und man kann (4) den Wissensgehalt der Literatur infrage stellen. Die genannten vier Positionen haben idealtypischen Charakter; oftmals finden sich in Einzeluntersuchungen Teilaspekte von mehr als nur einer dieser Positionen zugleich. Im Folgenden werden zunächst die vier genannten idealtypischen Positionen anhand von konkreten Beispielen kurz illustriert, bevor dann in einem zweiten Schritt einige grundlegende Überlegungen zur theoretischen Fundierbarkeit der Rede über das Wissen (in) der Literatur angestellt werden.

---

4 Diderot, Denis, »Explication détaillée du système des connaissances humaines«, in: *Encyclopédie ou Dictionnaire raisonné des sciences, des arts et des métiers (articles choisis)*, Bd. 1, Alain Pons (Hrsg.), Paris 1986, S. 187ff.

5 Freud, Sigmund, »Der Wahn und die Träume in W. Jensens *Gradiva*«, in: *Studienausgabe*, Bd. 10, Alexander Mitscherlich (Hrsg.), Frankfurt am Main 1969, S. 9–85, hier S. 14.

6 Vgl. hierzu auch den hilfreichen Überblick bei Pethes, Nicolas, »Literatur- und Wissenschaftsgeschichte. Ein Forschungsbericht«, in: *IASL*, 28/2003, 1, S. 181–231.

I. Die vier Grundtypen der Relationierung von Literatur und Wissen

I.1 Der Import von Wissen in die Literatur

Dieser Fall dürfte zweifellos am häufigsten vorkommen. Man setzt einen bestimmten Stand des Wissens voraus, wie er in wissenschaftlichen Einzeldis-
ziplinen erarbeitet wurde, und versucht nachzuvollziehen, in welcher Form
dieses Wissen in einen bestimmten literarischen Text Eingang gefunden hat.
Primäre Quelle des Wissens ist also ein dafür vorgesehener Spezialbereich
namens Wissenschaft, der über ein hohes gesellschaftliches Ansehen verfügt
und die epistemologischen Leitkategorien definiert, welche von der Literatur
übernommen werden. Eine solche Vorgehensweise liegt insbesondere dann
nahe, wenn man sich mit einem Autor wie Émile Zola beschäftigt, der in seiner Programmschrift *Le roman expérimental* (1880) von der Anwendung der
von dem Mediziner Claude Bernard entwickelten Experimentalmethode auf
die Literatur (»la méthode expérimentale appliquée au roman et au drame«)[7]
spricht und damit – wie auch schon seine Vorläufer Balzac und Flaubert –
der Wissenschaft eine Modellhaftigkeit für die Literatur zuschreibt. Robert S.
April, ein Zola-Kenner, der selbst Mediziner ist, geht in einem Aufsatz den
Spuren nach, welche der Comte'sche Positivismus und insbesondere die ihm
inhärente utopische Dimension in Zolas Romanen hinterlassen haben.[8] Neben Comte hat Zola auch das sozialutopische Gedankengut von Charles Fourier rezipiert, welches in seinem späten Roman *Travail* (1901) auf der Hand-
lungsebene explizit thematisiert wird. Schließlich findet in diesen Roman
auch psychiatrisches Wissen Eingang, und zwar in Gestalt des gelähmten
Jérôme Qurignon, der sich – gewissermaßen geläutert durch seine Krankheit – vom kapitalistischen Ausbeuter zum Philanthropen wandelt. Das
Krankheitsbild eines Patienten, dessen ganzer Körper infolge eines Gehirn-
schlages gelähmt ist, der aber noch denk- und wahrnehmungsfähig ist (heute
spricht man vom *locked-in syndrome*), war seit 1875 bekannt. Allerdings gab es
in der psychiatrischen Literatur jener Zeit keine Hinweise auf die Heilung solcher Patienten. In Zolas Roman wird nun aber der gelähmte Qurignon Jahrzehnte nach seinem Gehirnschlag auf wundersame Weise wieder gesund.
Diese jeder wissenschaftlichen Evidenz entbehrende Heilung hat April zufolge die Funktion, den utopischen Gehalt des Romans zu unterstreichen:

---

[7] Zola, Émile, *Le roman expérimental*, Paris 1880, S. 1.
[8] April, Robert S., »Zola's Utopian Novels. The Use of Scientific Knowledge in
     Literary New World Models«, in: Thomas Klinkert/Monika Neuhofer (Hrsg.),
     *Literatur, Wissenschaft und Wissen seit der Epochenschwelle um 1800. Theorie – Epistemo-
     logie – komparatistische Fallstudien*, Berlin, New York 2008, S. 167–189.

Zola's text does not provide the scientific details of management of such para-
lyzed patients – such as, the treatment of bedsores, hyponutrition, supervening in-
fection – which are today's common causes of death after paralysis of neurological
origin – and so, provides no justification for Jérôme's long life. Rather, it might be
interpreted as a description of hysterical paralysis, thought in Zola's time to have
a hereditary basis, to provide Jérôme's speech with legitimacy when he supports
Luc's socialist theories, proclaimed as just and proper by the patriarch who has
lived in a mute, immobile state for 36 years, watching and suffering the ruination
and degradation of his family, before being able to speak his mind about justice
and repentance. [...] After all is said and done, this paralysis is a pseudo-scientific
event used to validate a textual denouement – the redemption of the degenerate
family by an act of faith and justice. It is scientific thinking contributing to literary
esthetic.[9]

In dieser Betrachtungsweise erscheint wissenschaftliches Wissen als Material,
welches vom literarischen Text selektiv aufgegriffen und einer literaturspe-
zifischen Codierung unterworfen wird. Dadurch aber wird das importierte
Material seines wissenschaftlichen Charakters beraubt, Jérôme Qurignons
Lähmung und ihre Heilung werden zu einem »pseudo-scientific event«, welches seinen Sinn nur innerhalb der Handlungslogik des Romans haben kann.
Damit ist zugleich eine klare Hierarchisierung vorgenommen: Die Wissenschaft ist die Quelle des Wissens, die Literatur depotenziert dieses Wissen,
stellt es in den Dienst ästhetischer Zwecke und ist der Wissenschaft somit in
letzter Konsequenz nachgeordnet.

I.2   Diskurs und Gegendiskurs

Als Beispiel sei hier Rainer Warnings Zola-Studie genannt.[10] Warning
liest Zolas Romane als konterdiskursive Inszenierungen der Episteme des
19. Jahrhunderts. Foucaults bekannter These aus *Les mots et les choses* zufolge
zeichnet sich diese Episteme durch die Suche nach dem Ursprung aus, durch
eine durchgehende Historisierung des Wissens; damit steht sie in Opposition zur klassifikatorischen Episteme des 18. Jahrhunderts. Foucaults Epis-
temenkonzept, so Warning, ermögliche einen vereinheitlichenden Blick auf

---

[9] Ebd., S. 186.
[10] Warning, Rainer, »Kompensatorische Bilder einer ›wilden Ontologie‹: Zolas *Les
     Rougon-Macquart*«, in: *Poetica*, 22/1990, S. 355–383; wiederabgedruckt in: Warning,
     Rainer, *Die Phantasie der Realisten*, München 1999, S. 240–268. Aurélie Barjonet
     bezeichnet in ihrem kenntnisreichen Überblick zur deutschsprachigen Zola-For-
     schung Warnings Studie als »eine der fruchtbarsten Foucault-Lektüren von Zola«;
     vgl. Barjonet, Aurélie, »Zola, die Wissenschaft und die deutsche Literaturwis-
     senschaft«, in: Klinkert/Neuhofer (Hrsg.), *Literatur, Wissenschaft und Wissen seit der
     Epochenschwelle um 1800*, S. 191–216, hier S. 211.

die dominanten Wissenschaftsparadigmen des 19. Jahrhunderts; das »befremdliche[] Nebeneinander von positivistischer Selbstbescheidung und hermeneutischer Spekulation«[11] werde somit erst verständlich. Nutznießer dieses neuen Blicks auf die Wissenschaftsgeschichte des 19. Jahrhunderts sei auch Zola, der sich mit dem »Pathos der Suche nach Ursprüngen« identifiziert habe. Wenn Warning damit einerseits den Romancier Zola in »Grundtendenzen der Episteme seiner Zeit« einordnet, so gilt ihm mit Foucault andererseits die Literatur als Gegendiskurs: »Literarische Texte sind immer schon bestimmte Inszenierungen einer gegebenen Episteme.«[12] In diesem Sinne liest Warning die in Zolas Romanen enthaltenen Gewalt- und Transgressionsphantasien als »kompensatorisch bezogen auf die Defizite eines harmonistischen Vitalismus«: »Zolas Transgressionsphantasie steigert die vitalistischen Diskurse seiner Zeit bis hin zu dem Punkt, da sie umschlagen in Todesphantasmagorien, deren entfesselte Bildlichkeit genau das hereinspielt, was die Wissensdiskurse selbst ausgrenzen.«[13] Wenn nun aber stimmt, was Foucault sagt und was Warning zitiert, dass nämlich die Erfahrung des Lebens in der Episteme des 19. Jahrhunderts von so grundlegender und umfassender Bedeutung sei, dass sie zugleich auch die des Todes beinhalte, dass also diese Erfahrung des Lebens wie eine »wilde Ontologie« funktioniere, »qui chercherait à dire l'être et le non-être indissociables de tous les êtres«,[14] dann erscheint die Literatur ja weniger als Gegendiskurs denn vielmehr als Seismograph, an dem sich die Spielräume und Grenzen dessen ablesen lassen, was im Rahmen einer gegebenen Episteme möglich ist. Mit anderen Worten: Die Literatur wäre ihrerseits (ein wie auch immer vermittelter) Ausdruck der Episteme. Ob man der Literatur einen konterdiskursiven Sonderstatus zubilligen möchte oder nicht – in jedem Falle ist das eigentliche Wissen (oder genauer: die Bedingungen dessen, was man wissen kann) in Foucaults diskursarchäologischem Ansatz den (wissenschaftlichen oder literarischen) Diskursen vorgelagert. Ort dieses Wissens bzw. dessen transzendentale Ermöglichungsbedingung ist das, was Foucault als Episteme bezeichnet. Spuren der Episteme lassen sich in allen Arten von Diskursen finden, selbst im Gegendiskurs der Literatur.

---

[11] Warning, »Kompensatorische Bilder« (1990), S. 356.
[12] Ebd., S. 357. Vgl. hierzu auch Warning, Rainer, »Poetische Konterdiskursivität. Zum literaturwissenschaftlichen Umgang mit Foucault«, in: Ders., *Die Phantasie der Realisten*, München 1999, S. 313–345.
[13] Warning, »Kompensatorische Bilder« (1990), S. 360.
[14] Foucault, *Les mots et les choses. Une archéologie des sciences humaines*, Paris 1966, S. 291.

I.3 Literatur generiert Wissen

Hier sind zwei Fälle zu unterscheiden. Im ersten Fall generiert Literatur auf literaturspezifische Art und Weise ein Wissen, welches seinen Ort eigentlich in einem außerliterarischen Zusammenhang hat. Im zweiten Fall handelt es sich um sprachlich induziertes Wissen, welches außerhalb der Literatur – und das heißt: außerhalb des Prozesses literarischer Kommunikation zwischen Text und Leser – nicht existiert. Ein Beispiel für den ersten Fall findet sich in einem Aufsatz von Weertje Willms.[15] Gogol's *Aufzeichnungen eines Wahnsinnigen* (1834) und Büchners *Lenz* (1839) enthalten vollständige Symptombeschreibungen psychischer Erkrankungen (Psychose und Schizophrenie), welche im psychiatrischen Schrifttum der Zeit in dieser Form nicht existierten und somit von den Autoren aus diesem Schrifttum nicht rezipiert werden konnten. Erst später wurde im psychiatrischen Diskurs das eingeholt, was Gogol' und Büchner längst dargestellt hatten. Daher vertritt Willms die These, dass diese Texte mit literarischen Mitteln psychiatrisches Wissen generiert haben. Dem literarischen Text wird hier also explizit die Funktion der Wissenserzeugung zugeschrieben. Insbesondere mittels der nur in literarischen Texten möglichen Innenperspektive könne dem Außenstehenden ein Verständnis psychischer Erkrankungen ermöglicht werden. Die Literatur sei demnach in der Lage, »spezifisches Wissen zu generieren, welches andere Diskurssysteme so nicht hervorbringen können. Somit stellt die Literatur ein eigenständiges Medium der Erkenntnis dar.«[16]

Ein Beispiel für den zweiten Fall ist eine Untersuchung von Christian Kohlroß.[17] Er zeigt an Texten von Kleist und Novalis, dass es ein Wissen geben könne, welches sich nur im sprachlichen Vollzug einstelle. Dieses Wissen beruhe auf Überzeugung und Rechtfertigung, ihm fehle jedoch die Dimension der Wahrheit. Damit entspreche dieses Wissen nicht der seit Platon üblichen Definition, wonach Wissen sich auf Überzeugung, Rechtfertigung und Wahrheit begründet. Das Besondere der Literatur sei es, so Kohlroß, dass sie durch die Vermittlung von Perspektiven, Haltungen, Einstellungen, also durch literarische Darstellungsformen, Festlegungen vornehme und

15 Willms, Weertje, »Wissen um Wahn und Schizophrenie bei Nikolaj Gogol' und Georg Büchner. Vergleichende Textanalyse von *Zapiski sumasšedšego* (*Aufzeichnungen eines Wahnsinnigen*) und *Lenz*«, in: Klinkert/Neuhofer (Hrsg.), *Literatur, Wissenschaft und Wissen seit der Epochenschwelle um 1800*, S. 89–109.
16 Ebd., S. 104.
17 Kohlroß, Christian, »Ist Literatur ein Medium? Heinrich von Kleists *Über die allmähliche Verfertigung der Gedanken beim Reden* und der *Monolog* des Novalis«, in: Klinkert/Neuhofer (Hrsg.), *Literatur, Wissenschaft und Wissen seit der Epochenschwelle um 1800*, S. 19–33.

diese auch sprachlich begründe. Resultat dieses Prozesses sei die Vermittlung
von Wissen. Demzufolge sei Literatur nicht ein Speicher von Wissen, sondern ein Medium, ja man könne sagen: ein Sinnesorgan des Wissens. So wie
man sich der Augen bediene, um zu sehen, bediene man sich der Literatur,
um dasjenige Wissen zu erwerben, welches ihr intrinsischer Bestandteil sei.[18]

I.4   Die Problematisierung des Wissensbegriffs in Bezug auf Literatur

Tilmann Köppe unterscheidet zwei Formen des Wissens: das personale und
das impersonale Wissen.[19] Das personale Wissen zeichne sich durch vier
zentrale Merkmale aus: (1) Es sei ein zweistelliges Prädikat: »Wer etwas weiß,
tritt […] in eine bestimmte Beziehung – eben die des Wissens – zu einem
bestimmten Inhalt oder Gehalt.«[20] (2) Es sei eine »zeitabhängige Relation
zwischen Personen und Propositionen«,[21] d.h., Wissen könne von Personen
erworben und auch wieder vergessen werden. (3) Wissen sei ein restrikti-
ver Begriff; es definiere sich seit Platon durch eine Überzeugungsbedingung,
eine Wahrheitsbedingung und eine Rechtfertigungsbedingung. (4) Wissen
habe eine normative Komponente, d.h., es berechtige dazu, »jene Dinge, die
man weiß, mit Wahrheitsanspruch zu behaupten«.[22] In Bezug auf Literatur
von personalem Wissen zu sprechen, sei nun, so Köppe, problematisch, weil
(1) Texte keine Personen seien und mithin nichts wissen könnten, und (2) die
anhand fiktionaler Texte gewonnenen Auffassungen in aller Regel nicht die
Rechtfertigungsbedingung erfüllten, die für Wissen notwendig sei.

Unter impersonalem Wissen verstehe man dasjenige Wissen, welches
nicht einzelne Personen besäßen, sondern welches in Büchern, Enzyklopä-
dien oder Archiven niedergelegt sei und bewahrt werde. Dieser Begriff, so
Köppe, sei indes problematisch, weil er eigentlich elliptisch sei: »Die Rede
von ›in Büchern enthaltenem Wissen‹ besagt demnach (natürlich) nicht, dass
ein Buch etwas weiß, sondern dass jemand sein Wissen in einem Buch niedergelegt hat.«[23] Verstehe man dagegen das impersonale Wissen so, dass damit nicht eine Beziehung (zwischen einer Person und einem Wissensgehalt),
sondern ein beliebiger Gehalt gemeint sei, so handle man sich das Problem
ein, dass man unterscheiden müsse, welche Gehalte von Büchern Wissen

---

[18] Vgl. auch die Bezugnahme auf Kohlroß im Schlussteil dieses Beitrags.
[19] Köppe, Tilmann, »Vom Wissen *in* Literatur«, in: *Zeitschrift für Germanistik*, N.F.
     17/2007, 2, S. 398–410.
[20] Ebd., S. 400.
[21] Ebd.
[22] Ebd., S. 401.
[23] Ebd., S. 405.

seien und welche nicht, denn »[…] nicht von allem, was in Büchern steht, ist jedermann (oder irgendwer) überzeugt. Mir scheint, der einzige Grund, weshalb man von ›Wissen in Büchern‹ sprechen könnte, ist der, dass tatsächlich (personales) Wissen in das fragliche Buch eingegangen ist.«[24] Insofern lässt sich das impersonale Wissen auf das personale Wissen zurückführen, was die Konsequenz hat, dass man nicht vom Wissen der Literatur sprechen sollte, sondern vorsichtiger von in Literatur zum Ausdruck kommenden Auffassungen, wobei eine Auffassung eine propositionale Einstellung sei, »deren Wahrheits- und Begründungsstatus offen ist«.[25] In bestimmten Fällen handle es sich um wissenschaftliche Auffassungen, und von Wissen würde man nur in solchen Fällen sprechen, in denen »tatsächlich ein Fall von (personalem) Wissen vorliegt.«[26]

II. Die theoretische Fundierbarkeit des Zusammenhangs von Wissen und Literatur: Systemtheorie und Diskursanalyse

Im Folgenden möchte ich darlegen, unter welchen theoretischen Voraussetzungen die Rede vom Wissen (in) der Literatur möglich und sinnvoll erscheint. Nach einer – elementaren – Klärung der zentralen Begriffe *Literatur* (2.1) und *Wissen* (2.2) soll auf zwei wichtige Theoriefelder, die im Vorigen bereits mehrfach erwähnt wurden, eingegangen werden, nämlich Systemtheorie (2.3) und Diskursanalyse (2.4). Schließlich soll auf dieser Grundlage das Konzept einer Poetologie des Wissens vorgestellt und kritisch diskutiert werden (2.5).

II.1 Literatur

Der Terminus *Literatur* bedeutet (1) im weiten Sinne alles Geschriebene, Schrifttum aller Art; so spricht man von Fachliteratur, Forschungsliteratur, Literatur zu einem bestimmten Thema. (2) In einem engeren Sinne bezeichnet der Begriff *Literatur* seit dem späten 18. Jahrhundert dasjenige Schrifttum, welches bestimmten ästhetischen (bzw. poetischen) Kriterien unterliegt und in der Regel fiktionalen Charakter aufweist. Was aber sind ästhetische (bzw. poetische) Kriterien, und was heißt: fiktionaler Charakter?[27]

---

[24] Ebd., S. 407.
[25] Ebd., S. 409.
[26] Ebd., S. 410.
[27] Vgl. hierzu ausführlicher Klinkert, Thomas, »Was ist Literatur?«, in: Ders., *Einführung in die französische Literaturwissenschaft* (2000), Berlin ⁴2008, S. 20–34; dort finden sich auch weiterführende Literaturhinweise.

II.1.1 Ästhetisch/poetisch

Das Adjektiv *ästhetisch* ist abgeleitet vom griechischen Wort *aisthesis*, ›Wahrnehmung‹. Das Ästhetische hat also etwas mit Wahrnehmung zu tun: Einer bekannten Definition zufolge ist die ästhetische (bzw. poetische) Funktion der Sprache diejenige, welche die Aufmerksamkeit des Rezipienten auf die Botschaft um ihrer selbst willen lenkt.[28] Man kann verallgemeinernd sagen, dass ein ästhetischer Text die Wahrnehmung des Rezipienten in besonderer Weise in Anspruch nimmt, dass er sie verfremdet bzw. deautomatisiert. Wie ästhetische Texte dies erreichen können, dafür gibt es kein Patentrezept; mit anderen Worten: die in ästhetischen Texten zur Anwendung kommenden Verfahren unterliegen historischem Wandel. Sonette von Petrarca (14. Jh.), Ronsard (16. Jh.), Baudelaire (19. Jh.) und Rilke (20. Jh.) haben zwar einerseits gewisse formale Merkmale gemeinsam; sie differieren voneinander andererseits jedoch grundlegend, nicht nur formal, sondern auch und vor allem hinsichtlich der zugelassenen Themen und der erlaubten sprachlichen Register. Ein ästhetischer Text ist somit einer, der – in historisch je unterschiedlicher Weise – die Wahrnehmung des Rezipienten besonders in Anspruch nimmt, etwa indem er ihn lehrt, eine ihm vertraute Sache auf völlig neue Art und Weise zu sehen.[29] Dieser Vorgang impliziert stets auch, dass die sprachliche Verfasstheit des Textes mit beobachtet wird. Man rezipiert einen ästhetischen Text niemals nur als neutrales Medium, sondern betrachtet ihn stets auch um seiner selbst willen. Daraus folgt, dass, wenn in ästhetischen Texten Wissen enthalten ist, bei der Betrachtung dieses Wissens auch die ästhetische Codierung mit zu berücksichtigen ist. Ästhetische Texte sind niemals bloß transparent auf außertextuelle Wirklichkeiten, neben der Fremdreferenz läuft in ihnen immer auch die Selbstreferenz mit. In diesem Zusammenhang muss schließlich erwähnt werden, dass es eine Bedeutungsüberschneidung der Adjektive *ästhetisch* und *poetisch* gibt. Jakobsons ästheti-

---

[28] Jakobson, Roman, »Linguistics and Poetics« (1960), in: *Selected Writings*, Bd. 3, *Poetry of Grammar and Grammar of Poetry*, Stephen Rudy (Hrsg.), Den Haag u.a. 1981, S. 18–51, hier S. 25: »The set (*Einstellung*) toward the message as such, focus on the message for its own sake, is the poetic function of the language.«

[29] Vgl. hierzu Šklovskij, Viktor, »Kunst als Verfahren« (1916), in: Jurij Striedter (Hrsg.), *Russischer Formalismus. Texte zur allgemeinen Literaturtheorie und zur Theorie der Prosa*, München ⁴1988, S. 3–35, hier S. 15: »Ziel der Kunst ist es, ein Empfinden des Gegenstandes zu vermitteln, als Sehen, und nicht als Wiedererkennen; das Verfahren der Kunst ist das Verfahren der ›Verfremdung‹ der Dinge und das Verfahren der erschwerten Form, ein Verfahren, das die Schwierigkeit und Länge der Wahrnehmung steigert, denn der Wahrnehmungsprozeß ist in der Kunst Selbstzweck und muß verlängert werden […].«

sche Funktion heißt auch, wie bereits erwähnt, die poetische Funktion. *Poetisch* kommt vom griechischen Wort *poiein*, ›herstellen, machen‹. Ein poetischer Text ist einer, der das eigene Gemachtsein ausstellt. Insofern bezeichnen die beiden Begriffe die zwei Seiten einer Medaille: Der poetische Text hebt seine eigene sprachliche Verfasstheit hervor und bewirkt dadurch beim Rezipienten eine bestimmte Form der gesteigerten Wahrnehmung, wird also dadurch zum ästhetischen Text.

II.1.2 Fiktion

Der Fiktionsbegriff gehört zu den wichtigsten Bestimmungsbegriffen von Literatur. Im Grunde steckt er bereits im antiken Begriff der *Mimesis*, ›Nachahmung, Darstellung‹.[30] Fiktion kommt von lateinisch *fingere*, ›bilden, erdichten, erfinden‹. Nun ist jedoch nicht alles Erfundene Teil der Literatur und umgekehrt ist nicht alles in literarischen Texten Dargestellte zwangsläufig etwas Erfundenes. Man muss den Fiktionsbegriff also weiter spezifizieren, will man ihn als Definiens für Literatur verwenden. Eine wichtige Unterscheidung ist das Begriffspaar *fiktiv* vs. *fiktional*. *Fiktiv* bezieht sich auf den Gegenstand der Darstellung (*énoncé*), *fiktional* auf den Akt des Darstellens (*énonciation*).

Was heißt das? Ich kann in einem Text etwas Erfundenes darstellen, z.B. dass ein sprechender Wolf ein kleines Mädchen und seine Großmutter auffrisst, ohne sie zu zerkauen, und dass ein zufällig vorbeikommender Jäger dem Wolf dann den Bauch aufschneidet, um die Aufgefressenen unversehrt wieder herauszuholen. Im Falle des Märchens wird der fiktive Charakter des Dargestellten dadurch erkennbar, dass man als Leser einen Abgleich mit dem eigenen Erfahrungshorizont und dem darauf beruhenden Wirklichkeitsmodell vornimmt. Es widerspricht jeder menschlichen Erfahrung, dass der in *Rotkäppchen* erzählte Handlungsablauf möglich wäre. Was aber nach den Gesetzen der Erfahrung bzw. nach dem von den Lesern vorausgesetzten Wirklichkeitsmodell nicht möglich ist, kann logischerweise nur erfunden sein. Insofern wird im Märchen die Fiktivität des Dargestellten auf der Ebene des *énoncé* verankert.

Damit es aber überhaupt als zulässig erscheint, etwas Erfundenes so darzustellen, als hätte es sich tatsächlich ereignet, bedarf es einer kommunikati-

---

30   Zum Mimesis-Begriff und zu seinem Zusammenhang mit dem modernen Fiktionsbegriff vgl. z.B. Prendergast, Christopher, *The Order of Mimesis. Balzac, Stendhal, Nerval, Flaubert*, Cambridge 1986; Petersen, Jürgen H., *Mimesis – Imitatio – Nachahmung. Eine Geschichte der europäischen Poetik*, München 2000.

ven Übereinkunft. Diese Übereinkunft verhindert unter anderem, dass man das Erfundene als Lüge betrachtet. Sie verhindert aber auch, dass man es wie Don Quijote für buchstäblich wahr hält. Diese Übereinkunft wird geschlossen auf der Ebene der *énonciation*, des Sprechakts, also auf der pragmatischen Textebene. Ein Text, welcher es sich selbst zugesteht, dass er Erfundenes im Modus der Wahrheitsaussage mitteilt, und der von seinem Leser verlangt, dass dieser nicht darauf hereinfalle, dem Text aber dennoch im Rahmen der von ihm entworfenen fiktiven Welt Glauben schenke, sich also gewissermaßen kommunikativ aufspalte, beruht auf einem fiktionalen Sprechakt. Ein solcher fiktionaler Sprechakt kann sich selbst durch bestimmte Markierungen zu erkennen geben, etwa durch das bekannte »Es war einmal« des Märchens oder auch durch bestimmte Gattungsbezeichnungen im Paratext (Roman, Novelle, Fabel).[31] Er kann, er muss es aber nicht.[32] Insofern lässt Literatur sich definieren als jene institutionalisierte Form der Rede, in welcher die Fiktionalität des Sprechaktes (sei diese markiert oder nicht) und die Fiktivität des Dargestellten miteinander korrelieren.

Das bedeutet nun indes keineswegs, dass alles in fiktionaler Rede Dargestellte zwangsläufig fiktiv sein muss. Es bedeutet nur, dass die Möglichkeit besteht, dass es fiktiv ist und dass dies legitim ist. Mit anderen Worten: Wer in nicht-fiktionaler Rede etwas behauptet, muss im Zweifelsfall in der Lage sein, Gründe für das Behauptete und Belege für dessen Wahrheit anzuführen.[33] Wer dagegen in fiktionaler Rede etwas behauptet, muss weder Gründe noch Belege dafür beibringen. Er kann nicht für seine Aussagen haftbar gemacht werden. Die Opposition wahr vs. falsch wird also im fiktionalen Sprechakt auf der Ebene der textexternen Pragmatik neutralisiert. Auf der Binnenebene der durch den fiktionalen Sprechakt konstituierten fiktiven Welt dagegen behält die Opposition wahr vs. falsch selbstverständlich weiterhin ihre Gültigkeit.

---

[31] Zur Markierung von Fiktionalität vgl. Genette, Gérard, *Fiction et diction*, Paris 1991, S. 65–94.

[32] Vgl. hierzu Bunia, Remigius, *Faltungen. Fiktion, Erzählen, Medien*, Berlin 2007. Fiktion ist Bunia zufolge als eine »Faltung« (d. h. eine Unterscheidung, die zwei verschiedene Anschlussmöglichkeiten eröffnet, ohne eine von ihnen zu konditionieren) zu betrachten, »insofern es aufgrund von Eigenschaften eines Textes keinerlei zwingende Gründe gibt, ihn als fiktionalen oder als nicht-fiktionalen Text einzuordnen« (S. 99).

[33] Searle, John R., »Der logische Status fiktionaler Rede« (1974/75), in: Maria E. Reicher (Hrsg.), *Fiktion, Wahrheit, Wirklichkeit*, Paderborn 2007, S. 21–36.

II.2　Wissen

Wenn nun also gilt, dass Literatur eine institutionalisierte Form der Rede ist, in der (a) die Wahrnehmung des Rezipienten in besonderer Weise in Anspruch genommen wird, in der es (b) mindestens ebenso sehr um die Form der Darstellung wie um das Dargestellte geht, und in der (c) die Opposition wahr vs. falsch auf der Ebene der textexternen Pragmatik neutralisiert wird, dann wird klar, dass es nicht gerade auf der Hand liegt, zu vermuten, literarische Texte seien ein privilegierter Ort des Wissens. Denn was bedeutet Wissen? Eine auf Platon zurückgehende und oben bereits erwähnte Definition besagt, dass Wissen eine Überzeugung ist, die sowohl wahr als auch gerechtfertigt sein muss. Wenn dies aber zutrifft, dann kann Wissen nur schwer durch literarische Texte vermittelt werden, in denen wir ja häufig Sätze folgender Art zu lesen bekommen: »Der Wolf gedacht bei sich, das ist ein guter fetter Bissen für mich, wie fängst dus an, daß du den kriegst [...]«.[34] Nicht nur haben wir es hier mit einem Tier zu tun, welches die Fähigkeit besitzt zu sprechen und zu denken, sondern außerdem kann der Erzähler die Gedanken dieses Tieres auch noch lesen und wiedergeben. In doppelter Weise weicht der zitierte Satz also von dem um 1800, aber auch heute noch gültigen Wirklichkeitsmodell ab, in dem es weder vorgesehen ist, dass Tiere sprechen und denken können, noch, dass Menschen in der Lage sind, Gedanken zu lesen. Als Autor und als Leser eines solchen Textes kann man also schlechthin nicht die wahrheitskonforme und gerechtfertigte Überzeugung haben, dass der Wolf, wie im Märchen der Brüder Grimm dargestellt, die oben mitgeteilten Gedanken tatsächlich gehabt habe – und dass der Erzähler dies wissen könne, so als könnte er in den Kopf des Wolfes hineinschauen.

Man könnte einwenden, dass das Märchen ein Sonderfall von Literatur sei. Im realistischen Roman dagegen verhalte es sich anders, da koinzidiere das Wirklichkeitsmodell mit dem allgemein gültigen, und insofern enthalte dieser anerkannte Formen von Wissen. Wenn man indes genauer hinsieht, dann erkennt man, dass auch in realistischen Romanen Erzähler die Gedanken ihrer Figuren lesen können. Und auch hier gibt es Sachverhalte, die nicht mit unserem Wirklichkeitsmodell in Einklang zu bringen sind; man denke an Balzacs *La peau de chagrin* (eine Eselshaut verfügt über magische Kräfte), an Wildes *The Picture of Dorian Gray* (ein Bild verfügt über magische Kräfte), an Kafkas *Verwandlung* (ein Mensch verwandelt sich in ein Insekt), an Grass' *Blechtrommel* (ein Mensch kann mit seiner Stimme Glas zerbrechen) usw. Wie also kann

---

34　»Rothkäppchen«, in: *Die Kinder- und Hausmärchen der Brüder Grimm*, Bd. 1, Urfassung 1812/1814, mit einem Nachwort von Peter Dettmering, Lindau o. J., S. 78–81, hier S. 79.

man der Literatur trauen, wenn man in ihr stets mit solchen Aussagen rechnen muss, die nach allgemeiner Auffassung nicht wahr sein können? Wie kann man die wahren von den unwahren Aussagen unterscheiden? Wenn man dies aber, wie es den Anschein hat, nicht (oder nicht ohne Weiteres) kann, wie lässt sich dann die Auffassung begründen, Literatur enthalte Wissen? Um diese Frage beantworten zu können, müssen in den beiden folgenden Kapiteln Grundbegriffe der Systemtheorie und der Diskursanalyse eingeführt werden.

II.3 Systemtheorie

Niklas Luhmann betrachtet die Gesellschaft aus systemtheoretischer Perspektive. Das heißt, er unterscheidet ganz grundsätzlich zwischen System und Umwelt. Systeme können lebende Organismen sein, psychische, aber auch soziale Systeme. Jedes System ist zugleich für sich betrachtet System und Umwelt für andere Systeme. Umwelt und System definieren sich wechselseitig, denn ein System wird nur dadurch zum System, dass es sich von seiner Umwelt durch eine Grenze abtrennt. Innerhalb des Systems laufen bestimmte Prozesse und Operationen ab, die das System aufrechterhalten. Diese Operationen sind abhängig von der Struktur des Systems. (In psychischen Systemen sind das z. B. Gedanken, in sozialen Systemen sind es Kommunikationen.) Ein System ist nicht von außen, durch seine Umwelt, determiniert, sondern von innen, durch seine Struktur. (Die Umwelt kann ein System nur negativ determinieren, nämlich indem sie es zerstört.) Die auf der Basis seiner Struktur erfolgenden Operationen des Systems beruhen auf dem Prinzip der Autopoiesis. Dieser von dem Biologen Humberto Maturana geprägte Begriff besagt, »dass ein System seine eigenen Operationen nur durch das Netzwerk der eigenen Operationen erzeugen kann«.[35] Was außerhalb der Systemgrenze liegt, kann vom System beobachtet und interpretiert werden; das System hat aber keinen direkten Kontakt mit den Elementen der Umwelt und damit auch keinen direkten, unmittelbaren Zugriff auf sie. Wie das System seine Umwelt wahrnimmt und interpretiert, hängt nicht von der Umwelt ab, sondern von den strukturellen Bedingungen des Systems. Ein Mensch nimmt seine Umwelt aufgrund der ihm eigenen Sinnesorgane anders wahr als eine Fledermaus, eine Fliege oder ein Hund, d. h. seine Sinnesorgane wählen andere Daten aus und verarbeiten sie zu Informationen als die der genannten Tiere, und das, obwohl die Umwelt objektiv für alle gleich ist (aber was heißt in diesem Zusammenhang *objektiv*?).

---

[35] Luhmann, Niklas, *Einführung in die Systemtheorie*, Dirk Baecker (Hrsg.), Darmstadt 2003, S. 109.

Die einzige Möglichkeit einer Verbindung zwischen System und Umwelt ist die strukturelle Kopplung. Diesen ebenfalls von Maturana geprägten Begriff reformuliert Luhmann, indem er sagt, dass durch strukturelle Kopplung die Umwelt in Ausgeschlossenes und Eingeschlossenes gespalten werde. Dadurch werden die relevanten Beziehungen zwischen System und Umwelt stark reduziert, und es wird dem System ermöglicht, Irritationen und Perturbationen als Informationen zu verstehen. Geschieht dies, dann ist das System in der Lage, seine Strukturen entsprechend anzupassen oder Operationen so einzusetzen, dass die eigenen Strukturen transformiert werden.[36]

Wie lässt sich die Systemtheorie auf die Gesellschaft übertragen? Luhmann zufolge besteht die moderne Gesellschaft westeuropäischer Prägung aus verschiedenen Funktionsbereichen wie Politik, Wirtschaft, Gesellschaft, Kunst, Wissenschaft, Recht, Religion. Diese Funktionsbereiche stehen zueinander nicht in einer hierarchischen Beziehung, sondern sind autonom und operativ geschlossen, stellen also von ihrer Umwelt abgegrenzte Systeme dar. Jedes System hat in der funktional differenzierten Gesellschaft eine bestimmte, nur von ihm zu erfüllende Funktion. So ist es die Funktion des politischen Systems, Machtbeziehungen zu regeln. Die Wirtschaft hat die Funktion, für die Verteilung knapper Güter zu sorgen. Die Funktion der Kunst ist es, das Unbeobachtbare sichtbar zu machen. Die Wissenschaft dagegen hat die Funktion, neues, unwahrscheinliches Wissen zu gewinnen. Dieser Theorie zufolge können die sozialen Systeme einander in ihrer Funktion nicht substituieren, d.h. die Politik kann nicht an die Stelle der Wirtschaft treten, die Kunst nicht an die Stelle der Religion, das Recht nicht an die Stelle der Politik – auch wenn im politischen Tagesgeschäft oft das Gegenteil suggeriert wird.[37]

Die Nicht-Substituierbarkeit der Systeme hängt damit zusammen, dass jedes System die zu seinem Funktionieren benötigten Elemente einer systemspezifischen Codierung unterwirft. Diese Codierung erfolgt nach Maßgabe

---

36 Vgl. ebd., S. 121.
37 Vgl. z.B. die Titelseite der *Süddeutschen Zeitung* vom 26. Januar 2009: »Kampf gegen die Wirtschaftskrise. Obama will die Wall Street zähmen. Der neue US-Präsident plant stärkere Kontrolle des Finanzmarkts und wirbt für größtes Konjunkturpaket aller Zeiten«. Durch solche Entscheidungen wird suggeriert, dass die Politik die Möglichkeit habe, stellvertretend für das Wirtschaftssystem zu handeln. Dabei kann die Politik lediglich die Rahmenbedingungen ändern, unter denen das Wirtschaftssystem operiert, sie kann also nicht das System, sondern nur seine Umwelt verändern. Ob die politischen Maßnahmen den gewünschten Effekt haben, hängt dann aber nicht von der Politik, sondern von der Wirtschaft ab, also von der Art und Weise, wie die Wirtschaft ihre (gewandelte) Umwelt beobachtet und interpretiert.

einer Leitdifferenz. So funktioniert beispielsweise das System der Wissenschaft nach der Leitdifferenz wahr/falsch, das System der Wirtschaft nach der Leitdifferenz haben/nicht haben, das System der Kunst nach der Leitdifferenz schön/hässlich. Etwas wissenschaftlich Falsches, weil Überholtes, kann in einem Kunstwerk ästhetisch nutzbar gemacht werden, wie man z. B. an Goethes *Wahlverwandtschaften* sehen kann. Die »chemische Gleichnisrede« wird als wissenschaftlich veraltet markiert, wäre demnach im Wissenschaftssystem nicht mehr zu gebrauchen,[38] dient aber als suggestive Metapher für das komplexe Beziehungsmodell, welches im Zentrum der Handlung des Romans steht. (Allerdings zeigt sich dann bei genauerer Analyse, dass die Gleichnisrede die tatsächlichen Beziehungen zwischen den vier Protagonisten nicht abbildet, was wiederum bei einer Interpretation des Romans ausgewertet werden muss.) Die Systeme sind autonom und funktionieren autopoietisch, d. h. sie produzieren die für ihre systeminternen Operationen erforderlichen Elemente selbst. Kunst entsteht nicht primär durch Input aus der außerkünstlerischen Wirklichkeit, also aus der Umwelt, sondern durch die Transformation von im Kunstsystem bereits enthaltenen Formelementen.[39]

Legt man diese Theorie zugrunde, so leuchtet unmittelbar ein, dass es nicht die Funktion der Kunst bzw. der Literatur als ihres Teilbereiches sein kann, das zu produzieren, was das Wissenschaftssystem produziert, nämlich ein der Leitdifferenz wahr/falsch unterliegendes Wissen. Sehr wohl aber kann Kunst qua struktureller Kopplung Wissenselemente aus ihrer Umwelt beobachten und zu systemspezifischen Informationen verarbeiten. Um die daraus resultierenden Sinneffekte genauer beschreiben zu können, empfiehlt sich ein Theoriewechsel.

---

[38] Goethe, »Die Wahlverwandtschaften«, in: *Werke. Hamburger Ausgabe*, Bd. 6, Nachdruck München 1982, S. 242–490, hier S. 270.

[39] Vgl. das von den russischen Formalisten entwickelte Konzept der literarischen Reihe: Viktor Šklovskij, »Der Zusammenhang zwischen den Verfahren der Sujetfügung und den allgemeinen Stilverfahren« (1916), in: Jurij Striedter (Hrsg.), *Russischer Formalismus. Texte zur allgemeinen Literaturtheorie und zur Theorie der Prosa*, München ⁴1988, S. 37–121, hier S. 51: »Ein Kunstwerk wird wahrgenommen auf dem Hintergrund und auf dem Wege der Assoziierung mit anderen Kunstwerken. Die Form des Kunstwerks bestimmt sich nach ihrem Verhältnis zu anderen, bereits vorhandenen Formen. [...] Nicht nur die Parodie, sondern überhaupt jedes Kunstwerk wird geschaffen als Parallele und Gegensatz zu einem vorhandenen Muster.«

II.4 Diskursanalyse

Legt die Luhmann'sche Systemtheorie den Akzent auf die Differenz der sozialen Systeme, so zeichnet sich die von Michel Foucault entwickelte Diskursanalyse dadurch aus, dass sie alle überlieferten Texte im Hinblick auf das in ihnen enthaltene Wissen grundsätzlich gleich behandelt. Zwar räumt Foucault durchaus ein, dass Diskurse institutionalisiert sind und bestimmten historisch spezifischen Regularitäten unterliegen, doch geht es ihm in seinem Buch *Les mots et les choses* darum, zu zeigen, was allen Äußerungen einer Epoche (welche er als Episteme bezeichnet) gemeinsam ist: der Ermöglichungsgrund des Wissens, und d. h.: des Wiss- und des Sagbaren. »Une telle analyse, on le voit, ne relève pas de l'histoire des idées ou des sciences: c'est plutôt une étude qui s'efforce de retrouver à partir de quoi connaissances et théories ont été possibles; selon quel espace d'ordre s'est constitué le savoir […].«[40]

Seine Methode bezeichnet Foucault nicht als Ideengeschichte oder als Epistemologie, sondern metaphorisch als Archäologie. In seinem programmatischen Buch *L'archéologie du savoir* erläutert er, inwiefern seine Vorgehensweise archäologisch ist. Er verweist darauf, dass sich in den Geschichtswissenschaften der vorausgehenden Jahrzehnte das Verhältnis zwischen Dokument und Monument fundamental gewandelt habe. In der traditionellen Geschichtsschreibung sei das Dokument – selbstverständlich nach eingehender quellenkritischer Analyse – als historische Quelle benutzt worden mit dem Ziel herauszufinden, welche Ereignisse in der Vergangenheit tatsächlich und nachweislich stattgefunden hätten und wie diese sich chronologisch und kausal zueinander verhielten. Dokumente dienten bei dieser Vorgehensweise als Spuren der Vergangenheit, als »le langage d'une voix maintenant réduite au silence«.[41] In der neueren Geschichtsschreibung dagegen rücke das Dokument als solches zunehmend in den Fokus der Aufmerksamkeit. Es gehe nicht mehr primär darum, ein Dokument zu interpretieren oder seinen Wahrheitsgehalt zu bestimmen, sondern »de le travailler de l'intérieur et de l'élaborer«.[42]

---

[40] Foucault, Michel, *Les mots et les choses. Une archéologie des sciences humaines*, Paris 1966, S. 13. »Eine solche Analyse gehört, wie man sieht, nicht zur Ideengeschichte oder zur Wissenschaftsgeschichte. Es handelt sich eher um eine Untersuchung, in der man sich bemüht festzustellen, von wo aus Erkenntnisse und Theorien möglich gewesen sind, nach welchem Ordnungsraum das Wissen sich konstituiert hat […]« (Foucault, *Die Ordnung der Dinge. Eine Archäologie der Humanwissenschaften*, übers. v. Ulrich Köppen, Frankfurt am Main 1971, S. 24).

[41] Foucault, *L'archéologie du savoir*, Paris 1969, S. 14.

[42] Ebd.

Disons pour faire bref que l'histoire, dans sa forme traditionnelle, entreprenait de »mémoriser« les *monuments* du passé, de les transformer en *documents* et de faire parler ces traces qui, par elles-mêmes, souvent ne sont point verbales, ou disent en silence autre chose que ce qu'elles disent; de nos jours, l'histoire, c'est ce qui transforme les *documents* en *monuments*, et qui, là où on déchiffrait des traces laissées par les hommes, là où on essayait de reconnaître en creux ce qu'ils avaient été, déploie une masse d'éléments qu'il s'agit d'isoler, de grouper, de rendre pertinents, de mettre en relations, de constituer en ensembles. Il était un temps où l'archéologie, comme discipline des monuments muets, des traces inertes, des objets sans contexte et des choses laissées par le passé, tendait à l'histoire et ne prenait sens que par la restitution d'un discours historique; on pourrait dire, en jouant un peu sur les mots, que l'histoire, de nos jours, tend à l'archéologie, – à la description intrinsèque du monument.[43]

Die Behandlung der Dokumente als Monumente gehe mit einer geänderten Aufmerksamkeit einher. Ziel der Historiker sei es nicht mehr, Kontinuitäten und Kausalitäten zu erkennen, sondern Brüche, Diskontinuitäten, Abgrenzungs- und Geltungsprobleme sichtbar zu machen. Es gehe um die Frage nach dem historischen Apriori des Wissens und um seine Transformationen. Dieses Wissen manifestiert sich Foucault zufolge potentiell in allen Dokumenten der Vergangenheit; man könne daher den Blick nicht auf bestimmte Disziplinen oder gar auf die Wissenschaften beschränken, sondern müsse auch weit entfernte Textsorten berücksichtigen. Die herkömmlichen Klassifikationsbegriffe für Texte (Buch, Werk, Text, Roman etc.) stellt Foucault grundsätzlich infrage und ersetzt sie durch abstrakte Begriffe wie *énoncé* und *événement discursif* (*discours* ist ein relativ unspezifischer Begriff, er wird von Foucault aber mithilfe der Begriffe *énoncé* und *événement* erläutert):

---

[43] Ebd., S. 14f. (Kursivierungen im Text). »Um der Kürze willen sagen wir also, daß die Geschichte in ihrer traditionellen Form es unternahm, die *Monumente* der Vergangenheit zu ›memorisieren‹, sie in *Dokumente* zu transformieren und diese Spuren sprechen zu lassen, die an sich oft nicht sprachlicher Natur sind oder insgeheim etwas anderes sagen, als sie sagen; heutzutage ist die Geschichte das, was die *Dokumente* in *Monumente* transformiert und was dort, wo man von den Menschen hinterlassene Spuren entzifferte, dort, wo man in Hohlform zu erkennen versuchte, was sie [die Menschen] gewesen waren, eine Masse von Elementen entfaltet, die es zu isolieren, zu gruppieren, passend werden zu lassen, in Beziehung zu setzen und zu größeren Mengen zusammenzusetzen gilt. Es gab eine Zeit, in der die Archäologie als Disziplin der stummen Monumente, der bewegungslosen Spuren, der kontextlosen Gegenstände und der von der Vergangenheit hinterlassenen Dinge zur Geschichte tendierte und nur durch die Wiederherstellung eines historischen Diskurses Sinn erhielt; man könnte, wenn man etwas mit den Worten spielte, sagen, daß die Geschichte heutzutage zur Archäologie tendiert – zur immanenten Beschreibung des Monuments« (Foucault, *Archäologie des Wissens*, übers. v. Ulrich Köppen, Frankfurt am Main 1973, S. 15 – Übers. leicht geändert).

Une fois suspendues ces formes immédiates de continuité, tout un domaine en effet se trouve libéré. Un domaine immense, mais qu'on peut définir: il est constitué par l'ensemble de tous les énoncés effectifs (qu'ils aient été parlés et écrits), dans leur dispersion d'événements et dans l'instance qui est propre à chacun. Avant d'avoir affaire, en toute certitude, à une science, ou à des romans, ou à des discours politiques, ou à l'œuvre d'un auteur ou même à un livre, le matériau qu'on a à traiter dans sa neutralité première, c'est une population d'événements dans l'espace du discours en général. Ainsi apparaît le projet d'une *description des événements discursifs* comme horizon pour la recherche des unités qui s'y forment.[44]

Eine so verstandene Diskursanalyse unterscheidet sich von der linguistischen Untersuchung der *langue*. Während die Linguistik (qua Systemlinguistik) nach den Regularitäten einer Äußerung und nach der Generalisierbarkeit dieser Regularitäten fragt, geht es der Diskursanalyse um die Frage der historischen Einmaligkeit einer Äußerung: »comment se fait-il que tel énoncé soit apparu et nul autre à sa place?«[45] In ihrer Summe ergeben die einzelnen *énoncés* bzw. *événements discursifs* dann eine *pratique* bzw. eine *formation discursive*, die quer steht zu einzelnen Disziplinen und dennoch ihre eigenen Regularitäten besitzt. Als Beispiel nennt Foucault seine eigene Untersuchung zur Geschichte des Wahnsinns:

La formation discursive dont la discipline psychiatrique [welche im frühen 19. Jahrhundert entstanden ist] permet de repérer l'existence ne lui est pas coextensive, tant s'en faut: elle la déborde largement et l'investit de toutes parts. [...] Cependant, malgré l'absence de toute discipline instituée [im 17. und 18. Jahrhundert], une pratique discursive était à l'œuvre, qui avait sa régularité et sa consistance. Cette pratique discursive, elle était investie dans la médecine certes, mais tout autant dans les règlements administratifs, dans des textes littéraires ou philosophiques, dans la casuistique, dans les théories ou les projets de travail obligatoire ou d'assistance aux pauvres.[46]

---

44 Foucault, *L'archéologie du savoir*, S. 38f. (Kursivierungen im Text). »Hat man diese unmittelbaren Formen der Kontinuität einmal suspendiert, findet sich in der Tat ein ganzes Gebiet befreit. Ein immenses Gebiet, das man aber definieren kann: es wird durch die Gesamtheit aller effektiven Aussagen (énoncés) (ob sie gesprochen oder geschrieben worden sind, spielt dabei keine Rolle) in ihrer Streuung als Ereignisse und in der Eindringlichkeit, die jedem eignet, konstituiert. Bevor man es in aller Gewißheit mit einer Wissenschaft oder mit Romanen, mit politischen Reden oder dem Werke eines Autors oder gar einem Buch zu tun hat, ist das Material, das man in seiner ursprünglichen Neutralität zu behandeln hat, eine Fülle von Ereignissen im Raum des Diskurses im allgemeinen. So entsteht das Vorhaben einer *reinen Beschreibung der diskursiven Ereignisse* als Horizont für die Untersuchung der sich darin bildenden Einheiten« (Foucault, *Archäologie des Wissens*, S. 41 – Übers. leicht geändert).

45 Foucault, *L'archéologie du savoir*, S. 39.

46 Ebd., S. 234. »Die diskursive Formation, deren Existenz die psychiatrische Disziplin [welche im frühen 19. Jahrhundert entstanden ist] aufzufinden gestattet, ist

Eine *pratique discursive* kann sich also in medizinischen Fachbeiträgen, in Verwaltungsvorschriften, aber auch in literarischen und philosophischen Texten manifestieren. Wenn man nun mit Foucault Wissen definiert als »ensemble d'éléments, formés de manière régulière par une pratique discursive«,[47] dann wird klar, dass sich so verstandenes Wissen selbstverständlich auch in literarischen Texten manifestieren kann. Wissen ist nicht primär an Disziplinen oder gar an (Natur-)Wissenschaften gebunden, sondern an diskursive Praktiken.

Foucaults Wissensbegriff ist kein philosophischer und kein wissenschaftlicher, sondern ein diskursiver bzw. wissenssoziologischer. Unter Wissen versteht er das, was in einer bestimmten historisch eingrenzbaren Zeit von den in dieser Zeit lebenden Menschen für wahr gehalten wird, nicht das, was objektiv wahr ist (wobei wir ja schon gesehen haben, dass es schwer fällt zu bestimmen, was objektiv wahr ist). Was ihn interessiert, sind die Möglichkeitsbedingungen und diskursiven Ordnungen dieses Wissens.

II.5 Poetologie des Wissens

In Anknüpfung an Foucault hat Joseph Vogl das Konzept einer Poetologie des Wissens entwickelt. Programmatisch skizziert Vogl dieses Konzept in seiner Einleitung zu dem von ihm herausgegebenen Band *Poetologien des Wissens um 1800*. Von Foucault übernimmt Vogl folgende drei »Orientierungen für eine Geschichte des Wissens«:[48] (1) Die Gegenstände des Wissens werden weniger in den Disziplinen oder Wissenschaften bereitgestellt als vielmehr an den Rändern derselben. (2) Es werden Wissensbereiche privilegiert betrachtet, »die einen positiven inneren Zusammenhang ausweisen und dennoch nicht die Dignität eines instituierten Fachgebiets, exemplarischer Modellbildung oder einer epistemologisch gesicherten Kohärenz erlangen konnten«. Diese Betrachtungsweise führt zur Entdeckung von Wissensbereichen, deren Objekte »in einer gewissen Verstreuung existieren« (z.B.

---

nicht von gleicher Ausdehnung wie diese; weit davon entfernt, geht sie weit über sie hinaus und umhüllt sie von allen Seiten. [...] Es war jedoch trotz des Fehlens jeglicher etablierten Disziplin [im 17. und 18. Jahrhundert] eine diskursive Praxis am Werk, die ihre Regelmäßigkeit und ihre Konsistenz hatte. Diese diskursive Praxis war zwar in die Medizin eingebettet, aber ebenso in die Verwaltungsordnung, in die literarischen oder philosophischen Texte, in die Kasuistik, in die Theorien oder Projekte der Zwangsarbeit oder Armenfürsorge« (Foucault, *Archäologie des Wissens*, S. 255 – Übers. leicht geändert).

[47] Foucault, *L'archéologie du savoir*, S. 238.

[48] Vogl, Joseph (Hrsg.), *Poetologien des Wissens um 1800*, München 1999, S. 12.

das anthropologische Wissen romantischer Naturphilosophie, »das sich nicht zuletzt als eine hybride Verbindung aus physikalischen Grundannahmen, medizinischen Einsichten, magnetistischen Hypothesen und literarischen Einfällen beschreiben läßt«). (3) Die zu untersuchenden Wissensformen sind nicht auf Texte eingrenzbar, sondern sie situieren sich in einem Raum, »der eine textuelle Pragmatik und ein dichtes Gefüge aus diskursiven und nicht-diskursiven Praktiken organisiert«.

Die so verstandene Geschichte des Wissens »führt Problematisierungsweisen dessen vor, was man Wahrheit oder Erkenntnis nennen könnte«.[49] Sie wird konzipiert als Poetologie des Wissens, »die das Auftauchen neuer Wissensobjekte und Erkenntnisbereiche zugleich als Form ihrer Inszenierung begreift«.[50] Wichtige Bezugsautoren für Vogl sind – neben Foucault – vor allem Friedrich Nietzsche (insbesondere seine These, wonach der philosophische Wahrheitsdiskurs auf dem Vergessen einer »primitiven Metaphernwelt« beruhe),[51] Hayden White (der die Auffassung vertritt, dass Geschichtsschreibung sich als poetischer Akt beschreiben lasse)[52] und Gilles Deleuze (der über Foucaults Diskursanalyse sagt, dass ihre wesentliche Innovation darin bestehe, Wissenschaft und Poesie gleichermaßen als Wissen zu behandeln).[53] Vogl zieht aus den Überlegungen von Hayden White den Schluss: »jeder epistemologischen Klärung geht eine ästhetische Entscheidung voraus«.[54] In solcher Absolutheit lässt sich das sicher nicht aufrechterhalten, bzw. man müsste genau definieren, was man jeweils unter *ästhetisch* versteht. Zutreffend scheint mir indes die mit dieser Auffassung implizierte Abkehr von dem naiven Glauben, es gäbe einen unverstellten Zugang zur Welt der Dinge

---

[49] Ebd., S. 13.

[50] Ebd.

[51] »Was also ist Wahrheit? Ein bewegliches Heer von Metaphern, Metonymien, Anthropomorphismen, kurz eine Summe von menschlichen Relationen, die, poetisch und rhetorisch gesteigert, übertragen, geschmückt wurden und die nach langem Gebrauch einem Volke fest, kanonisch und verbindlich dünken: die Wahrheiten sind Illusionen, von denen man vergessen hat, daß sie welche sind, Metaphern, die abgenutzt und sinnlich kraftlos geworden sind, Münzen, die ihr Bild verloren haben und nun als Metall, nicht mehr als Münzen, in Betracht kommen« (Nietzsche, Friedrich, »Über Wahrheit und Lüge im außermoralischen Sinn«, in: *Werke in sechs Bänden*, Bd. 5, Karl Schlechta (Hrsg.), München 1980, S. 309–322, hier S. 314).

[52] Vgl. White, Hayden, *Metahistory. The Historical Imagination in Nineteenth-Century Europe*, Baltimore 1973.

[53] Vgl. Deleuze, Gilles, *Foucault*, übers. v. Hermann Koczyba, Frankfurt am Main 1987, S. 169, zitiert nach Vogl, *Poetologien des Wissens*, S. 14.

[54] Vogl, *Poetologien des Wissens*, S. 13f.

an sich, und dieser Zugang sei der Philosophie und den exakten Wissenschaften vorbehalten. Nützlich scheinen mir ebenfalls die von Vogl vorgeschlagenen Möglichkeiten der Relationierung von Literatur und Wissen:

> Literatur ist selbst eine spezifische Wissensformation, dort etwa, wo sie zum besonderen Organ und Medium von Einheiten wie Werk oder Autor geworden ist; Literatur ist Gegenstand des Wissens, dort etwa, wo sie eine bestimmte Art des Kommentierens hervorgerufen und die Möglichkeit eines eigentümlichen Sprechens über das Sprechen geschaffen hat; Literatur ist ein Funktionselement des Wissens, dort etwa, wo sie, wie in der geistesgeschichtlichen Tradition, das Feld einer schöpferischen Subjektivität auf herausragende Weise besetzt; und Literatur wird schließlich durch eine Ordnung des Wissens selbst produziert, dort etwa, wo ihre Sprache wie keine andere beauftragt scheint, das Uneingestehbare zu sagen, das Geheimste zu formulieren, das Unsagbare ans Licht zu holen.[55]

Literatur wird von Vogl mithin in vier unterschiedliche Relationen zum Wissen gestellt: Sie ist (1) eine Wissensformation, produziert oder inkarniert also eine Art des Wissens; sie ist (2) ein Gegenstand des Wissens, d. h. sie wird von einem für Wissen zuständigen System aus beobachtet; sie ist (3) ein Funktionselement des Wissens, d. h. sie partizipiert an einem ihr übergeordneten Wissen als dessen ausübendes Organ; sie ist (4) das Produkt einer Wissensordnung. Dadurch erklärt sich, dass es möglich und legitim ist, in der Literatur nach Spuren und Beständen, mit Foucault gesprochen: nach diskursiven Praktiken des Wissens zu suchen. Vogls Funktionsbestimmungen berühren sich im Übrigen mit den zu Beginn der vorliegenden Untersuchung vorgeschlagenen Relationierungstypen: Wenn er Literatur als »spezifische Wissensformation« betrachtet, so entspricht dies unserem Punkt 3 (Literatur generiert Wissen); seine Auffassung von Literatur als einem »Funktionselement des Wissens« überschneidet sich zum Teil mit unserem Punkt 1 (Literatur importiert Wissen), ebenso wie sein Punkt 4 (»Literatur wird schließlich durch eine Ordnung des Wissens selbst produziert«). Die Möglichkeit einer grundlegenden Differenz bzw. Nichtkompatibilität von Literatur und Wissen findet bei Vogl keine Erwähnung. Umgekehrt kommt in der von mir vorgeschlagenen Typologie die Literatur als Gegenstand des Wissens nicht vor, denn diese Möglichkeit unterscheidet Literatur nicht von anderen Gegenständen wie etwa Regenwürmern oder Neutronen und ist daher nicht spezifisch für Literatur.

---

[55] Ebd., S. 15.

III. Schlussfolgerungen

Zum Abschluss sollen nun aus dem Gesagten einige Schlussfolgerungen gezogen werden, um zu explizieren, worin die Besonderheit des Zusammenhangs von Wissen und Literatur besteht – denn dass Literatur eine bloße Verdoppelung lebensweltlichen Wissens sein sollte, wäre systemtheoretisch betrachtet wenig plausibel.

(1) Wenn das besondere Merkmal literarischer Texte darin besteht, dass sie die Aufmerksamkeit des Rezipienten auf sich selbst und auf ihre sprachliche Verfasstheit lenken, so bedeutet das für das in literarischen Texten enthaltene Wissen, dass dieses ebenfalls einer Codierung qua Form unterliegt und als Wissen nur zugänglich wird, wenn man diese Form mit berücksichtigt. Beispielhaft hierfür möchte ich noch einmal die oben zitierten Beiträge von Weertje Willms und Christian Kohlroß nennen. So schreibt Willms, dass es »die spezifische Darstellungsform des literarischen Textes möglich« mache, »einen Einblick in die Welt der Psychose zu erhalten, da sie die Krankheit gleichsam *von innen*« schildere.

> Durch die ihr eigenen spezifischen Mittel (Fokalisierung, Erzählerstimme, Tempus, sprachliche Gestaltung) kann die Literatur die Krankheit aus der Innenperspektive schildern und so auf je unterschiedliche Weise anschaulich und begreiflich machen – durch Empathie oder durch gequältes Abgestoßenwerden.[56]

Kohlroß spricht der Literatur die Funktion zu, gemeinsam mit der Philosophie und den Wissenschaften an der »Erschließung der Gründe für unseren Gebrauch von Begriffen« zu arbeiten. Dieses »Erschließen der Gründe« geschehe aber in der Literatur »nicht über das Argumentieren, logische Schließen oder Beobachten realer Sprecher [...], sondern über die Darstellung«.[57] Die besondere Fähigkeit der Literatur bestehe, so Kohlroß, darin, dass sie durch ihre jenseits der verfügbaren Begriffe angesiedelten Darstellungen (etwa von Stolz in Jane Austens *Pride and Prejudice*) unser Wissen um die Welt und die *conditio humana* erweitern könne. Das durch literarische Darstellungen generierte Wissen verhält sich demnach komplementär zu dem begrifflichen Wissen. Es handelt sich um eine alternative Form des Wissens, welches sich nicht auf Begriffe reduzieren lässt, sondern welches für sich selbst steht und nur im Prozess der Rezeption des literarischen Textes – und das meint immer auch der Wahrnehmung seiner formalen Eigenschaften – zu haben ist. Man könnte auch sagen: Es ist eine emergente Form von Wissen.

---

[56] Willms, »Wissen um Wahn und Schizophrenie«, S. 103 (Kursivierung im Text).
[57] Kohlroß, »Ist Literatur ein Medium?«, S. 31.

(2) Literatur kann sich explizit mit epistemologischen Fragen auseinandersetzen, d. h. sie kann solche Fragen auf der Ebene des Dargestellten oder auch auf der Ebene der Darstellung (Kommentar, Reflexion, Deskription) thematisieren. Indem Literatur dies tut, kann sie solche Fragen zu Zwecken der Selbstbeschreibung nutzen; die Darstellung von Wissen bzw. Wissenschaft kann in literarischen Texten als poetologische Metapher eingesetzt werden. Dies ist etwa dann der Fall, wenn wie in Julio Cortázars Roman *Rayuela* (1963) auf eine aktuelle naturwissenschaftliche Erkenntnis Bezug genommen wird – die von dem schwedischen Neurobiologen Holger Hyden gemachte Entdeckung, dass sich Denken als Abfolge chemischer Prozesse im Gehirn beschreiben lasse – und eine der Romanfiguren, der Schriftsteller Morelli, daraus den Schluss zieht, dass man angesichts dieser Erkenntnis in einem Roman nicht mehr mit herkömmlichen psychologischen Kategorien operieren könne, sondern diese durch chemische Kategorien ersetzen müsse.[58]

(3) Indem Literatur sich durch die Thematisierung oder Darstellung epistemologischer Sachverhalte oder Modelle selbst beschreibt, erfolgt in der Moderne häufig auch eine Reflexion über die Grenzen der Systeme. In der mit Balzac beginnenden literarischen Reihe des wirklichkeitsdarstellenden Romans kommt es regelmäßig zur poetologischen Funktionalisierung wissenschaftlicher Modelle (etwa bei Flaubert, Zola, Proust, Pirandello, Svevo, Musil u. a.). Diese Selbstbeschreibung steht explizit häufig unter dem Zeichen der Rivalität zwischen Literatur und Wissenschaft.[59] Tatsächlich zeigt sich bei genauerer Hinsicht, dass die Literatur durch solches Rivalisieren mit dem fremden System Wissenschaft ihre eigenen Grenzen und damit auch die Grenzen des fremden Systems auslotet. Besonders sinnfällig wird dies in Hybridtexten wie Flauberts *Bouvard et Pécuchet*, Musils *Mann ohne Eigenschaften*, Borges' *Ficciones* oder Calvinos *Palomar* – Texten, deren Gattungszugehörigkeit unklar ist und die die Entscheidung, ob sie Literatur, Wissenschaft oder etwas anderes sind, schlicht verweigern bzw. dem Leser überlassen.

Wir erkennen also, dass es erst durch die Kombination von Systemtheorie (Theorie der funktionalen Ausdifferenzierung und der Nicht-Substituierbarkeit der Systeme) und Diskursanalyse (Theorie der diskursiven Dispersion des Wissens) möglich wird, die Komplexität des Verhältnisses von Literatur und Wissen zu erfassen und darzustellen. Selbstverständlich bleibt es aus einer bestimmten Perspektive nach wie vor richtig zu behaupten, dass die

---

[58] Cortázar, Julio, *Rayuela*, Madrid 1987, S. 376–379 (Kap. 62).
[59] Vgl. hierzu Thiher, Allen, *Fiction Rivals Science. The French Novel from Balzac to Proust*, Columbia, London 2001.

Literatur in der modernen Gesellschaft nicht die primäre Funktion habe, Wissen zu generieren. Andererseits bleibt festzuhalten, dass, wie Foucault und nach ihm andere gezeigt haben, das Wissen als diskursive Praxis gewissermaßen quer steht zu den offiziellen Funktionssystemen einer Gesellschaft. Seismographischer Ausdruck dieses Widerspruchs sind literarische Texte wie die oben erwähnten von Flaubert, Musil, Borges u. a. Allerdings lässt sich der Status dieser Texte nur durch die Kombination der genannten Theorien beschreiben. Die oben angestellten Überlegungen stimmen überein mit der Annahme, dass es keine ontologische Wahrheit gibt, die man unvermittelt beobachten, erkennen und darstellen kann – auch nicht die Wahrheit über den epistemischen Status der Literatur. Jede Beobachtung bzw. Erkenntnis ist theorie- und beobachterabhängig. Dies wird im Eifer des Gefechts nur allzu leicht vergessen. Die Aufgabe der Wissenschaft besteht darin, das Vergessene oder Ausgeblendete sichtbar zu machen. Dass sie dabei selbst nicht in der Lage sein kann, absolutes Wissen zu produzieren, sollten ihre Protagonisten nicht aus dem Auge verlieren.

Andrea Albrecht

Zur textuellen Repräsentation von Wissen am Beispiel von Platons *Menon*

I.

»Wenn man die sokratischen Dialoge liest, so hat man das Gefühl: welche fürchterliche Zeitvergeudung! Wozu diese Argumente, die nichts beweisen und nichts klären?«[1]

Wittgensteins polemische Kritik richtet sich gegen Form und Inhalt der platonischen Philosophie. Er wendet sich sowohl gegen die zeitvergeudende dialogische Darstellung als auch gegen den »geistigen Krampf«[2] der essentialistischen ›Was ist X‹-Fragen, mit denen Platon seine Sokrates-Figur immer wieder auf die extensionalen Definitionsversuche seiner Gesprächspartner reagieren lässt.[3] Geleitet von der Überzeugung, dass die Frage nach dem Wesen allgemeiner Begriffe in der Regel nur durch die Angabe von (familienähnlichen) Beispielen zum Begriffsgebrauch zu beantworten ist, imaginiert Wittgenstein eine platonische ›Was ist Wissen?‹-Frage, um sie im nicht-platonischen Sinn zu beantworten:

I cannot characterize my standpoint better than by saying that it is opposed to that which Socrates represents in the Platonic dialogues. For if asked what knowledge is I would list examples of knowledge, and add the words ›and the like‹. No common element is found in them all.[4]

Auch »Wissen« ist demnach ein allgemeiner Begriff, der keine essentialistische Behandlung verträgt. In den *Philosophischen Untersuchungen* beschreibt

---

[1] Wittgenstein, Ludwig, »Vermischte Bemerkungen«, in: Werkausgabe, *Bemerkungen über die Farben u.a.*, Bd. 8, G.E.M. Anscombe (Hrsg.), Frankfurt am Main 1989, S. 445–573, hier S. 468.

[2] Wittgenstein, Ludwig, »Das Blaue Buch«, in: Werkausgabe, *Bemerkungen über die Farben u.a.*, Bd. 5, Rush Rhees (Hrsg.), Frankfurt am Main 1989, S. 15–116, hier S. 15.

[3] Vgl. Schneider, Jan Georg, *Wittgenstein und Platon. Sokratisch-platonische Dialektik im Lichte der wittgensteinschen Sprachspielkonzeption*, Freiburg, München 2002, insbes. S. 228ff. und S. 241ff.

[4] Wittgenstein, Ludwig, Ms 302, 14, zit. nach Hallet, Garth, *A Companion to Wittgensteins ›Philosophical Investigations‹*, Ithaca, London 1977, S. 33f.

Wittgenstein die »Grammatik«[5] des Begriffs »Wissen« folgerichtig durch ein Spektrum von Beispielen, unter denen sich sowohl propositionale, sagbare als auch nicht-propositionale, nicht sagbare Wissensformen finden, etwa das Wissen, wie eine Klarinette klingt,[6] wie man Bilder gebraucht,[7] wie man zählt und rechnet,[8] wie man eine Sprache spricht[9] oder Tennis spielt.[10] »Die Grammatik des Wortes ›wissen‹ ist«, bekräftigt er seinen heuristischen Ansatz, »offenbar eng verwandt der Grammatik der Worte ›können‹, ›imstande sein‹. Aber auch eng verwandt der des Wortes ›verstehen‹ (Eine Technik ›beherrschen‹.)«[11] Wittgenstein kommt *cum grano salis* mit dieser intendierten Verschleifung der Distinktion zwischen Wissen und Können, propositionalem und nicht-propositionalem Wissen dem antiken Begriffssystem erstaunlich nahe. Denn während Platon die griechischen Ausdrücke für Wissen: ἐπιστήμη, νοῦς, σοφία, φρόνησις, τέχνη etc. unsystematisch verwendet und so Sachwissen, Künste und Fähigkeiten begrifflich ineinander übergehen lässt,[12] differenziert Aristoteles in der *Nikomachischen Ethik* zwar zwischen praktischem Können (τέχνη), praktischer/ethischer Klugheit (φρόνησις), theoretischem/wissenschaftlichem Wissen (θεωρία, ἐπιστήμη), philosophischer Weisheit (σοφία) und intuitiver Vernunft (νοῦς), betrachtet aber alle diese dianoetischen Tugenden wiederum als Formen des Wissens.[13]

---

5 Dabei heißt »Grammatik« bei Wittgenstein das System, das die geregelte Wortverwendung innerhalb eines Sprachspiels beschreibt und als »Gepflogenheit« oder »Lebensform« Letzteres erst konstituiert. Vgl. Kober, Michael, *Gewißheit als Norm, Wittgensteins erkenntnistheoretische Untersuchungen in ›Über Gewißheit‹*, Berlin, New York 1993, S. 50ff.

6 Vgl. Wittgenstein, Ludwig, »Philosophische Untersuchungen«, in: Werkausgabe, *Tractatus logico-philosophicus u. a.*, Bd. 1, durchgesehen von Joachim Schulte, Frankfurt am Main ¹¹1997, S. 225–580, hier § 78, S. 284.

7 Vgl. ebd., §§ 139–141, S. 308–311.

8 Vgl. Wittgenstein, Ludwig, »Bemerkungen über die Grundlagen der Mathematik«, in: Werkausgabe, *Bemerkungen über die Grundlagen der Mathematik*, Bd. 6, G.E.M. Anscombe u. a. (Hrsg.), Frankfurt am Main ⁶1999, hier S. 37f.

9 Wittgenstein, »Philosophische Untersuchungen«, § 199, S. 344.

10 Vgl. ebd., § 68, S. 278f.

11 Ebd., § 150, S. 315. Vgl. auch ebd. § 30, S. 254. Dazu u. a. Kober, *Gewißheit als Norm*, S. 48ff. und S. 187ff.; Schneider, *Wittgenstein und Platon*, S. 31–61.

12 Vgl. Szaif, Jan, *Platons Begriff der Wahrheit*, Freiburg, München 1996, S. 235; Hintikka, Jaako, *Knowledge and the Known. Historical Perspectives in Epistemology*, Dordrecht 1974, S. 9 und S. 28ff.

13 Aristoteles, *Nikomachische Ethik* VI, 3ff. Vgl. Gadamer, Hans-Georg, »Die Idee des Guten zwischen Platon und Aristoteles«, in: Gesammelte Werke, *Griechische Philosophie III. Plato im Dialog*, Bd. 7, Tübingen 1991, S. 128–227, hier S. 146ff. Im Anschluss an Aristoteles wird sich bei Thomas von Aquin u. a. die Vorstellung einer theoretischen und einer praktischen Wissenschaft ausbilden. Vgl. Lutz-Bach-

Den offenen, auf Familienähnlichkeit gründenden Wissensbegriff Wittgensteins voraussetzend, geht der folgende Beitrag der Vermutung nach, dass es für wissenshistorische, literatur- und kulturwissenschaftliche Fragestellungen fruchtbar sein könnte, den vermeintlich traditionellen Wissensbegriff um Aspekte praktischer und nicht deklarativer Wissensformen zu erweitern. »Wissen« wird daher im Folgenden nicht mit einer Menge wahrer, gerechtfertigter Aussagen gleichgesetzt, sondern soll ein Spektrum unterschiedlicher Wissensformen bezeichnen: Neben deklarativen, propositionalen Formen (*knowing that*, Satzwissen) umfasst der Wissensbegriff damit auch nicht-propositionale Wissensformen, d. h. Unterscheidungswissen (diskriminatorische Fähigkeiten), Erfahrungswissen (*knowledge by acquaintance*, episodisches Wissen, *collateral knowledge*), praktisches Gebrauchswissen (technisches, handwerkliches Wissen, Herstellungswissen) und praktische Fähigkeiten und Fertigkeiten (*knowing how*, prozedurales Wissen, strategisch-heuristisches Wissen, Methodenwissen). Diese im Allgemeinen nicht-propositionalen Wissensformen, die subjekt- und kontextgebunden sind und denen sich nicht ohne Weiteres ein Wahrheitswert zuschreiben lässt,[14] hängen eng mit den propositionalen, deklarativen Wissensformen zusammen: »Wer das eine hat, hat, zumindest in der Regel, auch das andere«.[15] Doch dieser Zusammenhang impliziert nicht, dass sich eine Wissensform auf die andere reduzieren ließe. Denn selbst wenn man in propositionaler Form über nicht-propositionales Wissen spricht, Letzteres etwa benennt oder beschreibt, wird es dadurch nicht selbst propositional.

Eine ganz andere Frage ist, welchen der Wissensformen im Zusammenhang ›textwissenschaftlicher‹ Fragestellungen Relevanz zukommt. Wenn man Wissen mit propositionalem Wissen identifiziert,[16] kann man annehmen,

---

mann, Matthias, »Praktisches Wissen und ›Praktische Wissenschaft‹: Zur Epistemologie der Moralphilosophie bei Thomas von Aquin«, in: Ders./Alexander Fidora (Hrsg.), *Handlung und Wissenschaft, Action and Science. Die Epistemologie der Praktischen Wissenschaften im 13. und 14. Jahrhundert – The Epistemology of the Practical Sciences in the 13th and 14th Centuries*, Berlin 2008, S. 89–96.

[14] Vgl. zur Unterscheidung Wieland, Wolfgang, *Platon und die Formen des Wissens*, Göttingen ²1999, S. 224ff.

[15] Baumann, Peter, *Erkenntnistheorie. Lehrbuch Philosophie*, Stuttgart 2002, S. 30.

[16] Vgl. z. B. Harald Fricke, der über die poetische Form vermittelte »nicht-propositionale Lerneffekte« konzediert, die allerdings im Unterschied zu propositionalen Lerneffekten keinen intersubjektiv vergleichbaren Status hätten: »jeder Leser« lerne »bei jeder Lektüre […] etwas anderes«. Fricke, Harald, »Kann man poetisch philosophieren?«, in: Gottfried Gabriel/Christine Schildknecht (Hrsg.), *Literarische Formen der Philosophie*, Stuttgart 1990, S. 26–39, hier S. 37ff.

dass sich ein wissenshaltiger Text in der Tradition Descartes'[17] oder auch der Tradition des frühen Wittgenstein[18] befriedigend ›analysieren‹,[19] d.h. in einzelne Aussagen zerlegen und in dieser ›atomistischen‹ Form hinsichtlich Wahrheit und Rechtfertigung evaluieren lässt. Aus wissenspsychologischer Sicht entspricht dieses Modell der Vorstellung, dass Textverstehen auf das »sequentielle Abarbeiten von Propositionslisten« hinausläuft, die beim Lesen eines Textes gebildeten Wissensstrukturen also additiv-elementaristisch sind[20] und auch mental als solche repräsentiert werden. Das durch einen Text vermittelte Wissen ginge dann nicht über das in ihm niedergelegte Satzwissen hinaus.[21] Nicht nur für die Analyse fiktionaler, literarischer Texte ist die Fruchtbarkeit dieses eingeschränkten Wissensbegriffs zweifelhaft.[22] Auch für nicht-fiktionale, philosophische oder wissenschaftliche Texte ist zu erwägen, ob das Wissen, das man ihnen zuschreibt, überhaupt vorgestellt werden kann »as a body of statements occupying a particular location in the nexus of historical and scientific doctrine«.[23] Ein Mathematiker etwa wird bei der Konsultation eines Mathematikbuches nur in Ausnahmefällen allein an propositionalem Satzwissen interessiert sein. Geht man hingegen von einem

---

[17] »Es ist zweckmäßig«, konstatiert Descartes, »die Erkenntniskraft ganz den kleinsten und höchst einfachen Sachverhalten zuzuwenden und längere Zeit dabei zu verweilen, solange bis es uns zur Gewohnheit wird, die Wahrheit in deutlicher und scharfblickender Intuition zu erfassen.« Descartes, René, »Regeln zur Ausrichtung der Erkenntniskraft«, in: *Philosophische Schriften in einem Band*, mit einer Einführung von Rainer Specht, Hamburg 1996, S. 1–222, hier Regel 9, S. 57. Und ebd., Regel 13, S. 107: »Wenn wir ein Problem vollkommen verstehen, so ist es von jedem überflüssigen Begriff abzulösen, auf seine einfachste Form zu bringen und in einer Aufzählung in möglichst kleine Teile aufzuteilen.«

[18] Vgl. Wittgenstein, Ludwig, »Tractatus logico-philosophicus«, in: Werkausgabe, *Tractatus logico-philosophicus u. a.*, Bd. 1, S. 7–85, hier § 4.11, S. 32,: »Die Gesamtheit der wahren Sätze ist die gesamte Naturwissenschaft«.

[19] Vgl. zu den verschiedenen Bedeutungsdimensionen des Analysisbegriffs Beaney, Michael, »Analysis«, in: *The Stanford Encyclopedia* (Winter 2003 ed.), Edward N. Zalta (Hrsg.), http://plato.stanford.edu/entries/analysis (Stand: 19.08.2009).

[20] Schnotz, Wolfgang, »Textverstehen als Aufbau mentaler Modelle«, in: Heinz Mandl/Hans Spada (Hrsg.), *Wissenspsychologie*, München, Weinheim 1988, S. 299–330, hier S. 303.

[21] Vgl. Sanford, Anthony J./Garrod, Simon C., *Understanding Written Language: Exploration of Comprehension Beyond the Sentence*, Chicester u. a. 1981.

[22] Für literarische Texte vgl. Köppe, Tilmann, »Vom Wissen in Literatur«, in: *Zeitschrift für Germanistik*, 17 /2007, 2, S. 398–410. Für wissenschaftliche Darstellungen vgl. Hacking, Ian, *Einführung in die Philosophie der Naturwissenschaften*, Stuttgart 1996, S. 223ff.

[23] Wilson, Catherine, »Literature and Knowledge«, in: *Philosophy*, 58/1983, 226, S. 489–496, hier S. 496.

Wissenskonzept aus, das auch nicht-propositionale Formen einschließt,[24] hat man nach der textuellen Manifestation dieser Wissensgehalte zu fragen. Wie wird technisches Wissen, wie werden Fähigkeiten sprachlich dargestellt? Wie kann sich ›nicht-sagbares‹ Wissen überhaupt in Texten abbilden? Wie unterscheiden sich die textuelle Darstellung und Vermittlung von Wissensansprüchen von der textuellen Darstellung und Vermittlung nicht-propositionalen Wissens? Und welche Rolle spielen dabei Aspekte der Form?

Fragen wie diese lassen sich am ehesten an einem konkreten Beispiel beantworten. Im Folgenden wird dies anhand der sogenannten ›Sklavenszene‹ aus Platons Dialog *Menon* versucht, die im Laufe der Philosophiegeschichte – von Aristoteles und Cusanus[25] über Galilei[26] und Leibniz[27] bis zu Paul Natorp und Michel Serres[28] – zu einer Urszene für die Konzeptualisierung mathematischen und philosophischen Wissens geworden ist und als solche bis heute diskutiert wird.[29] Dass die Wahl damit auf einen das Mathematische thematisierenden Text fällt, mag in einem Band, der dem Konnex von Literatur und Wissen gewidmet ist, überraschen, wird doch im Allgemeinen die Mathematik als reinste Form propositionalen, wissenschaftlichen Wissens wie eine Antipodin der Poesie behandelt.[30] Als Beleg für diese Zuschreibung

---

[24] Vgl. Gottfried Gabriels Vorschlag, die »einseitige Orientierung der Philosophie an der Wahrheit im Sinne der Aussagenwahrheit« aufzubrechen und den Erkenntnisbegriff »über den Begriff der propositionalen Erkenntnis hinaus« zu erweitern. Gabriel, Gottfried, »Literarische Form und nichtpropositionale Erkenntnis in der Philosophie«, in: Gabriel/Schildknecht (Hrsg.), *Literarische Formen der Philosophie*, S. 1–25, hier S. 1.

[25] Vgl. Cassirer, Ernst, *Das Erkenntnisproblem in der Philosophie und Wissenschaft der neueren Zeit: 1*, in: *Gesammelte Werke*, Bd. 2, Birgit Recki (Hrsg.), Hamburg 1999, S. 375f.

[26] Vgl. Huerta, Robert D., *Vermeer and Plato: Painting the Ideal*, Cranbury 2005, S. 61ff.

[27] Leibniz, Gottfried Wilhelm, *Neue Abhandlungen über den menschlichen Verstand*, übers., eingel. und erl. von Ernst Cassirer, Hamburg 1971, S. 42f.

[28] Natorp, Paul, *Platos Ideenlehre*, Hamburg 1994, S. 35 und S. 142–144; Serres, Michel, *Hermes I. Kommunikation*, übers. von Michael Bischoff, Günther Rösch (Hrsg.), Berlin 1991, S. 119.

[29] Vgl. etwa Giaquinto, Marcus, »Diagrams: Socrates and Meno's Slave«, in: *International Journal of Philosophical Studies*, 1/1993, 1, S. 81–97; Shapiro, Stewart, *Thinking About Mathematics. The Philosophy of Mathematics*, Oxford 2000, S. 52ff.; Norman, Jesse, *After Euclid. Visual Reasoning and the Epistemology of Diagrams*, Stanford 2006; Lomas, Dennis, »What Perception Is Doing, and What It Is Not Doing, in Mathematical Reasoning«, in: *The British Journal for the Philosophy of Science*, 53/2002, 2, S. 205–223, u.v.m.

[30] Vgl. Fulda, Daniel/Matuschek, Stefan, »Literarische Formen in anderen Diskursformationen: Philosophie und Geschichtsschreibung«, in: Simone Winko u.a. (Hrsg.), *Grenzen der Literatur. Zu Begriff und Phänomen des Literarischen*, Berlin, New York 2009, S. 188–219, hier S. 189f.

sei nur eine besonders deutliche Position aus der aktuellen epistemologischen Diskussion angeführt. In ihrer Studie *Philosophische Masken. Literarische Formen der Philosophie bei Platon, Descartes, Wolff und Lichtenberg* (1990) grenzt Christiane Schildknecht mathematisches Wissen dichotomisch von poetischem Wissen ab, und zwar in der erklärten Absicht, die Philosophie *zwischen* (mathematischer) Wissenschaft und Literatur zu platzieren. Im Unterschied zur »Propositionalität mathematischer Methode«[31] und ihrer apophantischen Darstellungsform sind für Schildknecht nicht-propositionale Erkenntnis- und Wissensformen, vor allem indirekte, deiktische Komponenten der Sprachverwendung, das differenzbildende Spezifikum literarischer Rede und literarisch geformter philosophischer Rede.[32]

Die Ausgangsvermutung dieses Beitrags legt nahe, die Unterscheidung zwischen propositionalen und nicht-propositionalen Wissensformen nicht als spezifische Differenz zwischen literarischen und nicht-literarischen Texten zu werten. Da Platon mit seinem Dialog ohne Zweifel Wissen zu vermitteln beansprucht und er dazu eine hybride Darstellungsform wählt, in der sich philosophische, mathematische und dramatisch-literarische Textur bzw. apophantische und ästhetische Darstellungsformen überlagern, kann die Analyse des *Menon* Argumente dafür liefern, nicht nur für besondere (literaturaffine) Darstellungsformen der Philosophie, sondern auch für mathematische (und andere wissenschaftliche) Texte von einem »unangemessen eng«[33] konzipierten Wissensbegriff abzurücken. Wenn allerdings schon in wissenschaftlichen Texten mit nicht-propositionalen Wissensformen zu rechnen ist, liegt die Annahme nahe, dass auch in literarischen Texten nicht-propositionale Wissensformen eine Rolle spielen, auch wenn diese sicherlich den Regeln eines anderen Sprachspiels als dem wissenschaftlicher Texte folgen – doch dieser Annahme genauer nachzugehen, ist nicht die Absicht dieses Beitrags.

Welche Formen des Wissens bilden sich also als identifizierbare Eigenschaften des Textes in der Sklavenszene ab? Nach einer Rekapitulation der

---

[31] Schildknecht, Christiane, *Philosophische Masken. Literarische Formen der Philosophie bei Platon, Descartes, Wolff und Lichtenberg*, Stuttgart 1990, S. 85.

[32] Vgl. Schildknecht, *Philosophische Masken*, S. 13ff. Schildknecht erwägt in Konfrontation mit Christian Wolff, dass die »Unterbewertung nicht-propositionaler Formen des Wissens in der Mathematik […] eine nicht durchzuhaltende Verkürzung ihres Verständnisses« darstellen könnte (S. 116), folgt diesem Verdacht aber leider nicht.

[33] Bauereisen, Astrid/Pabst, Stephan/Vesper, Achim, »Einleitung«, in: Dies. (Hrsg.), *Kunst und Wissen. Beziehungen zwischen Ästhetik und Erkenntnistheorie im 18. und 19. Jahrhundert*, Würzburg 2009, S. 9–31, hier S. 22.

im Zentrum von Platons Dialog stehenden Auseinandersetzung um das Wesen praktischen Tugendwissens (Abschnitt II) wird es um das präsentierte
geometrische Wissen (Abschnitt III) und seine praktischen, nicht-propositionalen Aspekte gehen, die, das sei vorweggenommen, in einer signifikanten Spannung zu Platons mathematikphilosophischer Überzeugung stehen
(Abschnitt IV). Die Textanalyse führt zurück zu Wittgensteins Ausgangsfrage nach der Funktion von Platons vermeintlich zeitvergeudender dialogischer Darstellungsform (Abschnitt V) und schließt mit einer kurzen systematischen Reflexion zur textuellen Repräsentation propositionaler und
nicht-propositionaler Formen des Wissens (Abschnitt VI).

II.

Platon macht sich in seinen Texten nie in eigenem Namen für eine Sache
stark; er konfrontiert seine Leser vielmehr mit der »literarischen Fiktion«
eines »mündlich geführten Dialogs«,[34] in dem, gebunden an einen spezifischen Kontext und an ein spezifisches dramatisches Personal, gefragt, geantwortet, erzählt und erörtert wird. Zwar lassen sich die im Dialog getätigten
Aussagen analytisch rekonstruieren und evaluieren. Um der Eigenart seines
dialogischen Philosophierens aber gerecht zu werden, hat man seine Texte
darüber hinaus als »Muster philosophischen Tätigseins« zu interpretieren,
und d. h. als Vorführung und Inszenierung einer spezifischen epistemischen
Praxis.[35]

Der Dialog *Menon*[36] startet *medias in res* mit einer an Sokrates gerichteten Frage von Menon, einem jungen, sophistisch ausgebildeten General aus
Thessalien, ob Tugendwissen/Gutsein (ἀρετή)[37] lehrbar (διδακτὸν), eine
Sache der praktischen Übung (ἀσκητὸν) sei oder aber dem Menschen von
Natur (φύσει) oder irgendwie sonst zukomme (Men. 70a). Sokrates bekennt,
nichts über Tugend zu wissen und sich der Frage höchstens auf dialektische
Weise (Men. 75c-d) annähern, d. h. mit Menon in ein offenes Gespräch über
das Wesen der Tugend eintreten zu können. Menon bemüht sich daraufhin

---

[34] Wieland, *Platon und die Formen des Wissens*, S. 15.

[35] Vgl. ebd. S. 67 u. ö.

[36] Platons Dialoge werden im laufenden Text zitiert nach der Schleiermacher-Übersetzung: »Menon« mit der Sigle »Men.« nach Platon, Werke in acht Bänden, *Des
Sokrates Apologie u.a.*, Bd. 2, Gunther Eigler (Hrsg.), Darmstadt 1973; »Der Staat«
mit der Sigle »Pol.« nach ebd., *Der Staat*, Bd. 4., Darmstadt 1971.

[37] Zur problematischen Übersetzung des ἀρετή-Begriffs vgl. Gatzemeier, Matthias,
»Arete«, in: Jürgen Mittelstraß (Hrsg.), *Enzyklopädie Philosophie und Wissenschaftstheorie*, Bd. 1, Stuttgart 1995, S. 160.

um verschiedene Explikationen seines Tugendverständnisses, die Sokrates jedoch alle zurückweist. Verärgert beklagt sich Menon daher bald über den Zustand aporetischer Ratlosigkeit, vergleicht Sokrates mit einem »Krampfrochen« bzw. einem »Zitterrochen« (Men. 80a), der ihn künstlich in einen Zustand des Nichtwissens versetze, und versteigt sich zu der sophistisch-eristischen These, dass man offensichtlich eine Sache gar nicht untersuchen könne, von der man nicht schon wisse, was sie sei – eine These, die seitdem als »Menons Paradox« bekannt geworden ist.

> Und auf welche Weise willst du denn dasjenige suchen, Sokrates, wovon du überall gar nicht weißt, was es ist? Denn als welches besondere von allem, was du nicht weißt, willst du es dir denn vorlegen und so suchen? Oder wenn du es auch noch so gut träfest, wie willst du denn erkennen, daß es dieses ist, was du nicht wußtest? (Men. 80d)

Menons Paradox dekontextualisiert und verabsolutiert den Wissensbegriff und stellt so generell die Möglichkeit eines innovativen Erkenntnisfortschritts in Frage: Entweder weiß man etwas, oder man weiß es nicht, so dass man, wie Aristoteles die *Menon*-Stelle erläutert, entweder »keinerlei Wissen erwerben« wird oder nur Wissen, das man bereits »besitzt«.[38] In der Philosophiegeschichte avancieren später – sehr vereinfacht gesagt – aprioristische und (in aristotelischer Nachfolge) induktivistische Modelle zu den kanonischen Lösungsversuchen des Paradoxons.[39] Platons Sokrates allerdings reagiert auf Menons Einwand ausweichend, und zwar mit einer Nacherzählung der von Priestern und Dichtern propagierten Anamnesis-Lehre (Men. 81a-d). Dieser mythologisch eingekleideten[40] Lehre zufolge ist der wieder und wieder geborenen Seele des Menschen nichts wirklich unbekannt, so dass man sich beim Lernen und Erkennen an die Gegenstände des Wissens nur ›wiedererinnern‹, d.h. sich das potenzielle, vorgeburtliche Wissen bewusst machen und es aktualisieren müsse. Sokrates möchte zwar, wie er mit ironischem Gestus andeutet, für das Gesagte nicht mit vollem Nachdruck einstehen (Men. 86b) – der Mythos markiert hier, wie in anderen Dialogen auch, einen Bereich, der für Platon *noch* nicht oder *prinzipiell* nicht episte-

---

[38] Aristoteles, »Analytica posteriora«, in: *Werke in deutscher Übersetzung*, Bd. 3, Teil 2, Halbbd. 1, übers. von Wolfgang Detel, Hellmut Flashar (Hrsg.), Berlin 1993, 71a24–32. Aristoteles' eigener Lösungsvorschlag geht davon aus, »daß man es zwar auf gewisse Weise weiß, auf andere Weise jedoch nicht«, der Wissenserwerb also immer auf schon vorhandenem Wissen aufsetzt und folglich Menons Paradoxie einer artifiziellen Situation entspringt (ebd., 71a26–27).

[39] Vgl. die Rekapitulation bei Hoffmann, Michael H.G., *Erkenntnisentwicklung. Ein semiotisch-pragmatischer Ansatz*, Frankfurt am Main 2005, S. 64–81.

[40] Vgl. Gadamer, »Die Idee des Guten«, S. 158.

misch ausgeschritten werden kann, so dass auch der Leser des Dialogs den Mythos nicht als »Lehre von einer ›Hinterwelt‹ des Geistes« misszuverstehen, sondern ihn als eine »(metaphorische) Formel«[41] für die Vorstellung eines autonomen Wissensbildungsprozesses zu nehmen hat. An der pragmatischen Implikation des Mythos will Sokrates allerdings uneingeschränkt festhalten: Erst der Glaube an die Möglichkeit des Wissenserwerbs motiviere den Menschen zur Suche nach Wissen (Men 86b-c).

Um Menon davon zu überzeugen, führt Sokrates mit einem ungebildeten Sklavenjungen ein Experiment durch, einen Dialog im Dialog, der auf drei deutlich unterscheidbaren Kommunikationsebenen operiert:[42] Auf der ersten innerfiktionalen Ebene bringt Sokrates in der Rolle des Geometers den Knaben durch geschickte Fragen und Hinweise dazu, die Fläche eines gegebenen Quadrats zu verdoppeln und so eine geometrische Erkenntnis zu generieren. Auf der zweiten innerfiktionalen Ebene dient das geometrische Gespräch dazu, dem temporär in die Rolle eines Zuschauers gerückten Menon die Anamnesis-These zu plausibilisieren und damit nicht nur dessen zuvor geäußerte sophistische Behauptung zu widerlegen, sondern zugleich auch den destruktiven Charakter der elenktischen Gesprächsführung als Vorbereitung einer konstruktiven, nämlich anamnetischen Gesprächsführung auszuweisen. Menons absoluter Wissensbegriff ist nach Sokrates' Auffassung durch einen relativen Wissensbegriff zu ersetzen, da der Mensch, zumindest in bestimmten Fällen, sehr wohl in der Lage ist, auch ohne bewusstes Vorwissen über einen Gegenstand erfolgreich und eigenständig nach neuen Erkenntnissen über diesen Gegenstand zu streben. Die dritte Kommunikationsebene schließlich umfasst die extrafiktionale Kommunikation zwischen dem Leser und Platon, dem Arrangeur des Dialogs,[43] der sein dramatisches Personal (Sokrates, Menon, Menons Sklave, später auch Anytos) in eine dialogisch-performative Auseinandersetzung verstrickt, um damit die (vorläufige) Einsicht des ganzen Dialogs vorzubereiten, dass nämlich das Tugendwissen des Philosophen von der wahren Meinung der tugendhaften Staatsmänner, der »Orakelsprecher und Wahrsager, als auch alle[r] Dichtenden« (Men. 99c-d)[44] zu unterscheiden sei. Zwar sei eine (nicht

---

[41] Vgl. Mittelstraß, Jürgen, »Versuch über den sokratischen Dialog«, in: Ders., *Wissenschaft als Lebensform. Reden über philosophische Orientierung in Wissenschaft und Universität*, Frankfurt am Main 1982, S. 138–161, hier S. 147.

[42] Vgl. dazu schon Klein, Jacob, *A Commentary on Plato's ›Meno‹*, Chapel Hill 1975; Lee, Sang-In, *Anamnesis im ›Menon‹*, Frankfurt am Main u. a. 2001, S. 188f.

[43] Vgl. Rowe, Christopher, *Plato and the Art of Philosophical Writing*, Cambridge 2007, S. 9ff.

[44] Vgl. Wieland, *Platon und die Formen des Wissens*, S. 244f.

gerechtfertigte) wahre Meinung (δόξα) – d.i. eine richtige Vorstellung, die der Träger nicht begründen kann und daher im strengen Sinne auch nicht ›weiß‹ – in der Praxis ebenso nützlich wie eine gerechtfertigte, wahre Meinung (ἐπιστήμη). Letztere aber erweist sich als zuverlässiger, weil der Wissende seine Meinung stets aktualisieren, d.h. aus sich selbst heraus wiedererzeugen und begründen kann. »Und dies, Freund Mcnon«, schließt Sokrates seine Ausführungen wieder an den Anamnesis-Mythos an, »ist eben die Erinnerung« (Men. 98a).

Über diese Unterscheidungen hinaus erfahren Menon und die Leser des Dialogs, dass Tugend weder lehrbar sei (Men. 94b; 95d-96b) noch dem Menschen von Natur aus zukomme (Men. 89a-b); eine *positive* Bestimmung von ἀρετή wird jedoch im *Menon* mit einer skeptischen Erwägung ausgesetzt: »Das Bestimmtere darüber werden wir aber erst dann wissen, wenn wir, ehe wir fragen, auf welche Art und Weise die Menschen zur Tugend gelangen, zuvor an und für sich untersuchen, was die Tugend ist« (Men. 100b). In gewisser Hinsicht endet der Dialog somit ergebnislos; über Platons propositionale Bestimmung des Tugendkonzepts erhält man jedenfalls in anderen Dialogen besser Auskunft. Dennoch vermittelt der Text Einsichten in das Wesen des Tugendwissens, und zwar ganz im Sinne Wittgensteins durch die Präsentation eines Beispiels. Wie von Hans Georg Gadamer, Jürgen Mittelstraß, Wolfgang Wieland und anderen gezeigt wurde,[45] ist ἀρετή für Platon eine Form dialektischen Wissens, das sich weder nach Art der Sophisten lehren[46] noch vollständig objektivieren lässt. Dialektisches Wissen kann das Individuum nur praktisch, das heißt in anamnetischer Selbstbesinnung und dialogischer Auseinandersetzung erwerben – durch Überlegen und Entfalten einerseits, im Sich-Besprechen und Etwas-(mit anderen)-Besprechen andererseits.[47] Im *Menon* ist es die Figur des Sokrates, die dieses praktische Wissen verkörpert und in seiner performativ-dramatischen Dialogführung auch ›exemplifiziert‹.[48] Im Sinne Nelson Goodmans gibt der Dialog ›eine Probe‹[49] von dem in Rede stehenden praktischen Wissen, dem zugleich eine »(philosophische) *Lebensform*«,[50] ein Habitus entspricht. Selbst die »Feststellung des Nicht-Wissens« und die Momente aporetischer Ratlosigkeit sind konstitutive

---

45 Vgl. dagegen Szaif, *Platons Begriff der Wahrheit*, insbesondere S. 222–238.

46 Vgl. Gadamer, »Die Idee des Guten«, S. 154.

47 Vgl. Mittelstraß, »Versuch über den sokratischen Dialog«, S. 142f.

48 Vgl. dazu den Beitrag von Danneberg, Lutz/Spoerhase, Carlos, in diesem Band.

49 Goodman, Nelson, *Sprachen der Kunst. Entwurf einer Symboltheorie*, übers. von Bernd Philippi, Frankfurt am Main 1997, S. 63ff.; Ders., *Weisen der Welterzeugung*, übers. von Max Looser, Frankfurt am Main 1990, S. 48.

50 Mittelstraß, »Versuch über den sokratischen Dialog«, S. 145.

Bestandteile dieses dialektischen Wissens[51] und werden im Dialog als solche performativ in Szene gesetzt. Neben dem, was der Dialog explizit thematisiert (und denotiert), wird somit zugleich beispielhaft vorgeführt, durch welche besonderen Eigenschaften sich das in Rede stehende praktische Tugendwissen des Sokrates auszeichnet. Platon kann auf diese Weise mit seinem Text *zeigen* (ἐπιδείξωμαι Men. 82b.), was dialektisches Tugendwissen ist,[52] auch ohne diese höchste Form des Wissens propositional zu bestimmen.

Ist dies nun eine im platonischen Denken ausschließlich den höchsten Formen des Wissens vorbehaltene Repräsentation, eine Idiosynkrasie des platonischen Wissenskosmos? Oder lassen sich ähnliche Strategien auch im Hinblick auf das im Dialog zur Sprache kommende geometrische Wissen beobachten, also im Hinblick auf das im Liniengleichnis der *Politeia* als Verstandeserkenntnis (διάνοια) qualifizierte und dem höchsten dialektischen Wissen der Philosophie (ἐπιστήμη) untergeordnete Wissen der Geometer?

III.

Der propositionale Gehalt des geometrischen Wissens, um das es in der Sklavenszene des *Menon* geht, lässt sich in einen mathematischen Satz fassen:

> Das Quadrat über der Diagonalen eines gegebenen Quadrats hat einen doppelt so großen Flächeninhalt wie das gegebene Quadrat.

Es handelt sich um eine vereinfachte (mit Zirkel und Lineal lösbare) Version des klassischen (mit Zirkel und Lineal nicht lösbaren) Delischen Problems der Würfelvolumenverdopplung, das in dieser Allgemeinheit allerdings weder am Beginn noch am Ende der Geometrielektion formuliert wird. Sokrates initiiert vielmehr ein induktives Gespräch, das, ausgehend von relativ basalen geometrischen Beobachtungen, den Knaben Schritt für Schritt zu einer Problemlösung führt. Er beginnt das Gespräch dazu mit der Konstruktion einer konkreten, in den Sand gezeichneten Figur (σχῆμα), ihrer Identifikation bzw. Benennung als Viereck und der Zusammenstellung ihrer geometrischen Eigenschaften, die sich in ähnlicher Form auch im Definitionsteil von Euklids *Elementen* finden: Ein Quadrat ist demnach durch die Gleichheit der vier Seiten und die Gleichheit der beiden Diagonalen definiert.[53]

---

51 Vgl. ebd., S. 148.

52 Mittelstraß, »Versuch über den sokratischen Dialog«, S. 156.

53 Eine Figur ist bei Euklid, »was von einer oder mehreren Grenzen umfaßt wird« (Buch I, Def. 14); »*Geradlinige Figuren* sind solche, die von Strecken umfaßt werden« und »*vierseitige* [Figuren] die von vier […] Strecken umfaßten« (Buch I, Def. 19); »Von den vierseitigen Figuren ist ein *Quadrat* jede, die gleichseitig und recht-

Sokrates: Sage mir also, Knabe, weißt du wohl, daß ein Viereck eine solche Figur ist?

Knabe: Das weiß ich.

Sokrates: Gibt es also ein Viereck, welches alle diese Seiten, deren vier sind, gleich hat?

Knabe: Allerdings.

Sokrates: Hat es nicht auch diese beiden, welche durch die Mitte hindurchgehen, gleich?

Knabe: Ja. (Men. 82 b-c)

In der Reaktion des Knaben auf Sokrates' Gesprächsauftakt wird deutlich, dass er nicht nur die griechische Sprache beherrscht, was sich Sokrates eingangs ausbedungen hatte, sondern auch mit den euklidisch-geometrischen Konzepten Figur, Viereck, Seite, Gleichheit etc. vertraut genug ist, um dem Gedankengang intellektuell folgen zu können. Er verfügt, wie man mit Peirce sagen könnte, über ausreichend kollaterales Wissen.[54] Jedenfalls befremdet ihn Sokrates' Anliegen, Erwägungen über die Proportionen der im Sand gezeichneten Figur anzustellen, nicht. Er lässt sich im Gegenteil willfährig und ohne Zögern auf die geometrischen Überlegungen ein[55] und bestimmt auf arithmetischem Wege, d.h. durch Zählen, zielsicher die Fläche des gegebenen Quadrats und die Fläche eines doppelt so großen Quadrats. Bei der Konstruktion des doppelt so großen Quadrats aber gerät der Knabe in Verlegenheit, was Sokrates zum willkommenen Anlass nimmt, zwei Hypothesen *ad absurdum* zu führen – um damit zugleich das hypothetische, negative Schlussverfahren der Mathematik, das er kurze Zeit später analog für die Prüfung philosophischer Hypothesen einsetzt (Men. 86e), exemplarisch anzuwenden: Zunächst führt er die Annahme, dass ein doppelt so großes Qua-

---

winklig ist« (Buch I, Def. 22); »*Im Parallelogramm* [und damit insbesondere auch im Quadrat] sind die gegenüberliegenden Seiten sowohl als Winkel einander gleich, und die Diagonale halbiert es«, d.h., jede Diagonale zerlegt das Quadrat in zwei kongruente Dreiecke (Buch I, § 34). Zitiert nach der Übersetzung von Clemens Thaer: Euklid, *Die Elemente. Buch I–XIII*, Clemens Thaer (Hrsg.), Darmstadt 1969.

54 Vgl. Hoffmann, *Erkenntnisentwicklung*, S. 38ff.

55 Die Reaktion des Knaben ist erklärungsbedürftig: Seine Gelehrigkeit markiert die Artifizialität des Lehrgesprächs, seine Willfährigkeit manifestiert die dem Gespräch zugrundeliegende Hierarchie zwischen Herr und Sklave, Lehrer und Schüler, und seine auffällige Namenlosigkeit steht für die Allgemeingültigkeit von Sokrates' pädagogischem Experiment: Sokrates hätte jeden beliebigen Dialogpartner zu der Erkenntnis führen können. Für Arieti ist der Knabe sogar »merely a prop« (Arieti, James A., *Interpreting Plato. The Dialogues as Drama*, Savage 1991, S. 206) für das »satyr play« (ebd., S. 201), das Sokrates für Menon vorführt.

drat auch doppelt so lange Seiten haben müsse, dann die Annahme, dass es eineinhalb mal so lange Seiten haben müsse, zu einem Widerspruch. Wie zuvor Menon gerät auch sein Sklave daraufhin in eine aporetische Verwirrung und gesteht, »beim Zeus« (Men. 84a), nicht weiter zu wissen.

Mit diesem Eingeständnis des Nichtwissens zeigt sich Sokrates zunächst mehr als zufrieden, gibt es ihm doch die Gelegenheit, Menon (auf der zweiten innerfiktionalen Ebene) zum einen explizit auf die Nützlichkeit aporetischer Verunsicherung für den Erkenntnisfortschritt hinzuweisen und ihm zum anderen ein Beispiel für einen besseren, weil weniger aggressiven Umgang mit dem eigenen Nichtwissen zu geben. Menon bleibt nur die zähneknirschende Bestätigung von Sokrates' Thesen:

Sokrates: Indem wir ihn also in Verlegenheit brachten und zum Erstarren, wie der Krampfrochen, haben wir ihm dadurch etwa Schaden getan?
Menon: Mich dünkt nicht.
Sokrates: Vielmehr haben wir vorläufig etwas ausgerichtet, wie es scheint, damit er herausfinden kann, wie sich die Sache verhält. Denn jetzt möchte er es wohl gern suchen, da er es nicht weiß […]. (Men. 84 b-c)

Die aporetische Verunsicherung, die aus dem Aufdecken einer falschen Meinung resultiert, ist demnach eine notwendige Erkenntnisstufe, die den Knaben – und nicht nur ihn, sondern auch den mitvollziehenden Menon und die Leser – zur Suche nach einer richtigen Meinung motivieren soll.

Mit Menons Einlenken fürs Erste zufriedengestellt, wendet sich Sokrates wieder seinem geometrischen Schüler zu und konstruiert mit ihm nun unter Anleitung Schritt für Schritt das gesuchte Quadrat doppelten Flächeninhalts, indem er es auf einer der zuvor »durch die Mitte« des Ausgangsquadrats gezeichneten Linien errichtet und seinen Flächeninhalt durch Kongruenzüberlegungen, d.h. durch einen *proof by superposition*, bestimmt. Implizit wird dabei deutlich (allerdings nur, wenn man als Leser den mathematikgeschichtlichen Kontext kennt), dass der arithmetische Lösungsansatz des Knaben gar keinen Erfolg zeitigen konnte, entspricht doch die Seitenlänge des gesuchten Vierecks der Diagonalen des gegebenen Vierecks, ist also irrational und damit im pythagoräischen Zahlensystem nicht messbar.[56] Sokrates führt diesen Zusammenhang nicht aus, sondern gibt sich mit der Konstruktion des gesuchten Vierecks zufrieden. Nach der Nennung des pythagoräischen *terminus technicus*, der Diagonalen, entlässt er den Knaben:

---

[56] Vgl. Popper, Karl R., »Platon und die Geometrie«, in: Ders., *Die Welt des Parmenides. Der Ursprung des europäischen Denkens*, übers. von Sibylle Wieland und Dieter Dunkel, Arne F. Petersen (Hrsg.), München, Zürich 1998, S. 325–353, hier S. 328.

Sokrates: Diese nun nennen die Gelehrten die Diagonale; so daß, wenn diese die Diagonale heißt, alsdann aus der Diagonale, wie du behauptest, das zweifache Viereck entsteht.
Knabe: Allerdings, Sokrates. (Men. 85b)

Geometrisches Wissen, könnte man schlussfolgern, ist Definitions- und Satzwissen dieser Art. Und in der Tat bezeugt die Geometrie in Platons Dialog, dass es ein objektivierbares, in Sätzen darstellbares Wissen gibt, das sich erzeugen, deklarieren und durch einen Beweis rechtfertigen lässt. Doch erschöpft sich das im Dialog präsentierte geometrische Wissen in dem wahren und zumindest für einen konkreten Fall (*dieses* Viereck) auch gerechtfertigen Satz? Selbst wenn man Sokrates' geometrisches Argument in eine nicht-dialogische Form übersetzt, es etwa in eine synthetische Darstellung nach dem Vorbild der euklidischen *Elemente* transformiert, bleibt die Frage virulent, ob im geometrischen Text – ähnlich wie im Hinblick auf das Tugendwissen – nicht auch praktische, nicht-propositionale Aspekte geometrischen Wissens zum Tragen kommen. Wenn dies der Fall sein sollte, müsste gefragt werden, inwiefern ein mathematisches Theorem oder eine geometrische Beispielaufgabe auf Nicht-Propositionales Bezug nehmen kann.

IV.

Der Leser des *Menon* hat Anlass, sich Sokrates als einen kompetenten Geometer vorzustellen. Die Souveränität und Sicherheit, mit denen Platon seine Figur in der Sklavenszene agieren lässt, deuten darauf hin, dass Sokrates nicht nur zahlreiche geometrische Theoreme und zugehörige Beweise kennt, sondern auch diskriminatorisch geschult ist, über Erfahrungswissen im Hinblick auf seine geometrischen Objekte und Probleme verfügt, ein technisches Gebrauchswissen etwa im Umgang mit Zahlen, Sätzen und Diagrammen sowie ein praktisches Know-how und geometrisches Methodenwissen für das Aufstellen und Beweisen von Hypothesen und Sätzen hat.[57] Dass dieses praktische geometrische Wissen auch Eingang in den Text findet, wird besonders deutlich im Hinblick auf die von Sokrates im *Menon* vorgeführte Kombination von diskursiv-verbalem und graphisch-diagrammatischem Argumentieren.[58] Platon lässt seinen Geometer Figuren in den Sand zeichnen,

---

[57] Vgl. Wieland, *Platon und die Formen des Wissens*, S. 308.
[58] Vgl. zur Interdependenz von diskursiven und diagrammatischen Formen, Text und Diagramm: Netz, Reviel, *The Shaping of Deduction in Greek Mathematics: A Study in Cognitive History*, Cambridge 1999, S. 25f. Netz' »cognitive history« rekonstruiert

mit ihnen experimentieren und sie geometrisch auswerten – Figuren, die sich die Leser des Dialogs, den deiktischen Hinweisen von Sokrates folgend, zum notierten Text hinzuimaginieren oder hinzuzeichnen (oder einer der illustrierten Platon-Editionen entnehmen) müssen. Ohne diese Visualisierungen bleibt Sokrates' Argument unvollständig, ist doch für die griechische Geometrie sowohl die Technik geometrischen Konstruierens und Manipulierens als auch die Technik des ›seeing in the diagram‹ von fundamentaler epistemischer Bedeutung: »With obvious exceptions, almost every step in traditional geometrical argument finds its licence partly in the arrangement of the diagram. [...] Moreover, the very objects of traditional geometry arise in the diagram.«[59] Platon ist also gut beraten, seinen Geometer bei der Präsentation geometrischen Wissens Diagramme konstruieren zu lassen. Dennoch hat sich an Sokrates' Diagrammen eine mathematikphilosophische Kontroverse entzündet, in der sich bis heute – in holzschnittartiger Zuspitzung – drei Ausdeutungen entgegenstehen: David Ross zufolge forciert die Sokrates-Figur in der Sklavenszene mit ihrer Darlegung eine *empirische* Rechtfertigung des geometrischen Satzes. Die gezeichneten Diagramme fungieren demnach sowohl als Auslöser der geometrischen Entdeckung wie auch als Fundament der geometrischen Rechtfertigung, einer »evidence of his eyesight«.[60] Leibniz dagegen (und in seinen Spuren: Gregory Vlastos[61]) interpretiert Sokrates' Argument im *Menon* als *nicht-empirische Erkenntnis apriori*, die weder hinsichtlich ihrer Entdeckung noch hinsichtlich ihrer Rechtfertigung einer sinnlichen, visuellen Evidenz bedürfe, die der Geometer vielmehr ebenso gut »mit geschlossenen Augen« bzw. »der Geist [...] aus seinem eigenen Innern zu schöpfen vermag«.[62] Die Diagramme hätten demnach im *Menon* höchstens eine heuristisch-didaktische Funktion, insofern sie das geometrische Argument illustrieren und einen Erkenntnisprozess begleiten, der im Prinzip auch ohne visuelle Konstruktionen zustande kommen könnte. Eine dritte, von Marcus Giaquinto und Jesse Norman vertretene Position geht auf

---

die geometrische Praxis der Griechen mit dem Fokus auf den kulturellen (nicht biologisch-neuronalen) Quellen von Wissen und den nicht-propositionalen Praktiken und Formen (S. 7). Diagramme sind demnach praktische *tools* antiken geometrischen Denkens (S. 35).

[59] Manders, Kenneth, »The Euclidean Diagram (1995)«, in: Paolo Mancosu (Hrsg.), *The Philosophy of Mathematical Practice*, Oxford 2008, S. 80–133, hier S. 81 und S. 87.

[60] Ross, David, *Plato's Theory of Ideas*, Oxford 1951, S. 18.

[61] Vgl. Vlastos, Gregory, »Anamnesis in the ›Meno‹«, in: Jane M. Day (Hrsg.), *Plato's Meno in Focus*, London 1994, S. 88–111. Vgl. auch Ders., »Elenchus and Mathematics. A Turning-Point in Plato's Development«, in: *The American Journal of Philology*, 109/1988, 3, S. 362–396.

[62] Leibniz, *Neue Abhandlungen über den menschlichen Verstand*, S. 40f.

Kants Überlegungen zur Geometrie zurück. Nach Kant liefert ein *Schema* eines geometrischen, d. h. »reinen sinnlichen Begriff[s]« dem Geometer die Konstruktionsvorschrift zur Erzeugung eines dem Begriff korrespondierenden bestimmten *Bildes*.[63] Das (allgemeine und apriorische) Schema gibt demnach die abstrakten Eigenschaften vor, die durch das (singuläre und empirische) Bild exemplifiziert werden sollen und die der geometrisch interessierte Schüler an dem Bild (das daneben viele weitere, für die geometrische Frage aber unwichtige Eigenschaften aufweist) gezielt ins Auge fassen muss.

> Die einzelne hingezeichnete Figur ist empirisch, und dient gleichwohl den Begriff, unbeschadet seiner Allgemeinheit, auszudrücken, weil bei dieser empirischen Anschauung immer nur auf die Handlung der Konstruktion des Begriffs, welchem viele Bestimmungen, z. B. der Größe, der Seiten und der Winkel, ganz gleichgültig sind, gesehen, und also von diesen Verschiedenheiten, die den Begriff des Triangels nicht verändern, abstrahiert wird.[64]

Geometrische Vorstellungen und Begriffe haben demnach zwar einen rein intelligiblen Status, doch sie bedürfen einer versinnlichenden, visualisierenden »Konstruktion«, um nicht »ohne *Sinn*, d. i. ohne Bedeutung« zu bleiben.[65] Verfügt man ausschließlich über begriffliches Wissen, wie Kants mit dem Bild eines Triangels konfrontierter Philosoph,[66] und nicht auch über das für die Konstruktionshandlungen notwendige praktische Wissen, können geometrische Fragen sinnlos oder sogar unlösbar werden. In diesem spezifisch kantischen Sinn haben die Diagramme im *Menon* nicht nur im sogenannten *context of discovery* geometrischer Praxis epistemische Relevanz, wie Marcus Giaquinto konstatiert, sondern tragen auch, wie Jesse Norman im Anschluss an Kant ausführt, zur Rechtfertigung geometrischer Sätze bei.[67]

---

[63] Kant, Immanuel, *Kritik der reinen Vernunft*, Raymund Schmidt (Hrsg.), Hamburg 1956, A 140–142, S. 199f.

[64] Kant, *Kritik der reinen Vernunft*, A 714, S. 658. Die mit Kants mathematikphilosophischer Position verbundenden Schwierigkeiten sind hier nicht von Interesse, vgl. aber Goodwin, William M., *Kant's Philosophy of Geometry*, Berkeley 2003, und die Rekonstruktion der kantischen Position als Theorie mathematischer Tätigkeit von Hoffmann, *Erkenntnisentwicklung*, S. 96ff.

[65] Kant, *Kritik der reinen Vernunft*, A 240, S. 290.

[66] Ebd., A 716, S. 660.

[67] Vgl. Norman, *After Euclid*, S. 91ff. Giaquintos Rekonstruktion beschränkt sich auf den *context of discovery*, vgl. Giaquinto, Marcus, *Visual Thinking in Mathematics. An Epistemological Study*, Oxford 2007, Kap. 4; Ders., »Visualizing in Mathematics«, in: Mancosu (Hrsg.), *The Philosophy of Mathematical Practice*, S. 22–42; Ders., »Visualizing as a Means of Geometrical Discours«, in: *Mind & Language*, 7/1992, 4, S. 382–401. Vgl. ferner den epistemischen Ausbau diagrammatischen Denkens am Beispiel der Geometrie bei Peirce, Charles S., *Religionsphilosophische Schriften*, Hermann Deuser (Hrsg.), Hamburg 1995, S. 139. Dazu: Hoffmann, *Erkenntnisentwicklung*, S. 123ff.

Unabhängig davon, für welche mathematikphilosophische Auslegung der Sklavenszene man sich entscheidet, dürfte für die *Praxis* griechischer Geometrie feststehen, dass die Konstruktion und Manipulation von Diagrammen maßgeblich zum »justificatory success« geometrischen Wissens beigetragen haben. »Euclidian diagram use forces us to confront mathematical demonstrative practice, in a much richer form than is implicit in the notions of mathematical theory and formal proof [...]; and to confront rigorous demonstrative use of non-propositional representation.«[68] Als kollektiv geteilte, »non-verbal« und »non-propositional practice[]«[69] konstituiert das diagrammatische Räsonieren die Kommunikation griechischer Mathematiker und stellt ein für den Erfolg der Geometrie wesentliches epistemisches Werkzeug, ein semiotisches *tool* mathematischen Wissens dar.[70]

Im *Menon* wird diese Praxis in Szene gesetzt. Sokrates zeichnet das empirische Bild eines Vierecks (*dieses* Viereck) nach Maßgabe seines Schemas in den Sand und definiert es umgehend durch die dem idealen Schema-Quadrat zukommende Gleichheit der vier Seiten und der beiden Diagonalen. Auf diese Weise animiert er den zuschauenden Knaben dazu, das Bild so zu sehen, *als ob* es ein ideales Viereck repräsentiere. In den Worten Marcus Giaquintos:

> Taking a diagram to be a diagram of a square [...] is not a way of literally seeing the diagram. If interpretation is involved, it is here; for regarding a diagram as a diagram of a square is taking it to *represent* a square. [...] Seeing the diagram as a geometrical figure of a certain sort, seeing parts of it as related in certain geometrical ways and visualizing motions of the parts, enabled us to tap our geometrical concepts in a way which feels clear and immediate.[71]

Man könnte sich mit diesen Beobachtungen zufrieden geben und Platons Geometrielektion als adäquate Darstellung der semiotischen Praxis griechischer Geometer werten. Bemerkenswerterweise steht die Darstellung mathematischer Tätigkeit jedoch in einer signifikanten Diskrepanz zu Platons/Sokrates' mathematikphilosophischen Überzeugungen. In der *Politeia* attackiert Platons Sokrates-Figur die Geometer gerade dafür, dass sie sich »sichtbare[r] Gestalten bedienen und immer auf diese ihre Rede beziehen« (Pol. 510d), obgleich »sie nicht von diesen handeln, sondern von jenem, dem

---

[68] Manders, Kenneth, »Diagram-Based Geometric Practice«, in: Mancosu (Hrsg.), *The Philosophy of Mathematical Practice,* S. 65–79, hier S. 67f.

[69] Netz, *The Shaping of Deduction in Greek Mathematics,* S. 2f. u. ö.

[70] Vgl. ebd., S. 6. Diagramme sind daher auch ein elementarer und indisponibler Bestandteil antiker geometrischer Texte, vgl. ebd. S. 12.

[71] Giaquinto, »Diagrams: Socrates and Meno's Slave«, S. 90 und S. 95. Ders., *Visual Thinking in Mathematics,* Kap. 4.

diese gleichen, und um des Vierecks selbst willen und seiner Diagonalen ihre Beweise führen, nicht um dessentwillen, welches sie zeichnen« (Pol. 510d). Das wahre geometrische Wissen, an das man sich anamnetisch erinnert, gehört für Platons Sokrates-Figur gerade nicht dem Bereich der Abbilder und des Werdens, sondern dem Bereich der Ideen und des Seins zu. Ebenso verstimmt zeigt sich Sokrates in der *Politeia* über die Ausdrucksweise der Geometer, die irreführenderweise suggeriere, dass die Geometrie ein Tun, eine konstruktive und effektive Tätigkeit sei. Es werde

> wohl niemand, wer nur ein weniges von Meßkunst versteht, bestreiten, daß diese Wissenschaft ganz anders ist, als die, welche sie bearbeiten, darüber reden. [...] Sie reden nämlich gar lächerlich und notdürftig; denn es kommt heraus, als ob sie etwas ausrichteten [...], wenn sie quadrieren, verlängern, zusammennehmen und was sie sonst für Ausdrücke haben [...]. (Pol. 527a)

Die im *Menon* inszenierte Geometrielektion scheint also dem von Platon angenommenen »Wesen« der Geometrie zuwiderzulaufen, aber zugleich etwas Entscheidendes über die reale geometrische Praxis zu offenbaren. Um dies dem Dialog entnehmen zu können, muss man allerdings, ungeachtet der präskriptiven epistemologischen Thesen, wie sie sich in der *Politeia* und anderswo niederschlagen, aus dem nicht-propositionalen, performativen Gehalt des *Menon* eine deskriptive Epistemologie mathematischer Tätigkeit – wenn man so will: Platons »philosophy of real mathematics«[72] – rekonstruieren. Platon ist dann, entgegen der üblichen Zuschreibungen, nicht nur zu den mathematikphilosophischen »foundationalists« zu zählen, also zu den Philosophen, die sich auf die Begründung mathematischen Wissens konzentrieren. Vielmehr liefert er im *Menon* auch einen Beitrag zu den Fragen der »›maverick‹ philosophers of mathematics«,[73] also der Philosophen, die sich auf die Beschreibung mathematischer Praxis fokussieren.

Methodisch gesehen ist diese Perspektivierung, die Platons Dialoge gewissermaßen ›gegen den Strich‹[74] liest, kein Anachronismus, sondern hat eine Entsprechung schon in dem zeitgenössischen Streit zwischen der Schule des Speusippos, Platons Nachfolger, und der Schule des Menaechmos. Wie Proklos in seinem Euklid-Kommentar berichtet, machten Erstere in Platon'scher Tradition das Wesen der Mathematik in der Bestimmung und

---

[72] Corfiel, David, *Towards a Philosophy of Real Mathematics*, Cambridge 2003. Mancosu, Paolo, »Introduction«, in: Ders. (Hrsg.), *The Philosophy of Mathematical Practice*, S. 1–21.

[73] Mancosu, »Introduction«, S. 8.

[74] Vgl. Gadamer, Hans-Georg, »Mathematik und Dialektik bei Platon«, in: Gesammelte Werke, *Griechische Philosophie III. Plato im Dialog*, Bd. 7, S. 290–312, hier S. 290.

Festlegung von Theoremen aus, während Letztere mit Blick auf die Praxis Mathematik als konstruktiven Umgang mit Problemen auszuweisen suchten.[75] Mathematisches Wissen wird von Menaechmos und seinen Schülern – wie auch von Aristoteles[76] – als *Tätigkeit* erfasst: Die antiken Geometer zeichnen Diagramme und erkennen somit durch eine spezifische Aktivität.

Gerade weil Platon sich im *Menon* auf die Inszenierung einer beobachteten geometrischen Praxis beschränkt, er sich – im aristotelischen Sinne – auf eine *mimesis praxeos* des Geometers einlässt, zeigt die Sklavenszene mehr oder anderes, als Platon ›gewusst‹ oder mit seiner Darstellung intendiert haben mag. Die von Sokrates vorgeführte geometrische Konstruktion und insbesondere die Verknüpfung diskursiv-verbalen und graphisch-diagrammatischen Argumentierens sind wohl vor allem aus diesem Grund auch ohne die Kenntnis der mathematikphilosophischen Prämissen Platons bis heute nachvollziehbar: »by following the text supplemented by diagrams, one can discover for oneself the geometric theorem«,[77] stellt Giaquinto in seiner Rekonstruktion des Beweisganges fest. Nicht nur der Sklavenjunge, auch Menon – und auf der extrafiktionalen Ebene die zeitgenössischen wie gegenwärtigen Leser des Dialogs – bekommen im *Menon* somit beispielhaft gezeigt, *wie* man mit »justificational adequacy« eine »diagram-based geometry«[78] betreibt. Durch den Mit- und Nachvollzug von Sokrates' geometrischem Beispiel werden zwar weder der Knabe noch Menon oder die Leser die praktischen Fertigkeiten erlernen, über die Sokrates so souverän verfügt. Bestenfalls gelingt es ihnen, das Allgemeine im Besonderen zu erkennen und das am Beispiel gewonnene praktische Wissen (Methodenwissen, Knowhow, etc.) analogisch auf andere geometrische Problemstellungen zu übertragen.[79] »Urteilskraft, Gebrauchswissen, Fertigkeiten und Fähigkeiten« aber erwirbt man, wie Wolfgang Wieland zutreffend bemerkt, »nur durch lange Übung, deren Mühe einem niemand abnehmen kann«.[80] Nicht-propositionales, praktisches Wissen »can only be taught by doing or demonstration and

---

[75] Vgl. Morrow, Glenn R., *Proclus: A Commentary on the First Book of Euclid's Elements,* Princeton 1970, S. 63f; Hoffmann, *Erkenntnisentwicklung,* S. 89ff.

[76] Aristoteles, *Metaphysik,* IX, 9, 1051a21–24. Vgl. für eine Rekonstruktion des aristotelischen Geometriekonzepts Detel, Wolfgang, »Einleitung«, in: Aristoteles, »Analytica posteriora«, S. 103–334, hier S. 189–232.

[77] Giaquinto, »Diagrams: Socrates and Meno's Slave«, S. 82.

[78] Manders, »Diagram-Based Geometric Practice«, S. 66f.

[79] Zur wichtigen heuristischen Funktion analogischen Denkens für die Mathematik vgl. u.a. Knobloch, Eberhard, »Analogie und mathematisches Denken«, in: *Berichte zur Wissenschaftsgeschichte,* 12/1989, 1, S. 35–47.

[80] Wieland, *Platon und die Formen des Wissens,* S. 250.

the student must obtain an understanding of the matter by his own acti-
vity«,[81] heißt es bei Herbert Breger. Doch auf dieses Problem wird auch
im *Menon* schon direkt aufmerksam gemacht: Nur unter der Voraussetzung,
dass die Lektion in Zukunft des Öfteren in Variationen wiederholt werde,
man den Knaben also »oftmals um dies nämliche befragt und auf vielfache
Art« und somit das Erworbene praktisch einübe, werde er, wie Sokrates Menon wissen lässt, »am Ende nicht minder genau als irgendein anderer um
diese Dinge wissen« (Men. 85 c-d).

V.

Liest man den *Menon* als exemplifikatorische Darstellung praktischen Tugendwissens und praktischen geometrischen Wissens, erhält man eine plau-
sible Antwort auf Wittgensteins eingangs zitierte Frage nach dem Zweck der
vermeintlich zeitvergeudenden dialogischen Darstellungsform. Platon geht
es *auch*, aber eben nicht *allein* um die Darstellung und Vermittlung wahrer, gerechtfertigter Meinungen. Zwar zögert seine Sokrates-Figur nicht, propositionale Wissensansprüche zu erheben und für sich zu reklamieren, sobald
sich die Gelegenheit dazu bietet, wie etwa im Hinblick auf den geometrischen Satz der Sklavenszene. In anderen Fällen aber verweigert sich Sokrates
einer deklarativen Bestimmung, gesteht, wie in Bezug auf das Tugendwissen,
sein Nichtwissen ein oder zieht den Fragenden in eine dialektisch-dialogi-
sche Auseinandersetzung hinein.[82] »Platons Dialoge machen«, wie Wolfgang
Wieland ausführt, »nicht so sehr durch das, was in ihnen gesagt wird, um so
mehr aber durch die Art, wie in ihnen geredet und agiert wird, auf die Eigenart des wirklichen Wissens aufmerksam.«[83] Die formale Gestalt dialogischen
Schreibens wird Platon hier zum Medium der philosophischen Darstellungs-
intention. Sie lässt sich angemessen rekonstruieren, sobald man sich nicht
auf einen propositionalen Wissensbegriff fixiert, sondern in hermeneutischer Absicht auf die dem Dialog zugrunde liegende epistemische Situation,
und d.h. auch auf das von Platon aufgespannte Spektrum propositionaler
und nicht-propositionaler Wissensformen, durchgreift.

Im Hinblick auf das geometrische Wissen liegen die Dinge, wie wir gesehen haben, etwas anders. Im *Menon* wird Letzteres als eine Wissensform be-

---

[81] Breger, Herbert, »Tacit Knowledge in Mathematical Theory«, in: Javier Echeverria
(Hrsg.), *The Space of Mathematics. Philosophical, Epistemological and Historical Explorations*, Berlin, New York 1992, S. 79–90, hier S. 81.
[82] Vgl. Wieland, *Platon und die Formen des Wissens*, S. 244f.
[83] Ebd., S. 65f.

handelt, die zu objektivierbaren, deklarierbaren und evaluierbaren Sätzen führt, d.h. zu propositionalem Wissen in Reinform. Das Theorem dient darüber hinaus aber auch als Beispiel. Für Menon ist es ein Belegbeispiel für die Anamnesislehre, für den Sklavenjungen ein wissensbildendes, heuristisches Beispiel für die mathematische Praxis.[84] »Ein Theorem exemplifiziert«, wie es bei Catherine Elgin im Anschluss an Goodman heißt, »seine logische Form«, die geometrische Begründung »den Gedankengang [...], der eingeübt werden soll.«[85] Zugleich *zeigt* Platons Sokrates als dramatischer Akteur, welche Wissens- und Praxisformen zur Erzeugung dieser Sätze und zum richtigen Umgang mit ihnen beitragen. Sokrates repräsentiert nicht nur den wissenden Geometer; in der dramatischen Performanz wird auch sein Unterscheidungswissen (z.B. zur Unterscheidung geometrischer Formen und Figuren), sein technisches Gebrauchswissen (z.B. im Umgang mit Diagrammen) und sein Methodenwissen (z.B. über das hypothetische Schließen und die semiotische Praxis der Geometrie) exemplifiziert.

Damit aber rückt Platons Dialogpassage überraschend nahe an Wittgensteins Überlegungen zum mathematischen Wissen heran. Denn wie die Philosophie ist für Wittgenstein auch die Mathematik »eine Lehre, – aber doch auch ein *Tun*.«[86] Ein Mathematiker, der »uns Mathematik lehren will«, finge daher, wie es in *Über Gewißheit* heißt, nicht an, »uns zu versichern, er *wisse*, daß $a+b=b+a$ ist«,[87] obwohl er über dieses Satzwissen verfügt. Anstatt propositionales mathematisches Wissen zu reproduzieren, würde er vielmehr praktisch zeigen – und eben dies lässt Platon auch seine Sokrates-Figur tun –, *wie* man rechnet: »Das *Wesen* des Rechnens haben wir beim Rechnenlernen kennengelernt. [...] *So* rechnet man. Und Rechnen ist *dies*.«[88] Mathematisches Wissen und mathematische Tätigkeit gehen damit aus der Wittgenstein'schen Perspektive ineinander über, so dass ein mathematischer Text im-

---

[84] Vgl. Willer, Stefan/Ruchatz, Jens/Pethes, Nicolas, »Zur Systematik des Beispiels«, in: Dies. (Hrsg.), *Das Beispiel. Epistemologie des Exemplarischen*, Berlin 2007, S. 7–59, hier S. 21f. und S. 31f.

[85] Vgl. auch Elgin, Catherine, »Eine Neubestimmung der Ästhetik. Goodmans epistemische Wende«, in: Jakob Steinbrenner u.a. (Hrsg.), *Symbole, Systeme, Welten. Studien zur Philosophie Nelson Goodmans*, Heidelberg 2005, S. 43–59, hier S. 44. Elgin betont zu Recht, dass Exemplifikationsrelationen kein Spezifikum literarischer Rede sind.

[86] Wittgenstein, »Philosophische Untersuchungen«, S. 573. Vgl.: »Die Philosophie ist keine Lehre, sondern eine Tätigkeit.« Wittgenstein, »Tractatus logico-philosophicus«, § 4.112, S. 32.

[87] Wittgenstein, Ludwig, »Über Gewißheit«, in: Werkausgabe, *Bemerkungen über die Farben u.a.*, Bd. 8, S. 113–257, hier § 113, S. 143.

[88] Wittgenstein, »Über Gewißheit«, §§ 45 und 47, S. 129.

mer auch auf eine mathematische Praxis verweist, diese nicht nur beschreibt, sondern auch exemplifiziert:

> Was wir in den Büchern der Mathematiker finden, ist nicht die *Beschreibung von etwas*, sondern die Sache selbst. Wir *machen* die Mathematik. So wie man sagt: ›Geschichte schreiben‹ und ›Geschichte machen‹, so kann man in gewissem Sinn nur Mathematik machen. Die Mathematik ist ihre eigene Anwendung.[89]

Es ist unter anderem dieses »Mathematik machen«, das Wittgenstein dazu veranlasst, den »Begriff des Wissens« mit dem »des Sprachspiels« zu koppeln[90] und auf diese Weise einen Wissensbegriff einzuführen, der in einem engen Bezug zur Praxis des Regelfolgens steht. Wissen, mathematisches und nicht-mathematisches, bewährt sich demnach als solches stets im Rahmen regelgeleiteter, kollektiv vermittelter »Tätigkeit[en]« bzw. »Lebensform[en]«,[91] die man »auch rein praktisch, ohne ausgesprochene Regeln, lernen«[92] kann bzw. zu denen man ›abgerichtet‹[93] wird.

Dieser Abrichtung dient *nolens volens* auch Platons Dialog. Mit den in der Sklavenszene nachgeahmten Handlungen führt er den Leser in eine spezifische epistemische Praxis- und Lebensform ein, nämlich in das auf konstruktive Diagrammatik setzende Sprachspiel geometrischer Exploration, das er in der *Politeia* explizit zu diskreditieren sucht. Anders als in Bezug auf das Tugendwissen, bei dem die (propositionale) Rede über ἀρετή die (nicht-propositionale) dialogische Performanz ergänzt und komplettiert, stehen sich in Bezug auf das geometrische Wissen (propositionale) Wesensbestimmung und (nicht-propositionale, gezeigte) Praxis entgegen. Es sind insbesondere die indirekten, deiktischen und performativen Komponenten des *Menon*, die die Diskrepanz zwischen normativer und deskriptiver Epistemologie, zwischen propositionalem Wissensanspruch und nicht-propositionaler Wissensexemplifikation deutlich werden lassen und den Dialog damit zu einem bis heute aktuellen und kontroversen Beispiel philosophischer und mathematikphilosophischer Reflexion machen.

---

[89]   Zit. nach »Ludwig Wittgenstein und der Wiener Kreis. Gespräche«, aufgezeichnet von Friedrich Waismann, in: Wittgenstein, *Werkausgabe*, Bd. 3, B.F. McGuinness (Hrsg.), Frankfurt am Main 1989, S. 34.

[90]   Wittgenstein, »Über Gewißheit«, § 560, S. 232. »Kalkül« ist für Wittgenstein zeitweilig ein Alternativbegriff zu Sprachspiel, vgl. Majetschak, Stefan, *Ludwig Wittgensteins Denkweg*, Freiburg, München 2000, S. 195ff.

[91]   Wittgenstein, »Philosophische Untersuchungen«, § 23, S. 250.

[92]   Ders., »Über Gewißheit«, § 95, S. 139.

[93]   Ders., »Philosophische Untersuchungen«, §§ 5–6, S. 239f.

VI.

Bindet man die am *Menon* gemachten Beobachtungen an die eingangs formulierten systematischen Ausgangsfragen zurück, so lässt sich festhalten, dass es für kulturwissenschaftliche und wissenshistorische Lektüren sinnvoll sein kann, den Wissensbegriff um Aspekte praktischer und nicht-deklarativer Wissensformen zu erweitern. Nicht nur literaturaffine philosophische Texte, sondern auch wissenschaftliche, ja selbst (im engeren Sinne) mathematische Texte enthalten neben propositionalem Satzwissen stets auch nicht-propositionales Wissen. Diese nicht-propositionalen, vom Text exemplifizierten oder gezeigten Wissensgehalte können teilweise in eine propositionale Form ›übersetzt‹ werden: Das von Platons Sokrates zum Einsatz gebrachte Methodenwissen mathematischen Schließens beispielsweise bleibt im *Menon* implizit, findet sich in logischen Regelwerken aber durchaus in Form explizierten Satzwissens. Andere im Dialog exemplifizierte Wissensgehalte hingegen, wie etwa Platons Konzept dialektischen Tugendwissens oder auch das geometrische Gebrauchs- und Handlungswissen, entziehen sich der Propositionalisierung auf grundsätzlichere Weise. Obwohl diese Formen des Wissens benannt und thematisiert werden können, lassen sie sich nicht – oder zumindest nicht vollständig – in einen propositionalen Klartext überführen. In ihrer Eigenart können sie vielmehr prinzipiell nur gezeigt, praktisch nachgeahmt, performativ präsentiert und der Leserin und dem Leser durch die formalen (und das heißt auch: durch die gemeinhin als ästhetisch bezeichneten) Gestaltungselemente eines Textes auf indirektem Wege vermittelt werden.

Will man diesen Darstellungsstrategien und der spezifischen Verschränkung von propositionalen und nicht-propositionalen Wissensformen gerecht werden, kann man sich nicht auf die Analyse einzelner Sätze und ihrer Rechtfertigungen beschränken, sondern hat den Text auch im Hinblick auf das in ihm exemplifizierte Wissen in den Blick zu nehmen und die epistemische Konstellation zu rekonstruieren, in der er als Wissensträger fungiert. Der dabei in Anschlag gebrachte Wissensbegriff lässt sich – und auch dies sollte die Fallstudie deutlich gemacht haben – weder allein aus der Intention des Verfassers noch allein aus aktuellen epistemologischen Prämissen ableiten. Wissenskonzepte unterliegen einem historischen und kulturellen Wandel, und auch die Bedingungen, unter denen einem Text epistemische Funktionen zugeschrieben werden, sind historisch und kulturell variant. Bei der Analyse und Interpretation eines textuell repräsentierten Wissensgehalts geht es daher im Kern um die hermeneutische Erfassung der Regeln (im Wittgenstein'schen Sinne), die den in Rede stehenden Text zum Teil eines wissenshaltigen Sprachspiels machen.

Auch literarische Texte und literarische Textpassagen wie beispielsweise Platons Anamnesismythos im *Menon* können Teil eines solchen Sprachspiels sein; umgekehrt lassen sich geometrische und didaktische Texte und Textpassagen wie die vorgestellte Sklavenszene ebenso als Teil eines ästhetischen Sprachspiels lesen.[94] Eine Lektüre allerdings, die den vereindeutigenden, auf Exaktheit und Objektivität abzielenden Sprach- und Zeichengebrauch wissenschaftlicher Rede zugunsten des im Allgemeinen bildlichen, metaphorischen und metonymischen Sprach- und Zeichengebrauchs sowie der dramatischen bzw. narrativen Performanz literarischer Rede ausblendet – eine Lektüre, die Platons *Menon* etwa ausschließlich als »satyr play«[95] nach den Regeln literarisch-ästhetischer Sprachspiele deutete, ohne dabei auch seinen wissenschaftlichen Wissensanspruch ernst zu nehmen –, würde dem vielschichtigen epistemischen Gehalt ebenso wenig gerecht wie eine Lektüre, die einen so hybriden Text wie Platons *Menon* auf deklariertes Satzwissen reduzierte. Sowohl bei der Lektüre eines Mathematikbuchs oder eines philosophischen Dialogs als auch bei der Lektüre eines Romans oder eines Gedichts geht es um *mehr* als nur um die Aufnahme propositionalen Wissens. Zu eruieren, worin dieses ›Mehr‹ in seiner Vielfalt und im Einzelnen bestehen kann, ist Aufgabe konkreter Textinterpretationen. Die spezifische Differenz zwischen literarischen auf der einen, philosophischen und wissenschaftlichen Texten und Textpassagen auf der anderen Seite korrespondiert jedenfalls nicht mit der Differenz zwischen nicht-propositionalem bzw. propositionalem Wissen, sondern basiert auf den der jeweiligen Lektüre- und Interpretationspraxis zugrunde gelegten Regeln der Bedeutungs- und Funktionszuschreibung.

---

[94] Vgl. zum Beispiel Thomas Manns ästhetisch-literarische ›Fehllektüre‹ eines algebraischen Textes in *Königliche Hoheit*, Große kommentierte Frankfurter Ausgabe, Bd. 4.1, Heinrich Detering (Hrsg.), Frankfurt am Main 2004, S. 266f.

[95] Arieti, *Interpreting Plato*, S. 201.

Claus-Michael Ort

Das Wissen der Literatur

Probleme einer Wissenssoziologie literarischer Semantik

Die fächerübergreifende Renaissance von ›Wissensforschung‹, ›Wissenstheorien‹ und ›Wissensgeschichte‹ scheint die Präzisierung dessen, was unter ›Wissen‹ zu verstehen ist, ebenso zu erschweren wie die Schärfung genuin wissenssoziologischer Erkenntnisinteressen – zumal unter ›kulturwissenschaftlichen‹ Vorzeichen.[1] Als paradoxe Indikatoren hierfür fungieren um Systematisierung bemühte Überblicksdarstellungen und Definitionsversuche: Entweder sie konstatieren die drohende Entgrenzung der Wissenssoziologie zu einer »interdisziplinären Wissensforschung«,[2] die neuro- und kognitionswissenschaftliche Forschungsrichtungen ebenso einschließt wie – im Zeichen eines *cultural turn* in den Sozialwissenschaften – Konzeptionen von »Wissensordnungen jenseits der Wissenssoziologie«,[3] oder sie vermessen das begrifflich inflationäre Terrain (›Wissensgesellschaft‹, ›Wissenskulturen‹, ›Wissensordnungen‹, ›Wissensregimes‹, ›Wissensmanagement‹, ›Wissenspoetiken‹) eher additiv-enzyklopädisch.[4]

Angesichts dessen zu klären, welche Probleme und Perspektiven die Unterscheidung von ›Literatur und Wissen‹ als Leitsemantik einer – nach wie vor

---

[1] Auch wenn Manfred Hettlings Diagnose, »kulturwissenschaftliche Theorie [hätte] in Deutschland in den letzten Jahrzehnten mehr von einem Abwehreffekt gegen den Begriff ›Gesellschaft‹ gezehrt, als dass sie sich um eine Reformulierung des Begriffes bemüht« hätte, inzwischen mit Blick auf die starke Bourdieu-Rezeption durchaus abgemildert werden kann, ist nach wie vor zu konstatieren, dass ›kulturwissenschaftlich‹ ausgerichtete Fächer die Makro-Perspektive auf ›Gesellschaft‹ – soweit sie sie nicht mikroanalytisch ausblenden – eher metaphorisch mit ›Kultur‹ kurzschließen, als sich nachhaltig auf soziologische Theorieangebote einzulassen (Hettling, Manfred, »Grundzüge einer kulturwissenschaftlichen Theorie der Gesellschaft«, in: Friedrich Jaeger/Jörn Rüsen (Hrsg.), *Handbuch der Kulturwissenschaften*, Bd. 3, *Themen und Tendenzen*, Stuttgart, Weimar 2004, S. 289–302, hier S. 293).

[2] Knoblauch, Hubert, *Wissenssoziologie*, Konstanz 2005, S. 342; vgl. auch den Überblick bei Maasen, Sabine, *Wissenssoziologie*, Bielefeld 1999.

[3] Reckwitz, Andreas, *Die Transformation der Kulturtheorien. Zur Entwicklung eines Theorieprogramms*, Weilerswist 2000, S. 161f.;

[4] Vgl. Schützeichel, Rainer (Hrsg.), *Handbuch Wissenssoziologie und Wissensforschung*, Konstanz 2007.

vagen – Bezugnahme von Literatur auf Kognition und/oder Gesellschaft bereithält und welche theoretischen und forschungspraktischen Optionen insbesondere wissenssoziologische Erkenntnisinteressen der Literaturwissenschaft und Literaturgeschichtsschreibung bieten könnten und nicht zuletzt auch, ob überhaupt und wie solche Erkenntnisinteressen für einzelne historische Gegenstandsbereiche anwendungsorientiert formuliert und konkretisiert werden können, mag als verfrüht erscheinen und ist jedenfalls an dieser Stelle nicht zu leisten. Darüber hinaus ist der fachinterne Diskurs über ›Wissen‹ längst zum Schauplatz epistemologischer und methodologischer Auseinandersetzungen um den Bezug von Literatur auf Gesellschaft und Kognition, von Literaturwissenschaft auf Sozial- und Kognitionswissenschaften geworden, so dass der beeindruckend breit angelegte Versuch von Ralf Klausnitzer,[5] die Leitunterscheidung von ›Literatur‹ und ›Wissen‹ zum archimedischen Punkt einer integrativ umfassenden Einführung in die Literaturwissenschaft zu nutzen, notwendig unübersichtlich ausfallen und in theoretischer Hinsicht als vorläufig erscheinen muss.[6]

I. ›Texte‹ und ›Propositionen‹

Wenn im Folgenden der Literaturwissenschaft eine wissenssoziologische Option nahegelegt wird, dann erfolgt dies ebenfalls unter den Bedingungen von Thesenhaftigkeit, ja spekulativer Vorläufigkeit, und zugleich im (selbst-)kritischen Rückbezug auf Vorüberlegungen zu einer solchen Option, die in den späten 1980er Jahren angestellt worden sind – motiviert von sozialgeschichtlichen Erkenntnisinteressen und im Rahmen einer für sozialwissenschaftliche Theorieofferten sensibilisierten Literaturwissenschaft.[7]

---

[5] Klausnitzer, Ralf, *Literatur und Wissen. Zugänge – Modelle – Analysen*, Berlin, New York 2008.

[6] Wertvolle Anregungen zum Thema ›Wissen und/in Literatur‹ verdanke ich der Projektarbeit im Forschungszentrum *Diskursivierung von Wissen in der Frühen Neuzeit* an der Christian-Albrechts-Universität zu Kiel und besonders der kontinuierlichen Diskussionsbereitschaft von Steffen Martus, Carlos Spoerhase und Dieter Pfau.

[7] Ort, Claus-Michael, »Literarischer Wandel und sozialer Wandel: Theoretische Anmerkungen zum Verhältnis von Wissenssoziologie und Diskursgeschichte«, in: Michael Titzmann (Hrsg.), *Modelle des literarischen Strukturwandels*, Tübingen 1991, S. 367–394; Ort, Claus-Michael, »Vom ›Text‹ zum ›Wissen‹. Die literarische Konstruktion sozio-kulturellen Wissens als Gegenstand einer nicht-reduktiven Sozialgeschichte der Literatur«, in: Lutz Danneberg/Friedrich Vollhardt (Hrsg.), *Vom Umgang mit Literatur und Literaturgeschichte. Positionen und Perspektiven nach der ›Theoriedebatte‹*, Stuttgart 1992, S. 409–441; Ort, Claus-Michael, »Sozialsystem ›Literatur‹ – Symbolsystem ›Literatur‹. Anmerkungen zu einer wissenssoziologischen

Zugleich ergeben sich damals wie heute Anschlussmöglichkeiten an die ›struktural-semiotisch‹ elaborierte ›Wissens‹-Konzeption von Michael Titzmann, der bereits 1977 die Hermeneutik der Text-Kontext-Beziehungen durch eine Systematisierung textinterner semantischer ›Relevanzkriterien‹ für textexternes, propositional verfasstes ›kulturelles Wissen‹ – als »pragmatische Präsupposition des ›Textes‹«[8] – zu explizieren versucht hat.

Nicht *dass* ›kulturelle‹ Wissensbestände von unterschiedlicher semantischer Spezifität oder Allgemeinheit jeweils einen Kontext text(korpus)spezifischer Deutungsvoraussetzungen bilden, erscheint allerdings in Titzmanns Text-Kontext-Skalierung als nachhaltige theoretische und methodische Herausforderung, sondern die unterschiedlichen Präsenz- und Absenz-, Latenz- und Explizitheitsgrade der Semantik solcher ›kulturellen Propositionen‹ *innerhalb* des jeweiligen (literarischen oder nicht-literarischen) Zeichensystems selbst, – also das Ausmaß, in dem sich literarische Texte nicht nur auf Kontext-›Wissen‹ beziehen (lassen), sondern solches selbst *intern* repräsentieren, ›beinhalten‹. Ersteres führe »durch den Vergleich von ›Textwissen‹ und Theoriewissen« lediglich zu »Aussagen über den kulturellen Ort des Textes«, füge aber »der Bedeutung des Textes selbst nichts« hinzu (»textexterne kulturelle Situierung«), letzteres beruhe dagegen, so Titzmann, auf »einer interpretatorischen Verwendung von Wissen« und produziere »durch die Anwendung eines Wissens auf Textdaten Aussagen über die Textbedeutung«, erweise sich somit als »textinterne semantische Folgerungsbeziehung, bei der zusätzliche Textbedeutung abgeleitet wird.«[9]

Theorieoption für die Literaturwissenschaft«, in: Siegfried J. Schmidt (Hrsg.), *Literaturwissenschaft und Systemtheorie*, Opladen 1993, S. 269–294. – Zur literaturwissenschaftlichen Rezeption soziologischer Theorieimporte bis in die 1980er Jahre siehe Schönert, Jörg, »Sozialwissenschaftliche Kategorien und Theorien in der Germanistik 1970–1985« [1990], in: Ders., *Perspektiven zur Sozialgeschichte der Literatur. Beiträge zu Theorie und Praxis*, Tübingen 2007, S. 23–41.

[8] Titzmann, Michael, *Strukturale Textanalyse. Theorie und Praxis der Interpretation*, München 1977, S. 263–330, hier S. 263. Pasternack, Gerhard, *Interpretation*, München 1979, S. 56–58, erblickt darin schon früh eine »begriffsmetaphorische« Überforderung der »Semantiktheorie« (S. 57, S. 58); vgl. später Titzmann, Michael, »Kulturelles Wissen – Diskurs – Denksystem. Zu einigen Grundbegriffen der Literaturgeschichtsschreibung«, in: *Zeitschrift für französische Sprache und Literatur*, 99/1989, S. 47–61, und Ders., »Propositionale Analyse – kulturelles Wissen – Interpretation«, in: Hans Krah/Michael Titzmann (Hrsg.), *Medien und Kommunikation. Eine interdisziplinäre Einführung*, Passau 2006, S. 67–92.

[9] Maillard, Christine/Titzmann, Michael, »Vorstellung eines Forschungsprojekts: ›Literatur und Wissen(schaften) in der Frühen Moderne‹«, in: Dies. (Hrsg.), *Literatur und Wissen(schaften) 1890–1935*, Stuttgart, Weimar 2002, S. 7–37, hier S. 22; die Beiträge ebd. und in Richter, Karl u.a. (Hrsg.), *Die Literatur und die Wissenschaften*

Weniger ›Literatur *und* Wissen‹ als vielmehr ›Wissen *in* Literatur‹, also die ›kulturwissenschaftlich‹ verbreitete »Auffassung […], in fiktionalen literarischen Werken sei Wissen enthalten«, bildet denn auch den Gegenstand terminologischer und erkenntnistheoretischer Kritik, die Tilmann Köppe in einem kontrovers diskutierten Beitrag übt – u. a. mit kritischen Seitenblicken auf Michael Titzmanns Ansatz.[10] Da zum einen, so das Resümee Köppes, ›personales Wissen‹ aus der Sicht der Logik ein zweistelliges Prädikat zwischen Wissenssubjekt und Wissensinhalt sei, d. h. eine »zeitabhängige Relation zwischen Personen und Propositionen [ist], die sich ihrer Struktur nach als gerechtfertigte, wahre Überzeugung beschreiben lässt, und die dazu berechtigt, das Gewusste im Sprechakt des Behauptens kundzutun«,[11] und zum anderen »Texte […] keine Personen [sind], […] daher nichts wissen [können]«, sei die Aussage, »ein Text wisse etwas«, nicht sinnvoll.[12] Ohne die durchaus intrikaten Argumente Köppes und seiner Kritiker hier eingehender zu rekonstruieren, lässt sich die von Köppe diskutierte Unterscheidung von ›personalem‹ und ›impersonalen Wissen‹ ebenso mit Erkenntnisgewinn aufgreifen wie das Problem, das sich ein mit einer ›objektivistischen‹ Wahrheitskonzeption liebäugelnder Wissensbegriff mit nicht oder nur eingeschränkt wahrheitsfähigen fiktionalen Texten einhandelt.

Titzmann vermeidet zwar metonymische Anthropomorphisierungen (›Literatur weiß‹) und führt die Beziehungen von ›Literatur‹ (Texten) und ›kulturellem Wissen‹ (Kontexten) auf Relationen von textinternen und textexternen Propositionsmengen zurück. Dennoch erweist sich sein Gebrauch des Terminus ›Wissen‹ stellenweise dann als verkürzend (vgl. oben: »Text-

---

1770–1930, Stuttgart, Weimar 1997, vermessen die Skala möglicher Text-Kontext-Relationen exemplarisch, ohne dass allerdings die angerissenen Probleme der Unterscheidung von ›Wissen in Kontexten‹ und ›Wissen im Text‹ weiter vertieft würden. Solches gilt *a fortiori* z. B. auch für Alt, Peter-André/Anz, Thomas (Hrsg.), *Sigmund Freud und das Wissen der Literatur*, Berlin, New York 2008.

[10] Köppe, Tilmann, »Vom Wissen *in* Literatur«, in: *Zeitschrift für Germanistik*, 17/2007, S. 398–410, hier S. 398; vgl. dazu Borgards, Roland, »Wissen *und* Literatur. Eine Replik auf Tilmann Köppe«, in: *Zeitschrift für Germanistik*, 17/2007, S. 425–428; Dittrich, Andreas, »Ein Lob der Bescheidenheit. Zum Konflikt zwischen Erkenntnistheorie und Wissensgeschichte«, in: *Zeitschrift für Germanistik*, 17/2007, S. 631–637; Köppe, Tilmann, »Fiktionalität, Wissen, Wissenschaft. Eine Replik auf Roland Borgards und Andreas Dittrich«, in: *Zeitschrift für Germanistik*, 17/2007, S. 398–410, sowie Jannidis, Fotis, »Zuerst Collegium Logicum. Zu Tilmann Köppes Beitrag ›Vom Wissen in Literatur‹«, in: *Zeitschrift für Germanistik*, 18/2008, S. 373–377.

[11] Köppe, »Vom Wissen«, S. 401; ähnlich S. 400.

[12] Köppe, »Vom Wissen«, S. 402.

wissen«),[13] wenn nicht eigentlich ›personales Wissen‹, sondern dessen propositionale ›Inhalte‹ gemeint sind. Da laut Titzmann allgemeines oder gruppenspezifisches ›kulturelles Wissen‹ jedoch nur die Semantik *solcher* Aussagen betrifft, die entweder »(fast) alle Kulturmitglieder für wahr halten« oder auch »nur die Mitglieder einer oder mehrerer Gruppen teilen«,[14] können auch bei Titzmann nur Aktoren als Träger von ›Wissen‹ etwas ›wissen‹ und für ›wahr‹ halten, nicht jedoch die von ihnen produzierten und rezipierten literarischen und nicht-literarischen Texte bzw. die in diesen Texten gespeicherten Inhalte selbst.[15] ›Wissen‹, soweit es Texten zugeschrieben wird, scheint deshalb terminologisch problemlos durch ›Semantik‹ ersetzt werden zu können.

---

[13] Ähnliches gilt auch für saloppe metonymische Zuspitzungen bei Klausnitzer, *Literatur*, S. 1 (»Literarische Texte wissen etwas – und zwar nicht wenig.«) oder bei Hörisch, Jochen, *Das Wissen der Literatur*, München 2007, S. 34 (»schöne Literatur weiß sehr viel«). – Köppe, »Vom Wissen«, S. 398 und S. 405, Anm. 31, macht solche Verkürzungen auch in Maillard/Titzmann, »Vorstellung«, S. 13, und in Titzmann, »Kulturelles Wissen«, S. 48, dingfest, wo Propositionen nicht nur von »Mitglieder[n] einer Kultur« »für wahr« gehalten, sondern zugleich auch »von einer hinreichende[n] Anzahl von Texten als wahr« gesetzt werden, was zumindest zusätzliche propositionale Wahrheitsbehauptungen in diesen Texten voraussetzt.

[14] Titzmann, Michael, »Skizze einer integrativen Literaturgeschichte und ihres Ortes in einer Systematik der Literaturwissenschaft«, in: Ders. (Hrsg.), *Modelle des literarischen Strukturwandels*, Tübingen 1991, S. 395–438, hier S. 403; in Titzmann, *Strukturale Textanalyse*, S. 268, liest sich die Definition des ›kulturellen Wissens‹ abstrakter und aktorlos, aber wiederum anthropomorphisierend (»Gesamtmenge dessen, was eine Kultur, bewusst oder unbewusst, explizit ausgesprochen oder implizit-unausgesprochen, über die ›Realität‹ annimmt« und »für wahr« hält).

[15] Zeichen- und Sozialsystem-Theorien scheinen ohne abkürzende Anthropomorphisierungen kaum auszukommen, was umso mehr die Notwendigkeit ihrer theoretisch elaborierten ›Rückübersetzung‹ vor Augen führt. Um Titzmanns exemplarischen Versuch einer solchen ›Übersetzung‹ nicht seinerseits zu verkürzen, sei er vollständig zitiert: »Die sprachliche Anthropomorphisierung von Systemen als Handlungsträgern ist natürlich nichts anderes als eine abkürzende Redeweise, die weder eine anthropomorphe Entität noch eine Intentionalität unterstellt. Die korrekte, aber extrem umständliche, ausformulierte Fassung solcher abkürzender Redeweisen sei an […] Beispielen vorgeführt: Die Aussage ›Das Literatursystem verlangt die Einhaltung einer Regularität‹ ist in etwa äquivalent mit der folgenden Paraphrase: ›In einem gegebenen Zeitraum hat eine Menge von Subjekten aus verschiedenen Motiven und mit verschiedenen Absichten eine Menge von Texten produziert, aus der sich eine, möglicherweise keinem dieser Subjekte bewusste, möglicherweise von keinem dieser Subjekte gewollte Regularität abstrahieren lässt; in diesem Zeitraum akzeptiert die Menge der rezipierenden Subjekte aus möglicherweise verschiedenen Gründen nur solche Texte, die zugleich auch diese Regularität erfüllen, ob sie den Subjekten bewusst ist oder nicht.‹ Dass es unabhängig vom Wissen und Willen der produzierenden oder rezipierenden Subjekte

Gemeint sein könnte dann also – im Anschluss an Niklas Luhmanns Definition von ›Semantik‹[16] – diejenige Teilmenge eines (von wenigen selbstreferentiellen Ausnahmen abgesehen) immer auch literatur*extern* archivierten Themen-Vorrats, die sich zu einem bestimmten historischen Zeitpunkt als intersubjektiv ›*wissens*fähig‹ erweist, d. h. Inhalte vermittelt, die in einem je gegebenen Kommunikations- und Handlungszusammenhang als *wahrheits*fähig gelten können und als solche mit je begründbaren Wissensansprüchen anschlussfähig kommuniziert werden. Dass Texte solche propositional verfasste ›Semantik‹ enthalten und transportieren können, ohne deshalb selbst etwas zu ›wissen‹, dürfte ebenso wenig strittig sein, wie ihre Funktion, »mit Kandidaten für Wissen bekannt zu machen«, deren ›Wahrheitsfähigkeit‹ aber nur »anhand werkexterner Ressourcen« überprüft werden kann.[17]

Unbeantwortet bleibt allerdings die – für die Erforschung historischer Gegenstandsbereiche entscheidende – Frage, aufgrund welcher textinternen und vor allem textexternen Kriterien solche wissensfähigen ›Semantiken‹ jeweils *dann* selektiv identifiziert werden können, wenn Kommunikation nicht mehr direkt beobachtbar ist, Kognitionen von Aktoren nicht externalisiert, also nicht geäußert und überliefert worden sind, ›Wissen‹ im Sinne wissensfähiger (für ›wahr‹ gehaltener) Propositionen also nicht gespeichert worden ist, oder genauer: nur Text-Propositionen überliefert sind, deren Wissens- und Wahrheitsfähigkeit aber nicht explizit diskursiviert worden ist.[18] ›Wis-

---

zu solchen Gemeinsamkeiten kommen kann, erklärt sich durch die Gemeinsamkeiten der Sozialisation, des Denksystems, der von diesem ermöglichten Erfahrungen der Subjekte eines Zeitraums. Sowohl bei Produzenten wie Rezipienten können jederzeit Ausnahmen und Abweichungen auftreten: kulturelle Systeme sind immer statistische Systeme. […]. […]; aus den […] zufällig erscheinenden Ereignissen, dem individuellen Handeln, bildet sich […] statistisch ein nicht zufälliges, kollektives System« (Titzmann, »Skizze«, S. 430–431).

[16] Luhmann versteht unter ›Semantik‹ denjenigen Teilbereich von ›Kultur‹ als »Themenvorrat«, der »eigens für Kommunikationszwecke aufbewahrt wird« (Luhmann, Niklas, *Soziale Systeme. Grundriß einer allgemeinen Theorie*, Frankfurt am Main 1984, S. 224), offenkundig als »bewahrenswert« ausgewählte »Sinnvorgaben« in »für Mehrfachgebrauch und Wiedererkennung geschaffen[en]« Texten speichert und für die Selbstbeschreibung von Gesellschaften bereithält (Luhmann, Niklas, *Die Gesellschaft der Gesellschaft*, Frankfurt am Main 1997, S. 887).

[17] Köppe, »Vom Wissen«, S. 404.

[18] Die Reichweite von Titzmanns Postulat, dass »Literaturgeschichte‹ […] *nur* dann möglich [ist], wenn literarische Texte tradiert sind, und […] *schon* dann möglich sein [soll], wenn *nur* literarische Texte tradiert sind, d. h. auch dann, wenn Informationen über für diese Literatur möglicherweise relevante kulturelle Kontexte […] nur unvollständig oder gar nicht verfügbar sind«, beschränkt sich natürlich nicht nur auf literaturgeschichtliche Erkenntnisinteressen (Titzmann, »Skizze«, S. 416).

sen‹ – so ist vorerst festzuhalten – bewahrt seine aktorbezogene, nicht-
textualistische Implikation, die den Begriff überhaupt erst gegen eine hete-
rogene Serie von Begriffsalternativen (›Semantik‹, ›Bedeutung‹, ›Inhalt‹, ›Information‹) profiliert und ihm einen Mehrwert jenseits eines nur ›textualistischen‹ Verständnisses sichert.[19] Insofern stehen sich Köppes Verständnis
von ›personalem Wissen‹ und Titzmanns Definitionen näher, als es Köppes
Kritik vermuten lässt.[20]

II.   ›Wissen‹ als Kognition und Kommunikation von ›Semantik‹

Wenn nun aber (›personales‹) ›Wissen‹ und (›impersonale‹) ›Semantik‹ unterschieden werden – und andernfalls erscheint ›Wissen‹ in der Tat als ein theoretisch und empirisch entbehrlicher Terminus –, dann stellt sich umso mehr
die Frage, wie deren Beziehung aktorzenriert kognitivistisch oder überindividuell (wissens-)soziologisch modelliert werden könnte. Wird die terminologische Kippfigur ›Wissen‹ als Oberbegriff beibehalten, sollten jedenfalls innerhalb eines Mehrebenenmodells einerseits die entpragmatisiert
textualistische, ›semantische‹ und andererseits die pragmatische, ›personale‹
Intension von ›Wissen‹ (›Wissen‹ im engeren kognitivistischen Sinn) aus-
einandergehalten werden. Letztere wäre außerdem in einer zum *linguistic*

---

[19] Die Diskussion, inwieweit ›Information‹ als theoretische Alternative ›Wissen‹ terminologisch zu ersetzen vermag, kann hier nicht vertieft werden, vgl. aber Bren-
decke, Arndt/Friedrich, Markus/Friedrich, Susanne, »Information als Kategorie
historischer Forschung. Heuristik, Etymologie und Abgrenzung vom Wissensbegriff«, in: Dies. (Hrsg.), *Information in der Frühen Neuzeit. Status, Bestände, Strategien*,
Berlin 2008, S. 11–44, oder mediengeschichtlich ausgerichtet schon Giesecke,
Michael, *Sinnenwandel, Sprachwandel, Kulturwandel. Studien zur Vorgeschichte der Informa-
tionsgesellschaft*, Frankfurt am Main 1992.

[20] Vgl. bereits Luhmann 1990: »[Texte] sind nur Artefakte«, und die »Textproduk-
tion wird zum Sekundärziel der Bemühungen um die Vermehrung des Wissens.
Dabei hilft die Fiktion, dass der Text selbst schon Wissen sei« (Luhmann, Niklas,
Die Wissenschaft der Gesellschaft, Frankfurt am Main 1990, S. 159). – Eine Substi-
tution von ›Wissen‹ durch ›Semantik‹ könnte übrigens auch das von Köppe als
»paradox« bezeichnete »Resultat« entparadoxieren, dass man »zwar sinnvoll fragen [könne] ›Was für Wissensbestände sind in ein literarisches Werk *eingegangen?*‹
(oder auch ›Was für Wissensbestände sind zur Lektüre eines literarischen Werkes
erforderlich?‹), nicht jedoch: ›Was für (personales) Wissen *befindet* sich in einem
literarischen Werk?‹« (Köppe, »Vom Wissen«, S. 403): In der dritten und letztlich
auch schon in der ersten Frage kann ›Wissen‹ nur ›Semantik‹ bedeuten: Was in
einem Text ›enthalten‹ sein oder sich in ihm ›befinden‹ kann, muss auch in ihn
›eingegangen‹ sein – und dass kann *per se* nur ›Semantik‹, nicht aber ›personales
Wissen‹ sein.

turn komplementären ›Drehung‹ zu re-soziologisieren und ›praxeologisch‹ zu modellieren, ohne sie deshalb vorschnell gegen erstere auszuspielen.

Auch andere Janusbegriffe unterschiedlicher theoretischer Herkunft, die sich an der »theoriebautechnischen Bifurkationsstelle«[21] von ›Semantik‹ und individueller oder kollektiver ›Praxis‹ ansiedeln – also z. B. ›Diskurs‹ (Michel Foucault), ›Habitus‹ (Pierre Bourdieu), ›Lebensstil‹, ›Denkstil‹, ›Denkkollektiv‹ (Bourdieu, Karl Mannheim, Ludwik Fleck) oder auch ›Kultur(en)‹[22] – scheinen ihre wieder auflebende Konjunktur nach dem *cultural turn* nicht zuletzt dem Versprechen zu verdanken, zwischen zeichensystemischer und sozialsystemischer Referenz zu vermitteln – in einer Art impliziter wissenssoziologischer *petitio principii* und durchaus auf Kosten systematischer Explikation.[23] Um den praktischen Wert solcher Abkürzungs-Begriffe nicht theoretisch zu verspielen, sollte folglich versucht werden, prinzipiell beide Referenzen Schritt für Schritt auszubuchstabieren. Mit Blick auf Moritz Baßler, der im Rahmen seiner ›Text-Kontext-Theorie‹ zur konsequent textualistischen ›Flucht nach vorn‹ in einen ›archivimmanent‹ kontextualisierenden

---

[21] Jahraus, Oliver, »Die Unhintergehbarkeit der Interpretation im Rahmen literaturwissenschaftlicher Theoriebildung«, in: Oliver Jahraus/Bernd Scheffer (Hrsg.), *Interpretation, Beobachtung, Kommunikation. Avancierte Literatur und Kunst im Rahmen von Konstruktivismus, Dekonstruktivismus und Systemtheorie*, Tübingen 1999, S. 241–291, hier S. 265.

[22] Von Greenblatt, Stephen, »Grundzüge einer Poetik der Kultur« [1990], in: Ders., *Schmutzige Riten. Betrachtungen zwischen Weltbildern*, Frankfurt am Main 1995, S. 107–122, bis zu Knorr-Cetina, Karin, *Wissenskulturen. Ein Vergleich naturwissenschaftlicher Wissensformen*, Frankfurt am Main 2002, die mit Blick auf Clifford Geertz und mit Hilfe des »Kulturbegriff[s]« dem »Praxisbegriff Sensibilität für Symbole und Bedeutungen« hinzufügen will (S. 22); siehe auch Ort, Claus-Michael, »Kulturbegriffe und Kulturtheorien« [2003], in: Ansgar Nünning/Vera Nünning (Hrsg.), *Einführung in die Kulturwissenschaften. Theoretische Grundlagen – Ansätze – Perspektiven*, Stuttgart, Weimar 2008, S. 19–38.

[23] Ähnliches scheint auch für manche Verwendungsweisen des ›Sinn‹-Begriffs zu gelten; zur »Sinnverständigung« zwischen »Sozialsystem« und »Symbolsystem« siehe z. B. Schönert, Jörg, »Mentalitäten, Wissensformationen, Diskurse und Medien als dritte Ebene einer Sozialgeschichte der Literatur. Zur Vermittlung zwischen Handlungen und symbolischen Formen«, in: Martin Huber/Gerhard Lauer (Hrsg.), *Nach der Sozialgeschichte. Konzepte für eine Literaturwissenschaft zwischen Historischer Anthropologie, Kulturgeschichte und Medientheorie*, Tübingen 2000, S. 95–103, hier S. 101. – Vgl. dazu insgesamt auch Ort, »»Text««, S. 414f., S. 419, zu Foucault und Bourdieu zwischen Textualismus und Praxeologie v. a. Reckwitz, *Kulturtheorien*, S. 262–362 sowie zu Mannheims ›Stil‹-Konzeption Barboza, Amalia, *Kunst und Wissen. Die Stilanalyse in der Soziologie Karl Mannheims*, Konstanz 2005.

›Strukturalismus‹ rät,[24] beschreitet die Modellbildung hier also den umge-
kehrten Weg. Sie zieht aus der auch von Baßler geteilten Prämisse, »Text und
Kommunikationen begrifflich strikt voneinander zu trennen und Texte nicht
als Teile, sondern als Umwelten sozialer Systeme zu begreifen«,[25] eine anders
akzentuierte Konsequenz und versucht umgekehrt, das Paradigma ›Wissen
als Text‹ (analog zu ›Kultur als Text‹)[26] zwar nicht auszublenden, wohl aber
seine Übergeneralisierung sozialtheoretisch zu limitieren.

Die (Über-)Akzentuierung von ›personalem Wissen‹ durch Tilmann
Köppe weist also, so ist aus wissenssoziologischer Perspektive festzuhalten, insofern in die richtige Richtung, als sie den pragmatisch-dynamischen
Aspekt von ›Wissen‹ in Erinnerung ruft und metaphorische und anthropomorphisierende Verkürzungen sowie »textidealistische Kurzschlüsse […]
auf die Praxis« vermeiden hilft.[27] Letztere unterlaufen von vornherein das
Problem der ›Zurechnung‹ von ›Semantik‹ auf ›Bewusstsein‹ und auf soziale
›Praxis‹ (Kommunikation, Handeln) und stehen einer *systematisch elaborierten*,
sei es kognitionspsychologischen, sei es wissenssoziologischen Fragestellung im Wege. Im Unterschied zu Köppe, der das zur Text- und Proposi-
tionssemantik komplementäre Feld vor allem aktorzentriert ›kognitivistisch‹
besetzen will, soll hier allerdings die überindividuell emergente, nicht eigentlich ›impersonale‹ (wie die ›Semantik‹), sondern ›über-personale‹ – soziale –
Dimension des ›Wissens‹ betont werden. In dieser »nichtsubjektive[n] Konzeption von Wissensordnungen und Sinnmustern« treffen sich dann allerdings wiederum Textualismus und soziologische Praxistheorie.[28]

---

[24] Baßler, Moritz, *Die kulturpoetische Funktion und das Archiv. Eine literaturwissenschaftliche Text-Kontext-Theorie,* Tübingen 2005, S. 361ff.; zu Titzmanns Textkorpusanaly-
sen vgl. ebd., S. 348f.

[25] Baßler, *Archiv,* S. 132.

[26] Bachmann-Medick, Doris (Hrsg.), *Kultur als Text. Die anthropologische Wende in der
Literaturwissenschaft,* Frankfurt am Main 1996. Aus sozial- und kulturwissenschaftlicher Sicht mag ›Kultur als Text‹ inzwischen als eine »Nebenlinie der Theorieent-
wicklung« beim frühen Foucault und bei Clifford Geertz erscheinen (Reckwitz,
Kulturtheorien, S. 581–588), für die Literaturwissenschaft erweist sie sich gleichwohl
als nachhaltig folgenreich; vgl. dazu kritisch auch Engel, Manfred, »Kulturwissen-
schaft/en – Literaturwissenschaft als Kulturwissenschaft – kulturgeschichtliche
Literaturwissenschaft«, in: *KulturPoetik,* 1/2001, S. 8–36, v. a. S. 33.

[27] Keller, Reiner, *Diskursforschung. Eine Einführung für SozialwissenschaftlerInnen,* 3., aktualisierte Auflage, Wiesbaden 2007, S. 77.

[28] Reckwitz, *Kulturtheorien,* S. 611; zur »Kollektivität des Wissens« siehe S. 611–616. –
Jannidis, »Collegium«, S. 376 kritisiert zu Recht, dass sich Köppe der Frage nach
»überindividuellen Wissensformationen« allzu schnell durch deren Rückführung
auf ›personales Wissen‹ entledige. Der »›soziale‹ Charakter« von ›Wissen‹ erstreckt

Eine Differenz zwischen *Artefakten* einerseits als materiell objektivierten Praxis*folgen,* in denen sich ›gepflegte Semantik‹ als *Voraussetzung* für Anschlusspraxis dauerhaft sedimentiert, und *Prozessen* des Handelns und Verhaltens andererseits, die solche Artefakte hervorbringen und kognitiv und kommunikativ an sie anschließen, liegt auch den meisten der in der Literaturwissenschaft bislang verwendeten Arbeitsdefinitionen von ›Wissen‹ zugrunde – unabhängig davon, wie Soziologie-nah oder -fern ansonsten jeweils argumentiert wird. So bestimmt z. B. Klausnitzer ›Wissen‹ in drei Anläufen wie folgt:

> *Wissen* [lässt] sich als Gesamtheit von *begründeten* (bzw. begründbaren) *Kenntnissen* begreifen, die *innerhalb kultureller Systeme* durch *Beobachtung und Mitteilung,* also durch *Erfahrung und Lernprozesse* erworben sowie weitergegeben werden und einen *reproduzierbaren Bestand von Denk-, Orientierungs- und Handlungsmöglichkeiten* bereitstellen. Wissen ist jedoch mehr als die (sich stetig verändernde) Summe gespeicherter und wieder abrufbarer *Erkenntnisse,* sondern zugleich immer auch ein *Prozess* [...] Wissen [umfasst] also Alltagskenntnisse und Produkte der epistemologisch begründeten Wissenschaften ebenso wie die implizit regulierten Praktiken (*tacit knowledge*) und expliziten Regeln institutionalisierter und sich selbst reflektierender sozialer Systeme. Knapp formuliert: Wissen ist die dynamische Gesamtheit aller jener Vorgänge und Resultate, in denen sich regelgeleitete Umgangsweisen mit begründeten Erkenntnissen auf Grundlage symbolischer Ordnungen und Technologien formieren und vollziehen, in Wirkung treten und verändern.[29]

Zwischen *episteme* und *doxa,* Wissen und Meinen, Wissenschaft und Alltagswissen, extern gespeichertem Wissen und implizit prozeduralem Wissen (Praktiken) durchläuft ›Wissen‹ also alle medialen Externalisierungs- und Internalisierungsstufen und Grade von Emergenz, vom Subjekt bis zum

---

sich jedoch nicht nur auf den soziologisch banalen Fall des mit anderen ›geteilten Wissens‹ (so aber Köppe, »Vom Wissen«, S. 407).

[29] Klausnitzer, *Literatur,* S. 12–13; vgl. ganz ähnlich – nur prägnanter – schon Neumann, Birgit, »Kulturelles Wissen und Literatur«, in: Marion Gymnich u. a. (Hrsg.), *Kulturelles Wissen und Intertextualität. Theoriekonzeptionen und Fallstudien zur Kontextualisierung von Literatur,* Trier 2006, S. 29–51: »Kulturelles Wissen [...] bezeichnet die Gesamtmenge der in einer Kultur zirkulierenden Kenntnisse, die durch Kommunikation und Erfahrung konstruiert, erworben und tradiert werden. Es stellt einen reproduzierbaren Bestand kulturell möglicher Denk-, Orientierungs- und Handlungsmuster bereit, die innerhalb der jeweiligen kulturellen Rahmenbedingungen als gesellschaftlich gültig und wertvoll gelten. Kulturelles Wissen existiert radikal verstreut über alle kulturellen Objektivationen und Handlungen – in wissenschaftlichen Abhandlungen ebenso wie in Praktiken des Alltags und Aberglaubens, in Riten und Ritualen ebenso wie in kanonischen Texten« (S. 43); zu vergleichbaren Kategorisierungen gelangt einmal mehr – von seinem stärker textualistischen Ausgangspunkt – Titzmann, »Skizze«, S. 402–405.

Sozialsystem, und ist an je sozialsystemspezifisch oder gruppenspezifisch definierte Wissens-, Wahrheits- oder Gewissheitsansprüche (Begründungs- und Legitimationsstrategien) gebunden. Dies gilt letztlich für alle Wissensty- pen auf allen Aggregationsebenen – vom unausgesprochenen Alltagswissen über ›Kollektivsymboliken‹ und Wahrnehmungsstereotypen bis zu elaborier- ten Mythen, Ideologien und wissenschaftlichem ›Wissen‹.[30] Klausnitzer un- terscheidet dabei »Arten eines bereichsbezogenen« (›deklarativen‹ oder ›pro- zeduralen‹), »strategischen« und »metakognitiven Wissens«, wobei letzteres »die Gesamtheit von Wissen über Wissen [bildet]. In und mit ihm werden die (eigenen) deklarativen, prozeduralen oder strategischen Wissensbestände geprüft und bewertet«.[31] »Formate seiner Repräsentation« (Analogien: Pro- positionen; kognitive Schemata wie ›Netze‹ oder ›Landkarten‹; ›Modelle und Theorien‹) bilden dabei die kategoriale Brücke vom ›Wissen‹ zur ›Literatur‹ als v.a. schriftsprachlichem Speichermedium.[32]

Dass es sich dabei um einen wissenssoziologisch weiten Begriff von ›Wis- sen‹ handelt, scheint ebenso unabweisbar, wie das Fehlen jeglicher Bezug- nahmen auf vorgängige wissenssoziologische Parallelaktionen verwundern mag – zumal die Affinität zur vergleichsweise eleganten Bestimmung von ›Wissen‹ bei Peter L. Berger und Thomas Luckmann auffällt: »Die objekti- vierte Sinnhaftigkeit institutionalen Handelns wird als ›Wissen‹ angesehen und als solches weitergereicht.«[33] Gesellschaft als (relativ) ›objektive Wirk- lichkeit‹, d.h. als Ergebnis von Prozessen permanenter Externalisierung (›Institutionalisierung‹, ›Legitimierung‹) und Gesellschaft als (relativ) ›sub- jektive Wirklichkeit‹, d.h. als Folge von Prozessen permanenter ›Internalisie- rung‹ und Sozialisation, verschränken sich dabei prozessual.[34] Ohne an die- ser Stelle das Verhältnis einerseits von gesellschaftlichem ›Wissen‹ und Kognition, andererseits dasjenige von ›Wissen‹ und sozialem (›sinnhaftem‹) ›Handeln‹ und Sozialverhalten, also von Wissenssoziologie und Handlungs-

---

[30] Bühl, Walter L., *Die Ordnung des Wissens*, Berlin 1984, unterscheidet die ›kanalisie- rende‹ Funktion des mythischen von der ›kollektivierenden‹ des ideologischen und der Erkenntnis-Funktion des wissenschaftlichen ›Wissens‹; zur Stufenordnung des ›Wissens‹ zwischen ›semantischer‹ Struktur und sozialdynamischer Funktion siehe die – freilich verbesserungswürdige – Schematisierung in Ort, »Text«, S. 424.

[31] Klausnitzer, *Literatur*, S. 30–32.

[32] Klausnitzer, *Literatur*, S. 32; vgl. die Leitfrage: »[…] was verbindet nun ›Literatur‹ und ›Wissen‹?« (S. 12).

[33] Berger, Peter L./Luckmann, Thomas, *Die gesellschaftliche Konstruktion der Wirklich- keit. Eine Theorie der Wissenssoziologie*, Frankfurt am Main 1970, S. 75.

[34] Berger/Luckmann, *Konstruktion*, S. 49–138 und S. 139–195; zur Funktion von »ge- sellschaftlichem Wissen« für »kommunikatives Handeln« vgl. auch Busse, Die- trich, *Historische Semantik. Analyse eines Programms*, Stuttgart 1987, S. 272–301.

theorie, vertiefend zu problematisieren, kann vorläufig mit Mary Douglas resümiert werden: »Wie ein Wissenssystem zustande kommt, ist dasselbe Problem wie die Frage, auf welche Weise kollektive Güter überhaupt erzeugt werden«,[35] – oder systemtheoretisch generalisiert und zugleich bereichsspezifisch umformuliert: Wie ein Sozialsystem (auch ›Literatur‹ als Sozialsystem) zustande kommt, also in der Lage ist, sich von seiner ›Umwelt‹ abzugrenzen, unwahrscheinliche Kommunikationen (auch literarische Kommunikationen) und Handlungen (auch literarisches Handeln) anschlussfähig und dauerhaft zu institutionalisieren, entspricht dem Problem, wie materielle Symbolsysteme – Artefakte – als kulturelle Speicher- und Verbreitungsmedien (also auch literarische Texte, Gattungen) produziert werden und welche Funktionen sie für ihre soziale ›Umwelt‹ erfüllen.[36]

III. ›Wirklichkeit‹, ›Wahrheit‹ und ›Fiktionalität‹

Bergers und Luckmanns einprägsame, zirkulär verkürzende Formel »Gesellschaft ist ein menschliches Produkt. Gesellschaft ist eine objektive Wirklichkeit. Der Mensch ist ein gesellschaftliches Produkt«[37] – wobei mit »objektiv« die relative ›Objektivität‹ gesellschaftlich konstruierter Wirklichkeit gemeint

---

[35] Douglas, Mary, *Wie Institutionen denken*, Frankfurt am Main 1991, S. 79. Zum Verhältnis von Handlungstheorie, Kulturtheorie und Wissenssoziologie siehe ausführlich Reckwitz, *Kulturtheorien*, S. 91–169.

[36] Zum letztgenannten Problem ist seit Bourdieus ›Habitus‹-Konzept (Bourdieu, Pierre, *Zur Soziologie symbolischer Formen*, Frankfurt am Main 1974) weder bei Bourdieu selbst noch aufseiten der Systemtheorie ein wesentlicher Konzeptualisierungsfortschritt zu verzeichnen – vgl. aber in Ansätzen Luhmann, Niklas, *Wissenschaft*, S. 122–166; Ders., »Die Soziologie des Wissens: Probleme ihrer theoretischen Konstruktion«, in: Ders., *Gesellschaftsstruktur und Semantik. Studien zur Wissenssoziologie der modernen Gesellschaft*, Bd. 4, Frankfurt am Main 1995, S. 151–180; Giesen, Bernhard, *Die Entdinglichung des Sozialen. Eine evolutionstheoretische Perspektive auf die Postmoderne*, Frankfurt am Main 1991; ferner die Beiträge in Schlögl, Rudolf u. a. (Hrsg.), *Die Wirklichkeit der Symbole. Grundlagen der Kommunikation in historischen und gegenwärtigen Gesellschaften*, Konstanz 2004, sowie Willke, Helmut, *Symbolische Systeme. Grundriss einer soziologischen Theorie*, Weilerswist 2005.

[37] Berger/Luckmann, *Konstruktion*, S. 65. – Vgl. trotz aller theoretischen Unterschiede auch schon Durkheims Definition des ›fait social‹ (1895): »Ein soziologischer Tatbestand ist jede mehr oder minder festgelegte Art des Handelns, die die Fähigkeit besitzt, auf den Einzelnen einen äußeren Zwang auszuüben; [...] die im Bereiche einer gegebenen Gesellschaft allgemein auftritt, wobei sie ein von ihren individuellen Äußerungen unabhängiges Eigenleben besitzt« (Durkheim, Émile, *Regeln der soziologischen Methode*. Hrsg. u. eingeleitet von René König, Darmstadt, Neuwied 1980, S. 114.

ist – bezeichnet nach wie vor ein in verschiedenen Theorierichtungen kaum eingelöstes Forschungsprogramm. Ohne die Soziologie oder gar die Systemtheorie mit »eine[r] Art Mitbetreuung der Erkenntnistheorie« zu überfordern,[38] wird aus dieser Formel jedoch zugleich deutlich, dass die soziale Konstruiertheit von ›Wirklichkeit‹ bzw. die soziale und ›symbolische‹ Konstruiertheit des je als handlungsrelevant kommunizierten, bereichsspezifisch selektiv geprägten ›Wissens‹ *über* diese ›Wirklichkeit‹ keineswegs eine radikal konstruktivistische Erkenntnistheorie erfordert: Wirklichkeitskonstruktionen als Wissenskonstruktionen fungieren sowohl als Kognitions-, Kommunikations- und Handlungs*folgen* als auch als Kognitions-, Kommunikations- und Handlungs*voraussetzungen*, weisen also eine kollektive *und* eine kognitive Komponente auf, deren »individualistische« und »soziologistische« Vereinseitigungen als Extrempunkte in ein Mehrebenen-Prozessmodell zu re-integrieren sind.[39] Bereits das Thomas-Theorem impliziert ein solches Prozessmodell, in dem sich Realitätskonstruktionen in ihren Folgen als ›real‹ erweisen.[40] Und ein epistemologischer »konstruktiver Realismus oder realistischer Konstruktivismus«[41] scheint sich gerade angesichts der Sozialrelativität und Konstruktivität des ›Wissens‹ nicht zu scheuen, »›Objektivität‹ in der sozial konstruierten Wirklichkeit« anzuerkennen, »nämlich diejenige, die die Menschen geschaffen haben und an die sie glauben«[42] – und muss dennoch die soziale Konstruktivität des ›Wissens‹ nicht schon deshalb in Zweifel ziehen, weil zugleich die ›relativistischen‹ Positionen radikal konstruktivistischer Erkenntnistheorie zurückgewiesen werden.[43]

---

[38] So aber Luhmann, *Systeme*, S. 30.

[39] Knoblauch, *Wissenssoziologie*, S. 343f.; ebd. zu »individualistischen« und »soziologistischen Konzeptionen des Wissens«. Solche Vereinseitigungen einer ›zweiwertigen‹ Soziologie verabschiedet bereits konsequent: Bühl, Walter Ludwig, *Struktur und Dynamik des menschlichen Sozialverhaltens*, Tübingen 1982.

[40] »If men define situations as real, they are real in their consequences« (Thomas, William I./Thomas, Dorothy Swaine, *The Child in America. Behavior Problems and Programs*, New York 1928, S. 572).

[41] Dux, Günter, *Historisch-genetische Theorie der Kultur. Instabile Welten. Zur prozessualen Logik im kulturellen Wandel*, Weilerswist 2000, S. 188–189, ähnlich Knoblauch, *Wissenssoziologie*, S. 352; zum »Schisma der Logiken« und zum Verhältnis von »absolutistischer« und »prozessualer Logik« im »Denken der Neuzeit« vgl. eingehend ebd., S. 115–192, v.a. S. 138–148 und S. 167–176: »Mit dem postmodernen Absolutismus steht es nicht anders als mit dem transzendentalen« (S. 175).

[42] Knoblauch, *Wissenssoziologie*, S. 353.

[43] Siehe die provokant zugespitzte »These« Luhmanns: »Es gibt selbstreferentielle Systeme« (Luhmann, *Systeme*, S. 31); die »Analyse realer Systeme der wirklichen Welt« (S. 30) widerspricht dabei der Beobachterabhängigkeit von ›Systemen‹ und

Zu prüfen wäre in diesem Zusammenhang übrigens für Bruno Latours Konzeption von Wissenschaftsgeschichte, inwieweit der ›konstruktive Realismus‹ seiner ›Netzwerk-Theorie‹ auf eine Wissenssoziologie bezogen werden könnte,[44] die sich – um nochmals Berger und Luckmann zu bemühen –

> mit allem zu beschäftigen [hat], was in einer Gesellschaft als ›Wissen‹ gilt, ohne Ansehen seiner absoluten Gültigkeit oder Ungültigkeit. Insofern nämlich alles menschliche ›Wissen‹ schließlich in gesellschaftlichen Situationen entwickelt, vermittelt und bewahrt wird, muss die Sozialwissenschaft zu ergründen versuchen, wie es vor sich geht, dass gesellschaftlich entwickeltes, vermitteltes und bewahrtes Wissen [...] zu außer Frage stehender ›Wirklichkeit‹ gerinnt. [...]. Die Wissenssoziologie hat die Aufgabe, die gesellschaftliche Konstruktion der Wirklichkeit zu analysieren.[45]

Mit Blick auf einen soziologisch erweiterten Wissensbegriff, der sich von ahistorischer, außer- oder ›über-sozial‹ objektivierter ›Wahrheit‹ befreit und die verschiedenen Wissensstufen nur mit Hilfe des Kriteriums je kontextabhängig, also gruppen- oder sozialsystemspezifisch und historisch verhandelter Wissens- und Wahrheits*ansprüche* unterscheidet,[46] mag es durchaus irritieren, dass Literaturwissenschaftler gelegentlich einen engeren Wissensbegriff emphatisch auf ›Wahrheit‹ verpflichten. Sie eröffnen unter Rekurs auf Plato, Aristoteles und Kant damit einen die wissenshistorische und wissenssoziologische Forschung potentiell eher hemmenden, zwischen Trivialisierung und verkappter Metaphysik schwankenden philosophischen Nebenschauplatz von heuristisch zweifelhaftem Wert.[47]

---

der sozialen Konstruiertheit von ›Wirklichkeit‹ ebenso wenig wie einem epistemologischen Konstruktivismus.

44 Vgl. exemplarisch Latour, Bruno, »Haben auch Objekte eine Geschichte? Ein Zusammentreffen von Pasteur und Whitehead in einem Milchsäurebad«, in: Michael Hagner (Hrsg.), *Ansichten der Wissenschaftsgeschichte*, Frankfurt am Main 2001, S. 271–296, siehe v. a. S. 288–293.

45 Berger/Luckmann, *Konstruktion*, S. 3.

46 Zur Geschichte des Wissensbegriffs der ›klassischen‹ Wissenssoziologie, dessen »relative Entkopplung vom Wahrheitskonzept« bei Karl Mannheim als »das Ergebnis einer Totalisierung des Ideologiebegriffs« erscheint, siehe Reckwitz, *Kulturtheorien*, S. 153–161, hier S. 155. Zu den Grundbegriffen und Verfahrensweisen der Mannheim'schen Wissenssoziologie (›Seinsverbundenheit des Wissens‹, ›Aspektstruktur des Denkens‹ usf.) siehe Mannheim, Karl, »Wissenssoziologie« [1931], in: Ders., *Ideologie und Utopie* [1929], 5. Auflage, Frankfurt am Main 1969, S. 227–267.

47 Köppe, Tilmann, *Literatur und Erkenntnis. Studien zur kognitiven Signifikanz fiktionaler literarischer Werke*, Paderborn 2008, bindet ›Wahrheit‹ zwar an ›Wirklichkeit‹, beide aber an die Beobachtung von Literatur und Realität durch Leser: Er attestiert fiktionalen Texten, »Sätzen« und »Welten«, potentiell und je rezipientenabhängig als »Quelle wahrer Überzeugungen über die Wirklichkeit« fungieren zu können, nennt

In manchen Fällen scheint es überdies einer fachinternen Idiosynkrasie gegen postmodernen und poststrukturalistischen ›Relativismus‹ und ›Konstruktivismus‹ geschuldet, wenn eine Gefährdung der »wesentlichen Elemente der abendländischen Tradition des Wissensbegriffs« von Aristoteles über Kant bis Husserl heraufbeschworen wird, die der Wissenschaftsgeschichte vonseiten der »vier Musketiere eines ›populären Relativismus‹ (Fleck, Bachelard, Canguilhem und Foucault)« drohe.[48] Um – ebenfalls zuspitzend – zu replizieren: Karl Mannheim und Max Scheler, neben Wilhelm Jerusalem die Gründerväter der Wissenssoziologie nach Émile Durkheims Religionssoziologie, sind zwar über ›postmoderne‹ oder ›poststrukturalistische‹ Verdachtsmomente erhaben; dennoch würde offenkundig noch nicht einmal Max Schelers phänomenologischer, jedenfalls alles andere als ›konstruktivistischer‹ Wissensbegriff dem Relativismus-Verdikt entgehen: »Wissen selbst ist nicht wahr oder falsch; es gibt kein ›falsches Wissen‹. Wissen ist evident oder nichtevident, ferner adäquat oder inadäquat in Bezug auf die Soseinsfülle des Gegenstandes«.[49]

---

als Kriterium für die ›Wahrheit‹ solcher »Hypothesen über die Wirklichkeit« aber nur ›Wirklichkeit‹ selbst: »je nachdem, was in der Wirklichkeit der Fall ist.« (S. 105). ›Was ist aber für wen wann und in welcher Situation jeweils der Fall (gewesen)?‹ müsste die Rückfrage des Wissenssoziologen und des Literaturhistorikers lauten. – In Köppe, »Vom Wissen«, S. 400, erscheint die »Wahrheitsbedingung« dagegen eher situationsabstrakt: »[…] eine Proposition [muss] wahr sein, um Wissen zu konstituieren«; vgl. auch S. 401; und dass Titzmanns Definition von ›Wissen‹ als Propositionen, die die Mitglieder einer Kultur für ›wahr‹ halten, laut Köppe die »Wahrheitsbedingung nicht [enthalte]«, deutet ebenfalls auf einen außersozial und ahistorisch objektivierten Wahrheitsbegriff Köppes hin (ebd., S. 405, Anm. 31); vgl. dazu auch kritisch Borgards, »Wissen«, S. 426–427 und Köppes Replik, die einmal mehr auf der Unterscheidung von »für wahr [halten]« und »wahr [sein]« beharrt (Köppe, »Fiktionalität«, S. 641): Dass z.B. im Jahr 1750 eine Aussage über einen Sachverhalt naturwissenschaftlich für wahr gehalten und auch ›empirisch‹ bestätigt werden kann, die sich *ex post* 2010 als (partiell) falsch erweist, ist wissenschaftshistorisch trivial; da der Prozess der Konstruktion ›wahren‹ wissenschaftlichen Wissens 2010 aber nicht abgeschlossen sein dürfte, ist auch diese ›Wahrheit‹ nicht zeit- und kontextunabhängig zu postulieren, sondern unterliegt zukünftiger Re-Interpretation.

[48] Stiening, Gideon, »Am ›Ungrund‹ oder: Wie und zu welchem Ende studiert man ›Poetologien des Wissens?‹«, in: *KulturPoetik*, 7/2007, S. 234–248, hier S. 237; vgl. S. 237–240; dass ›Wissen‹ bei den ›Wissenspoetologen‹ den Bezug auf ›Wahrheit‹ und auf ›historische Realien‹ verliere, erweist sich offenkundig als doppelte ›Kränkung‹ abendländischer Epistemologie (vgl. tendenziell ebd., S. 240). Auch Brendecke/Friedrich/Friedrich, »Information«, S. 13, machen dafür den ›Poststrukturalismus‹ verantwortlich.

[49] Scheler, Max, *Die Wissensformen und die Gesellschaft*, Leipzig [1926], Studienausgabe, 4. Aufl. Bonn 2008, S. 228.

Um Missverständnissen vorzubeugen: Hier wird nicht etwa einer ›wissenspoetischen‹ Einebnung der Differenz von ›Genesis‹ und ›Geltung‹ des ›Wissens‹ das Wort geredet,[50] wohl aber vor einer erkenntnistheoretischen Überreaktion gegen den *linguistic* und *cultural turn* gewarnt, die genuin wissenssoziologische Fragestellungen ungewollt und gleichsam kollateral miteinschließt und zumindest in erkenntnistheoretischer Hinsicht an Positionen erinnert, die unter anderen sozialtheoretischen Vorzeichen in den 1920er Jahren in den ›Streit um die Wissenssoziologie‹ Eingang gefunden haben.[51]

Wahrheitskriterien für ›personales‹ oder kollektives ›Wissen‹ *ahistorisch* und *außer-sozial* formulieren zu wollen und an ›Wirklichkeit‹ zu messen, muss schon deshalb fehlschlagen, weil letztere aus sozialtheoretischer Perspektive immer nur ein *historisches* und *sozial* ›reales‹ Konstrukt sein kann und ›Wahrheit(en)‹ folglich zu einem je diskursrelativen, gesellschaftlich ausgehandelten Konstrukt zu historisieren sind, das v. a. über schriftliche Quellen zu rekonstruieren sein wird.[52] Damit muss jedoch nicht zwangsläufig eine Entdifferenzierung des Wissensbegriffs einhergehen: Die Möglichkeit, nicht-wissenschaftliche Wissenstypen (Alltagswissen, gruppenspezifisches Wertewissen, ›Überzeugungen‹, Stereotypen) eindeutig von den elaborierten Wahrheitskriterien für wissenschaftliches Wissen abzugrenzen, dessen Produktion, Validierung und empirische Überprüfung je fachspezifischen Routinen unterliegt, bleibt unabhängig vom je vorausgesetzten Wahrheitsbegriff bestehen.[53]

Das schließlich aus der ›Wahrheitsbedingung‹ für ›Wissen‹ resultierende Problem der – dann zumindest stark eingeschränkten – ›Wahrheitsfähigkeit‹ fiktionaler Texte ist vor dem Hintergrund des bisher Ausgeführten ebenfalls zu marginalisieren.[54] Gilt die enge ahistorische Wahrheitsbedingung für ›Wissen‹ nicht, sind nämlich auch nicht-fiktionale Texte nur auf ihre historischen, je kontextabhängigen Wissensansprüche und ihre *relative* Wahrheitsfähigkeit hin zu befragen, ohne dass deshalb Textsortenunterschiede geleugnet werden müssten. Darüber hinaus ist die Unterscheidung für wissens-

---

50 Vgl. dazu Stiening, »Ungrund«, S. 239, zu Recht kritisch.
51 Vgl. die Dokumentation von Meja, Volker/Stehr, Nico (Hrsg.), *Der Streit um die Wissenssoziologie*, Frankfurt am Main 1982.
52 Zur Geschichte der ›Geltungsgründe‹ für Wahrheit (›Gefühl‹, ›Autorität‹, ›Erfahrung‹, ›Vernunft‹) siehe z. B. Fernández-Armesto, Felipe, *Truth. A History and a Guide for the Perplexed*, New York 1997.
53 Wie das Subsystem ›Wissenschaft‹ ›Wahrheit‹ als ›symbolisch generalisiertes Kommunikationsmedium‹ einsetzt, führt Luhmann, *Wissenschaft*, S. 167–270, aus.
54 Vgl. Köppe, *Vom Wissen*, S. 403, S. 408f.; zu den Wissensansprüchen von Literatur und den »Gewissheitsprätentionen literarischer Texte«, die »schwerer greifbar [sind]«, siehe ansonsten auch Klausnitzer, *Literatur*, S. 25–56, insbesondere S. 27 und hier S. 29.

geschichtliche und wissenssoziologische Literaturforschung auch deshalb
zweitrangig, da nicht nur und vorrangig Einzeltexte, sondern eher sub-
textuelle (z. B. ›Kollektivsymboliken‹)[55] oder textübergreifende ›Semantiken‹
(›Diskurse‹) Kandidaten für Wissenszuschreibungen sind. Zudem wird die
Unterscheidung ›fiktional/nicht wahrheitsfähig *versus* nicht-fiktional/wahr-
heitsfähig‹ innerhalb der Literatur selbst problematisiert und unterlaufen
(letzteres z. B. in Fallgeschichten von der Aufklärung bis ins 20. Jahrhundert)
und erweist sich als konstitutiv für die (nicht nur literarische) Realitätskonstruktion eines Zeitraumes. Als kategoriale Grenzziehung unterliegt sie historischem Wandel, wird immer wieder verschoben, neu gezogen und u. a. in
gattungspoetologischen Diskursen verhandelt.[56] Auch diese Unterscheidung
bildet ein je historisch variables Konstrukt der Selbst-Kategorisierung,
Selbstbeobachtung und Selbstbeschreibung von Literatur.

Zwar ist Köppe zuzustimmen, wenn er für ein »fiktionales literarisches
Werk« die interne – d. h. innerdiegetische – Unterscheidung bzw. »Mischung
fiktionaler und nicht-fiktionaler Sätze« zurückweist.[57] Dass sich diese Unterscheidung als Unterscheidung von ›wahren‹ und ›unwahren‹ Sätzen für Wissenszuschreibungen an einzelne Propositionen jedoch sowieso als irrelevant
erweist – und zwar nicht nur im selbstreferentiellen Spezialfall, wo Literatur
›Wissen‹ über sich selbst vermittelt oder nebulöse Annahmen über die *condi-*
tio humana anregt oder bestätigt[58] –, mag im lockeren Anschluss an Titzmanns
propositionsanalytisches Verfahren anhand zweier notwendig simplifizieren-
der Beispiele angedeutet werden, wobei vorausgesetzt wird, dass fiktionale
wie nicht-fiktionale Texte gleichermaßen nur auf historisch und gesellschaftlich konstruierte ›Wahrheit‹ und ›Realität‹ zugerechnet werden können.

---

[55] Im Sinne von Link, Jürgen, »Über ein Modell synchroner Systeme von Kollektivsymbolen sowie seine Rolle bei der Diskurs-Konstitution«, in: Jürgen Link/Wulf
Wülfing (Hrsg.), *Bewegung und Stillstand in Metaphern und Mythen. Fallstudien zum Ver-*
hältnis von elementarem Wissen und Literatur im 19. Jahrhundert, Stuttgart 1984, S. 63–92,
oder Link, Jürgen, »Literaturanalyse als Interdiskursanalyse. Am Beispiel des Ursprungs literarischer Symbolik in der Kollektivsymbolik«, in: Jürgen Fohrmann/
Harro Müller (Hrsg.), *Diskurstheorien und Literaturwissenschaft*, Frankfurt am Main
1988, S. 284–307.
[56] Was sich am Beispiel der Ausdifferenzierung und Selbstreflexion des historischen
Erzählens ab dem späten 18. Jahrhundert zeigen und überprüfen ließe. – Insgesamt ist der Kritik von Jannidis, »Collegium«, einmal mehr zuzustimmen: Die
»Grenzlinie« zwischen Fiktionalität und Nicht-Fiktionalität läuft mitten durch das
Literaturland (S. 375) – und nicht nur durch dieses, wäre zu ergänzen.
[57] Köppe, *Literatur*, S. 97.
[58] Siehe Köppe, *Literatur*, S. 97, S. 133f.; siehe auch S. 237 unter Vorbehalt zu einem
»epistemischen Proprium« der Literatur.

IV. Literarische ›Semantik‹ als Medium diskursiver Wissens-
stabilisierung und Wissensgenerierung: Zwei Beispiele

Auch wenn Clemens Brentanos ›Märchen‹ *Gockel und Hinkel* (1811)[59] selbstverständlich nur diegetische Aussagen über eine Vielzahl fiktiver, insofern
›unwahrer‹ Sachverhalte enthält, lassen sich aus diegetischen Propositionen
etwa über den Raugrafen Gockel von Hanau, die Mäuseprinzessin Sissi, den
Hahn Alektryo usf. Propositionen generalisierend folgern (z. B. ›Katzen fressen Mäuse und Küken‹, ›Mäuse fressen Käse‹ usf.), die (auch) außerdiegeti-
sche, nicht-fiktive Entitäten betreffen und mit breitem, allenfalls noch gruppenspezifisch spezialisiertem Alltagwissen über Katzen, Mäuse und Hühner
vergleichend korreliert werden können. Diese gefolgerten All-Aussagen sind
zwar keine Textpropositionen mehr, entsprechen aber zoologischem Basis-
wissen, mit dessen Hilfe die individualisierten innerdiegetischen Einzelfälle
als exemplarische interpretierbar werden, die dieses ›Wissen‹ zu bestätigen
scheinen, obwohl Aussagen über fiktive, zudem kontrafaktisch anthropo-
morphisierte Tiere dieses Weltwissen weder bestätigen noch falsifizieren
können. Nun werden diese Propositionen in Brentanos Märchen zweifellos
nicht die Favoriten für eine an der Erforschung literarischer Wissenssynthe-
sen interessierte Textlektüre sein.

Anders verhält es sich jedoch mit den durchgehend pejorativ semantisier-
ten »paar alte[n] Juden«[60] und ›Petschierstechern‹, die mit betrügerischen Mitteln den Glück und Leid verschaffenden zauberkräftigen ›Ring Salomonis‹
zeitweise an sich zu bringen wissen und für den erzählten Ereignisverlauf eine
wichtige Funktion erfüllen. Aus der semischen, etwa physiognomischen Ausstattung und dem Verhalten dieser innerdiegetisch individualisierten Figuren
lassen sich wiederum im generalisierenden Umkehrschluss typisierende Propositionen über ›Juden‹ als das Gemeinwesen schädigende ›Betrüger‹ formulieren.[61] In deren Licht werden fingierte Einzelfälle als exemplarische Belege
für ein Stereotyp interpretierbar, dessen außertextliche Geltung – als mindestens gruppenspezifisch erhobener Wahrheitsanspruch – nicht ontologisch an
›realen‹ Vertretern der Figurenklasse, sondern nur anhand des gesellschaftlich

---

[59] Zitiert nach der Urfassung: Brentano, Clemens, *Gockel und Hinkel. Märchen*, Stuttgart 1986.

[60] Brentano, *Gockel*, S. 23.

[61] Siehe u. a. den Tiervergleich »mageres Gesicht mit dem Barte [...] wie ein alter
Ziegenbock« (Brentano, *Gockel*, S. 69) oder die soziale Mimikry der drei »Betrüger«
als »böse[r] Hoffaktor«, der an der Verkleinerung der Semmeln, als »geizige[r]
Kommerzienrat«, der an der Verteuerung des Salzes, und als »habsüchtiger Hof-
lieferant«, der an der Verteuerung des Fleisches Schuld trage (ebd., S. 102).

konstruierten und zirkulierenden zeitgenössischen ›Wissens‹ über sie, also erneut an literarischen und nicht-literarischen Texten überprüft werden kann. Wenn aber, wie in diesem Fall, ein einzeltextexterner, literarischer und nicht-literarischer, als ›frühantisemitisch‹ einzustufender ›Diskurs‹ über Juden existiert, dann entlastet dieser ›Diskurs‹ fiktionale Texte (und nicht nur diese) von einer eigenständigen Thematisierung von Wissensansprüchen und Legitimierung von Wahrheitszuschreibungen und ermöglicht es zugleich, einzelne Textpropositionen, die sich diesem ›Diskurs‹ zuordnen lassen, dennoch als wissensfähig zu identifizieren.[62]

Wenn nun ›Diskurse‹ laut Michel Foucault nicht nur als »Gesamtheit von Zeichen (von bedeutungstragenden Elementen, die auf Inhalte oder Repräsentationen verweisen)«, sondern auch als »Praktiken« zu verstehen sind, »die systematisch die Gegenstände bilden, von denen sie sprechen«[63], und ›Diskurs‹ ferner mit Michael Titzmann definiert werden kann als »ein System, das die Produktion von Wissen regelt«, also als »ein System des Denkens und Argumentierens […], das von einer Textmenge abstrahiert ist und das erstens durch einen Redegegenstand, zweitens durch Regularitäten der Rede, [und] drittens durch […] Relationen zu anderen Diskursen charakterisiert ist«,[64] dann wird vor dem Hintergrund des Beispiels mehreres deutlich:

Zum einen scheint ein unmittelbarer ›Übergang‹ von Textpropositionen (›Semantik‹) auf ›Wissen‹ ohne diskurstheoretische ›Brücke‹, also ohne Umweg über ›Diskurse‹ kaum möglich, die zwischen einer fiktionalen Diegese und nicht-fiktionalen, außerliterarisch archivierten Wissensbereichen schrittweise zu vermitteln erlauben. Zum anderen erfolgt die Zuschreibung der Diskurszugehörigkeit und insofern der Wissensfähigkeit an bestimmte Textpropositionen unabhängig davon, ob sie textsortenspezifisch Aussagen über fiktive oder nicht-fiktive Entitäten treffen, und drittens zunächst auch

---

[62] Dazu Hortzitz, Nicoline: ›Früh-Antisemitismus‹ in Deutschland (1789–1871/72). Strukturelle Untersuchungen zu Wortschatz, Text und Argumentation, Tübingen 1988; Hartwich, Wolf-Daniel, Romantischer Antisemitismus. Von Klopstock bis Richard Wagner, Göttingen 2005, und zur 1811 gegründeten ›Christlich-deutschen Tischgesellschaft‹ u.a. Moßmann, Susanna, »Das Fremde ausscheiden. Antisemitismus und Nationalbewußtsein bei Ludwig Achim von Arnim und in der ›Christlich-deutschen Tischgesellschaft‹«, in: Hans Peter Herrmann u.a. (Hrsg.), Machtphantasie Deutschland. Nationalismus, Männlichkeit und Fremdenhaß im Vaterlandsdiskurs deutscher Schriftsteller des 18. Jahrhunderts, Frankfurt am Main 1996, S. 123–159.

[63] Foucault, Michel, Archäologie des Wissens [1969], Frankfurt am Main 1981, S. 74.

[64] Titzmann, »Skizze«, S. 407 und S. 406; auch ebd.: »Literatur ist kein Diskurs; sie kann sich aber verschiedener Diskurse bedienen und sie in sich integrieren« (S. 407).

unabhängig davon, welche soziale Reichweite die diskursrelativen Geltungsansprüche dieser Propositionen aufweisen und welche vermeintlichen Ge-
wissheiten, welches ›Wissen‹ eine Gesellschaft also über solchen Propositionen konstruiert. Und viertens sagen solche Zuschreibungen an einzelne
Propositionen nicht notwendig und nicht in jedem Fall etwas darüber aus,
wie der jeweilige Text (hier etwa pauschal zur Gänze als ›antisemitisch‹?) rezipiert worden ist und ob die wissensfähigen Teilbedeutungen vom Autor
etwa gar diskursstrategisch intendiert worden sein könnten oder nicht – ganz
abgesehen davon, dass Daten hierüber im Falle Brentanos nur wiederum aus
schriftlichen Quellen zu gewinnen wären. Ob eine Textproposition darüber
hinaus, wie in Brentanos Fall, gesellschaftlich vorhandenem ›Wissen‹ entspricht, es also – verkürzt formuliert – innerliterarisch bestätigt oder aber
(partiell) neues ›Wissen‹ generiert, also potentiell außerliterarisch kommuni-
zierbare Wissensbehauptungen aufstellt und mit Hilfe fiktionalen Erzählens
nicht nur *ex post* popularisiert, sondern selbst überhaupt erst diskursiviert,
kann nur diskursrelativ und auf breiter Textkorpusbasis entschieden werden.

Letzteres trifft – um nochmals ein Beispiel aus der fatalen Literatur- und
Diskursgeschichte des Antisemitismus zu geben – für das Kapitel »Auf dem
Judenfriedhof in Prag« im ersten Band des vierbändigen Romans *Biarritz*
(1868)[65] von Sir John Retcliffe (d.i. Herrmann Goedsche) zu, von dem später
die sogenannten *Protokolle der Weisen von Zion* ihren fiktionalen Ausgang nehmen. Zunächst noch als ins Russische übersetztes Romanzitat, dann in einer
französischen Publikation aus dem Jahr 1881 zur (Pseudo-)Überlieferung
der Ansprache eines ›Großrabbiners‹ umgeschrieben, durchläuft die von
Retcliffe dargestellte konspirative Versammlung von dreizehn Stammesäl-
testen – »geisterhafte[n] Gestalten […], aber er wusste kaum, waren es Lebende oder Tote«[66] – zahlreiche Verarbeitungen und Kontextualisierungen
zu einem verschwörungstheoretischen Pamphlet. Als pseudo-authentisches
›Dokument‹ begründet es den Mythos einer zionistischen ›Weltverschwörung‹, dessen mehrfach in Gerichtsprozessen (z. B. in Bern 1934) erfolgreich
angefochtene Wahrheitsansprüche es zugleich zirkulär zu beglaubigen vor-
gibt.[67] Fiktionale Propositionen, die außerhalb ihrer Herkunftsdiegese selbst
literaturexterner Legitimation bedürften, fungieren nun also ihrerseits als

---

[65] Retcliffe, Sir John, *Biarritz*, Bd. 1, Berlin o. J., S. 130–180.

[66] Retcliffe, *Biarritz*, S. 151.

[67] Zur ›Erfolgsgeschichte‹ der ›Protokolle‹, nicht nur in Deutschland vor und während des NS-Regimes und in der Sowjetunion, siehe Cohn, Norman, ›*Die Protokolle der Weisen von Zion‹. Der Mythos der jüdischen Weltverschwörung* [1967], Baden-Ba-
den, Zürich 1998, außerdem Ben-Itto, Hadassa, ›*Die Protokolle der Weisen von Zion‹ –
Anatomie einer Fälschung*, Berlin 2001.

›Beglaubigung‹ antisemitischer Propositionen im antisemitischen Diskurs. Fiktionale Literatur generiert und konstruiert auf diese Weise ein zumindest gruppenspezifisch geteiltes, für ›wahr‹ gehaltenes ›Wissen‹, das nicht mehr als ›Wissen‹ über Literatur (nämlich über ein Kapitel in Retcliffes Sensationsroman), sondern als xenophobes und rassistisches, pseudo-wissenschaftliches ›Wissen‹ über die vermeintlich von Juden ausgehenden Gefahren kommuniziert wird.

Literatur kann, so ist einmal mehr mit Blick auf beide Beispiele festzuhalten, als Medium der Speicherung und Verbreitung, Popularisierung und Ästhetisierung von außerliterarisch präexistenten literatur-*un*spezifischen ›Wissensbeständen‹ fungieren und transportiert Propositionen dieses ›Wissens‹ zugleich immer auch auf gattungs-, genre- oder auch einzeltextspezifische Weise. Zu fragen wäre aber auch, inwieweit – wann, unter welchen gesellschaftlichen und historischen Bedingungen und auf welcher Explizitheits- und Formationsstufe – daraus wiederum mehr oder weniger ›neues‹, kommunikativ anschlussfähiges ›Wissen‹ hervorgehen kann, Literatur also auch ›Wissen‹ zu generieren und in literaturferne (alltägliche, wissenschaftliche usf.) Kommunikations- und Handlungsbereiche zu transferieren in der Lage ist. Kann Literatur, d.h. können bestimmte Texte, Genres, Gattungen also zu bestimmten historischen Zeitpunkten und unter spezifischen gesellschaftlichen Voraussetzungen nicht nur zum Katalysator der Tradierung und kommunikativen Stabilisierung von Wissensbeständen, sondern auch selbst zum Movens der Wissensgenerierung werden, d.h. ein zunächst immer auch literaturspezifisches ›Wissen‹ über das Wissensmedium produzieren – als ›Wissen‹ über fiktionale Literatur –, das sodann literaturextern als literatur*un*spezifisches ›Wissen‹ über ›Redegegenstände‹ und Wirklichkeitsbereiche sozial kommuniziert wird und in andere Diskurse (z.B. wissenschaftliche, philosophische) Eingang findet?[68]

---

[68] Dass »nicht die Literatur auf theoretisch artikuliertes Wissen zurückgreift, sondern dass der theoretische Diskurs, wenn auch selektiv, Elemente des literarischen Modells [der Altersklassen, CMO] übernimmt« und Literatur und Theorie dabei auf »gemeinsames vortheoretisches Wissen« rekurrieren, plausibilisiert Titzmann z.B. für die ›Goethezeit‹ (Titzmann, Michael, »Die ›Bildungs-‹/Initiationsgeschichte der Goethe-Zeit und das System der Altersklassen im anthropologischen Diskurs der Epoche«, in: Lutz Danneberg/Friedrich Vollhardt (Hrsg.), *Wissen in Literatur im 19. Jahrhundert*, Tübingen 2002, S. 7–64, hier S. 44).

V.   Zur ›strukturellen Kopplung‹ von literarischer ›Semantik‹ und
     ›Wissen‹

Angesichts der Schwierigkeit, ›Wissen‹ und ›Literatur‹ mittels wissensfähiger
Propositionen *in* literarischen Texten in Beziehung zu setzten, also eigentlich
›Wissen‹ und ›Semantik‹ zu vermitteln, drängt sich außerdem die Vermutung
auf, dass es sich dabei um ein Problem handelt, mit dem sich Luhmanns Systemtheorie auf ähnliche Weise konfrontiert sieht, wenn sie die Beziehungen
zwischen ›autopoietisch‹ autonomen, operativ geschlossenen, also immer
nur systemintern operierenden und Umwelt ›beobachtenden‹ Kommunika-
tionssystemen zu modellieren versucht. Was Luhmann unter ›struktureller
Kopplung‹ versteht, reagiert genau auf dieses Problem: »Strukturelle Kopplungen des Systems sind für das System operativ unzugänglich« und »sind
Formen, die etwas einschließen dadurch, daß sie etwas anderes ausschließen.
Sie transportieren also keineswegs die Außenwelt als Welt in das System. Sie
ermöglichen keine Weltkenntnis«.[69] Da sich jedoch ›strukturelle Kopplungen‹ des »Kommunikationssystems Gesellschaft [...] nur auf das Bewußtsein
der Menschen, nicht auf andere Materialitäten« beziehen, »behilft sich die
Kommunikation mit der Illusion, Wissen sei Wissen der Menschen (obwohl
sie, gerade weil es sich um strukturelle Kopplungen handelt, als Kommunikation gar nicht wissen kann, was die Menschen in ihrem Bewusstsein wissen).«[70] Deshalb verdankt sich,

> was als ›Wissen‹ kommunizierbar wird [...], einer ›Eigenleistung‹ des Gesell-
> schaftssystems, das die Resultate dieser [...] strukturellen Kopplungen damit in
> eine Form bringt, die im System anschlußfähig ist. [...]. [...]. Strukturelle Kopp-
> lungen produzieren in den Systemen, die sie koppeln, Irritationen [...]. Das sind
> ›Zwischenformen‹, die noch nicht eigentlich Wissen sind, sondern nur Anlaß ge-
> ben, Wissen zu fixieren, [...].[71]

Wenn mit Luhmann somit »Wissen [...] das Gesamtresultat struktureller
Kopplungen des Gesellschaftssystems [ist]«[72] und nicht unmittelbar beobachtet werden kann, sondern als Folge je systeminterner ›Irritationen‹ zu
fixiertem ›Wissen‹, also zu gespeicherter ›Semantik‹ führt, dann stellt sich für
eine Soziologie des literarischen ›Wissens‹ oder genauer: für eine Wissenssoziologie literarischer Semantik erst recht und rekursiv die Frage, was wiederum ›Semantik‹ und kommuniziertes ›Wissen‹ strukturell koppelt. Wird
›Wissen‹ dabei »als Kondensierung von Beobachtung«[73] verstanden, dann

---

[69] Luhmann, *Wissenschaft*, S. 163.
[70] Luhmann, *Wissenschaft*, S. 164.
[71] Luhmann, *Wissenschaft*, S. 165.
[72] Luhmann, *Wissenschaft*, S. 163.
[73] Luhmann, *Wissenschaft*, S. 123.

schlägt ›Beobachtung‹ als anthropomorphisierende Sprachregelung potentiell auch auf ›Semantik‹ durch: Dass ›Literatur‹ als soziales System seine
›Umwelten‹ ›beobachtet‹, wird nämlich, zumal für historische Gegenstandsbereiche, auf Intertextualität, also auf Text-Text-Beziehungen verwiesen
bleiben, innerhalb deren ›Texte‹ dann etwas außerhalb ihrer selbst zu ›beobachten‹ scheinen. Wenn (literaturbasiertes) ›Wissen‹ selbst etwas ›beobachtet‹, dann ›beobachten‹ auch ›Literatur‹ und ihre ›Semantik‹. Wie andere
Kommunikationssysteme (Wissenschaft, Recht, Religion usf.) ›beobachtet‹
auch ›Literatur‹ ihre diskursiven Umwelten darüber hinaus notwendig *selbst-
referentiell*, d.h. nach ihren je eigenen internen Regeln und Bedingungen, so
dass diese Systeme genau genommen – einmal mehr anthropomorphisierend verkürzt formuliert – nichts *fremdreferentiell* ›voneinander wissen‹ können, sondern lediglich wechselseitig und je intern ihre ›Umwelt‹-Bezüge verarbeiten, also *re-entries* produzieren.[74]

An dieser Stelle könnte übrigens auch die ›Wissenspoetologie‹ als eine
»Lehre der Verfertigung der Wissensformen […], als Lehre von ihren Genres und Darstellungsmitteln«[75] ihr genuines Forschungsfeld finden, ohne
jedoch die »poetologische Kraft einer Wissensform«,[76] also die implizite
Selbstreferentialiät nicht nur literarischer Wissensmedien und die formale
›poetische‹, also rhetorische, tropologisch-›bildliche‹, stilistische, narrative
usf. Verfasstheit des je transportierten ›Redegegenstandes‹ zu überschätzen.
Die Ästhetik des jeweiligen Mediums ernst zu nehmen, sollte nicht bedeuten, dieses selbst zum favorisierten Wissensgegenstand zu verabsolutieren
und dabei – um mit McLuhan zu sprechen – zu marginalisieren, dass die
›Botschaft‹ des Mediums nicht nur im Medium selbst als ›Botschaft‹ besteht.[77] Dass »jede Wissensordnung bestimmte Darstellungsoptionen ausbildet, dass in ihrem Inneren besondere Verfahren wirksam sind, die über die
Möglichkeit, über die Sichtbarkeit, über die Konsistenz und die Korrelation
ihrer Gegenstände entscheiden«, und dass sich also eine »Poetologie des
Wissens‹ […] für die Verfahren und Regeln interessiert, nach denen sich ein
historischer Diskurszusammenhang ausbildet und abschließt und seine in-

---

[74] Dem versucht eine ›polykontexturale‹ Literaturwissenschaft Rechnung zu tragen,
   die Text-Kontext-Differenzen als System-Umwelt-Beobachtungen interpretiert,
   vgl. Plumpe, Gerhard/Werber, Niels (Hrsg.), *Beobachtungen der Literatur. Aspekte
   einer polykontexturalen Literaturwissenschaft*, Opladen 1995.
[75] Vogl, Joseph, *Kalkül und Leidenschaft. Poetik des ökonomischen Menschen*, 2. Auflage,
   Zürich, Berlin 2004, S. 13.
[76] Vogl, »Kalkül«, S. 13.
[77] McLuhan, Marshall, *Die magischen Kanäle/ Understanding Media* [1964], Dresden
   1994, S. 21–43.

terne Ordnung stabilisiert«,[78] ist allerdings weder zu bezweifeln noch zu kritisieren. Literatur vermittelt nicht nur in ihren expliziten metapoetischen ›Selbstbeschreibungen‹, sondern auch da, wo sie vermeintlich fremdreferentiell von ›Welt‹ handelt, immer auch notwendig ›Wissen‹ über ihre spezifischen Gattungs- und Genre-Schemata sowie über deren Vermittlungs-, also Vertextungs- und Erzählstrategien – und genau dadurch auch nicht nur ›Wissen‹ über sich selbst. Sie vermag darüber hinaus potentiell wissensfähige Einstellungen, Bewertungen und Realitätsdeutungen zu teilen, zu speichern und möglicherweise sogar besonders erfolgreich als ›Alltagswissen‹ zu popularisieren und erzählerisch zu vermitteln, die auf andere, aber weniger ›anschlussfähige‹ Art und Weise auch von zeitgenössischen wissenschaftlichen Diskursen transportiert werden.[79]

Die erst noch zu leistende Modellierung der ›strukturellen Kopplung‹ von ›Semantik‹ und ›Wissen‹ betrifft also, so ist festzuhalten, nicht nur die Korrelation von Selbstreferenz und Fremdreferenz und die Frage, wie Fremdreferenz unter den Bedingungen je systeminterner Selbstreferenz vorzustellen sei, sondern parallel dazu auch das Verhältnis von ›Wissenspoetologie‹ und Wissenssoziologie, die sich als komplementäre Forschungsperspektiven erweisen könnten, wenn sie sich in ihren jeweiligen Extrempositionen wechselseitig zu limitieren und zu kontrollieren fähig wären.

Als Vermittlungsinstanz zwischen ›Semantik‹ und ›Wissen‹ bieten sich vorerst ›Diskurse‹ an, die den archivierten ›Semantik‹-Vorrat selektiv kanalisieren, anschlussfähig diskursivieren und damit die ›strukturelle Kopplung‹ zwischen ›Semantik‹ und ›Wissen‹ gewährleisten. Eine ›Wissenssoziologie der literarischen Semantik‹ hätte somit nicht nur ihre semiotischen Anteile zu explizieren, sondern bedürfte auch einer diskurstheoretischen Komplettierung. Von ›sozialkonstruktivistischer‹ Seite steht an dieser Theoriebaustelle u. a. das Forschungsprogramm der ›wissenssoziologischen Diskursanalyse‹ (Reiner Keller u. a.) bereit, das neben theoretischer Selbstpositionierung zwischen Foucault und Berger/Luckmann allerdings in seiner Operationalisierbarkeit noch nicht wesentlich über – durchaus verdienstvolle – Fragenkataloge und Glossare hinausgelangt ist.[80]

---

[78] Vogl, *Kalkül*, S. 13; vgl. auch schon Vogl, Joseph (Hrsg.), *Poetologien des Wissens um 1800*, München 1999.

[79] Insofern wäre auch ›Kulturtheorien‹ zu widersprechen, die, so Reckwitz, *Kulturtheorien*, S. 167, die »Konzeption des Wissens« nicht nur »vom Wahrheitsbegriff [ablösen]«, sondern auch »von der Identifikation mit (propositionalen) Wissensinhalten«.

[80] Zu ›Vorgehensweise‹ und ›Feinanalyse‹ siehe Keller, *Diskursforschung*, S. 79–113, und ansonsten v. a. Keller, Reiner, *Wissenssoziologische Diskursanalyse. Grundlegung*

Darüber hinaus wird eine ›Wissenssoziologie literarischer Semantik‹ unter solchen theoretischen Voraussetzungen nicht nur mit dem Problem der Beziehung von ›Semantik‹ und ›Wissen‹ konfrontiert, sondern auch mit dem Folgeproblem der Beziehung von ›Semantik/Wissen‹ und ›Sozialstruktur‹. Deren Beziehung verläuft nicht mehr »parallel zur Relation Subjekt-Objekt«, so dass nicht primär »nach Trägern des Wissens«, sondern »nach einer Korrelation oder Kovariation von Wissensbeständen und gesellschaftlichen Strukturen«[81] zu fragen sein wird und nicht mehr (nur) von der Annahme einer »repräsentationalen Funktion des Wissens« auszugehen ist.[82] Auch die Verwendung der kybernetischen Metaphern des ›Transfers‹, des ›Austausches‹, von ›Input‹ und ›Output‹ oder des ›Zirkulierens‹ von ›Wissen‹ bedürften in diesem Zusammenhang einer kritischen Revision.[83] Darüber hinaus ist zukünftig zu klären, welche Konsequenzen von einer ›Soziologie des literarischen Wissens‹ als ›Wissenssoziologie literarischer Semantik‹ für die literatursoziologische und sozialgeschichtliche Objektbereichskonstitution zu erwarten sind und wie sich insbesondere letztere zu einer Literaturgeschichte als Wissensgeschichte verhält.[84]

Für eine »Verknüpfung des Einzelnen mit der Gesellschaft durch das Wissen«[85] scheint jedenfalls festzustehen, dass sich nicht nur personales wie ›kol-

---

eines Forschungsprogramms [2005], 2. Auflage, Wiesbaden 2008, u.a. S. 262–263 (›Fragestellungen‹), und Jäger, Siegfried, »Diskurs und Wissen. Theoretische und methodische Aspekte einer Kritischen Diskurs- und Dispositivanalyse«, in: Reiner Keller u.a. (Hrsg.), *Handbuch Sozialwissenschaftliche Diskursanalyse*. Bd. 1, Theorie und Methoden, 2., aktualisierte und erweiterte Auflage, Wiesbaden 2006, S. 83–114, insbesondere S. 108–113, zum Verhältnis von »diskursiven Praxen«, »nicht-diskursiven Praxen« und »Sichtbarkeiten/Vergegenständlichungen« (hier S. 109).

[81] Luhmann, Niklas, *Gesellschaftsstruktur und Semantik. Studien zur Wissenssoziologie der modernen Gesellschaft*, Bd. 1, Frankfurt am Main 1980, S. 15.

[82] Luhmann, »Soziologie des Wissens«, S. 159.

[83] Das Problem, wie sich Semantik-Wissens-Kopplungen ihrerseits ›repräsentational‹ (z.B. homologisierend) und nicht-repräsentational (kausal) auf ›Sozialsystem‹strukturen beziehen lassen, kann hier nicht entfaltet werden, vgl. aber vertiefend: Stäheli, Urs, »Die Nachträglichkeit der Semantik«, in: *Soziale Systeme. Zeitschrift für soziologische Theorie*, 4/1998, S. 315–340, und Stichweh, Rudolf, »Semantik und Sozialstruktur: Zur Logik einer systemtheoretischen Unterscheidung«, in: *Soziale Systeme. Zeitschrift für soziologische Theorie*, 6/2000, S. 237–250, und von kulturtheoretischer Seite Reckwitz, *Kulturtheorien*, S. 593f. sowie S. 647.

[84] Zur Literatursoziologie einschließlich ›Feld‹-theoretischer und systemtheoretischer Optionen siehe zusammenfassend Ort, Claus-Michael, »Sozialwissenschaften«, in: Thomas Anz (Hrsg.), *Handbuch Literaturwissenschaft. Gegenstände – Konzepte – Institutionen*, Bd. 2, *Methoden und Theorien*, Stuttgart, Weimar 2007, S. 470–478.

[85] Knoblauch, *Wissenssoziologie*, S. 349.

lektives‹ »Wissen [...] nicht beobachten [lässt]« und »empirisch [...] immer in Form von Kommunikation [auftritt],«[86] sondern dass insbesondere im Falle historischer Gegenstandsbereiche auch wiederum ›Kommunikation‹ nicht direkt ›beobachtet‹ werden kann, sondern nur indirekt über dauerhaft (vor allem textförmig, schriftlich und ikonisch) gespeicherte Kommunikationsofferten – also auf der Basis von ›Semantik‹ im Sinne Luhmanns – erschlossen werden kann.

VI. Ausblick auf eine ›praxeologische‹ Modellbildung unter ›textualistischen‹ Bedingungen

Gerade weil nicht kommuniziertes, also auch nicht mediatisiertes und diskursiviertes ›Wissen‹ jenseits der Quellen kein Gegenstand historischer Forschung sein kann und einzuräumen ist, dass die

> Forschungspraxis der Praxeologie [...] selbst – ob sie will oder nicht – Züge einer Analyse von historischen Dokumenten [annimmt], die sie in die Nähe von Diskursanalyse – mit all ihren Problemen – bringt [...] [und] der Praxeologe [...] sich an das textuelle und artefaktförmige Material der Diskursanalytiker und Semiologen verwiesen [sieht],[87]

droht umso mehr die Verlockung textualistischer Fehlschlüsse auf mikro- wie makrosoziale Bezugsebenen.[88] Und genau deshalb sollte auch aus der empirischen Not nicht allzu bereitwillig eine theoretische Tugend gemacht,

---

[86] Knoblauch, *Wissenssoziologie*, S. 349 und ebd., S. 349: die »Form des Wissens ist die der Kommunikation«.

[87] Reckwitz, Andreas, »Praktiken und Diskurse. Eine sozialtheoretische und methodologische Relation«, in: Herbert Kalthoff u. a. (Hrsg.), *Theoretische Empirie. Zur Relevanz qualitativer Forschung*, Frankfurt am Main 2008, S. 188–209, hier S. 200–201; zu den »Relationen zwischen mentalen Wissensordnungen, körperlichen Verhaltensmustern und ›Texten‹ aus praxistheoretischer Perspektive« vgl. auch schon Reckwitz, *Kulturtheorien*, S. 588–616, hier S. 588.

[88] Die frühe Religionssoziologie Émile Durkheims hatte es in der Tat noch leichter, wenn sie die »Sprache« und das »System der Begriffe« als »Ergebnis einer kollektiven Ausarbeitung« definiert, so dass »Begriffe kollektive Vorstellungen sind«, weil sich im »Wort [...] ein Wissen verkörpert, an dem ich nicht mitgearbeitet habe, ein mehr als nur individuelles Wissen« (Durkheim, Émile, *Die elementaren Formen des religiösen Lebens* [1912], Frankfurt am Main 1981, S. 581); noch kurzschlüssiger formuliert Michail M. Bachtin: »Der Text ist die unvermittelte Realität (Realität von Denken und Erfahrung), [...]. Wo kein Text ist, da ist auch nichts, worüber zu forschen oder zu denken wäre« (Bachtin, Michail M., »The Problem of the Text in Linguistics, Philology, and the Human Sciences. An Experiment in Philosophical Analysis«, in: Ders., *Speech Genres and Other Late Essays*, Austin/Texas 1986, S. 103–131, hier S. 103; deutsche Übersetzung zit. nach Baßler, *Archiv*, S. 73).

also nicht schon von vornherein auf eine ›praxeologische‹ Modellbildung verzichtet werden. Diese sollte historische Gegenstandsbereiche ohne solche Fehlschlüsse mikro- und makrosoziologisch *so* zu strukturieren versuchen, als leide sie nicht unter einem Mangel an sozialwissenschaftlich beobachtbaren Daten, als wäre sie nicht gezwungen, letztere durch Textdaten zu ersetzen. Die Interpretation von aus Textkorpora gewonnenen Daten als gesellschaftlich ›wissens‹- und potentiell ›wahrheits‹-fähige ›Semantik‹ sollte unter wissenssoziologischen Voraussetzungen jedenfalls nicht ohne sozialtheoretisch elaborierten, ›praxeologischen‹ Bezugsrahmen erfolgen.

Michael Titzmanns Forderung nach einer »zusätzlichen Methodologie, die es erlaubt, aus den kulturellen Äußerungen auf die ›Realität‹ zu schließen, d.h. die zu unterscheiden vermag, welche der ableitbaren [...] Text-Propositionen zugleich auch wahre Aussagen über die faktische ›Realität‹ sind und welche nicht«,[89] bedürfte insofern konsequenter Soziologisierung und einer Entlastung von Wahrheits- und Faktizitätsfragen, zugunsten der Modellierung der Beziehung von ›Semantik‹, ›Wissen‹ und Sozialsystemstrukturen. Eine solche ›Methodologie‹ hätte also aus dem folgenden Befund nicht nur zeichentheoretische und textanalytische Konsequenzen, sondern auch diskurstheoretische und sozialsystemtheoretische Folgerungen zu ziehen:

> Wissen von Individuen oder Gruppen kann nun einerseits aus der Beobachtung ihrer non-verbalen Verhaltensweisen und Praktiken, andererseits aus ihren Äußerungen erschlossen werden. Da die Mehrheit der Kulturen der Vergangenheit angehört, die uns primär über ihre Texte zugänglich ist, beschränke ich mich auf diesen – wohl auch für noch beobachtbare Kulturen relevantesten – Fall der Produktion, Speicherung, Verbreitung von Wissen durch Texte. In der *Realität* mag das Wissen einer Gruppe oder Kultur als Durchschnitt aus den Wissensmengen ihrer Mitglieder sich darstellen: in der *Rekonstruktion* stellt es sich als Durchschnitt aus bestimmten Klassen von Aussagen verschiedener Texte dar.[90]

Zumindest die theoretischen Voraussetzungen einer solchen ›Methodologie‹ beginnen sich konvergent von ›textualistischer‹ (Titzmann) und von ›praxeologischer‹ – sowohl sozialsystemtheoretischer als auch ›mentalistischer‹ und

---

[89] Titzmann, »Skizze«, S. 411; später relativiert Titzmann diesen ontologisch anmutenden Faktizitätsbezug zumindest für die Literaturgeschichte, der es im Unterschied zur »Geschichte der Denk- und Wissenssysteme« allenfalls um einen Vergleich von ›Literatur‹ mit ›kulturelle[m] Denken und Wissen über die ›Realität‹«, nicht aber mit ›Realität‹ selbst gehen könne; allerdings wird auch für die »Geschichte der Denk- und Wissenssysteme« die »faktische Realität« kaum unvermittelt relevant sein, da letztere nur als je soziale Realitätskonstruktion kommuniziert werden kann, die von vornherein ›strukturell‹ an ›Denk- und Wissenssysteme‹ gekoppelt ist (S. 426–427).

[90] Titzmann, »Kulturelles Wissen«, S. 58.

kulturtheoretischer, aber auch diskurstheoretischer – Seite abzuzeichnen (Luhmann, Reckwitz, Keller u. a.).⁹¹ Einer notgedrungen vor allem ›Text‹-bezogen verfahrenden historischen ›Wissenssoziologie literarischer Semantik‹ wird deshalb auch eher eine Diskurstheorie gerecht, die sich sozialtheoretischen Modellbildungen nicht verschließt, allerdings *ohne* ihre forschungspraktische Verwiesenheit auf entpragmatisierte ›Semantik‹ zu vergessen. Um mit Philipp Sarasin zu schließen:

> Es gibt für uns weder die vergangene Wirklichkeit noch einen rekonstruierbaren ›Sinn‹ in einem idealen Jenseits der Quellen. Die Beschreibung und Analyse der Vergangenheit kann sich daher von der Beschreibung und Analyse der Quellen nie lösen, […]. Was so in den Blick gerät, ist dennoch kein beliebiges, angeblich ›postmodernes‹ Spiel von Texten, die ohne Wirklichkeitsbezug nur noch wechselseitig auf sich selbst verweisen, sondern [sind] konkrete, gesellschaftlich verortbare Formen und Verhältnisse von Medien und Kommunikation, von Informationsverarbeitung und Sinnproduktion.⁹²

---

⁹¹ Zu »Texte[n] jenseits des Textualismus« siehe auch Reckwitz, *Kulturtheorien*, S. 605–611, hier S. 605, der allerdings auf die theoretisch simplifizierende und forschungspraktisch folgenlose, weil ohne infiniten Textregress historisch-empirisch kaum operationalisierbare, Trivialposition zurückfällt, »die Bedeutungen von Texten« seien »Produkte von Sinnzuschreibungen ihrer Rezipienten […], mithin ein Ergebnis sozialer Rezeptionspraktiken, einer Rezeption auf der Grundlage von routinisierten Sinnzuschreibungen und geteilten Sinnmustern« (S. 606).
⁹² Sarasin, Philipp, *Geschichtswissenschaft und Diskursanalyse*, Frankfurt am Main 2003, S. 58, vgl. auch seine perspektivenreichen fünf Thesen »auf dem Weg zu einer diskurstheoretisch fundierten Kulturgeschichte«, S. 58–60, hier S. 58.

Gideon Stiening

»Und das Ganze belebt, so wie das Einzelne, sei«

Zum Verhältnis von Wissen und Literatur am Beispiel von Goethes *Die Metamorphose der Pflanzen*

Goethe hat sich – vor allem in späteren Jahren – mehr als Naturforscher denn als Dichter verstanden; oder genauer: Er sah seine Dichtung in einem bestimmten sachlichen Zusammenhang mit seinem Naturverständnis.[1] Er war stolz auf seine Entdeckung des Zwischenkieferknochens, um die er mit Lorenz Oken lange stritt, der die Ersterkenntnis für sich beanspruchte.[2] Auch war er durchaus enttäuscht, wie seine Nachschrift zur *Metamorphose der Pflanzen* von 1817 dokumentiert,[3] über die eher zurückhaltende Reaktion der Forschung auf die Veröffentlichung dieses wissenschaftlichen Textes im Jahre 1790. Er hatte sich deutlich mehr davon versprochen, nämlich die Einsicht in seine Offerte an die zeitgenössische Naturforschung, die exponentiell anwachsenden empirischen Daten in einer die Prozessualität der Natur berücksichtigenden Systematik zu ordnen.[4] So schreibt er schon in diesen Jahren: »Wir befinden uns [in der Anatomie] in einem Chaos von Kenntnissen, und keiner ordnet es; die Masse liegt da, und man schüttet zu, [...].«[5] Goethe will mithin – um hier schon eine wissensgeschichtliche Distinktion

---

[1] Vgl. hierzu u.a. Richter, Karl, »Wissenschaft und Poesie ›auf höherer Stelle‹ vereint. Goethes Elegie ›Die Metamorphose der Pflanzen‹«, in: Wulf Segebrecht (Hrsg.), *Gedichte und Interpretationen*, Bd. 3, *Klassik und Romantik*, Stuttgart 1984, S. 156–168.

[2] Zu dieser Auseinandersetzung vgl. die derzeit ausführlichste Rekonstruktion bei Roth, Udo, *Georg Büchners* naturwissenschaftliche *Schriften. Ein Beitrag zur Geschichte der Wissenschaften vom Lebendigen in der ersten Hälfte des 19. Jahrhunderts*, Tübingen 2004, S. 308–314.

[3] Vgl. hierzu Goethe, Johann Wolfgang von, »Schicksal der Druckschrift«, in: *Werke*, Hamburger Ausgabe, Bd. XIII, Erich Trunz u.a. (Hrsg.), München 1988, S. 105–112; im Folgenden wird nach dieser Ausgabe zitiert.

[4] Vgl. hierzu auch Breidbach, Olaf, *Goethes Metamorphosenlehre*, München 2006, S. 132ff.

[5] Zitiert nach Mann, Gunter, »› ... daß aus Knochen alles deduziert werden kann.‹ Über die Wirbelnatur des Kopfskelettes«, in: Ders. (Hrsg.), *In der Mitte zwischen Natur und Subjekt. Johann Wolfgang von Goethes Versuch, die Metamorphose der Pflanzen zu erklären, 1790–1990. Sachverhalte, Gedanken, Wirkungen*, Frankfurt am Main 1992, S. 53–68, spez. S. 53.

anzuführen, auf die in der Folge noch zurückzukommen ist – die Masse empirischer *Daten* oder *Informationen* in ein *Wissen* überführen, und dazu bedarf es der methodischen und systematischen Vorschläge, die er mit seiner Metamorphosenlehre unterbreitet zu haben meinte. 1790 aber war die Forschung von Goethes Lösungen der durchaus anerkannten Probleme noch weit entfernt. Erst der Einfluss der von Schelling ausgehenden naturphilosophischen Bewegung erbrachte auch den Vorschlägen Goethes mehr Aufmerksamkeit, und zwar weil seine Konzeption methodisch und systematisch reflektierter Naturforschung – bei allen erheblichen Differenzen – eine gewichtige Prämisse mit den Naturphilosophen teilte:[6] die Annahme nämlich, dass es auch und gerade für eine angemessene empirische Naturwissenschaft des Rekurses auf, des Ausgangspunktes bei oder der Zielperspektive auf die Natur *als eines Ganzen* bedürfe, um einem »bloße[n] empirische[n] Herumtappen ohne leitendes Prinzip« – wie es Kant ausdrückte – entgegenzuarbeiten.[7]

In Goethes Vorstellung der Natur und ihrer Erforschung lassen sich neben dieser ersten, die Natur als Ganzes und als Prozess denkenden Prämisse zwei weitere Voraussetzungen isolieren, die für die nachfolgenden Überlegungen von entscheidender Bedeutung sind. Denn Goethe bindet *zweitens* jegliche Naturforschung, die als Wissenschaft will auftreten können, an die Anschauung, allerdings eine spezielle Vorstellung von Anschauung, die in der Lage sein soll, mehr als Einzelheiten, nämlich das natürlich Besondere als Moment eines dynamischen Allgemeinen der Natur als ganzer *anschauend* zu erfassen,[8] weil »mein Anschauen selbst ein Denken, mein Denken ein Anschauen« ist.[9] Diese Anschauung soll in bestimmter Hinsicht dem Begriff und damit der diskursiven Erfassung der Natur überlegen sein. Darauf ist im Folgenden mehrfach zurückzukommen, weil sich hinter diesem Anschauungsbegriff eine methodische und systematische Epistemologie verbirgt, die erhebliche Probleme aufwirft und zugleich konstitutiv für Goethes Modell von Naturforschung ist.

---

[6] Vgl. hierzu Engelhardt, Dietrich von, »Natur und Geist, Evolution und Geschichte. Goethe in seiner Beziehung zur romantischen Naturforschung und metaphysischen Naturphilosophie«, in: Peter Matussek (Hrsg.), *Goethe und die Verzeitlichung der Natur*, München 1998, S. 58–74, hier S. 66.

[7] Zu Kants Kritik eines methodisch unreflektierten Empirismus in der Naturforschung vgl. seine Auseinandersetzung mit Georg Forster: Kant, Immanuel, »Über den Gebrauch teleologischer Prinzipien in der Philosophie«, in: *Werke in 10 Bänden*, Bd. VIII, Wilhelm Weischedel (Hrsg.), Darmstadt 1983, S. 139–170, spez. S. 141.

[8] Vgl. hierzu die bislang konziseste Rekonstruktion dieses Anschauungsbegriffs bei Breidbach, *Goethes Metamorphosenlehre*, S. 137–137, S. 224, S. 226 u. S. 308.

[9] HA XIII, S. 37$_{22-24}$.

Und *drittens* lässt sich aufgrund dieser Anschauungskonzeption eine spezifische Überleitung zur Ästhetik, d.h. hier zunächst zur Wahrnehmungs-
lehre, und über diesen Weg zur poetischen Reflexion nachzeichnen. Aus
Goethes Verständnis von Natur und Naturlehre lässt sich ein zwangloser,
d.h. nicht nur möglicher, sondern notwendiger Übergang von der »anschauenden Erkenntnis« zur poetischen Reflexion auf Natur ableiten.[10] Damit soll
das von Goethe entworfene Verhältnis von *Wissen und Literatur* im Hinblick
auf *sein* Naturverständnis auf den Begriff gebracht, in seiner Kohärenz überprüft und daraus allgemeine Überlegungen zum Forschungsprogramm *Wissen und Literatur* ermittelt werden. Im Folgenden möchte ich in drei Abschnitten diesen Zielen näher zu kommen versuchen:

Ich werde in einem *ersten* Schritt einen mehr beschreibenden Durchgang
durch die Elegie *Metamorphose der Pflanzen*, den in der Folge zentralen Beleg-
text aus dem Jahre 1798, antreten,[11] um eine thematische Ordnung der poetischen Reflexion zu rekonstruieren. Aus dieser vorläufigen Sicht auf den literarischen Text ergibt sich eine Fülle von Fragen, die im Hinblick auf das
Verhältnis von *Wissen und Literatur* von Bedeutung sind.

In einem *zweiten* Schritt sollen allgemeine methodologische Überlegungen
zu diesem in der Forschung derzeit häufig bearbeiteten Programm angestellt
werden, die Distinktionen erlauben, mit denen in einem *dritten* Schritt anhand einer punktuellen Interpretation entscheidender Passagen der Elegie
und einiger Kontexte *vorläufige* Antworten im Hinblick auf Goethe und auf
das Forschungsprogramm *Wissen und Literatur* zu formulieren sind.

I. Erkenntnis und Liebe – Goethes ›praktische‹ Epistemologie

Die wohl auffälligste Besonderheit der Elegie *Die Metamorphose der Pflanzen*
besteht darin, dass sie sich keineswegs nur mit der Metamorphose der Pflanzen beschäftigt. Eingebunden ist die lyrische Darstellung der Entwicklung
einer Pflanze in die Gestaltung einer spezifischen Interpersonalität, nämlich
die zwischen dem Textsubjekt und seiner Geliebten;[12] der gut informierte
und mit der Terminologie der zeitgenössischen Naturforschung souverän
arbeitende Sprecher stellt jene Metamorphose und deren Prinzipien seiner
Geliebten dar, und zwar erneut nicht, um eine einzelne Pflanze in ihrem
Wachstum zu beschreiben, sondern um Ordnung in das scheinbare Chaos

---

[10] Vgl. hierzu auch u.a. Peters, Günter, »Das Schauspiel der Natur. Goethes Elegien
›Metamorphose der Pflanzen‹ und ›Euphrosyne‹ im Kontext einer Naturästhetik
der szenischen Anschauung«, in: *Poetica*, 22/1990, S. 46–83.
[11] Zitiert wird die Elegie nach HA I, S. 199–201.
[12] Vgl. hierzu auch Breidbach, *Goethes Metamorphosenlehre*, S. 188ff.

der Blumenvielfalt des Gartens zu bringen,[13] das – so das entscheidende Movens jenes Ordnens – Verwirrung bei der Geliebten stiftet: »Dich verwirret, Geliebte, die tausendfältige Mischung / Dieses Blumengewühls über dem Garten umher«.[14] Dabei wird ausdrücklich darauf hingewiesen, dass jenes verwirrende Durcheinander sich keineswegs als Eindruck amorpher Masse darstellt, vielmehr gibt es durchaus »Namen«, »barbarischen Klangs« allerdings, mithin Linne'sche Taxonomien, die eine sichtbare und begründete Ordnung des Ganzen nicht erlauben. Das Besondere ist kein belebtes Einzelnes, weil es als nur namentlich Bestimmtes einem Allgemeinen äußerlich bleibt, das es allererst bestimmen ließe. So stiftet es Verwirrung und nicht Ordnung. Diese ist allein einem – noch – »geheimen Gesetz« zu entnehmen, das in der Folge entwickelt werden soll. Dieses Naturgesetz ist jedoch nicht durch *ein* »Wort«, mithin einen Begriff, bzw. eine Definition zu erfassen, sondern ausschließlich durch Betrachtung: »*Werdend* betrachte sie nun, wie nach und nach sich die Pflanze, / Stufenweise geführt, bildet zu Blüten und Frucht.«[15] Schon hier muss darauf hinwiesen werden, dass jenes emphatische »Werdend« sich sowohl auf die Pflanze und deren stufenweisen Entwicklungsprozess als auch auf die diesen betrachtende Geliebte bezieht, die in einem Prozess anschauender Erkenntnis zugleich in ihrem Status als Geliebte verändert wird bzw. sich ändert und in dieser Änderung allererst sie selbst wird. Gleiches gilt für das Textsubjekt, das jenen metamorphotischen Prozess als Moment seiner Liebe vorstellt und sich damit als Liebender realisiert.

Dass das Gedicht mithin im Zentrum einen epistemologischen Prozess entfaltet, der zugleich interpersonale Voraussetzungen und Konsequenzen hat – und umgekehrt, d.h. dass der epistemologische Prozess nur auf der Grundlage einer spezifischen, nämlich liebenden Interpersonalität erfolgen können soll – wird gegen Ende der Elegie deutlich, nachdem die an der Entwicklung der Pflanze gewonnenen Einsichten in deren »ew'ge Gesetze« auf die Natur als ganze und damit im Rahmen der seit Aristoteles unveränderten Vorstellung einer dreiteiligen Stufenleiterordnung[16] auf Tiere und den Menschen übertragen werden:

---

13 Vgl. hierzu auch Anz, Maike, »Die Metamorphose der Pflanzen«, in: Bernd Witte u.a. (Hrsg.), *Goethe-Handbuch in vier Bänden*, Bd. 1, *Gedichte,* Regine Otto/Bernd Witte (Hrsg.), Stuttgart, Weimar 2004, S. 253–257, hier S. 254.

14 HA I, S. 199_{1-2}.

15 HA I, 199_{9-10}; Hervorhebung von mir.

16 Vgl. hierzu u.a. Lovejoy, Arthur Onken, *Die große Kette der Wesen. Geschichte eines Gedankens,* übersetzt von Dieter Turck, Frankfurt am Main 1985, sowie Diekmann, Annette, *Klassifikation – System – ›scala natrurae‹. Das Ordnen der Objekte in Naturwissenschaft und Pharmazie zwischen 1700 und 1850,* Stuttgart 1992.

> Aber entzifferst du hier der Göttin heilige Lettern,
> Überall siehst du sie dann, auch in verändertem Zug.
> Kriechend zaudre die Raupe, der Schmetterling, eile geschäftig.
> Bildsam ändre der Mensch selbst die bestimmte Gestalt.[17]

Auch wenn der Mensch in relativer Freiheit – nämlich »selbst« – jenen Meta-
morphoseprozess zu durchlaufen hat, wird doch ersichtlich, dass ihm für
diese Entwicklung ein eindeutiges Telos vorgegeben ist: die Entwicklung
eines liebenden Verhältnisses zum Anderen, einer harmonischen und damit
natürlichen Interpersonalität:

> Freue dich auch des heutigen Tags? Die heilige Liebe
> Strebt zu der höchsten Frucht gleicher Gesinnung auf,
> Gleicher Ansicht der Dinge, damit in harmonischem Anschaun
> Sich verbinde das Paar, finde die höhere Welt.[18]

Es ist die »gleiche Gesinnung«, die »gleiche Ansicht der Dinge«, eine Erkenntnis also, die die liebende Verbindung des Paares ausmacht, und in diesem »harmonische[n] Anschaun« der Natur die »höhere Welt« natürlicher
und humaner, d.h. humaner als natürlicher Interpersonalität stiftet. Diese
»höhere Welt« aber ist selbst Moment der Natur,[19] nicht außerhalb ihrer, wie
etwa bei Kant, der Kultur zwar als Produkt der organisch gedachten Natur
bestimmt, aber als aus ihr hervorgehendes, qualitativ Anderes.[20] Auch dieses
Verständnis von Kultur als Moment eines übergreifenden Naturprozesses
teilt Goethe mit Naturphilosophen wie Lorenz Oken oder Carl Gustav Ca-
rus,[21] und es unterscheidet seine Vorstellung grundlegend von den Systemen
des deutschen Idealismus.[22]

In den Zeilen 12 bis 58 der Elegie entwickelt Goethe im Medium der poetischen Anschauung jene Metamorphosenlehre am Beispiel der Pflanze, die
er in seiner Abhandlung von 1790 entfaltet hatte und deren Struktur prägend

---

[17] HA I, 200$_{67}$-201$_{70}$.

[18] HA I, 201$_{77-80}$.

[19] Vgl. hierzu zutreffend Breidbach, *Goethes Metamorphosenlehre*, S. 197.

[20] Vgl. hierzu Kant, Immanuel, »Kritik der Urteilskraft«, § 83ff., in: *Werke*, Bd. VIII,
      S. 551ff., sowie die exzellente Rekonstruktion durch Düsing, Klaus, *Die Teleologie in
      Kants Weltbegriff*, Bonn 1968, S. 212ff.

[21] Zum Verhältnis Natur und Kultur bei Lorenz Oken vgl. Bach, Thomas, »»Was ist
      das Thierreich anders als der anatomirte Mensch …?« Oken in Göttingen
      (1805–1807)«, in: Olaf Breidbach u.a. (Hrsg.), *Lorenz Oken (1779–1851). Ein poli-
      tischer Naturphilosoph*, Köln u.a. 2001, S. 73–91; sowie bei Carl Gustav Carus vgl.
      Müller-Tamm, Jutta, *Kunst als Gipfel der Wissenschaft. Ästhetische und wissenschaftliche
      Weltaneignung bei Carl Gustav Carus*, Berlin, New York 1995.

[22] Vgl. hierzu u.a. Prauss, Gerold, *Recht und Moral im Staat nach Kant und Hegel*, Frei-
      burg 2008.

für die Natur als ganze sein soll,[23] letztlich gar für alles, was ist, und die insofern einen ontologischen Status erhält.

Die vorläufige Fokussierung auf Anfang und Schluss der Elegie kann ein zentrales Moment ihres Gehaltes verdeutlichen: Erkenntnis und Liebe, Theorie und Praxis, Subjektivität und Intersubjektivität stehen in diesem Gedicht in einem strengen Interdependenzverhältnis: Die Liebe ist Grund und Zweck der anschauenden Erkenntnis der Natur als eines in sich differenzierten prozessualen Ganzen; zugleich ist diese Erkenntnis Medium und Gehalt der Liebe. In dieser Interdependenz erweisen sich Erkenntnis und Liebe als Realisationen einer durch metamorphotische Prozesse wesentlich bestimmten Natur.

Aus diesem nur skizzenhaften Überblick auf zentrale Gehalte der Elegie lassen sich gleichwohl einige Fragen ableiten, die für eine eingehendere Interpretation des Gedichts von Belang sind und zugleich einige Aspekte des Forschungsprogramms *Wissen und Literatur* zu konturieren vermögen. So lässt sich unter ideengeschichtlicher Perspektive die Frage nach einer kohärenten Begründung für Goethes Modell im Hinblick auf das Naturverständnis und das daraus entwickelte Konzept von Naturforschung stellen. Warum überhaupt rekurriert er auf das Naturganze, wenn es doch bloß um Fragen der Botanik geht? Wie ist es möglich, vom Einzelnen auf das Ganze zu schließen in »harmonischem Anschaun«? Ist tatsächlich eine Geliebte erforderlich für erfolgreiche Naturforschung? Und – als wichtigste Frage des Literaturhistorikers – warum bedient sich Goethe der Lyrik als Reflexionsform, nachdem er doch schon eine – wenn auch wenig erfolgreiche – wissenschaftliche Abhandlung zum Thema verfasste? Gibt es Interdependenzen zwischen beiden Texten?

II. Wissen und Literatur – ein umstrittenes Forschungsprogramm

Die ›kulturwissenschaftliche Wende‹ der Geistes- und Sozialwissenschaften, die die Wissenschaftslandschaft etwa 15 Jahre in Atem hielt, in der Germanistik allmählich jedoch an Zugkraft verliert, vollzog sich über die Ausrufung einer Fülle neuer Paradigmata des Forschens. Nach der überwältigenden Stellung der »Körpergeschichte« wurden in schneller Folge ›Theatralität‹ bzw. ›Performativität‹, ›Medien‹ oder ›Textualität‹ zu solchen Leitvorstellungen kulturwissenschaftlicher Forschung erhoben – ohne allerdings in den zahlreichen Selbstverständigungsdebatten aufeinander bezogen oder gar un-

---

[23] Zu den sachlichen Übereinstimmungen vgl. Richter, »Wissenschaft und Poesie«, S. 156f.

tereinander abgestimmt zu werden.[24] In den letzten Jahren nimmt die Korrelation von *Wissen und Literatur* – und damit ist zumeist die Korrelation von Wissenschaften und Literatur gemeint[25] – eine ähnlich prägende Stellung im Forschungsbetrieb ein. Innerhalb der unterschiedlichen Varianten dieses Programms nehmen die »Poetologien des Wissens« eine herausragende Stellung ein.[26] Der auch als »Wissenspoetik« firmierende Forschungsansatz, der die Erforschung des Goethe'schen Œuvres längstens erreichte,[27] setzte sich als eigenständiges »Paradigma« durch.[28]

Der im Zusammenhang der Literaturwissenschaft – nicht allein in ihrer Ausrichtung als kulturwissenschaftliche Wissenspoetik – verwendete Begriff des *Wissens* steht allerdings seit einiger Zeit in der Kritik.[29] Vor allem von Seiten der analytischen Literaturtheorie, namentlich durch Tilmann Köppe, wurde bestritten, dass es überhaupt möglich sei, einen Wissensbegriff mit Literatur dergestalt zu korrelieren, dass man *in* Literatur nach Wissen suchen könne.[30]

Zwischen der Skylla eines poetologischen Wissensbegriffs und der Charybdis einer Austreibung des Wissens aus der Literaturgeschichtsschreibung soll im Folgenden durch eine kritische Darstellung beider Positionen das

---

[24] Zur Kritik an der Beliebigkeit kulturwissenschaftlicher Kategoriebildung vgl. u. a. Reinhard, Wolfgang, »Manchmal ist eine Pfeife wirklich nur eine Pfeife. Plädoyer für eine materialistische Anthropologie«, in: *Saeculum*, 56/2005, 1, S. 1–16.

[25] Vgl. hierzu u. a. Pethes, Nicolas, »Literatur und Wissenschaftsgeschichte. Ein Forschungsbericht«, in: *IASL*, 28/2003, 1, S. 181–231.

[26] Vgl. hierzu zusammenfassend Pethes, Nicolas, »Poetik/Wissen. Konzeptionen eines problematischen Transfers«, in: Ursula Brandstetter/Gerhard Neumann (Hrsg.), *Romantische Wissenspoetik. Die Künste und die Wissenschaften um 1800*, Würzburg 2004, S. 341–372.

[27] Vgl. u. a. Renneke, Petra, *Poesie und Wissen. Poetologie des Wissens in der Moderne*, Heidelberg 2008.

[28] So Peter Brandes, »»Mir ekelt lange vor allem Wissen«« (Rezension zu: Gabriele Brandstetter/Gerhard Neumann (Hrsg.), *Romantische Wissenspoetik. Die Künste und die Wissenschaften um 1800*, Würzburg 2004), in: *IASLonline*, http://www.iaslonline.de/index.php?vorgang-id=1372 (Stand: 09. 06. 2006).

[29] Vgl. hierzu die in der *Zeitschrift für Germanistik* ausgetragene Debatte zwischen Köppe, Tilmann, »Vom Wissen *in* Literatur«, in: *Zeitschrift für Germanistik*, 17/2007, S. 398–410; Borgards, Roland, »Wissen und Literatur. Eine Replik auf Tilmann Köppe«, in: *Zeitschrift für Germanistik*, 17/2007, S. 425–428; Dittrich, Andreas, »Ein Lob der Bescheidenheit. Zum Konflikt zwischen Erkenntnistheorie und Wissensgeschichte«, in: *Zeitschrift für Germanistik*, 17/2007, S. 631–637, sowie erneut Köppe, Tilmann, »Fiktionalität, Wissen, Wissenschaft. Eine Replik auf Roland Borgards und Andreas Dittrich«, in: *Zeitschrift für Germanistik,* 17/2007, S. 638–646.

[30] So insbesondere Köppe, »Vom Wissen in Literatur«, S. 400ff.

Konzept einer *Wissensgeschichte als Kontext der Literaturgeschichte* skizziert werden. Dafür ist es allerdings erforderlich, einen Wissensbegriff zu formulieren, der gegen die Kulturwissenschaften ebenso wie gegen die analytische Literaturwissenschaft abgrenzbar und so zu profilieren ist.

II.1 Die Grenzen des Wissens – Wissenspoetik im Kontext

Es gibt drei konstitutive Momente des wissenspoetologischen Forschungsansatzes, die einer Kritik unterzogen werden müssen: (1) die spezifische Form der *Historisierung* des Wissens, (2) die *Entdifferenzierung* und *Entgrenzung* des Wissens und (3) seine *Ästhetisierung* bzw. Poetisierung.

(1) Die erste Prämisse der Wissenspoetik besteht in der Annahme einer grundlegenden Diskontinuität von Geschichte: »Das [...] moderne Konzept von Kulturwissenschaft beruht auf der Einsicht, daß es nur ein Apriori gibt, das historische Apriori der Kultur.«[31] Diese axiomatische Setzung kulturwissenschaftlicher Historiographie besagt, dass sich historische Veränderungen ausschließlich über unvermittelbare Brüche oder Unvereinbarkeiten realisierten. Für Foucault, auf den die Kategorie des historischen Apriori zurückgeht, gilt diese Unvergleichlichkeit insbesondere für die von ihm rekonstruierten Episteme von Epochen, die vollständig unvergleichbar seien. In der Kulturwissenschaft gilt dieser »gnadenlose Historismus«[32] als radikale Historisierung; doch lässt sich die angebliche Radikalität bestreiten: Manfred Frank und Lutz Danneberg konnten nachweisen, dass die abstrakte Setzung historischer Diskontinuitäten, die auf Foucaults Kategorie eines historischen Apriori basiert, instabil ist, weil der Begriff der Diskontinuität an ihm selbst relational im Hinblick auf eine Kontinuität verfasst ist, von der er sich stets abstößt.[33] Alle Versuche der Feststellung von historischen Brüchen sind mithin auf deren Korrelation mit Konstanten angewiesen, wie dies

---

[31] Böhme, Hartmut, »Art. Kulturwissenschaft«, in: Klaus Weimar u.a. (Hrsg.), *Reallexikon der deutschen Literaturwissenschaft*, Bd. II, Berlin, New York 1997–2004, S. 356–359, hier S. 357.

[32] Zu dieser Bestimmung des Foucault'schen Verständnis von Historizität vgl. Jürgen Habermas, *Der philosophische Diskurs der Moderne. Zwölf Vorlesungen*, Frankfurt am Main 1985, S. 296.

[33] Vgl. hierzu Frank, Manfred, »Ein Grundelement der historischen Analyse: die Diskontinuität. Die Epochenwende von 1775 in Foucaults ›Archäologie‹«, in: Reinhart Herzog/Reinhart Koselleck (Hrsg.), *Epochenschwelle und Epochenbewußtsein*, München 1987, S. 97–130, sowie Danneberg, Lutz, »Epistemische Situation, kognitive Asymmetrie und kontrafaktische Imagination«, in: Lutz Raphael/Heinz-Elmar Tenorth (Hrsg.), *Ideen als gesellschaftliche Gestaltungskraft im Europa der Neuzeit. Beiträge für eine erneuerte Geistesgeschichte*, München 2006, S. 193–221.

schon viele der differenzierten Geschichtstheorien der Aufklärung vorführten.[34] »Bei allem Wechsel der Erscheinungen beharret die Substanz«,[35] und an der Gültigkeit dieser Erkenntnis hat sich auch für eine auf Brüche spezialisierte Geschichtswissenschaft nichts geändert. Eine methodisch stabile und historiographisch ertragreiche Wissensgeschichte, die tatsächlich die Leistungen der Ideen-, Wissenschafts- und Philosophiegeschichtsschreibung aufnehmen können will, wird sich daher vom antinomischen Historismus des historischen Apriori verabschieden müssen. Historiographie – sei es als ausdifferenzierte Literatur-, Philosophie-, Theologie- oder Wissenschaftsgeschichte, sei es als übergreifende Ideen- oder Wissensgeschichte – wird an der Formierung *formaler* Apriorismen nicht vorbei kommen. So hat Wolfgang Röd für die Philosophiegeschichtsschreibung die Möglichkeit und Produktivität der Begriffe des *Fortschritts* und *Rückschritts* als reflektierte historiographische Kategorien nahegelegt.[36] Auch in der Literaturwissenschaft werden solche Überlegungen im Rahmen einer an Kurt Flasch oder Karl Eibl anschließenden Problem- oder Wissensgeschichte neuerdings wieder angestellt.[37] Und Olaf Breidbachs wissenschaftsgeschichtliches Modell einer interdisziplinären Wissensgeschichte ist ebenfalls dem Versuch der Formierung entwicklungsgeschichtlicher Kategorien verpflichtet, die alle Varianten unkritischer Teleologie ebenso wie die abstrakter Diskontinuitätskonzeptionen hinter sich gelassen haben.[38] So ist auch Goethes Naturforschung und ihre Transformation in literarische Reflexion tatsächlich erst im Tableau zeitgenössischer Naturphilosophien und -wissenschaften zwischen 1780 und 1840 vollständig zu erfassen, wie dies Olaf Breidbach beispielhaft vorführte.

(2) Zweitens ist an den Modellen der Wissenspoetik ein unabgegrenzter und historisch unbestimmter *Begriff des Wissens* festzustellen, da er mit *Vor-*

---

[34] Vgl. hierzu Rohbeck, Johannes, *Geschichtsphilosophie zur Einführung*, Hamburg 2004, S. 23–52.

[35] KrV, B224.

[36] Röd, Wolfgang, »Fortschritt und Rückschritt in der Philosophiehistorie«, in: Rolf W. Puster (Hrsg.), *Veritas filia Temporis? Philosophiehistorie zwischen Wahrheit und Geschichte. Festschrift für Rainer Specht zum 65. Geburtstag*, Berlin, New York 1995, S. 31–43.

[37] Flasch, Kurt, »Philosophie hat Geschichte«, Bd. I, Frankfurt am Main 2003, S. 62–80, sowie Werle, Dirk, »Modelle einer literaturwissenschaftlichen Problemgeschichte«, in: *Jahrbuch der Deutschen Schillergesellschaft*, 50/2006, S. 478–498.

[38] Vgl. Breidbach, *Goethes Metamorphosenlehre*, S. 310–319, sowie Ders., *Neue Wissensordnungen. Wie aus Informationen und Nachrichten kulturelles Wissen entsteht*, Frankfurt am Main 2008, S. 23f., S. 33ff. u. S. 42–61.

stellungen überhaupt bzw. mit mentaler Repräsentation identisch ist.[39] Systematisch ist dieser Wissensbegriff in zweierlei Hinsicht problematisch:

Zum einen bereitet dieser Begriff Schwierigkeiten, weil es vor dem Hintergrund des diskursiven Universalismus der diskursanalytischen Wissensgeschichte keinerlei Unterscheidung – weder interne noch externe, mentale noch extramentale – gegenüber dem bzw. vom Wissen geben kann.[40] Es gibt jedoch Gegenstände historischer Wissenschaften, die mit den Instrumenten einer Wissensgeschichte *nicht* angemessen zu erfassen sind, und daher muss jeder als historiographische Kategorie entworfene Wissensbegriff intensional wie extensional eingeschränkt werden. Es ist also wenigstens daran festzuhalten, dass zwischen der *Geschichte der Ideen* und der *Geschichte der Realien* ein systematisch zu bestimmender, methodologisch zu reflektierender und inhaltlich zu gestaltender Unterschied besteht. Die Frage nach dem Verhältnis von Wissen und Literatur in Goethes Elegie ist mithin nur als von sozialgeschichtlichen oder wissenssoziologischen Perspektiven deutlich abgegrenzte, ideengeschichtliche Kontextualisierungstheorie zu beantworten und nicht in einer Konzeption von Wissensgeschichte, für die Wissen ein Synonym für Sein schlechthin ist.

Zum anderen führt die Identifikation des Wissensbegriffes mit dem der Vorstellung überhaupt bzw. der mentalen Repräsentation zu einer Entdifferenzierung eines seit Aristoteles wohldefinierten Begriffs. Demgegenüber scheint es aus begriffsgeschichtlichen und forschungspragmatischen Gründen einer zu Recht geforderten Anschlussfähigkeit an andere Fächer auch für die Literaturwissenschaft geboten,[41] zwischen Wissen, Glauben, Meinen, Empfinden, Einbilden und Fühlen zu unterscheiden. Mit diesen Begriffen werden unterscheidbare mentale Prozesse bzw. Vermögen erfasst, die mit je unterschiedlichen Verfahren anhand unterschiedlicher Kriterien bestimmbar sind, sich in Literatur allerdings je anders realisieren und je anders analysiert und interpretiert werden müssen. Zu den Bestimmungen *des Wissens* ge-

---

[39] Zum Begriff der »mentalen Repräsentation«, seiner historischen Verbindung und systematischen Äquivalenz zum Locke'schen Begriff der »idea« und damit dem der »Vorstellung überhaupt« vgl. Kemmerling, Andreas, »Vom Unverständlichen zum als selbstverständlich Vorausgesetzten – Lockes unerläuterter Ideenbegriff«, in: *Aufklärung*, 18/2006, S. 7–20, spez. S. 7f.

[40] Zur Erosion der Unterscheidung zwischen externen und internen Bedingungsfaktoren des Wissenschaftsprozesses durch eine kulturwissenschaftliche Diskurshistoriographie vgl. auch Hagner, Michael, »Ansichten der Wissenschaftsgeschichte«, in: Ders. (Hrsg.), *Ansichten der Wissenschaftsgeschichte*, Frankfurt am Main 2001, S. 7–39, hier S. 23.

[41] So zu Recht Köppe, »Vom Wissen in Literatur«, S. 398f.

hört seit Aristoteles aus guten Gründen die *Urteilsform* ebenso wie der *Wahrheitsanspruch* und die *Begründungsleistung*.[42] Dem Glauben wie dem Meinen oder Fühlen, wie auch dem Erzählen oder anderen Formen poetischer Reflexion, fehlen einzelne oder mehrere dieser Kriterien, oder sie werden durch andere bestimmt. Deshalb ist Literatur *kein* Wissen, d.h., sie kann keinen Wissensanspruch erheben.[43] Goethe hat als Wissenschaftler und Literat auf die zeitgenössisch und systematisch virulente Problemlage des Unterschieds zwischen Wissen und Literatur eine eigenständige Lösung entworfen, die jene Differenz als qualitative berücksichtigt.

(3) *Drittens* ist auch die allgemeine ›Poetologisierung‹ des Wissens nicht tragfähig. Im Zentrum dieser Prämisse steht die erkenntnistheoretische Annahme von einer »*unauflöslichen* Verschränkung von Poetologie und Epistemologie«.[44] Jede Beschäftigung mit Erkenntnistheorie lässt jedoch *wissen*, dass diese These nicht zu halten ist; es ist schlicht falsch, dass *jeder* Erkenntnisvorgang (oder jede erkenntnistheoretische These oder gar Demonstration) an ästhetische Kriterien gebunden sei – und das gilt insbesondere für das Wissen im eigentlichen Sinne.[45] Zwar ist unbestreitbar, dass sowohl unter systematischen als auch unter historischen Gesichtspunkten Erkenntnistheorie und Ästhetik in einem engen Zusammenhang stehen – so u.a. in der Formationsphase der Ästhetik im späten 18. Jahrhundert[46] – und auch an Goethes Gedicht lässt sich ein solch spezifischer Zusammenhang nachweisen;[47] ihre »unauflösliche« Identität wird jedoch auch durch Goethe keineswegs behauptet.

II.2 Formales und materiales Wissen – Leistungen und Grenzen eines analytischen Wissensbegriffs für die Literaturgeschichtsschreibung

Alle drei Prämissen – die Diskontinuitätsthese, der unbestimmte Wissensbegriff und die apriorische Ästhetisierung des Wissens – legen es nahe, eine

---

[42] Vgl. hierzu auch Klausnitzer, Ralf, *Literatur und Wissen. Zugänge – Modelle – Analysen*, Berlin, New York 2008, S. 12.

[43] So zu Recht Köppe, »Vom Wissen in Literatur«, S. 403.

[44] So Dotzler, Bernhard, »Literaturforschung & Wissen(schaft)sgeschichte. Vorwort«, in: Bernhard Dotzler/Sigrid Weigel (Hrsg.), ›*fülle der combination*‹. *Literaturforschung und Wissenschaftsgeschichte*, München 2005, S. 12.

[45] Vgl. hierzu u.a. die analytischen Debatten bei Ernst, Gerhard, *Das Problem des Wissens*, Paderborn 2002, oder den für die Literaturwissenschaft besonders anschlussfähigen Band von Kern, Andrea, *Quellen des Wissens. Zum Begriff vernünftiger Erkenntnisfähigkeit*, Frankfurt am Main 2006.

[46] Vgl. hierzu u.a. Stöckmann, Ernst, *Anthropologische Ästhetik. Philosophie, Psychologie und ästhetische Theorie der Emotionen im Diskurs der Aufklärung*, Tübingen 2009.

[47] Vgl. hierzu Breidbach, *Goethes Metamorphosenlehre*, S. 68ff. und S. 268ff.

literaturgeschichtlich fruchtbare Wissensgeschichte grundlegend anders zu begründen und zu gestalten. Dazu ist es allerdings erforderlich, an einem Wissensbegriff überhaupt als historiographisch ertragreicher Kategorie für die Literaturwissenschaft festzuhalten. Diese Möglichkeit wurde mit dem Argument bestritten, Literatur entspreche in keiner Hinsicht den Bestimmungen eines nur epistemologisch eindeutig zu definierenden Wissensbegriffs. Zwar könne Literatur subjektive Überzeugungen gestalten und ausdrücken, doch führe sie weder einen Wahrheitsanspruch aus noch enthalte sie *systematische* Begründungsformen.[48]

Dieser analytischen Austreibung des Wissens aus den Literaturwissenschaften ist jedoch mit gleichem Nachdruck zu widersprechen. Es lässt sich nämlich zeigen, dass diese Kritik auf einem Kategorienfehler beruht, den es zu vermeiden gilt. Gleichwohl kann zunächst einer methodischen Prämisse jener Kritik zugestimmt werden: Auch Literaturwissenschaftler sind dazu verpflichtet, die von ihnen verwendeten Begriffe klar und deutlich zu definieren. Dieses Postulat gilt nicht nur wegen der erforderlichen Anschlussfähigkeit an andere Disziplinen, sondern auch aufgrund des allgemeinen Wissenschaftsanspruches des Faches. Die Annahme, es gäbe so etwas wie weiche Kategorien oder ›idiosynkratisches‹ Denken, versucht von dieser unhintergehbaren Verpflichtung auf Wahrheitsanspruch oder Falschheitsnachweis, die jeder Wissenschaft zukommt, zu abstrahieren.[49]

Darüber hinaus ist im Anschluss an die Tradition einem Festhalten an der Definition des seit der Antike eindeutigen Wissensbegriffes zuzustimmen. Der Terminus »Wissen« ist aus guten Gründen gemäß seinem Wahrheitsanspruch seit Aristoteles definiert durch die Kriterien der *wahren gerechtfertigten Überzeugung*. Es bedarf mithin für jegliches Wissen, das mehr bzw. anderes sein will als Glauben oder Meinen, der *Urteilsform*, des *Wahrheitsanspruches* und einer diesen Anspruch realisierenden *Begründungsleistung*. Daraus folgt aber erneut und ohne alle Einschränkungen, *dass Literatur kein Wissen ist*. Auch wenn zu Beginn des 21. Jahrhunderts eine methodologisch breit gefächerte Gruppierung in den Literaturwissenschaften diese Prämisse – unter anderen unter Verwendung des Hilfsbegriffs vom ›kulturellen Wissens‹ – vertritt,[50] ist dem Einwand der analytischen Literaturwissenschaft uneingeschränkt Recht

---

[48] Vgl. hierzu Köppe, »Vom Wissen in Literatur«, S. 398–405.
[49] Vgl. hierzu Vogl, Joseph, »Robuste und idiosynkratische Theorie«, in: *KulturPoetik*, 2/2007, S. 249–258.
[50] So u. a. Hörisch, Jochen, *Das Wissen der Literatur*, München 2008; siehe auch »Vorwort der Herausgeber«, in: *Scientia Poetica*, 8/2004, S. VII–IX; sowie Schweizer, Stefan, *Anthropologie der Romantik: Körper, Seele und Geist. Anthropologische Gottes-, Welt- und Menschenbilder der wissenschaftlichen Romantik*, Paderborn 2008, S. 16ff.

zu geben, weil allein die Urteilsform in vielen poetischen Texten fehlt, mehr noch der Wahrheitsanspruch und vor allem die Begründungsleistung. Es macht die Besonderheit der poetischen Reflexion in der Bindung an die Darstellung des sinnlich Konkreten aus, kein Wissen zu sein.[51]

Durchaus problematisch scheint jedoch die hermeneutische These der analytischen Literaturwissenschaft, Literatur *enthalte kein Wissen*. Diese Annahme basiert auf einem Kategorienfehler, der einen erkenntnistheoretischen mit einem wissensgeschichtlichen Wissensbegriff identifiziert. Zwar ist nicht zu bestreiten, dass Wissen nicht in seinem *materialen* Status *als Wissen* in Literatur gestaltet wird; so ist es nur als methodischer und systematischer Fehlgriff zu bezeichnen, Goethes poetische Reflexionen auf die Metamorphose der Pflanzen unter wissenschaftstheoretischen – also *systematischen* – Gesichtspunkten zu rekonstruieren.[52] Dennoch ist der Literarhistoriker dazu verpflichtet, diesen Wissenskontext als Moment einer poetischen Gestaltung *von zeitgenössischen Wissensansprüchen* im Textganzen zu erkennen, zu analysieren und zu interpretieren. Es lässt sich zeigen, dass Goethe in seiner Elegie minutiös die mit deutlichem Wissensanspruch formulierten Einsichten seiner Naturforschung zu gestalten wusste, ohne ihnen in und für die Elegien jene szientifischen Ansprüche zuzuschreiben, die er in seinem wissenschaftlichen Text erhob. Es geht ihm in dieser Elegie um mehr oder anderes als eine Präsentation seiner botanischen Erkenntnisse, und dennoch werden und müssen sie in ihr reflektiert werden. Ein gewichtiger Unterschied zwischen der erkenntnistheoretischen und der wissens-

---

[51] Das bedeutet allerdings nicht, wie Hegel zeigte, dass die Kunst als an sinnliche Gewissheit gebundenes Medium nicht selber auf den Begriff gebracht werden könnte. Hegels Begriff des Begriffs leistet auch die Erfassung des von ihm Unterschiedenen: »Und wenn auch die Kunstwerke nicht Gedanken und Begriff, sondern eine Entwicklung des Begriffs aus sich selber, eine Entfremdung zum Sinnlichen hin sind, so liegt die Macht des denkenden Geistes darin, nicht etwa nur sich selbst in seiner eigentümlichen Form als Denken zu fassen, sondern ebenso sehr sich in seiner Entäußerung zur Empfindung und Sinnlichkeit wiederzuerkennen, sich in seinem Anderen zu begreifen, indem er das Entfremdete zu Gedanken verwandelt und so zu sich zurückführt.« (Hegel, Georg Wilhelm Friedrich, *Vorlesungen über die Ästhetik*, in: *Werke in 20 Bänden*, Bd. XIII, Eva Moldenhauer/ Karl Markus Michel (Hrsg.), Frankfurt am Main 1986, S. 27f.)

[52] Auch diese Festlegung ist unter bestimmten methodischen Gesichtspunkten zu relativieren, leistet doch Dieter Henrich mit seiner Variante der Konstellationsforschung Interpretationen der literarischen Texte Hölderlins in philosophiehistorischer Absicht – ohne diese Texte allerdings auf jene epistemologische Funktion einzuschränken; vgl. Henrich, Dieter, *Der Grund im Bewußtsein. Untersuchungen zu Hölderlins Denken (1794–1795)*, Stuttgart 1992, S. 185–266.

geschichtlichen Wissenskategorie besteht also darin, dass man das in Literatur gestaltete Wissen nicht auf seinen *materialen* Wahrheitsgehalt überprüfen muss.

Die Kriterien des Wissens sind gleichwohl in *formaler Hinsicht* aufrechtzuerhalten, um sie von anderen in Literatur gestalteten mentalen Prozessen und deren Historie oder eben Realien zu unterscheiden. In diesem Status ermöglichen sie dem Literaturwissenschaftler, zu überprüfen, ob der historische Autor in seinem literarischen Text mit historischen *Wissens*beständen oder anderen Vorstellungsformen arbeitet. Durch die Erschließung des wissensgeschichtlichen Kontextes kann man darüber hinaus der Frage nachgehen, welche Stellung jenes historische Wissen innerhalb des poetischen Gefüges einnimmt. Dieses methodische Postulat einer angemessenen Erschließung des wissensgeschichtlichen Kontextes impliziert die Maxime einer möglichst umfassenden Bearbeitung des Wissensfeldes und seiner wissenschaftlichen Erforschung *unabhängig* von den Rezeptionsformen und -ergebnissen des literarischen Autors. Das Postulat bedeutet darüber hinaus, in einem zweiten Schritt die dilettantischen oder professionellen Rezeptionswege, -umfänge und die Auswahl zu berücksichtigen, die der literarische Autor tätigte.

Die Aufrechterhaltung der traditionellen Wissenskriterien einer ›wahren gerechtfertigten Überzeugung‹ in einem *formalen* Status ermöglicht *einerseits*, Wissen von anderen Formen der Vorstellung abzugrenzen und so eine Wissensgeschichte von Glaubens-, Meinens-, Gefühls- oder Erfahrungsgeschichten zu unterscheiden. Weil sich ›wahre gerechtfertigte Überzeugungen‹ in den historisch variierenden Formen der Wissenschaften in ausgezeichneter Weise realisierten, tendiert eine so definierte Wissens- zu einer Wissen*schafts*geschichte, ohne mit ihr identisch zu sein.[53] Das methodische und historiographische Programm einer *scientia poetica* zielt daher mit guten Gründen auf eine kritische Korrelation von Wissenschafts- und Literaturgeschichte ab.[54] In dieser Form ist Wissensgeschichte ein spezifisches Segment

---

[53] Vgl. hierzu Stiening, Gideon, »Am ›Ungrund‹. Was sind und zu welchem Ende studiert man ›Poetologien des Wissens‹?«, in: *KulturPoetik,* 2/2007, S. 234–248, spez. S. 240ff.

[54] Vgl. hierzu das »Vorwort der Herausgeber«, in: *Scientia Poetica,* 1/1997, S. VIIf. sowie Richter, Karl/ Schönert, Jörg/Titzmann, Michael, »Literatur – Wissen – Wissenschaft. Überlegungen zu einer komplexen Relation«, in: Dies. (Hrsg.), *Die Literatur und die Wissenschaften 1770–1930,* Stuttgart 1997, S. 9–36, die allerdings mit einem übergreifenden Diskursbegriff arbeiten, der die substanziellen Differenzen zwischen Wissen und Literatur tendenziell einebnet und damit die Aufgabe ihrer spezifischen Vermittlung verzerrt.

einer ideengeschichtlichen Kontextualisierungskonzeption.[55] Die literarhistorische Forschung hat in Goethe einen Autor, der den wissenschaftlichen Kontext seiner Poesie selber liefert, und damit einen großen Nachweisvorteil, aber zugleich auch die Aufgabe, die Gründe der und Interessen an den unterschiedlichen – nämlich wissenschaftlichen und literarischen – Reflexionen auf den nämlichen Gegenstand zu erarbeiten.

Andererseits eröffnet die Einschränkung und Bestimmung der historisch und systematisch wirksamen Definitionselemente des Wissens auf einen rein *formalen* Status, eine Überprüfung der *systematischen* Virulenz des literarisch gestalteten Wissens als historiographisch irrational zurückzuweisen. Damit muss weder der Literatur überhaupt ein Wissensstatus zugeschrieben bzw. eine qualitative Differenz zwischen beiden Reflexionsformen im Zeichen des Diskurses bzw. des kulturellen Wissens eingeebnet werden, noch muss der Literatur Wissen als gestaltbarer Gegenstand *a priori* abgesprochen werden, weil sie seinen Kriterien in der Tat *materialiter* gar nicht entsprechen will.

Darüber hinaus ermöglicht das Festhalten an einem wohldefinierten Wissensbegriff, *begründete* Differenzierungen im Programm einer ideengeschichtlichen Kontextualisierung von Literatur einzuhalten; so betont der Wissenshistoriker Peter Burke:

> Differenzieren müssen wir auch zwischen Wissen und Information, zwischen ›wissen, wie‹ und ›wissen, daß‹, zwischen Explizitem und Angenommenem. Der Einfachheit halber verwenden wir in diesem Buch den Begriff Information für das, was roh, spezifisch und praktisch ist, während Wissen das Gekochte bezeichnet, das gedanklich Verarbeitete oder Systematisierte.[56]

Schon Jürgen Mittelstrass hatte weniger in historiographischen als vielmehr in systematischen und soziopolitischen Zusammenhängen empfohlen, an dieser Unterscheidung zwischen Wissen und Information festzuhalten:

> Maßgebend für diese Bestimmung ist, daß ›Informationswissen‹ stets in erster Linie ein Faktenwissen ist, d. h. ein Wissen darüber, was der Fall ist (oder als solcher ausgegeben wird). Demgegenüber läßt sich ein *Orientierungswissen* als ein Zwecke- und Zielewissen definieren, d. h. als ein Wissen darüber, was (begründet) der Fall sein soll. Oder noch anders, den ›Ort‹ eines ›Informationswissens‹ im System des Wissens verdeutlichend, formuliert: ›Informationswissen‹ ist Teil eines Verfügungswissens und dient dem Orientierungswissen.[57]

---

[55] Zu einem vergleichbaren Vorschlag in Bezug auf das Verhältnis von Medizin, Literatur und Gesellschaft vgl. Erhart, Walter, »Medizin – Sozialgeschichte – Literatur«, in: *IASL*, 29/2004, S. 118–128.

[56] Burke, Peter, *Papier und Marktgeschrei. Die Geburt der Wissensgesellschaft*, Berlin 2001, S. 20.

[57] Mittelstrass, Jürgen, *Wissen und Grenzen. Philosophische Studien*, Frankfurt am Main 2001, S. 44.

In der Anbindung an die Traditionen des Wissensbegriffes bietet Mittelstrass hiermit eine formale Unterscheidung, die auch in einer historiographischen Anwendung die historisch und disziplinär je unterschiedlichen Status
spezifischer Inhalte der wissensgeschichtlich zu betrachtenden Vorstellungen zu differenzieren erlaubt. Nur eine Geschichte des Wissens, die diese
von Mittelstrass *und* Burke verteidigte *formale* und daher *transhistorische* Differenzierung des Wissensbegriffes berücksichtigt, kann die qualitativen Unterschiede von historisch variierenden Reflexionsformen angemessen bestimmen. An Goethes Invektiven gegen die empiristische Naturwissenschaft
lässt sich die Fruchtbarkeit allein dieser, noch ganz basalen Differenzierung
zwischen Information und Wissen anschaulich belegen. Auf der Grundlage
eines formalen Wissensbegriffes können zudem die unterschiedlichen Ent-
wicklungsstadien wissenschaftlicher oder philosophischer, aber auch welt-
anschauliche Konzepte distinkt erfasst werden; überhaupt können zwischen
empirischem und nichtempirischem Wissen sowie zwischen Wissenschaften
und Weltanschauungsformen deutliche Grenzen gezogen werden,[58] um erst
auf der Basis dieser Differenzierung die sich historisch je verändernden Kor-
relationen zu überprüfen.

Die hiermit skizzierte Variante von Wissensgeschichte, die ein Segment
einer übergreifenden ideengeschichtlichen Kontextualisierung der Literaturgeschichte bestimmen soll, bewegt sich in ihrem Selbstverständnis *zum einen*
keineswegs »nach der Sozialgeschichte«.[59] An Goethes wissenschaftlichen
und literarischen Texten zur Natur und zu ihrer Erforschung ließe sich vielmehr zeigen, dass diese Wissensgeschichte eine sozialgeschichtliche Perspektive vielmehr in regelgeleiteter Form ergänzt und nicht ausschließt.[60]
Der an Goethe zu exemplifizierende Versuch von wissensgeschichtlicher
Literaturwissenschaft bewegt sich daher *zum anderen* jenseits der Alternative
zwischen der wissenspoetologischen Überpotenzierung und der wissens-

---

58 Vgl. hierzu die grundlegende Studie von Thomé, Horst, »Weltanschauungslitera-
   tur. Vorüberlegungen zu Funktion und Texttyp«, in: Lutz Danneberg/Friedrich
   Vollhardt (Hrsg.), *Wissen in Literatur*, Tübingen 2002, S. 338–380.
59 Vgl. erneut Huber, Martin/Lauer, Gerhard, »Neue Sozialgeschichte? Poetik,
   Kultur und Gesellschaft – zum Forschungsprogramm der Literaturwissenschaft«,
   in: Dies. (Hrsg.), *Nach der Sozialgeschichte. Konzepte für eine Literaturwissenschaft
   zwischen Historischer Anthropologie, Kulturgeschichte und Medientheorie*, Tübingen 2000,
   S. 1–11.
60 Von Seiten der Sozialgeschichtsschreibung wurde eine für eine eigenständige
   Ideengeschichte anschlussfähige Konzeption entwickelt von Jörg Schönert; zu-
   sammengefasst jetzt in Schönert, Jörg, *Perspektiven zur Sozialgeschichte der Literatur.
   Beiträge zu Theorie und Praxis*, Tübingen 2007.

epistemologischen Depotenzierung des Wissensbegriffs. Die vermittelnde Stellung kann *erstens* eingenommen werden, weil gegen die Wissenspoetik an einem differenzierten Begriff des Wissens festgehalten wird, der die Bestimmungen der Tradition aufnimmt und so an dem eigenständigen Geltungsanspruch des Wissens gegen andere Vorstellungsformen sowie gegen literarische Reflexionen festhält. *Zweitens* ergibt sich für die hier gewählte wissensgeschichtliche Literaturforschung eine Mittelstellung, weil sie gegen die analytische Austreibung des Wissensbegriffes mit Hilfe eines rein *formalen* Status seiner Momente dessen historische Realisationen nicht an einem *materialen* Wahrheitsgehalt überprüfen muss. So lässt sich an einem bestimmten Segment einer umfassenderen Kontextualisierungsgeschichte literarhistorischer Gegenstände arbeiten, ohne in philosophisch-systematische Auseinandersetzung verstrickt zu werden.

Literarische Reflexion *vermittelt* mithin in sich bestimmte Gehalte der sie umgebenden Kontexte, seien es ideengeschichtliche oder sozialgeschichtliche, und wirkt – allerdings in erheblich geringerem Maße und in völlig anderer Weise – auf diese zurück. Dabei ist sowohl der Vermittlungsbegriff als auch die angedeutete asymmetrische Reziprozität zu erläutern: *Zum einen* ist jene Reziprozität zwar nicht von der Hand zu weisen, dennoch muss das Programm *Wissen und Literatur* noch deutlicher in sich differenziert werden. Denn die Frage nach der Bedeutung literarischer Reflexionsformen für die Wissenschaften ist eine erheblich andere – nämlich wissenschaftsgeschichtliche – als die nach der Bedeutung der Wissenschaften für die Literatur – das ist eine literarhistorische. Diese Fragen müssen jeweils mit anderen Methoden, Verfahren und Systematiken verbunden werden. Zudem scheint selbst die Bedeutung narrativer Strukturen u. a. für die Geschichtswissenschaften in der Literaturwissenschaft noch erheblich überschätzt zu werden.[61] *Zum anderen* – und das ist von weitreichenderer Bedeutung – muss der oben verwendete Vermittlungsbegriff klar und deutlich bestimmt werden. Denn Vermittlung meint in diesem Zusammenhang nicht eine einfache Relationierung von unmittelbar Gegebenem. Vielmehr ist *erstens* »einfache Unmittelbarkeit« selbst ein Reflexionsausdruck, und deren Gehalte werden damit durch Vermittlung allererst gesetzt, wie dies Hegel zu Recht nachweist, wenn er festhält,

---

[61] Vgl. hierzu meine Einwände gegen Daniel Fulda in: Stiening, Gideon, *Schlechte Metaphysik? Zur Kritik der Wissenspoetologie. Ein Streitgespräch mit Daniel Fulda*, www.simonewinko.de/stiening-text.htm (Stand: 23. 01. 2010).

> daß es Nichts *gibt*, nichts im Himmel oder in der Natur oder im Geiste oder wo es
> sei, was nicht ebenso die Unmittelbarkeit enthält als die Vermittlung, so daß sich
> diese beiden Bestimmungen als ungetrennt und untrennbar und jener [ihr abstrak-
> ter] Gegensatz sich als nichtig zeigt.[62]

Erst durch die literarische Vermittlungsleistung werden die Wissenschaften
mehr bzw. anders als Wissenschaften, nämlich zu Kontexten der Literatur
und damit u.a. in ihrem Wissensstatus verändert. Warum und in welcher
Form welche Wissenschaften zu einer bestimmten Zeit zum Reflexions-
gegenstand der Literatur werden, ist allerdings nicht nur ideen- bzw. wissensgeschichtlich zu beantworten, sondern durch eine umfassendere Kontextualisierung, die allerdings nicht auf ein additives Aggregat der Kontexte
reduziert werden darf, sondern durch eine strenge Hierarchisierung vorerst
für jedes einzelne literarische Werk in ein System zu überführen ist.

Zweitens werden die Relata im Prozess der Vermittlung in ihrem Sein verändert. Man spricht daher von einem Prozess der Transformation des Wissens in Literatur, und der Versuch einer wissensgeschichtlichen Distinktion
zwischen materialem und formalem Wahrheitsanspruch suchte ein Moment
dieses Transformationsprozesses zu bestimmen. Wenn es tatsächlich so ist,
dass Literatur ideen- *und* realgeschichtliche Kontexte und damit Reflexionen
des Geistes auf sich *und* sein Anderes gelingt und dies in der Reflexionsform
sinnlicher Gewissheit realisiert, dann deuten sich erhebliche ›Vermittlungsleistungen‹ der Literatur an. Mit diesem Vermittlungsbegriff scheint daher das
Eigenständige literarischer Reflexion gegenüber dem Wissen oder bestimmten Realien durchaus berücksichtigt, ja in eine Aufgabe gestellt, deren eminente Leistung von der historiographischen Literaturwissenschaft allererst
zu rekonstruieren und in ein neues Wissen zu überführen ist. – Was bedeuten diese methodologischen Überlegungen zu einer Wissensgeschichte als
Kontext der Literaturgeschichte nun für eine Betrachtung der Goethe'schen
Elegie?

III. Goethes spekulativer Empirismus – »Wissenschaft und Poesie«

Goethe hat es dem Erforschen des von ihm in dieser Elegie realisierten Verhältnisses von Wissen und Literatur nicht eben leicht gemacht. Vielmehr hat
er – wie so oft – falsche Fährten gelegt oder auch das eigene Tun nicht oder
nicht angemessen reflektiert. So schildert er 1817 sein Verständnis der Relation von Wissenschaft und Poesie in Bezug auf seine Elegie wie folgt:

---

[62] Hegel, Georg Wilhelm Friedrich, *Wissenschaft der Logik*, in: *Werke in 20 Bänden*, Bd. V,
Eva Moldenhauer/Karl Markus Michel (Hrsg.), Frankfurt am Main 1986, S. 66.

> [N]irgends wollte man zugeben, daß Wissenschaft und Poesie vereinbar seien [...] Freundinnen, welche mich schon früher den einsamen Gebirgen, der Betrachtung starrer Felsen gern entzogen hätten, waren auch mit meiner abstrakten Gärtnerei keineswegs zufrieden. Pflanzen und Blumen sollten sich durch Gestalt, Farbe, Geruch auszeichnen, nun verschwanden sie aber zu gespensterhaften Schemen. Da versuchte ich diese Gemüter zur Teilnahme durch eine Elegie zu locken [...].[63]

In dieser Funktion aber stellt das Gedicht nichts anderes als eine Wissenschaftspopularisierung dar, der keinerlei eigenständiger epistemischer Wert zukommt. Von anderer Seite hörte Goethe gar, dass sein wissenschaftlicher Text vor allem als Anleitung für Künstler zur Naturmalerei verstanden werde,[64] woraufhin die Naturwissenschaften dankend abwinken konnten – dafür seien sie nicht zuständig.[65] Sieht man jedoch genauer zu, und zwar auf den wissenschaftlichen Text wie dessen literarische Reflexion in der Elegie, eröffnen sich andere Zugänge.

Es ist in der Forschung zwar längstens bekannt und auch philologisch präzise herausgearbeitet worden, dass Goethe den Mittelteil seiner Elegie (V. 12–58) in pünktlicher Anlehnung an sein Konzept von Metamorphose aus der Schrift von 1790 gestaltete. Alle sechs bzw. sieben Entwicklungsstufen der Pflanze werden aufs Genaueste reproduziert,[66] allerdings stets auf die Anrede an die Geliebte abgestellt. Für seine eigene Forschung ist jene Form spezifischer Interpersonalität, die das Gedicht als Bedingung der Möglichkeit vollständiger Erkenntnis der Natur entwickelt, mithin unwichtig – auch für Goethe gibt es also einen Unterschied zwischen der Naturforschung selber und ihrer Bedeutung für den umfassenden Selbsterkenntnisprozess des Menschen. Neben dieser formalen gibt es weitere sachliche Differenzen, die den Transformationsprozess veranschaulichen können, den Goethe vornimmt, und schon erste Hinweise auf dessen Funktion liefern können, die eine schlichte Popularisierung weit übersteigen.

Diese These soll an nur einem Beispiel erläutert werden: Schon für die erste Entwicklungsstufe der Pflanze lässt sich eine erhebliche Differenz der einerseits begrifflich, andererseits literarisch gestalteten Gehalte nachzeichnen. In der 1790er-Schrift heißt es nämlich: »Da wir die Stufenfolge des Pflanzen-Wachstums zu beobachten uns vorgenommen haben, so richten wir unsere Aufmerksamkeit sogleich in dem Augenblicke auf die Pflanze, da sie sich *aus einem Samenkorn* entwickelt.«[67] Über dieses Samenkorn selbst

---

[63] HA XIII, S. 107.
[64] Vgl. ebd., S. 106.
[65] Vgl. hierzu auch Richter, »Wissenschaft und Poesie«, S. 161 ff.
[66] Vgl. ebd., S. 156 f.
[67] HA XIII, S. 66.

aber verliert Goethe in der Abhandlung kein Wort. Anders dagegen in der Elegie:

> Einfach schlief in dem Samen die Kraft; ein beginnendes Vorbild
> Lag, verschlossen in sich, unter die Hülle gebeugt,
> Blatt und Wurzel und Keim, nur halb geformet und farblos;
> Trocken erhält so der Kern ruhiges Leben bewahrt.[68]

Was in der Abhandlung ausgelassen, wird hier ausführlich und anschaulich geschildert. Diese Zeilen enthalten allerdings nichts weniger als Goethes Positionsbestimmung in einem Grundlagenstreit der zeitgenössischen Naturforschung, nämlich die nach einer präformationistischen oder epigenetischen Ontogenese.[69] Dabei stellt sich Goethe an dieser Stelle ausdrücklich auf Seiten der seit Leibniz und Bonnet in der Forschung wirksamen Präformationisten, für die alle substanziellen Strukturmomente einer Entwicklung in den Keimen enthalten sind.[70] Entwicklung ist so eine Entfaltung von Gegebenem. Zwar kommt Goethe auch in der Abhandlung auf bestimmte Konsequenzen dieser Grundlagentheorie zu sprechen, wenn er davon spricht, dass die Natur in höheren Organen der Pflanze nicht Neues, sondern nur Modifikationen bekannter Organe schaffe.[71] Doch nur im Gedicht verbindet er die empirische Anschauung der Pflanzenentwicklung mit einem Rekurs auf Momente einer allgemeinen Naturtheorie, d.h. die Natur als ganze betreffende Entwicklungsmodelle. Seine Lyrik ermöglicht Goethe mithin empirische Beobachtung und rationale Naturtheorie, Anschauung und Begriff – allerdings *anschauend* – zu verbinden. Insofern ist der These Olaf Breidbachs, dass Goethes Anschauungsbegriff vor allem ein Produkt seiner ästhetischen Theorie ist, zuzustimmen.[72] Der Sache nach, wenn auch explizit nicht von ihm reflektiert, gibt es für Goethe also erhebliche Differenzen zwischen dem empirischen Wissen der Naturforschung und der literarischen Reflexion auf deren Gehalte.

---

[68] HA I, S. 199$_{15-18}$.

[69] Vgl. hierzu die ebenso ausführliche wie präzise Darstellung bei Lepenies, Wolf, *Das Ende der Naturgeschichte. Wandel kultureller Selbstverständlichkeiten in den Wissenschaften des 18. und 19. Jahrhunderts*, München 1976, S. 52ff., sowie Jantzen, Jörg, »Physiologische Theorien«, in: *Wissenschaftshistorischer Bericht zu Schellings naturphilosophischen Schriften 1797–1800* [= F. W. J. Schelling, *Schriften. Historisch-kritische Ausgabe*, Erg.-Bd. zu den Bänden 5–9], Stuttgart 1994, S. 373–668, spez. S. 580ff.

[70] Vgl. hierzu auch Alfred Schmidt, *Goethes herrlich leuchtende Natur. Philosophische Studien zur deutschen Spätaufklärung*, München 1984, S. 59ff.

[71] Vgl. HA XIII, S. 75: »Die Natur bildet also im Kelch kein neues Organ sondern verbindet und modifiziert nur die uns schon bekannt gewordenen Organe, und bereitet sich dadurch eine Stufe näher zum Ziel.«

[72] Breidbach, *Goethes Metamorphosenlehre*, S. 188ff.

Es lässt sich also philologisch genau die Anbindung der Elegie an des Autors eigene Forschung nachzeichnen, ebenso, wie sich hermeneutisch die vorhandenen Differenzen aufweisen lassen. Was Goethe in der Abhandlung, die an empirische Nachweisziele gebunden war, nur andeuten konnte, die Stellung seiner Konzeption in der zeitgenössischen Wissenschaftslandschaft, ermöglicht ihm die Elegie. Nun könnte man allerdings einwenden: Diese Funktion hätte auch eine neuerliche Abhandlung einnehmen können, die die wissenschaftstheoretische oder -politische Position der Metamorphosenlehre bestimmte, und Goethe leistet Ähnliches tatsächlich in seiner Nachschrift von 1817.

An dieser Stelle muss auf den schon mehrfach angedeuteten Anschauungsbegriff Goethes rekurriert werden, und zwar im Zusammenhang seiner Bestimmung der Natur als eines metamorphotisch geordneten Prozesses. Goethe beschreibt – wie erwähnt – die Natur als ein in sich differenziertes, metamorphisch sich entwickelndes Ganzes, und nur innerhalb dieses lebendigen Prozesses ist das empirisch Besondere als bestimmtes Einzelnes zu erfassen. Goethe ist allerdings davon überzeugt, dass jene Metamorphose in Stufen einzuteilen und diese auf den Begriff zu bringen sind, die durch diese ausgedrückte *lebendige* Bewegung des Prozesses dem Begriff verschlossen bleibt. Nur die Anschauung sei in der Lage, den Naturprozess als Natur*prozess* und als *Natur*prozess sowie dessen strukturierende Bedeutung für die Kultur zu erfassen und darüber hinaus die Stellung des sie anschauend Erkennenden innerhalb beider Teilbereiche der natürlichen Totalität. Es geht Goethe – wie Olaf Breidbach zu Recht festhielt – um die Dimension des »Miterfahrens« des Anschauenden als integrales Moment des von ihm Angeschauten.[73] Deshalb auch ist die Verbindung von Erkenntnis und Liebe in die Beschreibung der Pflanzenmetamorphose eingebettet. Es sind die Grenzen begrifflicher Erkenntnis, die Goethe als Naturforscher zur Literatur drängen, die jene Anschauungsbindung aller Naturforschung, welche das Einzelne und das Ganze der Natur in ihrer prozessualen Vermittlung erfassen können soll, in ein mehr als empirisches Erfassen der Natur zu überführen vermag. Deshalb – und keineswegs nur als Popularisierung – bedarf es der Poesie, die nach Goethe als einziges Reflexionsmedium Allgemeines und Besonderes zum Einzelnen vermittelt – ohne auf die Grenzen des Begriffs zu stoßen.

Aber Goethe wusste selber um die Schwierigkeiten dieser Epistemologie: Abstrahiert man von der gleichwohl erheblichen Problematik, dass man u.a. »Kräfte« oder »Idee« bei Goethe anschauen können soll, die Goethes speku-

---

[73] Vgl. hierzu erneut Breidbach, *Goethes Metamorphosenlehre*, S. 190ff.

lativen Empirismus begründet, so bleibt doch die radikale Subjektivität jeder Anschauung auch Goethe stets bewusst. Die – wenigstens – intersubjektive Korrelierbarkeit wissenschaftlicher Naturforschung, die des diskursiven Begriffs bedarf, wird nicht nur erschwert, sie wird verunmöglicht, wenn ihre zentralen Gehalte im Medium der Anschauung ermittelt werden. Goethe wusste um diese Schwierigkeit, und dies nicht nur, weil die Kollegen in den 1790er Jahren, aber auch späterhin oft ratlos vor seinen Anschauungen standen, die sie selbst nicht sehen konnten. Dass vor diesem Hintergrund die vorgestellte Legitimation der Poesie als eine gleichsam allgemeine, anschauende und liebende Naturlehre in Schwierigkeiten gerät, damit aber auch die Stabilität des von Goethe entworfenen Verhältnisses von Wissen und Literatur, sollte deutlich geworden sein. Zugrunde aber liegt dieser Konzeption ein Begriff des Begriffs, der in der Philosophie Christian Wolffs – und eben nicht der Kants oder Hegels – seine Grundlagen findet.

Es ist also im Rahmen einer wissensgeschichtlichen Rekonstruktion einerseits gänzlich vom systematischen Status des in der Elegie gestalteten Wissens zu abstrahieren – ob Goethes Naturforschung systematische Relevanz hat, ist für diese historiographische Frage gänzlich gleichgültig; es können und müssen aber, gerade weil seine Forschung einen Wissensanspruch ausführt, der zu einer spezifischen Legitimation von Poesie führt, Kohärenzüberprüfungen durchgeführt werden. Dabei steht außer Frage, dass solcherart Kohärenzen höchst produktiv sein können.

Dass das Ganze belebt, so wie das Einzelne, sei? Davon konnte vor dem Hintergrund seiner Epistemologie wohl nur Goethe selber wissen.

Sandra Richter

Wirtschaftliches Wissen in der Literatur um 1900 und die Tragfähigkeit ökonomischer Interpretationsansätze

J.R. aus William Gaddis' gleichnamigem Roman nutzt die Gier seiner Geschäftspartner aus, baut Luftschlösser aus Spekulationen und errichtet auf diese Weise ein Finanzimperium. J.R. ist elf Jahre alt, von der alleinerziehenden Mutter vernachlässigt und in der Schule gelangweilt. Die Welt erscheint ihm als Selbstbedienungsladen, als Chaos, das nur durch ein Gesetz regiert wird: Gemeint ist der *survival of the fittest*, der ins Extrem getriebene Wettbewerb. J.R. hat in diesem Wettbewerb Erfolg, ohne ökonomisches Fachwissen zu besitzen. Er weiß intuitiv, geschult an der eigenen egoistischen Weltwahrnehmung, wie er sich als Marktteilnehmer zu verhalten hat.[1]

Wie in wenigen Wissens- und Handlungsfeldern zeigt sich am Beispiel des Ökonomischen anschaulich, dass Wissenschaft auf ihr Bezugsfeld nur wenig Einfluss hat. Sie ist nicht oder nur eingeschränkt prognosefähig, weiß kaum, Handlungsanweisungen zu formulieren. Doch das unter wissenschaftlichem Aspekt normale Auseinandertreten von Fachwissen und erfolgreicher Marktteilnahme lässt die Ökonomie im populären Urteil dubios werden. Politiker und Öffentlichkeit überfordern die Ökonomie häufig, weil sie erwarten, dass sie zu sagen versteht, welches Handeln im Markt Erfolg verspricht und welches nicht.

Was öffentlich als dubios gilt, zieht offenkundig Literatur an. Mitunter legt Literatur regelrechte ökonomische Fallstudien vor – fiktionale Fallstudien, die wirklichkeitsgesättigt sind und sich als Quellen auch für die Wissens- und Wirtschaftsgeschichte empfehlen. Durch ihre fiktionalen Inter-

---

[1] Vgl. Rosa, Hartmut, »Wettbewerb als Interaktionsmodus. Kulturelle und soziale Konsequenzen der Konkurrenzgesellschaft«, in: *Leviathan,* 1/2006, S. 82–104, hier S. 82–90. Speziell zur Wissenschaft die Diskussionen seit Mannheim, Karl, »Die Bedeutung der Konkurrenz im Gebiete des Geistigen« [1928], in: Ders., *Wissenssoziologie. Auswahl aus dem Werk,* eingel. von Kurt H. Wolff, Berlin, Neuwied 1964, S. 566–613. – Dieser Beitrag wurde als Vortrag am Deutschen Literaturarchiv Marbach (November 2008) sowie im Rahmen des Stuttgarter »work in progress« (Dezember 2008) und des Masterstudiengangs »Ethik der Textkulturen« gehalten (Nürnberg, Juni 2009). Ich danke allen Diskutanten.

ventionen vermittelt Literatur Einsichten, wie ökonomisches Wissen und Handeln wahrgenommen wird: Einsichten in Reaktionen wie Angst vor oder Vertrauen in ökonomischen Wettbewerb, Wettbewerbsskepsis oder -euphorie. Darüber hinaus erlaubt Literatur, ökonomisch relevante Situationen zu personalisieren: Siegertypen zeichnet sie ebenso wie Verlierer. Über die Jahrhunderte hinweg verband die Literatur diese Positionen mit unterschiedlichen Berufen, schilderte ihren Aufstieg und Fall: Der Handwerker beispielsweise zählte zu den Hauptfiguren der europäischen Romantik. Doch schon im Realismus gab er seine privilegierte Position an den Kaufmann ab. Dieser wurde zum neuen Marktgewinner.

Trotz dieser Verbindungen von Ökonomie und Literatur vernachlässigte die Forschung dieses Gebiet. Nicht einmal stoff- und motivgeschichtliche Wörterbücher verzeichnen die Begriffe *Wirtschaft*, *Unternehmer* oder *Wettbewerb*. Seit den 1980er Jahren erst haben sich Ansätze zur Erschließung des Verhältnisses von (im weitesten Sinne) ökonomischem Wissen, ökonomischen Interaktionsmustern und Literatur entwickelt. Diese Ansätze ordnen sich keinem einheitlichen Forschungsprogramm zu, sondern verfolgen unterschiedliche methodische, historische und gegenwartsbezogene Interessen.

Drei Schwerpunkte dieser Interessen lassen sich feststellen. Erstens untersuchte die motiv- und stoffgeschichtlich orientierte Philologie die Rolle des Kaufmanns in der Literatur – von Thomas Marlowes *Merchant of Venice* (1600) bis zu Thomas Manns *Buddenbrooks* (1901).[2] Zweitens konzentrierten sich von der Sozial- und Wirtschaftsgeschichte inspirierte Studien auf ökonomische Kontexte der Literatur: auf die Arbeiterklasse, auf die Opfer des Kapitalismus, wie sie bei Charles Dickens und John Steinbeck gezeichnet sind, auf das kapitalistische Wirtschaftssystem und seine Exzesse, die aus Emile Zolas *L'Argent* (1891) und aus amerikanischen »business novels« wie William Dean Howells *The Rise of Silas Lapham* (1884) bekannt sind,[3] sowie auf den literarischen Markt als ökonomischem Teilbereich mit den Hand-

---

[2] Vgl. Niemann, Hans-Werner, *Das Bild des Unternehmers in deutschen Romanen der Jahre 1890 bis 1945,* Berlin 1982.

[3] Vgl. Tayler, W. F., *The Economic Novel in America,* Chapel Hill 1952; Cheit, Earl F. (Hrsg.), *The Business Establishment,* New York 1964; Freese, Peter, »Über die Anbetung der Bitch-Goddess Success, oder Geschäftsleute in der amerikanischen Literatur«, in: *literatur für leser,* 1/1992, S. 65–81; Berman, Russell A., *Fiction Sets You Free. Liberty, Literature, and Western Culture,* Des Moines 2008; Schallmayer, Peter, *Kapitalismuskritik. Theorie und Praxis bei Marx, Nietzsche, Mann, Müntefering und in der Heuschreckendebatte,* Würzburg 2009; Laude, Corinna/Heß, Gilbert (Hrsg.), *Konzepte von Produktivität im Wandel vom Mittelalter bis in die Frühe Neuzeit,* Berlin 2008.

lungsrollen des Autors, des Verlegers und des Kritikers.[4] In den vergangenen Jahren widmeten sich – drittens – kulturwissenschaftliche, gelegentlich auch vom New Historicism inspirierte Studien einzelnen Aspekten des Ökonomischen: dem Geld,[5] der Arbeit,[6] der Warenästhetik,[7] dem Warentausch und Tauschgeschäften überhaupt,[8] der Figur des *homo oeconomicus*,[9] ökonomischen Metaphern in der Literatur[10] sowie der Rhetorik und Narrativik des Ökonomischen.[11]

---

[4] Werber, Niels, »Der Markt der Musen. Die Wirtschaft als Umwelt der Literatur«, in: Gerhard Plumpe/Niels Werber (Hrsg.), *Beobachtungen der Literatur. Aspekte einer polykontexturalen Literaturwissenschaft*, Opladen 1995, S. 184–216; Wegmann, Thomas (Hrsg.), *Markt literarisch*, Bern u.a. 2005; die Beiträge der *Zeitschrift für Literaturwissenschaft und Linguistik,* 39/2009.

[5] Hörisch, Jochen, *Kopf oder Zahl – Die Poesie des Geldes,* Frankfurt am Main 1998; Achermann, Eric, *Worte und Werte. Geld und Sprache bei Gottfried Wilhelm Leibniz, Johann Georg Hamann und Adam Müller,* Tübingen 1997; Gernalzick, Nadja, *Kredit und Kultur. Ökonomie- und Geldbegriff bei Jacques Derrida und in der amerikanischen Literaturtheorie der Postmoderne,* Heidelberg 2000; Fulda, Daniel, *Schau-Spiele des Geldes. Die Komödie und die Entstehung der Marktgesellschaft von Shakespeare bis Lessing,* Tübingen 2005; Breithaupt, Fritz, *Der Ich-Effekt des Geldes. Zur Geschichte einer Legitimationsfigur,* Frankfurt am Main 2009.

[6] Segeberg, Harro (Hrsg.), *Vom Wert der Arbeit,* Tübingen 1991; Schönert, Jörg, »›Arbeit in der deutschen Weise‹ als nationales Erziehungsprogramm des Nachmärz. Zur Wirkungsweise literarischer Wertkonstitution«, in: Jörg Schönert/Harro Segeberg (Hrsg.), *Polyperspektivik in der literarischen Moderne,* Frankfurt am Main 1988, S. 338–352.

[7] Baßler, Moritz, »Zur Semiotik des Markennamens in literarischen Texten«, in: Thomas Wegmann (Hrsg.), *Markt literarisch,* Bern u.a. 2005, S. 171–181.

[8] Wegmann, Thomas, *Tauschverhältnisse. Zur Ökonomie des Literarischen und zum Ökonomischen in der Literatur von Gellert bis Goethe,* Würzburg 2000.

[9] Schönert, Jörg, »Helden der Arbeit‹. Das ›deutsche Handels- und Wirtschaftsleben‹ als Gegenstand des Erzählens im Umfeld des Ersten Weltkriegs«, in: *literatur für leser,* 1/1992, S. 22–40; Wunderlich, Werner (Hrsg.), *Der literarische ›homo oeconomicus‹,* Bern, Stuttgart 1989; Vogl, Joseph, *Kalkül und Leidenschaft. Poetik des ökonomischen Menschen,* München 2002, zuletzt Vogl, Joseph, »Poetik des ökonomischen Menschen«, in: *Zeitschrift für Germanistik,* NF 27/2007, 3, S. 547–560; Bigelow, George, *Fiction, Famine, and the Rise of Economics in Victorian Britain and Ireland,* Cambridge 2003; Blaschke, Bernd, *Der homo oeconomicus und sein Kredit bei Musil, Joyce, Svevo, Unamuno und Céline,* München 2004; Pott, Sandra, »Wirtschaft in Literatur. ›Ökonomische Subjekte‹ im Wirtschaftsroman der Gegenwart«, in: *Kultur-Poetik,* 4/2004, 2, S. 202–217.

[10] Shell, Marc, *The Economy of Literature,* Baltimore 1978; Heinzelman, Kurt, *The Economics of the Imagination,* Cambridge 1980.

[11] McCloskey, Donald N., *The Rhetoric of Economics,* Madison 1985; Ders., *If You're So Smart. The Narrative of Economic Expertise,* Chicago 1990; im Überblick auch Woodmansee, Martha/Osten, Mark (Hrsg.), *The New Economic Criticism. Studies at the In-*

Der kulturwissenschaftliche Ansatz ist der elaborierteste, in seinen methodischen Ansprüchen ebenso wie in seiner historischen Reichweite. Doch weist er drei Probleme auf:[12] Erstens beziehen sich zahlreiche Studien auf die durch die aktuelle Ökonomietheorie problematisch gewordene Vision des *homo oeconomicus*. Diese Studien kritisieren ein rationales kapitalistisches Universum, dessen Existenz Verhaltens- und Neuroökonomie mittlerweile bezweifeln. Zweitens schaffen es kulturwissenschaftliche Ansätze nur selten, die Genre- und Schreibweisenspezifik der Behandlung von Wirtschaft in der Literatur herauszustellen.[13] Sie neigen dazu, einen ökonomischen Superdiskurs anzunehmen, der es nur eingeschränkt erlaubt, einen spezifischen Beitrag von Literatur zum ökonomischen Wissen zu benennen.[14] Dieser spezifische Beitrag bestünde darin, dass Literatur fiktionale, mitunter auch utopische Fallstudien beisteuert, die Handlungswissen im Bereich des Ökonomischen illustrieren, subvertieren, befragen. Drittens vernachlässigen kulturwissenschaftliche Ansätze auch die besonderen Merkmale ökonomischen Wissens, die dieses Wissen einerseits besonders literaturfern, andererseits besonders literaturnah erscheinen lassen: Ökonomisches Wissen findet sich in den Lehrbüchern und Fachaufsätzen entweder zu (literaturfernen) Formeln kondensiert, oder es wird – in Fachbüchern, Zeitungsartikeln sowie in Publikationen aus der Wirtschaft selbst – in der Form vergleichsweise narrativer Fallstudien dargeboten. Auch zielt die Ökonomie häufig auf pragmatische Ansätze der Wissensentwicklung, die häufig literaturaffin sind. Ansätze wie diese wollen Lösungen für betriebswirtschaftliche Probleme in bestimmten Unternehmen entwickeln oder die Marktsituation einzelner Marktteilnehmer beschreiben und verbessern. Dabei entsteht eine wiederum literaturfreundliche Grauzone zwischen *hard facts*, Alltagswissen und Spekulation.

Mit der Thematik des Wettbewerbs kann dieser Beitrag den Problemen kulturwissenschaftlicher Ansätze begegnen und zugleich ihr Potential fruchtbar machen. Denn Wettbewerb zählt nicht nur zu den zentralen Wissens-

---

tersection of Literature and Economics, Routledge 1999; Pott, »Wirtschaft in Literatur«, S. 202–217; Bracker, Nicole/Herbrechter, Stefan (Hrsg.), *Metaphors of Economy,* Amsterdam 2005.

12 Pott, »Wirtschaft in Literatur«, S. 202–217.

13 Deupmann, Christoph, »Narrating (New) Economy. Literatur und Wirtschaft um 2000«, in: Susanne Krones/Evi Zemanek (Hrsg.), *Literatur der Jahrtausendwende. Themen, Schreibverfahren und Buchmarkt um 2000,* Bielefeld 2008, S. 151–161.

14 Schmidgen, Wilhelm, *Eighteenth-Century Fiction and the Law of Property,* Cambridge 2002; Wegmann, Thomas, *Tauschverhältnisse. Zur Ökonomie des Literarischen und zum Ökonomischen in der Literatur von Gellert bis Goethe,* Würzburg 2002; Armstrong, Neil, *How Novels Think: The Limits of British Individualism from 1719–1900,* New York 2005.

komplexen, die in literarischen Texten über Wirtschaft vorkommen, sondern die jeweilige Wahrnehmungs- und Darstellungsweise von Wettbewerb korreliert auch mit der Struktur von Texten. Sie lassen sich nach der Art und Weise gruppieren, wie sie mit Wettbewerb umgehen. Drei Hauptgruppen nichtliterarischer Texte, deren Vermessung bislang nicht stattgefunden hat, können identifiziert werden: erstens diejenigen, die wie Unternehmens-, Bank- oder Deal-Geschichten tendenziös mit historiographischem Interesse über Wettbewerbserfolg oder -verlust Auskunft geben.[15] Texte wie zweitens die *How-to*-Literatur, die *Leadership*-Literatur und pädagogische Unternehmer- oder Politikerautobiographien (z. B. diejenigen von Werner von Siemens oder Benjamin Franklin) wollen Lesern helfen, im Wettbewerb erfolgreich zu werden. Demgegenüber zielt die dritte Gattung, die Businessethik, darauf,[16] ökonomisches Verhalten zu beurteilen und zu kritisieren. Reportagen wie etwa *Die Arbeitslosen von Marienthal* (Maria Lazarsfeld/Paul F. Jahoda/Hans Zeisel, 1932) fallen in dieselbe Kategorie der kritischen Sachbücher über Wirtschaft.

Literarische Texte erweisen sich als komplizierter: Viele Märchen und einige sozialistische Utopien (Charles Fourier, Henri de Saint-Simon) schließen Wettbewerb aus oder dämmen ihn ein. Kaufmannsromane, *from-rags-to-riches novels*, Angestellten- und Industrieromane, Gesellschaftsromane mit ökonomischem Interesse (Joseph Conrad, Ford Madox Ford) ebenso wie das Managerdrama (Urs Widmer) konzentrieren sich auf den Wettbewerb und sein Umfeld; in der Regel zeigen sie, dass Wettbewerbserfolg erhebliche soziale und ethische Kosten produziert. Anders als diese Genres preisen kapitalistische Utopien (etwa von Ayn Rand) den Wettbewerb als beste ökonomische, soziale und ethische Ordnung, und wieder andere – Unternehmergeschichten und die populären *financial thriller* (Joseph Finder, Stephen Frey, Michael Ridpath) – zeichnen wettbewerbliche Umwelten, stellen den Wettbewerb selbst aber nicht in Frage.

---

[15] Lindner, Joachim, »»Nur der Erwerb ist lustbetont, nicht der Besitz«. Die Arbeitswelt der Unternehmer und Unternehmen in Firmenschriften des 19. und frühen 20. Jahrhunderts«, in: Harro Segeberg (Hrsg.), *Vom Wert der Arbeit*, Tübingen 1991, S. 231–282. Unter den Bankgeschichten vgl. etwa Endlich, Lisa, *Goldman Sachs. The Culture of Success*, New York 1999; aus dem Bereich der Deal-Geschichten Burrough, Bryan/Helyar, John, *Barbarians at the Gate. The Fall of RJR Nabisco*, Harper Perennial 1991; Wasserstein, Bruce, *Big Deal. Mergers and Acquisitions in the Digital Age*, New York 2001; Pott, »Wirtschaft in Literatur«, S. 202–217.

[16] Unter den ersten Texten Sharp, Frank Chapman/Fox, Philip Gorder, *Business Ethics. Studies in Fair Competition*, New York 1937; die Gattung findet heute u. a. ihren Ausdruck in der Corporate-Social-Responsibility-Debatte.

Darstellungen wie diese unterscheiden sich je nach Genre und nach der Nationalliteratur, in der sie vorkommen. Dabei polarisiert und nationalisiert das scheinbar so globale Wettbewerbswissen die Literatur erstaunlicherweise erheblich, und die jeweilige Nationalliteratur nutzt typischerweise bestimmte Genres, um Wettbewerb zu behandeln. Für die Literatur um 1900 lautet meine These, dass sich amerikanische Texte am direktesten mit Wettbewerb auseinandersetzen. Sie dokumentieren, bilanzieren, kritisieren ihn, konstatieren seine Ausweglosigkeit oder bekämpfen ihn engagiert. Demgegenüber verhalten sich die englische und die deutsche Literatur vor allem reflexiv und indirekt: Wettbewerb wird im Blick auf Vorbilder und Leitbilder aus Literatur und Philosophie bedacht – im Wissen und mit dem Willen, Literatur zu produzieren, die Wirklichkeit mit ästhetischem Anspruch spiegelt und sich vergleichsweise neutral zu ihrer eigenen sozialen Wirkung verhält.

Diese Unterschiede und Gemeinsamkeiten sind bereits im 19. Jahrhundert vorgeprägt: durch die unterschiedlich verlaufenden Industrialisierungen und die je nationalen realistischen und naturalistischen Bewegungen, welche auf die ökonomischen und sozialen Wandlungsprozesse reagieren. Seit dem 19. Jahrhundert, seit dem Ende religiöser und ständischer Sozialsysteme erlebt der Wettbewerb als politisches und ökonomisches Ordnungsprinzip weltweit eine steile Karriere. Diese steile Karriere speist sich auch aus sozioökonomischem Wissen: Wettbewerb gilt als effizienteste Form der Motivation und Ressourcenallokation. Doch folgt der Wettbewerbseuphorie die Wettbewerbskritik auf dem Fuß: Wettbewerb kann seine eigenen Voraussetzungen nicht nur nicht garantieren, sondern er neigt dazu, sie zu zerstören. Die Krisen des Marktes, die Daten 1929 – 2001 – 2008, bezeugen diese negative Eigendynamik des Wettbewerbs. Während die Ökonomie des 19. Jahrhunderts noch Idealvorstellungen vom perfekten Wettbewerb predigte, entwickelte sich deshalb zu Beginn des 20. Jahrhunderts, speziell im Chicago der 1920er und 1930er Jahre, ein Gegenmodell: die Auffassung, dass Wettbewerb imperfekt sei, geprägt durch die Beobachtung der neuen Wirtschaftsordnungen, der Börse, der markwirtschaftlich orientierten Industrie und der gewinnträchtigen Innovationskultur um 1900 mit ihren Kartellen, Absprachen, Insidergeschäften.

Wettbewerb reicht vom fairen geregelten Wettbewerb wie im Sport bis hin zu Kampf und Krieg. Kampf und Krieg gehören, streng genommen, nicht mehr zum Phänomen des Wettbewerbs. Denn Wettbewerb mag zwar Formen der Machtausübung einschließen, aber er ist immer durch eines definiert: dadurch, dass zwei Parteien um dasselbe Objekt streiten. Wettbewerb ist genau so lang Wettbewerb, wie ein solches Objekt existiert und Wettbewerb möglich ist. Er bewegt sich deshalb zwischen zwei Extremen: einerseits

der Verregelung wettbewerblicher Verfahren, um bestimmte Ziele festzu-
schreiben. Andererseits kann der Wettbewerb auch nicht oder nur wenig
durch Regeln und Fairness eingehegt sein. Dabei aber gerät auch das Objekt
aus dem Blick, um das beide Parteien streiten. Das einzige Ziel mag in solchen Fällen sein, den Gegner auszulöschen.

Diese Wahrnehmungen des Wettbewerbs beeinflussten offenkundig auch
die Literatur. Dabei tauchen immer wieder bestimmte wettbewerbliche Topoi auf, die den Wettbewerb als ambivalentes Phänomen erscheinen lassen:
Es geht um Unterschichten, die durch ökonomischen Erfolg aufsteigen wollen, um das post-nietzscheanische Ideal des Übermenschen, den sozialen
survival of the fittest, die wachsenden Großstädte, den Einfluss der Medien, der
Parteien, um Macht und Ausbeutung, Herrschaft und Genuss, internationale
Expansion und nationale Macht. Wettbewerb erscheint als dynamisierendes
Element, das erhebliche soziale Folgekosten verursacht. Aus dieser Ambivalenz des mehr oder minder ökonomietheoretisch und -historisch verbürgten,
schon früh zu Topoi geronnenen Wissens vom Wettbewerb speist sich seine
spezifische Ästhetik: Der Literatur ist es möglich, diese Ambivalenz in ihrer
Komplexität auszudrücken, weil sie alle Sphären des Lebens und Schreibens
umgreift. Sie leistet damit, was wohl keine andere Form der Wissensdarbietung vermag. Literatur überführt die Topoi des Wettbewerbs in Plot-
Strukturen, prototypische Wettbewerbsgeschichten, schildert exemplarische
Übermenschen und Mentalitäten, entwirft typische Raum-Zeit-Konstella-
tionen für Wettbewerb, ersinnt zeittypische Sprachbilder – um das Wirt-
schaftsleben um 1900, den in alle Sphären des Lebens Einzug haltenden
Wettbewerb zu ironisieren, zu persiflieren und zu kritisieren. Dabei bleibt
der Wettbewerb gleichwohl ein Faszinosum: Er treibt die Figuren zu außer-
gewöhnlichen Handlungen an, sorgt für kulturelle Effekte, für Luxus und
Wohlstand. Reine Degenerationsgeschichten sind deshalb die Ausnahme.
Auf der trivialen Seite der Ästhetik des Wettbewerbs steht eine dualistische
Ästhetik der glatten Oberfläche, der schwarz-weißen Stories, der Gewinner
und Verlierer, der linearen Erfolgsgeschichten, wie wir sie aus der Trivialli-
teratur und Hollywood-Filmen kennen. Auf der anderen, komplexeren Seite
gibt es mehr oder minder kritische Darstellungen von Wettbewerb. Diese
brechen mit allzu schematischen Darstellungen von Gut und Böse und
zeichnen ihre Helden in der Regel als Anti-Helden. Häufig folgen sie dem
Erzählschema des Glücksrades: *What goes up must come down.*

Im Folgenden möchte ich ein Panorama entwerfen, das Darstellungen des
Wettbewerbs in einem synchronen Schnitt für die Zeit um 1900 historisiert,
ordnet und sich auf komplexe Darstellungen des Wettbewerbs konzentriert.
Die Merkmale der Bearbeitung ökonomischen Wissens, speziell des Wettbe-

werbs in der Literatur, erörtert diese Fallstudie anhand von drei Romanen, die gleichermaßen um 1900 erschienen sind: Heinrich Manns *Im Schlaraffenland* (1900), das über die Berliner Salonkultur handelt, Upton Sinclairs *The Jungle* (1906), der aus den Schlachthöfen Chicagos berichtet, und Herbert George Wells *Tono-Bungay* (1909), einer komplexen Erzählung über die Erfindung und Vermarktung eines legendären Brausegetränks.

I. Heinrich Manns *Im Schlaraffenland. Ein Roman unter feinen Leuten* (1900): Wettbewerb ist überall

Der Titel von Manns Roman ruft einen Menschheitstraum wach: einen Traum von einem Land, in dem Milch und Honig fließen, in dem Genuss als Tugend und Arbeit als Sünde gelten, von einem Land, in dem es weder Wettbewerb noch Streit gibt, weil alles im Überfluss vorhanden und jedem zugänglich ist. Doch der Roman entlarvt diesen Traum vom irdischen Paradies als Chimäre. Er kehrt die Schlaraffenland-Situation um: Aus dem Traum von der reichsten und glücklichsten aller Welten wird ein Albtraum, eine wettbewerbliche Welt, in der jeder gegen jeden kämpft.

Das Märchen vom Land der Schlaraffen – mittelhochdeutsch *sluraff*, neuhochdeutsch *Faulenzer* – wandelt sich zum satirischen Zeitroman, zur grotesken Milieustudie – auf der Basis des anthropologischen Romans. Es handelt sich um einen Zeitroman, insofern er im Berlin der Jahre 1893 bis 1895 spielt und sich mit den Strukturen der Berliner Gesellschaft befasst. Als satirische Milieustudie widmet sich der Text der Geldelite, den Bankhäusern, dem Börsengeschehen, den Medien von seriösen Zeitungen bis zur Klatschpresse, der künstlerischen Bohème ebenso wie dem revoltierenden Proletariat. Der anthropologische Roman liefert den Motivations- und Erklärungshorizont für Zeitroman und Milieustudie: Es geht um einen bestimmten Menschentypus, der sich in allen sozialen Milieus findet, ein hohes Wissen über diese Milieus akkumuliert und es manipulativ einsetzt: um den Typus des nihilistischen Egoisten, eine radikale Version des *homo oeconomicus* – mit künstlerischen Neigungen und exzentrischen Vorlieben. Mit anderen nihilistischen Egoisten konkurriert er um dieselben Güter: um maximalen Genuss, maximalen Erfolg, maximales Lebensglück.

Infolgedessen verwebt das Plot des Romans bestimmte Plot-Typen: die Durchsetzungs-, Erfolgs- und Misserfolgsgeschichte, die Kriminalgeschichte und die Liebesgeschichte. Das Plot ist durch ein wiederkehrendes Motiv zusammengehalten. Dieses Motiv benennt zugleich die zentrale Motivation der egoistischen Individuen, die im sozialen Wettbewerb unterliegen: Rache. Dreimal dreht sich das Plot um dieses Motiv: Im ersten Teil des

Romans bleibt die Rache bloßes Theater – im wahrsten Sinne des Wortes. Es wird ein Stück gegeben, das diesen Titel trägt, von der lautstarken, blutrünstigen Rache der Proletarier an den Reichen handelt – und sich zugleich als meta-literarischer Kommentar auf Gerhard Hauptmanns *Weber* erweist.[17] Im zweiten Teil wird die Rache Wirklichkeit: Die Hauptfigur des *Schlaraffenlands,* der mittellose rheinländische Student Andreas Zumsee, beschließt, sich an seinen reichen Gönnern zu rächen, die im Schlaraffenland herrschen. Es gelingt ihm, die Geldelite zu Fall zu bringen. Doch steht sie wieder auf: Im dritten Teil rächen sich die Gönner für diese Rache an Andreas und seiner proletarischen Gespielin Agnes Matzke. Am Schluss des Romans werden sie aus der Schlaraffenwelt verstoßen.

Grund für diesen Fall ist Andreas Zumsee selbst. Hätte er sich an die Ordnung der Hierarchien und der Besitzverhältnisse im Schlaraffenland gehalten, hätte er lange ein ausgesprochen luxuriöses Leben und einen beträchtlichen Erfolg als Dramenautor genießen können. Aber sein Ego verbot ihm, sein Wissen über das Luxusmilieu klug einzusetzen. Zu stark war das Bedürfnis, sich mit den Reichen und Mächtigen zu messen, zu groß der Ehrgeiz, an die Spitze der Gesellschaft zu gelangen, zu mächtig »das wehmütige Vergnügen, die Menschen zu durchschauen«.[18] Und tatsächlich durchschaute Andreas die Menschen mit ihren Bedürfnissen und ihrem Ehrgeiz: alle Menschen außer sich selbst sowie seinen falschen Mentor und Verführer Friedrich Köpf.

Köpf ist Schriftsteller und sich selbst in dieser Rolle peinlich. Er mag seine eigene Geschichte des Aufstiegs und Falls im Schlaraffenland gehabt haben. Diese bleibt im Dunkeln, aber dennoch wird deutlich, dass er das Schicksal Andreas' in gewisser Weise präfiguriert, denn Köpf steht so weit außerhalb der feinen Gesellschaft wie Andreas nach seinem Fall. Köpf lernt Andreas im Theater kennen und nimmt ihn unter seine Fittiche, um ein Experiment zu proben: das Experiment, wie sich ein gutaussehender, scheinbar dem Glück geborener und nicht untalentierter junger Mann im Schlaraffenland verhalten werde, wie er steil aufsteigt und tief fällt.

Der Verführerfigur Köpf entsprechen Förderer und Gönner aus den inneren Zirkeln des Schlaraffenlands, häufig Juden, unverhohlen antisemitisch dargestellt: der Chefredakteur Bediener vom »Nachtkurier«, der Zumsees

---

[17] Vgl. Hocker, Maria, *Spiel als Spiegel der Wirklichkeit. Die zentrale Bedeutung der Theateraufführungen in den Romanen Heinrich Manns,* Bonn 1977.

[18] Mann, Heinrich, *Im Schlaraffenland. Ein Roman unter feinen Leuten,* 4. Aufl., Berlin, Weimar 1991, S. 228 u. passim. Der Verweis auf dieses Vergnügen taucht leitmotivisch auf.

Gedichte veröffentlicht und ihn mit der Familie des Bankiers Türkheimer in Kontakt bringt, sowie das Ehepaar Türkheimer selbst. Bei Türkheimers, so heißt es, rollt das Geld unter den Möbeln hervor.[19] Speisen und Unterhaltung sind exquisit; nur kitschige Kunstwerke enthüllen die kulturellen Schwächen des Aufsteigerhaushaltes. James Louis Türkheimer, ein Emporkömmling mit roten Koteletten, verlebt, durchtrieben, aber in den Grenzen des eigenen Egoismus großzügig, ist der Herr dieses Schlaraffenlandes. Wie Napoleon scheint er alles zu beherrschen: die Börse, die Zeitungen, das Theater und seine Kritik. Andreas ist ihm deshalb sympathisch, weil er seine Frau Adelheid von ihrem vorigen Liebhaber, einem konkurrierenden Bankier, ablenkt. Türkheimer steckt Andreas Geld zu und billigt die Affäre mit der eigenen Gattin.

Adelheid Türkheimer gibt sich Andreas leidenschaftlich hin, und genau das war sein Ziel gewesen: Er näherte sich ihr aus dem strategischen Interesse, zu ihrem Liebhaber aufzusteigen und sich damit einen Platz im Schlaraffenland zu sichern. All das wird ihm gewährt und noch mehr: Protegiert durch Adelheid wird Andreas mit einem miserablen Drama und im Wettbewerb mit einem etablierten Dichter zum Star der Theaterszene. Positive Kritiken für Andreas sind selbstverständlich gekauft.

Das Personal der Kritiker, auch manche Künstler sowie die Geldelite wissen um die prinzipielle Wettbewerblichkeit des Schlaraffenlandes. Sie nehmen (anders als Andreas) Rücksicht auf individuelle Egoismen, sehen auch ihre eigenen befriedigt und können sich deshalb langfristig im Türkheimer'schen Schlaraffenland halten. Dabei prägen die Schlaraffen durchaus unterschiedliche Typen aus: Frau Mohr beispielsweise erweist sich als Ausbund der Moral, Frau Pimbusch konsumiert demgegenüber Drogen. Gleichwohl aber wahren sie die *façon*. Anders verhält es sich mit all denen, die den degradierten Schichten angehören: dem Adel, der nichts mehr zu sagen hat und von den finanzkräftigen Emporkömmlingen abhängig ist, und dem Proletariat. Beispielsweise mit einer jungen Dame: Agnes Matzke. Die Berliner

---

[19] Das Geld ist Georg Simmel zeitgleich Anlass zu einer Philosophie darüber. Es wurde daher vielfach spekuliert, ob Simmel auf Mann gewirkt haben könnte; vgl. Claßen, Ludger, »Geld und ›Leben‹. Zur satirischen Kritik an der bürgerlichen Geldkultur in ›Im Schlaraffenland««, in: Ders., *Satirisches Erzählen im 20. Jahrhundert*, München 1985, S. 56–69. Vergleicht man Simmels Philosophie und Manns Roman, erscheint dies zwar als möglich, aber nicht als zentral. Simmel spricht von einer »Intellektualisierung« durch das Geld (Simmel, Georg, *Philosophie des Geldes*, Frankfurt am Main 1989, S. 171 u. passim); im Fall Manns hingegen hat es umgekehrte Konsequenzen. Manns Roman ließe sich folglich eher als Gegenstück zu Simmel denn als Veranschaulichung seiner Philosophie lesen.

Proletariertochter ist erst 17 Jahre alt, als Bankier Türkheimer sich in sie
verliebt und ihr eine Villa mit Personal und Ausstattung als Liebesnest ver-
macht. Agnes ist ordinär, egoistisch und exzentrisch. Sie gibt ihr Geld aus –
und verfällt Andreas.

Dieser aber ist schnell durchschaut: Türkheimer (und auch Köpf) gilt Andreas als hübscher, naiver und glücklicher Trottel, der nicht bedrohlich werden kann. In ihren Augen ist Andreas mit Pulcinella identisch, dem gefräßi-
gen Diener oder Hühnerdieb, einer Figur des neapolitanischen Volkstheaters.
Türkheimer bemerkt entsprechend bedenkenlos über ihn, er sei »der persön-
liche Pflegling« seiner Frau, ein »Spaßmacher und Zeitvertreib«.[20] Es gehört
zum Rachefeldzug des »Pfleglings«, die Mätresse seines Gönners zu verfüh-
ren. Und das, obwohl er sie mit ihrem dürren Körper unattraktiv findet. Andreas motiviert gekränkte Eitelkeit, verbunden mit dem Wunsch, den Wett-
bewerber Türkheimer in der Gunst der Frauen aus dem Weg zu schlagen.
Indem er Agnes besitzt, meint er, sich in die Geheimnisse der »hohe[n] Kor-
ruption« einzuweihen[21] – eine Weihe, die offenkundig nötig ist, um wie Türkheimer ein genialer »Renaissancemensch, ein Eroberertypus« zu werden.[22]
Doch Agnes befriedigt seine Triebe nicht. Frau Pimbusch ignoriert ihn.
Adelheid deckt seine Machenschaften auf und beratschlagt sich mit dem Gat-
ten, der sich gleichfalls kompromittiert sieht. Im engsten Familienkreis beschließt man, Andreas und Agnes zu ruinieren. Es gelingt: Beide müssen hei-
raten und von knappen 300 Mark im Monat ein karges kleinbürgerliches
Dasein bestreiten. Dabei darf sich Türkheimer wiederum als Gönner fühlen:
Andreas erhält nämlich eine Stelle bei dem von ihm finanzierten »Nachtkurier«. Türkheimers hingegen können das nächste so finanzträchtige wie groteske Großprojekt feiern: die Zivilisierung der Walachei.

Türkheimers haben den Wettbewerb um ihr Schlaraffenland gewonnen.
Unter sozialem Aspekt überrascht dies nicht: Sie sind weitaus mächtiger, gebildeter, klüger, verfügen über ein privilegiertes Wissen und nicht zuletzt
über alle monetären Ressourcen der Schlaraffenwelt. Der Erzähler klagt
diese Dominanzverhältnisse, den verzerrten Wettbewerb, nicht an: Beiläufig
erwähnt Türkheimer nur einmal, dass ihm Andreas vor allem deshalb miss-
falle, weil er sich verhalte wie ein reicher Mann und junge mittellose Mädchen verführe. Aber diese Kritik an dem »Pflegling« bleibt ebenso neben-
sächlich wie Andreas' verbitterte Schlussbemerkung: ein vermeintlicher
Segensspruch auf die reichen Leute. *Im Schlaraffenland* mildert die Sozialkri-

---

[20] Mann, *Im Schlaraffenland* (Anm. 18), S. 166, S. 169.
[21] Ebd., S. 310.
[22] Ebd., S. 262.

tik anthropologisch ab. Andreas erweist sich als Stellvertreter der gefallenen Menschheit. Ihn hält nichts: keine Konvention, keine Form der sozialen Kontrolle; er ist allein durch sein sanguinisches Temperament getrieben. Die Karriere, die den klugen Türkheimers einmal gelang, bleibt ihm verwehrt. *Im Schlaraffenland* erweist sich damit auch als ein Lehrbuch in Sachen gesellschaftlichen Aufstiegs – aus der Beobachtung des sozialen Wettbewerbs, wie er durch den Markt, die Börse, die ›schnelle Mark‹ entstand.

Vor diesem Hintergrund kann *Im Schlaraffenland* als besonders präzises Beispiel von Literatur und Ökonomie um 1900 gelten: Der Text verarbeitet Realismus und Naturalismus im modernen Gewand. Es handelt sich um ein Gegenstück zu Gustav Freytags *Soll und Haben* (1855). Anders als Freytags Protagonist Anton Wohlfahrt, dem im Kaufmannshaus Schröter eine vollendete Karriere gelingt, zerstört Andreas Zumsee sein aussichtsreiches Dasein in der Gesellschaft. Zugleich persifliert Mann den Naturalismus, indem er ihn als zahnlos entlarvt: Das Stück »Rache«, das im Gang des *Schlaraffenlands* aufgeführt wird, findet den Beifall der Geldelite. Außerdem lebt Manns Roman von den Vorbildern des französischen Gesellschaftsromans: von Honoré de Balzacs *Illusions perdues* (1837–1844), Maupassants *Bel ami* (1885) und Emile Zolas *L'Argent* (1891). Wie in diesen Romanen geht die Wahrnehmung sozialer Missstände mit anthropologischen Erklärungen Hand in Hand. Wie Balzac, Maupassant und Zola legt Mann eine illusionslose literarische Analyse vor und leistet einen literarischen Beitrag zur Analyse der profit- und ruhmgetriebenen, luxusverwöhnten Gesellschaft um 1900.

Wettbewerb kommt dabei auf allen Ebenen des Romans zum Tragen: des Settings, der Handlung, der Plot-Typen, der Figurenkonstruktion. Das Wissen vom Wettbewerb, das der Roman aufnimmt, entstammt der mehr oder minder unmittelbaren Berliner Umgebung des Autors. Es handelt sich um Wissen über die Börse, über große Spekulationen, die Trägerschaft des ökonomischen und sozialen Wettbewerbs und ihre Kritiker. Gezeigt wird, wie Wettbewerb funktioniert und wie Türkheimer gewinnt. Es geht um Interaktionsformen, um Handlungswissen und um Spezialwissen über ein besonders kompetitives Milieu. Wettbewerb findet dabei vor allem als Selbstkannibalisierung der Aufsteigerschicht statt. Er mündet in die Groteske. Eine Hoffnung, zu entkommen, gibt es nicht.

Die zeitgenössische Rezeption schätzte diese Ausweglosigkeit offenkundig: Im Jahr 1929 fand *In the Land of Cockaigne* in der Übersetzung von Axton D.B. Clark Eingang in die »Transatlantic Library« der Macaulay Company, wo auch Manns *Untertan* und Ricarda Huchs *Erinnerung von Ludolf Urslen dem Jüngeren* erschienen. In gewisser Weise stehen sogar noch aktuelle Wirtschaftsromane wie Ernst-Wilhelm Händlers *Wenn ›wir‹ sterben* (2003) und

Burkhard Spinnens *Der Schwarze Grat* (2003) in der Nachfolge Manns: Auch
sie thematisieren den Wettbewerb, rücken den Kaufmann und Unternehmer
in den Mittelpunkt. Wie Mann fahnden sie mit Hilfe der fiktionalen Empirie
nach den anthropologischen Motivationen und Grenzen des Wettbewerbs.

II.   Upton Sinclairs *The Jungle* (1906): Competition rules the world

In Sinclairs Roman ist Wettbewerb ebenso ubiquitär wie in Manns Roman,
aber stärker ideologisch perspektiviert. Auch das *setting* ist ein anderes: Es
geht nicht um Auf- und Absteigergeschichten in der finanzkräftigen Bohème Berlins, sondern um die menschenverachtenden Arbeitsbedingungen
in den Schlachthöfen Chicagos. Der junge Sinclair hatte ein Stipendium der
sozialistischen Zeitung *The Appeal to Reason*. Er wollte nichts Geringeres als
»the *Uncle Tom's Cabin* of the Labor Movement!« schreiben.[23] Aus diesem
Grund wurde der Roman häufig als sozialistisches Pamphlet gelesen – was er
nicht ist.

Der Text vermischt Sozialroman und anthropologische Literatur. In einer
Mischung aus fiktionaler Sozialreportage und Krimi erzählt er die Geschichte einer litauischen Einwandererfamilie. Sie zieht nach Chicago, um
ihren *American dream* zu verwirklichen, um reich zu werden – wie der Freund,
von dem sie gehört hatte. Drei Rubel solle man in Chicago am Tag verdienen
können – viel Geld in Litauen, jedoch, wie sich herausstellt, nicht in Amerika. In Amerika motiviert allein die Hoffnung die Familie, treibt sie an, hält
sie bei der Sache, obwohl sich ihr *American dream* als Alptraum herausstellt.
Das Leben in Chicago erweist sich als Wettbewerb, der sich Schritt für
Schritt verschärft. Aus dem Kampf um das bessere Leben wird der Kampf
ums Überleben – ein Todeskampf, der unter den Familienmitgliedern zahlreiche Opfer fordert und die Familie zerstört.

Angekommen in den USA werden die Einwanderer betrogen und ausge-
nutzt: Sie arbeiten zu miserablen Bedingungen, für wenig Geld, körperlich
wie versicherungstechnisch ungeschützt in den Schlachthöfen der örtlichen
Fleischindustrie – mehr oder minder ein Monopol (mit einer unwesentlichen Konkurrenz zwischen den Firmen Brown und Durham), und zwar
ein mächtiges, wie sich bald herausstellen wird. Das Monopol versorgt sich
durch gezielte Gerüchte, es gebe in Chicago viel zu verdienen, mit immer
neuen Generationen von fremdländischen Tagelöhnern. Andere örtliche
Unternehmen profitieren von den Machenschaften der Fleischindustrie:
Eine Baugesellschaft beispielsweise verkauft den Einwandererfamilien im-

---

[23]   Anthony, Arthur, *Radical Innocent: Upton Sinclair*, New York 2006, S. 43.

mer wieder dieselben Häuser – zu horrenden Konditionen. Der Kaufpreis ist über mehr als acht Jahre hin abzustottern, zuzüglich Zinsen und anderen Nebenkosten, wie sich erst weit nach dem Kauf herausstellt. Die Kosten aber sind nur bezahlbar, wenn alle arbeitsfähigen Familienmitglieder einem Lohnerwerb nachgehen: auch der Großvater Dede Antanas, der vierzehnjährige Sohn Stanislovas und Marija, die mit ihrem Partner eine eigene Familie gründen will. Mit Schulden, Krankheiten, Verletzungen und Lohnausfällen beginnt eine Abwärtsspirale, die im Kalkül der Fleischindustrie und ihrer Profiteure liegt. Ihnen geht es darum, den Nachschub billiger und maximal leistungsfähiger Arbeitskräfte sicherzustellen, die die alten und abgearbeiteten im Wettbewerb um Jobs verdrängen und maximalen Profit aus dem Fleischgewerbe und seinen Nebenzweigen garantieren. Die monopolistische Struktur gewährt die Macht, Chicago zu regieren – mit allen Mitteln, legalen wie illegalen.

Die litauische Familie kann sich nicht dagegen zur Wehr setzen: Zuerst stirbt der Großvater, dessen Körper durch die Arbeit in einem Keller ruiniert ist, in dem Fleisch mit Säure behandelt wurde. Sodann stirbt Ona, die Mutter, die von ihrem Chef bedroht und vergewaltigt wurde, im Kindbett. Stanislovas wird von Ratten gefressen, der kleine Antanas überfahren. Marija landet im Bordell und wird drogenabhängig.

Auf den ersten Blick erstaunt dieses Schicksal, denn die Familie hatte die besten Voraussetzungen gehabt, um selbst unter den härtesten wettbewerblichen Bedingungen in den USA zu reüssieren: Sie zeichnete sich durch einen starken Zusammenhalt, Tradition und Werte, Liebe unter den Mitgliedern und den unbändigen Willen aus, in der neuen Umgebung voranzukommen. Das beste Beispiel dafür stellt die Hauptfigur der Geschichte dar: Jurgis, das Familienoberhaupt. Er gibt zu berechtigten Hoffnungen über einen möglichen Aufstieg der Familie Anlass, und er trägt umgekehrt die Hauptschuld daran, dass es nicht gelingt – wenn es unter den Bedingungen des Monopolkapitalismus Chicagoer Art überhaupt möglich gewesen wäre.

Der junge Mann Jurgis ist, mit einem Wort, ein Held. Er entspricht dem Idealbild, wie es später in Ayn Rands kapitalistischen Utopien vorkommt. Jurgis ist körperlich und mental stark, erledigt alle Aufgaben schnell und zuverlässig. Seine Heldenhaftigkeit brachte es mit sich, dass er feste Bindungen wie die Ehe für eine »foolish trap« hielt – bis er Ona traf, für die er seine Freiheit aufgibt.[24] Strikt geplante und maschinenförmige Organisation – das imponiert Jurgis, und so eignet er sich bestens für seinen ersten Posten in der

---

[24] Sinclair, Upton, *The Jungle*, Foreword by Eric Schlosser, Introduction by Ronald Gottesman, New York 2006, S. 23.

»killing gang« der Fleischfabrik. Der Boss stellt ihn umgehend ein, und Jurgis funktioniert. Fehlt es der Familie an Geld, lautet sein Mantra »I will work harder«.[25] Entsprechend empört ihn das Ansinnen der Gewerkschaft, dort Mitglied werden zu sollen. Von Rechten hat er in Litauen nichts gehört, von seinem Lohn will er den Kollegen nichts abtreten. Und obwohl Jurgis im Gang der Handlung erfährt, dass die Fabrik vergammeltes Fleisch verwendet und Schiebereien um Jobs an der Tagesordnung sind, wird er nicht skeptisch. Der Erzähler kommentiert: Hätte Jurgis Bücher gelesen, dann hätte er gewusst, dass er – wie Thomas Malthus – eine Ethik des *laissez faire* vertritt. Jurgis hätte geahnt, dass er sich in Widersprüche verwickelt, wenn er sich um seinen alten Vater sorgt, der in den Schlachthöfen um einen Job bettelt. Der Erzählerkommentar ist deutlich: Verständlicherweise sieht Jurgis zunächst sich selbst; er will unbedingt vorankommen. Aber er verhält sich naiv, sieht die Widersprüche in den Schlachthöfen nicht. Ein Grund dafür liegt darin, dass er unwissend ist, seine Situation zu wenig analysiert und kalkuliert.

Ein zweiter Grund liegt in Jurgis' Impulsivität. Und zusammengenommen beschleunigen sein Unwissen und seine Impulsivität die Abwärtsspirale der Familie. Als Jurgis krank wird, müssen die Familienmitglieder den Verdienstverlust ausgleichen – doch verliert er schließlich seinen Job. Wieder gesundet, aber abgehärmt, findet er nur eine neue Anstellung: in einer Kloake, deren Gifte seinen Körper so durchdringen, dass er den Gestank nicht loswird. Als der derart sozial Degradierte darüber hinaus erfährt, dass seine Frau Ona von ihrem Boss bedrängt und vergewaltigt wurde, geht seine Leidenschaft mit ihm durch: Er verprügelt den Boss und muss wegen versuchten Totschlags für über einen Monat ins Gefängnis. Seine Familie vergisst er dabei völlig. Ona stirbt im Kindbett, und Jurgis begibt sich auf eine lange Wanderung durch Amerika, kommt im Gangstergewerbe zu sozialer Anerkennung und Geld, macht in der Fleischindustrie und in der Politik Karriere. Er wird zu einem jener Bosse, die er einst bewundert und schließlich gehasst hat – bis er wiederum den Boss seiner Frau trifft und erneut auf ihn einschlägt.

Nach einem weiteren Gefängnisaufenthalt gerät er, heruntergekommen zum Bettler, in eine Propagandaveranstaltung der Sozialisten. Aus dem erlebten Wettbewerb wird der ideologisierte Wettbewerb. Die sozialistischen Führer begeistern sich für Jurgis. Sie wollen einen Kämpfer aus ihm machen und weihen ihn in die sozialistischen Lehren ein. Als Hauptproblem gilt der Wettbewerb unter den Lohnarbeitern. Diesen gilt es aufzuheben – um die ökonomische Dynamik der Arbeiterrevolution auszulösen. Über ›Details‹

---

25 Ebd., S. 21 u. passim.

der Revolution, ihren Ablauf, ihre Ziele und die Rolle der Religion aber streiten die Gelehrten.[26] Für dieses nebulöse Revolutionswissen vernachlässigt
Jurgis die Probleme der verbliebenen Familie; »his interests were elsewhere,
in the world of ideas«.[27]

The Jungle mag folglich »the *Uncle Tom's Cabin* of the Labor Movement«
sein, ist dies aber mit allen Ambivalenzen. *Uncle Tom's Cabin* zeichnet ebenso
wenig einen selbstbewussten und eigenständigen Sklaven, wie *The Jungle*
selbstbewusste und eigenständige Einwanderer auf dem Weg in den Sozialismus darstellt. Im Gegenteil: Der Mensch und sein mangelndes Wissen stehen
dem Sozialismus im Weg, worauf der Erzähler vielfach hinweist. Jurgis, der
exemplarische Mensch, ist eine »creature of impulse«,[28] und dieser Impuls
schlägt nur zufällig für den Sozialismus aus – so wie zugunsten der Familie, der Gangster, der Demokraten, der Republikaner, der Bosse. Es werden
junge Jurgisse kommen, die mit ihrer Impulsivität, ihrer Naivität – wie der
junge Jurgis selbst – gegen eine sozialistische Ordnung arbeiten werden. Dabei ist nicht einmal den Gelehrten klar, was ›Sozialismus‹ genau meint. Auch
besteht selbst in der sozialistischen *community* eine wenig sozialistische Hierarchie: Der sozialistische Hotelbesitzer, für den Jurgis als Portier arbeitet,
denkt nicht daran, sein Einkommen mit dem Angestellten zu teilen. Der Sozialismus erweist sich vielmehr als eine Ideologie im Wettbewerb der Ideologien. Als eine Ideologie, die – bei all ihrer Menschenfreundlichkeit – die Aufmerksamkeit des Arbeitnehmers von den von ihm Abhängigen ablenkt.

Wettbewerb wird dabei ebenso vielfältig gezeichnet wie in Manns *Schlaraffenland* und mit dem Bild vom Dschungel erschlossen: Hier kämpft man nur
scheinbar um den sozialen Aufstieg wie bei Mann. Vielmehr geht es um das
eigene Überleben. Wettbewerb findet anders als bei Mann, wo prinzipiell alle
Protagonisten, sofern sie talentiert und hübsch sind, Zugang zu den Fleisch-
töpfen haben können, schon durch bewusste Unter- und Überordnung statt.
Die Einwanderer können aufgrund mangelnder Sprachkenntnis und feh-
lender Ausbildung nicht mithalten. Sie lassen sich entsprechend leicht aus-
beuten, körperlich ruinieren, demoralisieren, verschleißen. Der Wettbewerb
in Sinclairs *Jungle* erweist sich als erheblich härter und zerstörerischer als bei
Mann.

Wissen über den Wettbewerb in der Fleischindustrie spielt dabei (wiederum
in anderer Form als bei Mann) eine bedeutende Rolle, und zwar sowohl für
den Aufbau als auch für die Rezeption des Textes. Sinclair recherchierte, ver-

---

[26] Vgl. ebd., S. 376.
[27] Ebd., S. 371.
[28] Ebd., S. 239.

suchte nah an der zeitgenössischen Wahrheit zu bleiben, vermittelte weitgehend unbekanntes und ungesichertes Wissen über die Existenzbedingungen der Arbeiter eines Industriezweiges und stützte seine Einordnung auf literarisches Wissen bzw. bekannte wirkungsmächtige Erzählmuster (*Uncle Tom's Cabin*), auf die Bevölkerungsökonomie (Thomas Malthus) ebenso wie auf sozialistische Denkansätze. Die Hauptfigur scheitert an diesem Wissen, weil es ihr nicht zur Verfügung steht. *The Jungle* ist kein sozialistischer Roman, aber eine wirkungsvolle *muckracking novel*: Sinclairs Roman führte zu einem Aufschrei in der Bevölkerung – sowohl über die ausbeuterische Arbeitssituation in den Schlachthöfen als auch über das dort produzierte Fleisch. Es ist auch Sinclairs Roman und dem von ihm transportierten fiktionalen, doch wirklichkeitsnahen Wissen über den Wettbewerb in Chicago zu verdanken, dass der amerikanische Gesetzgeber die Fleischindustrie zugunsten der Arbeiter und Konsumenten regulierte: Durch den öffentlichen Druck, der sich durch die Publikation von Sinclairs Buch aufbaute, sah sich Präsident Theodore Roosevelt gezwungen, eine Untersuchungskommission einzusetzen, die Sinclairs Darstellungen im Wesentlichen bestätigte. In der Folge unterstützte Roosevelt den »Meat Inspection Act« sowie den »Pure Food and Drug Act« (beide verabschiedet im Jahr 1906). Sie legten fest, dass kein kontaminiertes oder altes Fleisch mehr verarbeitet werden durfte und die Produkte der Fleischindustrie genau ausgezeichnet werden mussten. Sinclair wollte sich mit diesen Regulierungen zwar nicht zufriedengeben, hatte aber doch einiges erreicht.[29]

Die Wirkungsmächtigkeit des Romans garantierte auch die Aufmerksamkeit der Übersetzer: Im Jahr 1923 fertigt die deutsche Salonkommunistin Hermynia zur Mühlen für den Berliner Malik-Verlag eine gewandte, aber sehr freie Übertragung unter dem Titel *Der Sumpf* an. Im Jahr 1974 folgt *Der Dschungel* im Aufbau-Verlag, hölzern und technizistisch übersetzt von Ingeborg Gronke und mit einem Nachwort von Karl-Heinz Schönfelder.[30] Sinclair gerät hier zum marxistischen Klassenkämpfer; der Roman wird als literarische Adaptation des Marxismus gelesen, als »Entwicklungsroman« mit ärgerlichen, flachen Schlusskapiteln[31] – den Kapiteln, in denen eben kein Bekenntnis zum Marxismus erfolgt.

---

[29] Sinclair, Upton, »The Condemned-Meat Industry. A Reply to Mr. M. Cohn Armour«, in: *Everybody's Magazine,* 14/1906, S. 612f.; Young, James Harvey, »The Donkey That Fell into the Privy: Upton Sinclair's The Jungle and Meat Inspection Amendments of 1906«, in: *Bulletin of the History of Medicine,* 59/1985, S. 467–480.

[30] Schönfelder, Karl-Heinz, »Nachwort«, in: Upton Sinclair, *Der Dschungel*, aus d. Amerik. übers. v. Ingeborg Gronke, Berlin, Weimar 1974, S. 491–501.

[31] Ebd., S. 499.

Auch produzierte Sinclairs Roman Nachahmer, die neues Wissen über die düsteren Seiten des Wettbewerbs zu Tage fördern: John Steinbecks *Grapes of Wrath* (1939) beschreibt die Vertreibung der Farmer aus Oklahoma und Arkansas in den 1930er Jahren mit Hilfe ähnlicher Erzähltechniken. Wieder wird eine Abwärtsspirale in Gang gesetzt, und wieder zerfällt eine Familie. Und noch heute beruft sich der linke Autor und Filmemacher Michael Moore auf die *muckracking*-Tradition: Sein erster bekannter Film, *Roger & Me* (1989), etwa dokumentiert die Schließung eines General-Motors-Werks in der amerikanischen Stadt Flint, bei der 30 000 Arbeiter ihren Job verloren, sich neu zu orientieren suchten, straffällig wurden und eine ganze Stadt zu Grunde gerichtet wurde. Diese harte, sozialkritische *muckracking*-Tradition, die sich der Sozialreportage annähert, scheint über lange Zeit spezifisch amerikanisch gewesen zu sein.[32] Denn auch die englische Literatur hält solche Beispiele nicht bereit. Gleichwohl kennt sie mit Herbert George Wells' *Tono-Bungay* einen raffinierten Roman über die Vielgesichtigkeit des Wettbewerbs um 1900.

III. Herbert George Wells' *Tono-Bungay* (1909): Zerstörerischer Wettbewerb

»A Romance of Commerce« war Wells' *Tono-Bungay* bei seiner seriellen Erstveröffentlichung überschrieben. Der Titel entfiel – möglicherweise, weil er die Reichweite des Textes zu eingeschränkt darstellt. »Wettbewerbsroman« trifft es besser. Wie bei Mann geht es um anthropologisch motivierten und sozialen Wettbewerb, noch mehr als Mann aber behandelt Wells auch ausführlich wirtschaftlichen Wettbewerb. Wirtschaftlicher Wettbewerb mit unlauteren Mitteln steht sogar im Zentrum von Wells' Roman. Darüber hinaus wird der Wettbewerb selbst zum Thema. Wells' Erzähler reflektiert über ihn, und zwar ironisch-distanziert.

Hintergrund des Romans ist – ähnlich wie bei Mann – eine Gesellschaft um 1900, deren soziale Hierarchie durch wirtschaftliche Veränderungen ins Wanken gerät. Der Roman spielt im Wesentlichen in den Vorstädten Londons, im Milieu der Shopkeepers, der unteren Mittelklasse, um es mit Thorstein Veblen zu sagen: der »new leisure class«.[33] Mit der Entwicklung der Vorstädte zu eigenständigen und wirtschaftsmächtigen Agglomerationen entwickelt sich auch diese Mittelklasse. Sie strebt nach oben – wie das Perso-

---

[32] Heute finden sich eine ganze Reihe Vergleichstexte, wie etwa die Arbeitsreportagen von Günther Wallraff.

[33] Wells, Herbert George, *Tono-Bungay*, ed. by Patrick Parrinder, with an Introduction and Notes by Edward Mendelson, London 2005, S. 245.

nal in Wells' Roman – und bedroht die *upper class*. Die vormalige Mittelklasse
will ihren Platz in der sozialen Hierarchie verbessern, kennt verschiedene
soziale Schichten und Umgebungen, durchlebt wiederkehrende Phasen des
Auf- und Abstiegs, ohne jemals an ein Ziel zu kommen.[34] Das behauptet der
Erzähler des Wells'schen Werkes jedenfalls von sich.

Entsprechend komplex ist die Handlung. Sie hat kein rechtes Ende. Die
ältere Forschung warf Wells deshalb Inkohärenz vor und beurteilte den Roman als misslungen. Doch das Gegenteil ist der Fall. Als moderner Roman
vermischt der Text verschiedene bekannte Plot-Typen: die Durchsetzungs-
und Erfolgsgeschichte, aus der eine Kriminal- und Entlarvungsgeschichte
wird, verschiedene Liebesgeschichten mit unterschiedlicher Dauer, Intensi-
tät und Qualität sowie eine Bildungs- und Reflexionsgeschichte des Helden
George Ponderevo. Unter dem Vorzeichen des Wettbewerbs eröffnet jedes
Plot eine jeweils andere Wettbewerbssphäre: die Durchsetzungs-, Erfolgs-,
Kriminal- und Entlarvungsgeschichte handelt vom wirtschaftlichen und sozialen Wettbewerb; die Liebesgeschichten intensivieren das Thema des sozialen Wettbewerbs. Die Bildungs- und Reflexionsgeschichte zieht sich
durch all diese Plots; sie erscheint außerdem als Rahmengeschichte, mit der
die Handlung beginnt und endet. Sie stellt Kohärenz her und lässt den Roman eben als Wettbewerbsroman erscheinen – als Wettbewerbsroman freilich, der eher als Anti-Wettbewerbsroman gelten kann und seine fragmenta-
rische Struktur selbst zum Thema macht.

Die Durchsetzungsgeschichte kündigt sich bereits mit Georges Kampf
um seine Ehre im Haus der Lady Drew an. Wie eine Figur von Charles
Dickens beobachtet er sein Milieu aufmerksam und illusionslos, liest Tom
Paine und Voltaire, missachtet die christliche Tugendlehre, verliebt sich
im Alter von 14 Jahren in die adelige Beatrice und prügelt sich ihretwegen
mit ihrem Halbbruder Archie. Für sein unziemliches, nicht klassengemäßes
Verhalten wird George bestraft: Er muss Bladesover, den Landsitz der Lady,
verlassen und zu seinem Onkel Edward in die Kleinstadt ziehen. Die Bea-
trice-Geschichte aber findet ihre Fortsetzung: Als die Durchsetzungsgeschichte vorläufig geglückt ist, entdeckt Beatrice ihre Jugendliebe – und
ein Liebes-Plot beginnt, das allerdings, auch aus Gründen der sozialen Distinktion, nicht gelingt. »Sind wir ›social equals‹?«, lautet Georges Frage – und
Beatrice weiß keine Antwort.[35]

Im sozialen Wettbewerb mit der *upper class* hat die »new leisure class« das
Nachsehen. Es handelt sich bei ihr um eine soziale Kaste der Neureichen,

---

[34] Ebd., S. 9.
[35] Ebd., S. 299.

die – wie Manns Türkheimers – kein anderes Hobby kennen als das *shopping* teurer und zahlreicher Güter. Der *upper class* aber gilt dies als primitiv und traditionslos, obwohl sich die »new leisure class« als die aktivere und wirtschaftlich erfolgreichere Klasse entpuppt: Es ist Georges Onkel Edward, der die ökonomische Erfolgsgeschichte der Familie vorantreibt. Als Apotheker experimentiert er mit allerlei Substanzen und bringt schließlich »Tono-Bungay« hervor: ein Getränk, das als Medizin gilt, schnell zum Kassenschlager wird und der Familie auf Jahre hinaus einen großen Geldsegen bescheren wird. »Tono« ist von »Tonic« abgeleitet; der exotische Name »Bungay« bezeichnet eine Stadt in Suffolk, deren Name Edward gefällt. *De facto* handelt es sich um eine Parodie auf Coca-Cola: John Stith Pemberton, ein amerikanischer Pharmazeut und Kriegsveteran, hatte den Sirup (wie Onkel Edward) als Medikament gegen Kopfschmerzen, Müdigkeit und Depressionen seit 1886 mit großem Erfolg in der Apotheke verkauft.

Im Falle Pembertons (wie im Fall Onkel Edwards) spielte eine gewisse, halbkriminelle Energie eine Rolle. Die Kunden werden bewusst getäuscht; umgekehrt lässt sich Edward von Konkurrenten und Politikern ausnutzen und beteiligt sich an krummen Geschäften. Doch nicht nur aufgrund dieser halbkriminellen und kriminellen Schieflagen geraten Edward und George miteinander in Konflikt. Sie erweisen sich als unterschiedliche Menschentypen: Während Edward einem auf Wettbewerb angelegten Übermenschen-Ideal huldigt, entwickelt George eine Faszination für Wissenschaft und Wahrheit, die ihn Edwards Vorstellungen kritisch reflektieren lässt.

Edwards Begeisterung für den wettbewerblichen Übermenschen erweist sich als Amalgam populärer Weltanschauungen der post-nietzscheanischen Ära – »all that stuff«, notiert George nüchtern.[36] Edwards Hauptleidenschaft heißt »ambition«, kombiniert mit einem »noble hunger for Power«.[37] »We're getting big people«, davon ist Edward überzeugt und vergleicht, inspiriert durch zionistische Traktate, seine Familie mit den Juden und sich selbst mit Napoleon.[38] Voraussetzung dafür ist ein grenzenloser Optimismus: ein Vertrauen in eine Welt der Möglichkeiten, der großen Chancen für jeden. Sofern er dem *struggle for life* gewachsen ist: »We're still a bit soft in our bones, but they'll harden all right …«, bemerkt Edward gut sozialdarwinistisch.[39] »Make it Scientific – Organized – Business – Enterprise«, mit diesem Plan will er die Welt erobern und verzichtet im Eifer des Gefechts auf eine wohlgeordnete

---

[36] Ebd., S. 264.
[37] Ebd., S. 266.
[38] Ebd., S. 260, S. 264.
[39] Ebd., S. 262.

Grammatik.[40] Edwards Wettbewerbsmentalität lässt keine Sphäre des Lebens unberührt: Sie reicht von großen ökonomischen und wissenschaftlichen Plänen bis hin zu den Knochen, ja bis in das Liebesleben: Selbst seine
Gattin tauscht er aus – gegen eine hörige Geliebte, die ihrem ›Superman‹ alle
Freiheiten für sein ›Business‹ lässt.

Doch Edwards Erfolg kehrt sich gegen ihn: Tono-Bungay wird als Täuschung entlarvt. Edward flieht mit Georges Hilfe vor der englischen Polizei
und stirbt entkräftet in Frankreich. Seinem Übermenschen-Ideal entspricht
er nicht, weder hinsichtlich seines Verhaltens noch hinsichtlich seiner Physis:
Er gilt als temperamentvoll, weich, luxusverwöhnt. Der Wettbewerb, den
er einmal als chancenreich und fair pries, kehrt sich – konsequenterweise –
am Ende gegen ihn: »It's not a fair game«, klagt er, als die Polizei ihm auf die
Schliche kommt.[41]

Georges Perspektive aber, die zwar kritisch ist, was den Wettbewerb betrifft, und das eigene Leben schonungslos als Serie von Misserfolgen begreift, überzeugt nicht mehr als diejenige Edwards. In seiner Jugend hatte
George Witz bewiesen, auf Großes gehofft, fühlte sich geehrt, Latein lernen
zu dürfen – und scheiterte an den Herausforderungen des Londoner Stu-
diums. Geld, Erfolg und Luxus versüßten seinen Alltag; mit den Frauen
klappte es zwar, aber keine Beziehung war glücklich. Im Ausgang seiner
Abenteuer zieht er sich zurück, will nur der Wissenschaft und der Wahrheit dienen. Kriegsschiffe sind das Ergebnis seiner Produktivität. Zwar überzeugt George als Kritiker und Opfer der zeitgenössischen Aufsteigermenta-
lität, aber einen Gegenentwurf hat er nicht zu bieten. Vermutlich ist das eine
Konsequenz der schonungslosen Skizze, die Wells als bissiger Kritiker der
»new leisure class« bietet. Ihr entstammt eben nichts Besseres.

Der Roman gehört zu einer Moderne, die keinen positiven Entwurf
gelten lässt, die Wettbewerb *ex negativo* skizziert – wie Mann. Zugleich lässt
Tono-Bungay ähnlich wie Mann – etwas anders als Sinclair – vermuten, dass
seine Figuren immer auch Handlungsoptionen hatten: Edward musste sich
nicht bis zur Lächerlichkeit am Vorbild des Übermenschen orientieren, und
George hätte sich auch gegen eine Tätigkeit im *business* des Onkels entscheiden können. Und auch nach ihrem sozialen Fall liegen sie nicht am Boden.
Im Gegenteil. Stärker aber als bei Mann und Sinclair ist *Tono-Bungay* auf eine
entschlossene Parodie des Wettbewerbskultes und des Wissens um Wettbewerb um 1900 angelegt (Veblen, Sozialdarwinismus, Nietzsche). Der *survival
of the fittest* und der Übermensch werden als Orientierungs- und Erklärungs-

---

[40] Ebd., S. 262.
[41] Ebd., S. 349.

konzepte persifliert; ähnlich wie bei Mann geht es dabei vor allem um das Interaktionswissen des Wettbewerbs. Erst im Ausgang des Textes forscht George im Militärischen, fahndet nach *hard facts*, nach hartem wissenschaftlichen Wissen, um Kriegsgerät zu bauen, das die konkurrierende Menschheit überhaupt zerstören kann.[42] Wettbewerbswissen konkurriert hier mit dem (vermeintlichen) Wahrheitswissen.

IV. Ergebnis und Ausblick

Alle drei Romane führen unterschiedliche Kontexte und Konstellationen des Wettbewerbs und des Wissens um Wettbewerb vor. Die unternehmerische und publizistische Bohème im Berlin der Jahrhundertwende zeigt, wie man miteinander konkurriert. Gründlich werden die Bosse der Schlachthöfe und ihre Opfer dargestellt, um aufzuzeigen, wo die harten Fakten sozialer und ökonomischer Probleme liegen. Die »new leisure class« Londons und seiner *suburbs* hingegen arbeitet sich mit legalen und illegalen Mitteln nach oben, zeigt, wie es geht, scheitert und entwirft konkurrierende Modelle des Wissens und Handelns.

Alle drei Texte schreiben Durchsetzungsgeschichten als Geschichten des Abstiegs – jedoch in unterschiedlicher Härte: Sinclairs *Jungle* bildet dabei ein Extrem. Wettbewerb wird zum Todeskampf, den kaum jemand überlebt. Demgegenüber kommt der Held aus Wells' *Tono-Bungay* vergleichsweise unbehelligt davon; er konvertiert von der Unternehmertätigkeit zur Wissenschaft, reflektiert über Wettbewerb und baut Instrumente, die allem Treiben, sei es wettbewerblich oder anders geartet, überhaupt ein Ende bereiten können. Manns *Schlaraffenland* wählt eine mittlere Linie: Wettbewerb erweist sich als dominante Interaktionskonstellation. Aber er geschieht auf so hohem Niveau, dass die Protagonisten dort unbehelligt voneinander existieren können. Die am besten angepasste Figur verdrängt zwar die weniger geschickte aus ihrer Sphäre, aber diese wird noch mit einem Grundgehalt versorgt, das den bescheidenen Lebensunterhalt sichert.

Entsprechend zeichnen die drei Texte den Wettbewerb mit Hilfe unterschiedlicher Gattungstypen: Auf der einen Seite steht die literarisierte Sozialreportage (Sinclair), die mit sozialistischen Ideologemen liebäugelt, auf der anderen Seite anthropologische Romane, die bekannte Plots des Kaufmanns- und Unternehmerromans aktualisieren, kritisieren, subvertieren.

---

[42] Die deutsche Übersetzung des Textes geschieht erst spät, im Jahr 1981, vermutlich eben auf Grund seiner Komplexität.

Der Grund für diese unterschiedlichen, national differenzierbaren Wahr-
nehmungs- und Darstellungsweisen liegt in den unterschiedlich ausgeprägten sozialen Konstellationen des Wettbewerbs ebenso wie im kulturellen
Wissen, das darüber aktualisiert wird. Kurz nach Veröffentlichung der Romane beschreibt Werner Sombart in *Der moderne Kapitalismus* (1916) Konstellationen wie die dort dargestellten mit dem Begriff des »Hochkapitalismus«.
Dieser Kapitalismus profitiert, so Sombart, von der Rationalisierung der Le-
bensverhältnisse, der Ethik wie der ökonomischen Prozeduren. Sein Haupt-
akteur ist der willensstarke, schaffende, vermarktende, erobernde, innova-
tive moderne Unternehmer, der keine Klassen und keine Rassen mehr kennt,
sondern einzig auf das Ergebnis zielt:[43] der Unternehmer-Typus der virilen
»neuen Männer«, wie ihn Bankier Türkheimer, Onkel Edward und die amerikanischen Fleischfabrikanten verkörpern.[44]

Wells' espritreicher Edward versucht, sein Geschäft stetig weiterzuentwi-
ckeln, internationale Absatzmärkte zu erschließen und seine Produktpalette
zu erweitern. George geht noch einen Schritt weiter: Seine Tätigkeit als
Erfinder von Kriegswerkzeug entspricht politischen und militärischen Ent-
wicklungstendenzen des imperialistischen England:[45] Joseph Chamberlains
»Liberal Imperialism«.[46] Türkheimer, das deutsch-jüdische Finanzgenie,
wirkt dagegen vergleichsweise harmlos: Zu seinen revolutionärsten Projek-
ten zählen Wetten auf Goldfunde und die Zivilisierung der Walachei mit
ökonomischen Mitteln. Er erscheint zwar als erfolgreicher Spekulant, aber
als einer, der sich mit der Herrschaft über Berlin begnügt – ein Umstand, der
mit der vergleichsweise geringen kolonialen Wirkung Deutschlands zusammenhängen mag.

Die Bosse Chicagos und ihre Opfer hingegen kämpfen bereits mit einem
typischen Problem des im Verfall begriffenen »Hochkapitalismus«: der Verteuerung der Arbeitskraft durch das Engagement der Gewerkschaften. Als
Reaktion darauf betätigen sie sich als internationale Arbeitgeber: Sie verbreiten falsche Nachrichten über den *American dream* in immer neue Länder
Europas, aus denen sie sich neue, billige Arbeitskräfte versprechen, und
sie verkaufen miserable Ware.[47] Das amerikanische Wirtschaftsimperium erscheint als bedrohlich, destabilisierend, egoistisch, und seine Literatur kre-
iert aus der *muckracking novel* heraus anti-amerikanische Stereotype.

---

[43] Sombart, Werner, *Der moderne Kapitalismus*, Bd. 3, *Das Wirtschaftsleben im Zeitalter des
      Hochkapitalismus*, Erster Halbbd., Berlin 1969, S. 19.
[44] Ebd., S. 26.
[45] Vgl. ebd., S. 67.
[46] Ferguson, Niall, *Empire. How Britain Made the Modern World*, London 2003.
[47] Sombart, *Der moderne Kapitalismus*, Bd. 3, *Das Wirtschaftsleben*, S. 32.

Die Ästhetik des Wettbewerbs ist also ein Ergebnis der je zeittypischen literarischen Wahrnehmungs- und Darstellungsweisen, ein Ergebnis aber auch des je verschiedenen Wissens vom Wettbewerb und der je individuellen Verarbeitung von wettbewerblichen Interaktionsmustern: Was den Nicht-Kommunisten Sinclair erboste, war dem späteren Kommunisten Mann nur eine Parodie wert. Wells aber, den Propagandaleiter im Ersten Weltkrieg, inspiriert es zu einem quasi-prophetischen Roman, der vom ökonomischen Erfolg des Empire zu seiner Aufrüstung übergeht.

Abstrahiert man von dieser Fallstudie, dann bleibt für die Debatte über das Verhältnis von ökonomischem Wissen und Literatur Folgendes festzuhalten:

1. Der Oberbegriff *ökonomisches Wissen* umschließt unterschiedliche Typen von Wissen. Schon J.R. weiß eine Menge über Wirtschaft, ohne ein einziges Fachbuch gelesen zu haben. Sein Wissen erweist sich als intuitives Handlungswissen, das für bestimmte Bereiche der fiktionalen Ökonomie genügt, zeitweise jedenfalls. Alltags- und Fachwissen können sich auf das Engste verbinden, aber auch in extremer Form auseinanderdriften, nicht nur in der Literatur.

2. Ökonomisches Wissen ist literaturaffin, sofern es narrative Formen nutzt oder vor allem pragmatisch auf Handlungswissen gerichtet ist. In ihren unterschiedlichen Gattungen vermag die Literatur (das Sachbuch eingeschlossen) auf diese Typen ökonomischen Wissens genre- oder schreibweisenspezifisch zu reagieren, typische Plot-Typen, Figuren, Raum- und Zeitkonstellationen auszubilden. Die Grenzen der literarischen Darstellung aber sind erreicht, wenn es um fachliches Spezialwissen geht, das formelhafte Darstellungsformen oder hohes institutionelles Wissen etwa über makroökonomische Zusammenhänge benötigt.

3. Trotz der reizvollen Verbindungen von Ökonomie und Literatur fehlt es (jenseits der gut bearbeiteten Thematiken des Geldes und des *homo oeconomicus*) sowohl an historischen Studien über das Verhältnis von Literatur und Wirtschaft als auch an methodisch elaborierten Untersuchungen, die in den Blick nähmen, welches Wissen jeweils von Literatur bearbeitet wird und wie dies geschieht (als Popularisierung, Adaptation oder Transformation ökonomischen Wissens).

4. Dabei versteht sich Literatur vor allem auf die komplexen Interaktionsformen von Wettbewerb. Sie weiß hierarchische Verhältnisse und flexible Strukturen zu erfassen und damit prototypische ökonomische Situation zu erzählen. Dies gilt übrigens nicht nur für den Roman, sondern auch für das Drama, man denke an *Faust II*. Das Interaktionswissen, das Literatur erfasst, bezieht sich auf Verlaufsformen und Milieus – in diesem Fall – des

Wettbewerbs. Künftige Studien im Feld von Ökonomie und Literatur hätten dieses Interaktionswissen historisch zu vertiefen und systematisch zu differenzieren.

5. Darüber hinaus wäre zu wünschen, dass auch die jüngere Ökonomietheorie, die sich ihrerseits kulturalistisch (und neurowissenschaftlich) orientiert, in der Literaturwissenschaft Gehör fände, um echte Interdisziplinarität zu erzeugen und nicht bloß gegen lieb gewonnene ökonomietheoretische Klischees anzuschreiben. Gelingt dies, dann darf die Literaturwissenschaft mit ihren zahlreichen mehr oder minder fiktionalen Fallbeispielen auch in der Ökonomie Aufmerksamkeit beanspruchen. Sie hätte ihr einiges mitzuteilen.

Zu den Autorinnen und Autoren

ANDREA ALBRECHT; Emmy Noether Fellow am Deutschen Seminar der Albert-Ludwigs-Universität Freiburg und am Freiburg Institute for Advanced Studies; Buchveröffentlichung: Kosmopolitismus. Weltbürgerdiskurse in Literatur, Philosophie und Publizistik um 1800 (2005).

LUTZ DANNEBERG; Professor für Methodologie und Geschichte der Hermeneutik und Germanistik an der Humboldt-Universität Berlin; Buchveröffentlichungen in Auswahl: Die Anatomie des Text-Körpers und Natur-Körpers: das Lesen im *liber naturalis* und *supernaturalis* (2003); Begriffe, Metaphern und Imaginationen in Philosophie und Wissenschaftsgeschichte (2009; Hrsg. zus. mit Carlos Spoerhase u. Dirk Werle); Hermeneutik – Hebraistik – Homiletik. Salomon Glassiūs' Philologia Sacra im Kontext frühneuzeitlicher Theologie (Hrsg. zus. mit Christoph Bultmann).

THOMAS KLINKERT; Professor für Romanistische Literaturwissenschaft an der Albert-Ludwigs-Universität Freiburg; Buchveröffentlichungen in Auswahl: Bewahren und Löschen. Zur Proust-Rezeption bei Samuel Beckett, Claude Simon und Thomas Bernhard (1996); Einführung in die französische Literaturwissenschaft (2000; 4. Aufl. 2008); Literarische Selbstreflexion im Medium der Liebe. Untersuchungen zur Liebessemantik bei Rousseau und in der europäischen Romantik (2002); Epistemologische Fiktionen. Zur Interferenz von Literatur und Wissenschaft seit der Aufklärung (2010).

TILMANN KÖPPE; Junior Research Fellow am Freiburg Institute for Advanced Studies; Buchveröffentlichungen in Auswahl: Literatur und Erkenntnis. Studien zur kognitiven Signifikanz fiktionaler literarischer Werke (2008); Neuere Literaturtheorien (2008; zus. mit Simone Winko); Moderne Interpretationstheorien (2008; Hrsg. zus. mit Tom Kindt).

OLAV KRÄMER; Wissenschaftlicher Mitarbeiter am Deutschen Seminar der Albert-Ludwigs-Universität Freiburg; Buchveröffentlichung: Denken erzählen. Repräsentationen des Intellekts bei Robert Musil und Paul Valéry (2009).

CLAUS-MICHAEL ORT; außerplanmäßiger Professor am Institut für Neuere deutsche Literatur und Medien der Christian-Albrechts-Universität zu Kiel; Buchveröffentlichungen in Auswahl: Zeichen und Zeit. Probleme des literarischen Realismus (1998); Verbrechen – Justiz – Medien. Konstellationen in Deutschland von 1900 bis zur Gegenwart (1999; Hrsg. zus. mit Joachim Linder); Medienwechsel und Selbstreferenz. Christian Weise und die literarische Epistemologie des späten 17. Jahrhunderts (2003).

Sandra Richter; Professorin für Neuere Deutsche Literatur an der Universität Stuttgart, Visiting Senior Research Fellow am King's College London; Buchveröffentlichungen in Auswahl: Reformierte Morallehren und deutsche Literatur von Jean Barbeyrac bis Christoph Martin Wieland (2002); Medizin, Medizinethik und schöne Literatur: Studien zu Säkularisierungsvorgängen vom frühen 17. bis zum frühen 19. Jahrhundert (2002); A History of Poetics: German Scholarly Aesthetics and Poetics in International Context, 1770–1960 (2010).

Carlos Spoerhase; Wissenschaftlicher Mitarbeiter an der Humboldt-Universität Berlin; Buchveröffentlichungen in Auswahl: Autorschaft und Interpretation (2007); Kontroversen in der Literaturtheorie/Literaturtheorie in der Kontroverse (2007; Hrsg. zus. mit Ralf Klausnitzer); Begriffe, Metaphern und Imaginationen in Philosophie und Wissenschaftsgeschichte (2009; Hrsg. zus. mit Lutz Danneberg u. Dirk Werle); Unsicheres Wissen (2009; Hrsg. zus. mit Markus Wild u. Dirk Werle).

Gideon Stiening; Privatdozent am Institut für deutsche Philologie der Ludwig-Maximilians-Universität München, z.Z. Mitarbeiter am SFB 573: ›Pluralisierung und Autorität in der Frühen Neuzeit‹ ebendort; Buchveröffentlichungen in Auswahl: Epistolare Subjektivität. Das Erzählsystem in Friedrich Hölderlins Briefroman *Hyperion oder der Eremit in Griechenland* (2005); Ernst Platner (1744–1818). Konstellationen der Aufklärung zwischen Philosophie, Medizin und Anthropologie (2007; Hrsg. zus. mit Guido Naschert).